目　　录

第一篇　综合篇

第二篇　区域篇

湖北保险市场发展报告

HUBEI BAOXIAN SHICHANG FAZAHN BAOGAO

（2016-2017）

王 斌 主编

中国金融出版社

责任编辑：张清民
责任校对：李俊英
责任印制：裴　刚

图书在版编目（CIP）数据

湖北保险市场发展报告 . 2016—2017（Hubei Baoxian Shichang Fazhan Baogao. 2016—2017）/王斌主编 . —北京：中国金融出版社，2018. 8
ISBN 978 -7 -5049 -9698 -5

Ⅰ. ①湖…　Ⅱ. ①王…　Ⅲ. ①保险市场—研究报告—湖北—2016 -2017　Ⅳ. ①F842. 763

中国版本图书馆 CIP 数据核字（2018）第 186725 号

出版发行　中国金融出版社
社址　北京市丰台区益泽路 2 号
市场开发部　(010)63266347，63805472，63439533（传真）
网 上 书 店　http：//www. chinafph. com
　　　　　　(010)63286832，63365686（传真）
读者服务部　(010)66070833，62568380
邮编　100071
经销　新华书店
印刷　北京市松源印刷有限公司
尺寸　169 毫米×239 毫米
印张　29. 5
字数　438 千
版次　2018 年 8 月第 1 版
印次　2018 年 8 月第 1 次印刷
定价　88. 00 元
ISBN 978 -7 -5049 -9698 -5

第三篇　公司篇

第一篇

综　合　篇

第一章　湖北保险市场发展综述

自2016年我国实施“十三五”规划以来，保险业的发展面临良好的政策机遇和发展良机，但同时也面临复杂严峻的风险形势。深化整治保险业市场乱象工作、推动行业回归本源和主业，是实现现代保险业向高质量发展转变的重要前提，是保证保险业行稳致远的关键抓手。针对现阶段不平衡、不充分的保险供给与人民群众日益迸发、不断升级的保险需求之间的矛盾，2016—2017年，湖北保险业紧紧围绕全国金融工作会议提出的服务实体经济要求，抓住人民群众的保障需求这条主线，不断提升保险业的服务能力、拓展保险业的服务领域和范围，行业总体运行情况良好，实现了行业与经济社会发展的良性互动。截至2017年底，湖北省保险业总资产2658.54亿元，行业综合实力显著增强，保险市场持续健康发展，保险业已成为助力湖北省经济社会发展的重要产业。

第一节　市场发展情况

一、市场主体增多

2016—2017年，湖北省保险市场发展主体规模有所扩大，各级机构数量明显增加，已初步形成覆盖城乡的保险服务网络。截至2017年底，全省各级保险分支机构合计4095家，比上年新增72家（2016年全省各级保险分支机构4023家）。其中，总公司3家，分别是合众人寿保险股份有限公司、长江财产保险股份有限公司、泰康在线保险股份有限公司；省级分公司74家，包括财产险公司32家，人身险公司42家；中心支公司491家，支公司1055家，营业部417家，营销服务部2047家，专属机构8家。相较于2016年，2017年新设立省级分公司2家（锦泰财险和史带财险）、中心支公司21家、支公司48家、营销服务部3家。2017年，全省共有专业保险中介法人机构54家，保险中介分支机构664家，保险业兼业代理机构5062家。各级各类保险机构职工4.52万人，个人代理及中介机构员工59.9万人。目前，湖北省法人保险机构数量、外资保险公司数量均位居中部六省第一，全国性的保险后台服务中心、客户中心、数据中心、灾备中心等在武汉集聚，武汉区域金融中心的吸引力不断增强。

二、保费收入增长

2016—2017年，湖北省保险市场呈现出“总体平稳、质效提升”的发展态势，保费收入增速较快。

2016年，全省累计实现原保险保费收入（以下简称保费收入）1051.77亿元，突破千亿元大关；保费收入同比增长24.67%，在全国排名第17位，较上年上升4位。其中，财产险保费收入288.66亿元，同比增长12.5%，高于全国平均水平2.49个百分点，保费收入和同比增幅在全国分别排名第12位和第11位；人身险保费收入763.11亿元，保费收入同比增长29.99%，较上年上升7.91个百分点，保费收入和同比增幅在全国分别排名第10位和第20位。

2017年，全省保费规模继续保持较快增长的势头，全年累计实现保费收入1346.77亿元，全国排名第10位，中部六省排名第2位（仅次于河南）；保费收入同比增长28.05%，较2016年上升3.38个百分点，高于全国9.89个百分点；增幅在全国排名第4位，较上年上升13位，发展速度位居全国前列。其中，财产险保费收入341.33亿元，同比增长18.25%，较上年上升5.75个百分点，高于全国4.49个百分点，同比增速在全国排名第8位，较上年上升3位；人身险保费收入1005.44亿元，市场规模实现“过千亿元”的跨越，保费收入同比增长31.76%，较上年上升1.77个百分点，高于全国11.72个百分点；同比增速在全国排名第5位，较上年上升15位。

三、业务结构优化

2016—2017 年，湖北省保险市场整体运行平稳，行业转型改革进一步深化，结构调整成效明显，取得较大成绩。

（一）财产险方面

湖北省车险业务平稳发展，非车险业务发展提速，实现双擎驱动。2016—2017 年，全省累计承保机动车 2065.41 万辆，实现保费收入 469.61 亿元（其中 2016 年保费收入 219.76 亿元，2017 年保费收入 249.85 亿元）。在总体增长的同时，车险保费收入占财产险总保费的比重略有缩减，由 2016 年的 76.13% 下降到 2017 年的 73.20%，逐步为非车险业务留出发展空间。2017 年，在宏观经济改善与积极财政政策利好的环境下，非车险业务发展势头抬升，全年累计实现保费收入由 2016 年的 68.9 亿元上升到 91.48 亿元，在全国排名第 14 位，占全省财产险总保费的比重为 26.8%，较上年上升 2.93 个百分点；保费收入同比增长 32.77%，较上年提升 23.82 个百分点，高于财产险总保费增幅 14.52 个百分点，高于全国平均水平 8.56 个百分点；同比增幅在全国排名第 7 位，较上年上升 14 位；新增保费贡献率为 42.87%，较上年上升 25.21 个百分点。非车险业务发展的空间扩大，占比上升，发展动力显著提升。全省财产险市场业务结构趋向合理，整体实现提质增效，经营效益继续提升。2017 年，财产险公司全年实现承保利润 8.52 亿元，同比增长 97.59%，承保利润率为 2.86%。全省 31 家财产险公司中（不含出口信用）有 16 家实现承保盈利；全省 13 个市州财产险公司全部实现承保盈利。

（二）人身险方面

2016—2017 年，湖北省人身险业务实现全面转型升级，内涵价值不断提高。

1. 从缴费结构看，新单期缴率稳步提升。2016—2017 年，全省人身险公司新单期缴业务累计实现保费收入 416.52 亿元。其中，2017 年为 247.84

亿元，同比增长46.92%，高于人身险新单总保费同比增幅18.24个百分点，快于全国平均水平11.21个百分点；新单期缴率为42.19%，较2016年提高5.24个百分点，高于全国平均水平4.6个百分点。其中，十年期及以上新单期缴占比为12.97%，较上年上升0.34个百分点。

2. 从渠道结构看，渠道发展均衡稳定，个人代理及银邮代理渠道比重上升。2016年以来，全省人身险公司渠道业务均实现两位数以上增长。其中，个人代理渠道实现保费收入387.18亿元，同比增长36.38%，较上年上升12.32个百分点，高于全国平均水平3.39个百分点；银邮代理渠道实现保费收入302.84亿元，同比增长23.51%，较上年上升2.68个百分点。截至2017年，个人代理渠道保费收入进一步上升到518.14亿元，同比增长33.82%，高于人身险总保费同比增幅2.06个百分点；银邮代理渠道保费收入上升为405.41亿元，同比增长33.87%，高于人身险总保费同比增幅2.11个百分点，高于全国平均水平23.34个百分点。个人代理作为人身险业务的一个重要渠道，保费收入占人身险总保费的比重为51.53%，较上年上升0.79个百分点；银邮渠道保费收入占人身险总保费的比重为40.32%，较上年上升0.64个百分点。此两类代理渠道合计保费占人身险总保费的比重为91.85%，集中性增强。

3. 从险种结构看，产品回归本源，保障功能凸显。2017年，以万能险为主的投资型业务大幅收缩，全年保户储金及投资款本年新增交费（含投连账户）174.7亿元，同比减少236.48亿元，降幅为57.51%；保障型业务收入占比达85.2%，较上年上升20.21个百分点。全省42家人身险公司中，有31家公司保障型业务收入占比较上年上升。

4. 从年限结构看，续期业务占比加大。2016—2017年，全省人身险续期业务累计实现保费收入724.65亿元。其中，2017年续期保费收入418.03亿元，占全省人身险总保费的比重为41.58%，较上年提高1.4个百分点；续期保费同比增长36.33%，较上年上升16.12个百分点。全省开业一年以上的40家人身险公司中，有31家公司续期保费占比呈上升态势。在保费超过40亿元的8家人身险公司中，中国人寿和太平人寿2家公司续期保费占比上升较快，其他6家公司续期保费占比也均有不同程度上升。

四、重点领域发展良好

2017 年，全省责任险保费收入 12.95 亿元，同比增长 20.42%；企财险保费收入 12.08 亿元，同比增长 1.57%；工程险保费收入 5.3 亿元，同比增长 23.6%；农业险保费收入 9.23 亿元，同比增长 65.21%；保证险保费收入 11.55 亿元，同比增长 239.17%；意外险保费收入 35.45 亿元，同比增长 17.65%；健康险保费收入 172.72 亿元，同比增长 34.51%。

五、保障程度提升

2016—2017 年，湖北省保险业持续发挥保险保障功能，保险业渗透度进一步提高，商业保险已深度融入社会民生的方方面面，在政府广覆盖、保基本的基础上，丰富了社会安全及民生保障网的层次。

2016 年，全省保险深度达 3.26%，较上年提高 0.41 个百分点；保险密度达 1787.19 元，较上年增加 345.46 元。全省累计各项赔款及给付 372.36 亿元，同比增长 31.42%。其中，财产险赔款支出 156.25 亿元，同比增长 22.91%；人身险赔付支出 216.1 亿元，同比增长 38.33%。保险金额及责任限额达 71.15 万亿元，同比增长 91.59%；人均保险金额 104.36 万元，同比增加 56.26 万元；期末有效承保 1.56 亿人次，同比增长 8.78%。2017 年，全省保险深度达 3.69%，较上年提高 0.43 个百分点；保险密度 2281.89 元，较上年增加 494.7 元。2017 年全省保险金额及责任限额首次突破百万亿元，达 100.85 万亿元，同比增长 41.75%；期末有效承保达 1.6 亿人次，同比增长 2.41%。人均保险金额达 141.24 万元，同比增加 36.88 万元；人均持有长期保单 0.4 件，同比增加 0.06 件。保险补偿功能有效发挥，2017 年累计赔付支出 406.53 亿元，同比增长 9.18%。其中，财产险赔款支出 172.96 亿元，同比增长 10.69%；人身险赔付支出 233.57 亿元，同比增长 8.08%。从重点险种看，健康险赔付支出 52.7 亿元，同比增长 37.21%；责任险赔款支出 6.56 亿元，同比增长 22.66%。

六、区域市场持续调整

2016 年，全省各市州保费收入排在前五位的分别是武汉、荆州、宜昌、襄阳、黄冈，占全省保费收入的比重分别为 40.48%、10.13%、7.88%、6.99%、6.35%，合计占全省总保费收入的 71.83%。保费增速排名前五位的市州是武汉、宜昌、十堰、孝感、荆州，增速分别为 31.18%、26.62%、25.36%、24.14%、24.13%。2017 年，保费收入前五位的市州排名及排序与上年相同，占全省保费收入的比重分别为 41.14%、9.55%、7.87%、7.66%、6.61%，合计占全省总保费收入的 72.83%。保费增速排名前五位的市州是襄阳、咸宁、黄冈、武汉、孝感，增速分别为 40.50%、38.35%、33.34%、30.13%、28.28%。两年间，湖北区域保险市场呈现出以下特点。

一是武汉市持续发挥龙头作用。2016 年，武汉累计实现保费收入 425.76 亿元，占全省总保费的比重为 40.48%，较上年上升 2.01 个百分点；保费收入同比增长 31.18%，高于全省平均水平 6.51 个百分点；保费规模和同比增幅在全省均排名第 1 位。其中，财产险公司累计实现保费收入 121.21 亿元，同比增长 12.28%；人身险公司累计实现保费收入 304.55 亿元，同比增长 40.59%。2017 年，全省保费收入继续向该市集中。全市保费收入 554.03 亿元，占全省总保费的比重为 41.14%，较上年上升 0.66 个百分点；保费收入同比增长 30.13%，高于全省平均水平 2.08 个百分点；保费规模和同比增幅在全省分别排名第 1 位和第 4 位。其中，财产险公司累计实现保费收入 146.27 亿元，同比增长 20.67%；人身险公司累计实现保费收入 407.76 亿元，同比增长 33.89%。

二是区域市场集中度继续加大。排名前五位的市州保费收入合计占全省比重由 2016 年的 71.83% 上升至 72.83%，涨幅为 1 个百分点。

三是增速变化较大，保费规模较大的市州增速放缓。2016 年，武汉市保险市场占据保费收入总额第一位和保费增速排名第一位，随着 2017 年市场结构调整力度加大，保费收入占比较大的武汉、荆州、宜昌等市州的保费增速明显放缓，与此同时，襄阳、咸宁、黄冈等市州保费收入则增速加快。

第二节 服务经济社会发展情况

一、支持实体经济发展

（一）着眼创新发展，促进创新创业

不断扩大小额贷款保证保险、科技保险、信用保险等险种的覆盖范围，从风险保障和融资增信等方面支持小微企业和大众创业、万众创新，促进了湖北省中小微企业，特别是战略性新兴产业及创业创新企业的发展。积极推动小额贷款保证保险加快发展，完善小额贷款保证保险风险分担、补偿和救助机制，争取财政加大补贴支持力度，推动各地落实“五个一”要求，即设立一个专班、制定一个方案、出台一个管理办法、签订一个合作协议、支持一批企业融资，进一步发挥保险融资增信功能。2017 年，小额贷款保证保险业务市州覆盖面已达 100%，全省 13 个市州、50 个县市区相继出台了实施方案，累计为 12.72 万个小微企业及个人融资 217.5 亿元，共计赔付 4.84 亿元，有效缓解了中小微企业融资难的问题。落实创新驱动发展战略，加快发展科技保险。切实加大科技型企业贷款保证保险、专利保险、国产首台（套）重大技术装备保险等 17 项系列科技保险发展力度，截至 2017 年底，湖北省科技保险保费收入 3.32 亿元，累计为 1337 家次科技企业提供风险保障 1340.02 亿元，赔付金额 8057.65 万元。首台（套）保险共为 89 台重大装备提供风险保障 29.42 亿元，累计赔付 942 万元，有力地支持了企业科技创新和产业转型升级。

（二）着眼开放发展，助力出口企业“走出去”

积极推动保险业参与湖北省自贸区建设，结合自贸区实际，研究出台自贸区保险机构和高管人员审批备案管理办法等优惠政策措施，进一步发挥出口信用保险功能，全面启动出口信用保险保单融资工作，支持外贸出口企业发展。出口信用保险保费补贴力度进一步加大，目前已对全省近 4000 家年出口额在 500 万美元以下的小微企业办理的出口信用保险业务进

行了保费补贴，累计支持全省企业出口 222.6 亿美元，服务重点企业 1364 家，支付赔款 3329 万美元，为稳定外需、促进出口提供了重要保障。截至 2017 年底，出口信用保险已对接“一带一路”沿线 11 个国家，服务支持出口企业 3524 家，承保湖北省对外贸易和投资总金额 69.89 亿美元，承保企业覆盖率为 80.69%，一般贸易渗透率为 21.69%；累计赔付支出 1580.15 万美元。

（三）着眼绿色发展，探索绿色金融改革的有效路径

党的十九大和中央经济工作会议强调，要打赢环境保护攻坚战。湖北省委、省政府多次强调，要落实习近平总书记关于长江经济带必须坚持“共抓大保护、不搞大开发”的要求，推动全省经济走上生态优先、绿色发展之路。2017 年，全省保险业进一步积极开展环境污染保险，以“两库三区”（三峡库区、丹江口库区、神农架林区、大别山区、武陵山区）和国家环保重点城市（武汉、宜昌、荆州）为重点地区，2017 年全省实现保费收入 1140.67 万元，为全省 290 多家企业提供 20.69 亿元风险保障。其中，荆门市 2017 年在全国率先以地方人大立法的形式，在高污染领域强制推行环境污染责任保险。

二、构筑民生保障网

（一）增强低收入人群抗风险能力

2016—2017 年，湖北省大病保险共承保 4681.72 万人，已赔付 31.47 万人次，赔付金额 8.28 亿元；大病患者医疗费用实际报销比例达 60%，总体报销金额较上年同期提高了 17 个百分点，最高单人赔付达到 36.6 万元，切实减轻了人民群众的大病医疗费用负担，有效缓解了因病致贫、返贫难题。在开展大病保险工作中，探索出“新农合 + 大病保险 + 补充医疗保险 + 民政救助”四位一体的健康扶贫新模式，为健康扶贫对象购买医疗救助补充保险，为 23 万人提供了医疗救助兜底。

（二）紧扣民生保障深化保险服务

充分发挥责任保险分担责任风险、化解民事责任纠纷的作用。湖北省责任保险已覆盖医疗卫生、安全生产、食品药品等众多领域，2016—2017年累计承保244.5万件，风险保障总额达9.56万亿元。其中，医疗责任险得到长足发展，已覆盖全省基层医疗机构，累计承保各级医疗机构12457家，提供风险保障92.41亿元，在缓解医患矛盾、维护医疗秩序方面发挥了重要作用。安全生产责任险加快推进，2016年，全省安全生产责任险实现签单保费6053.15万元，为高风险企业提供风险保障127.21亿元。2017年，安全生产责任险实现签单保费6671.3万元，为高风险企业提供风险保障192.88亿元。食品安全责任险实现市州全覆盖，2016年共签单4504笔，为消费者提供风险保障63.12亿元。2017年全省食责险共签单5482笔，为消费者提供风险保障73.85亿元。大力推进特种设备和养老机构责任险，在全省公众聚集场所开展了试点，2016—2017年累计提供风险保障32.91亿元；同时积极推动养老机构责任险试点，累计提供风险保障5.57亿元。

三、助力脱贫攻坚

（一）高度重视扶贫工作，主动参与扶贫攻坚

一是进一步加强统筹部署。2016年12月组织召开全省保险扶贫工作会议，湖北省副省长曹广晶在会上作了重要讲话。2017年2月、8月，湖北保监局先后两次召开重点保险公司助推扶贫攻坚座谈会，并于7月、8月连续组织了两次高管人员扶贫工作培训，分析形势，明确任务，把省政府的要求不折不扣地落到实处。二是积极打造十堰保险扶贫示范区。在省政府的正确领导和省金融办、扶贫办的大力支持下，湖北保监局于2017年8月与十堰市人民政府签署《共建保险扶贫示范区的合作备忘录》，十堰成为全国首个保险扶贫示范区。2017年，保险业在示范区直接投入的资金突破3000万元；人保财险创新支农融资模式，在十堰市试点保险资金融资的“政融保”模式，利用人保总公司支农融资资金，向十堰市提供3亿元额度（全

省总额度8亿元）的授信，对从事农业生产经营的农户、企业等提供融资服务。中国人寿集团派出两名处级干部在丹江口、郧西挂职副县长，专门负责当地对口扶贫工作，集团董事长杨明生专程赴十堰考察，并在十堰市设立了2亿元的扶贫专项基金。三是切实做好驻村扶贫工作。在对口帮扶的竹溪县汇湾镇荣玉村，完成了推进产业增收到村到户、推进安居工程到村到户、推进公共服务到村到户、推进基础设施到村到户、推进社会保障到村到户、推进创业就业到村到户等六个“到村到户”工程，发挥行业优势募集扶贫资金200余万元。同时，该省保险业积极主动参与扶贫工作，成立了领导小组和扶贫工作专班。据初步统计，目前保险扶贫工作已经覆盖了全省所有乡镇、90%以上的贫困村，惠及贫困人口近500万人。

（二）完善农业保险机制，巩固农业基础地位

一方面，农业保险顺利实现了提标扩面。2017年全省水稻保险每亩保额由200元提高到400元，费率由7%降至6%，承保县市扩大到油菜种植面积20万亩以上的35个县、棉花种植面积10万亩以上的15个县，两类作物保险覆盖率分别达到75%～77%。湖北保监局组织召开了推进全省农业保险规范发展视频会议，各市、州、县政府分管领导及相关职能部门负责人参加会议，进一步推动农业保险规范发展；另一方面，农业风险的管理工具更加丰富。推动在14个县市开展农业大灾保险试点，保障水平覆盖“直接物化成本+地租”，极大地提升了湖北省农业保险整体规模和保障能力。探索创新开展了水稻、茶叶种植天气指数保险，鸡蛋期货价格保险，水稻产量保险，有力地保障了现代高效农业建设。中央农村工作领导小组到湖北省调研时，对水稻气象指数保险等特色险种给予了充分肯定。2017年，农业保险共支付赔款5.75亿元。积极推进森林保险扩面。从2018年起，在原有14个试点县的基础上，将保康、蕲春、咸安、钟祥、竹山5个县市区纳入森林保险保费补贴试点范围。

（三）补齐县域农村保险短板，扩大保险扶贫的覆盖面

各地实行“一市一策”“一县一品”，因地制宜地开办了具有鲜明地方

特色的新险种，例如黑山羊、小龙虾、黄鳝等养殖保险，食用菌、魔芋、山药等种植保险。在十堰保险扶贫示范区将丹江口柑橘、郧西马头羊、房县小花菇、竹溪烟叶等特色种养业纳入保险保障，助力产业脱贫。落实《湖北省“十三五”深化农村金融服务全覆盖指导意见》，推动普惠金融取得更大成效。2017 年，全省保险业已创新开发 30 多个扶贫保险产品，累计为该省贫困群众提供了总额达 3 万亿元的风险保障。湖北各地通过开办扶贫小额贷款保证保险，已帮助贫困地区 2. 8 万个中小微企业和贫困户获得各类生产性贷款 30. 8 亿元。其中，罗田县以开办黑山羊养殖保险为依托，建立了“五位一体”扶贫新模式（“政府 + 产业化龙头企业 + 贫困户 + 银行 + 保险”），得到中央的肯定并在全国推广，打造出了湖北省别具特色的“保险 +”产业扶贫品牌。

四、创新发展与参与社会管理

1. 湖北保监局与武汉市政府共建武汉保险示范区取得新成效。“一区一品”工作已在武昌、洪山、江岸、桥口、东湖高新区推开。商业健康保险个税优惠政策试点、住房反向抵押养老保险试点等创新试点顺利推进。湖北保监局会同省政府金融办连续 9 年开展保险先进县市区创建活动，各级党委政府对保险的重视程度明显提高。

2. 保险资金支持实体经济发展成效明显。湖北保监局与中国保险资产管理业协会建立了合作机制，加强投融资项目对接，积极引进保险资金投放到湖北省，为经济社会发展提供资金支持。截至 2017 年底，共有近 40 家保险公司的保险资金通过各种形式和渠道，在湖北省投资了近百个项目，累计金额达 1088. 34 亿元，其中不动产投资 457 亿元，基础设施建设投资 472. 9 亿元，有力地支持了重点基础设施建设和棚户区改造等项目。11 月下旬金博会期间，3 家保险总公司在现场签约投资项目总额达 350 亿元。此外，2017 年以来，湖北保监局还组织全省保险主体切实加大工作力度，积极主动向总公司争取保险资金，确保落实落地，取得了明显成效，全省保险业共吸引存款超过 100 亿元，投资项目资金超过 200 亿元。

3. 积极运用保险机制创新公共服务。一是通过承办各类养老、医疗保险服务，提升社会管理效率。2017 年，保险业积极参与经办基本医保业务，保障人口 70 万人，基金规模达 22 亿元。二是通过开展治安保险、“一元民生保险”等，开启普惠利民新模式。通过开展治安保险，改变过去完全依靠政府单一投入的治安防范模式，减轻了基层政府部门的社会治安综合治理工作压力。2017 年，湖北省治安保险共覆盖 209. 78 万户，签单保费 9225. 68 万元，提供风险保障 995. 56 亿元。在全省各市州开办了由政府作为投保人，为当地户籍人口全面统保的“一元民生保险”，主要保障居民因见义勇为或自然灾害导致的人身伤害损失，目前已累计参保居民 11874. 91 万人次。三是充分发挥保险的社会保障网作用。建立“警保联动”机制，扩大快赔中心覆盖范围，减少城市拥堵。联合省住建厅开展建设工程履约保证综合保险试点，明确可以建设工程履约保证综合保险替代工程建设保证金，减轻建筑业企业保证金负担。会同省卫计委推动预防接种异常反应补偿机制由“财政补偿”向“保险补偿”转变，形成预防接种异常反应多层次保险补偿体系。

第二章　湖北财产保险市场发展情况

第一节　市场概况

2016—2017 年，湖北省财产保险业实现持续健康发展，在服务地方经济社会发展和参与社会治理等方面都发挥了积极作用，没有发生系统性、区域性风险。

一、基本情况

（一）原保费收入规模与结构

1. 原保费收入总规模。2016—2017 年，湖北省财产保险市场累计实现原保费收入 629.99 亿元。其中，2016 年实现原保费收入 288.66 亿元，2017 年实现原保费收入 341.33 亿元，见表 1－2－1、图 1－2－1。

表 1－2－1　　2016—2017 年湖北省财产保险原保费收入情况

年份	原保费收入（亿元）	同比增长（%）
2016	288.66	12.50
2017	341.33	18.25
累计	629.99	—

2. 主要险种原保费收入。分险种来看，在 2016—2017 年 14 个大类险种中，机动车辆保险累计实现原保费收入 469.6 亿元，健康险累计实现原保费收入 31.21 亿元，意外伤害险累计实现原保费收入 27.03 亿元，企业财产保险累计实现原保费收入 23.98 亿元，责任保险累计实现原保费收入 23.7 亿元，保证保险累计实现原保费收入 14.95 亿元，农业保险累计实现原保费

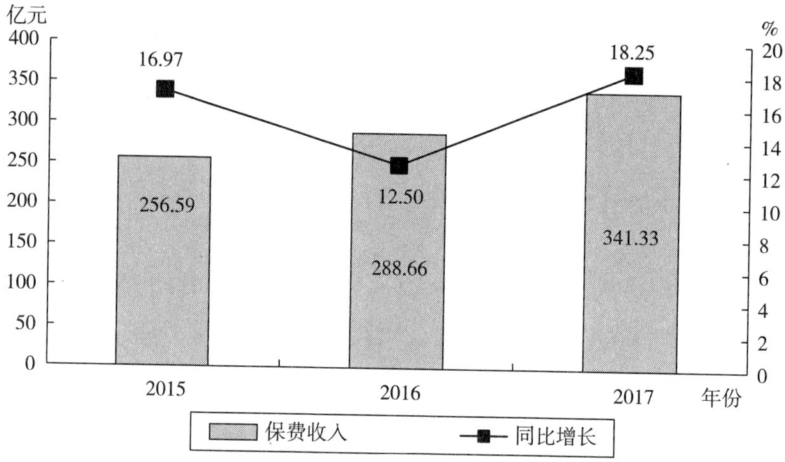

图 1－2－1　2016—2017 年湖北省财产保险原保费收入

收入 14. 82 亿元，工程保险累计实现原保费收入 9. 58 亿元，货物运输保险累计实现原保费收入 4. 21 亿元，家庭财产保险累计实现原保费收入 4. 04 亿元，信用保险累计实现原保费收入 2. 91 亿元，船舶保险累计实现原保费收入 2. 15 亿元，其他险种累计实现原保费收入 1. 19 亿元，特殊风险保险累计实现原保费收入 0. 62 亿元，见表 1－2－2。

表 1－2－2　2016—2017 年湖北省财产保险各险种原保费收入情况

险种	2016 年		2017 年		两年累计	
	金额（亿元）	占比（%）	金额（亿元）	占比（%）	金额（亿元）	占比（%）
机动车辆保险	219. 76	76. 13	249. 85	73. 20	469. 61	74. 54
健康险	12. 82	4. 44	18. 39	5. 39	31. 21	4. 95
意外伤害险	12. 63	4. 37	14. 40	4. 22	27. 03	4. 29
企业财产保险	11. 89	4. 12	12. 08	3. 54	23. 98	3. 81
责任保险	10. 75	3. 72	12. 95	3. 79	23. 70	3. 76
保证保险	3. 40	1. 18	11. 55	3. 38	14. 95	2. 37
农业保险	5. 59	1. 94	9. 23	2. 70	14. 82	2. 35
工程保险	4. 29	1. 48	5. 30	1. 55	9. 58	1. 52
货物运输保险	2. 07	0. 72	2. 14	0. 63	4. 21	0. 67
家庭财产保险	1. 75	0. 61	2. 28	0. 67	4. 04	0. 64

续表

险种	2016 年		2017 年		两年累计	
	金额（亿元）	占比（%）	金额（亿元）	占比（%）	金额（亿元）	占比（%）
信用保险	1.87	0.65	1.04	0.31	2.91	0.46
船舶保险	1.12	0.39	1.03	0.30	2.15	0.34
其他险种	0.45	0.16	0.73	0.22	1.19	0.19
特殊风险保险	0.26	0.09	0.36	0.10	0.62	0.10
合计	288.65	100.00	341.33	100.00	629.99	100.00

3. 各地区原保费收入。分地区来看，2016—2017 年湖北省 13 个市州的财产保险原保费收入情况如下：武汉市累计实现原保费收入 267.48 亿元，荆州市累计实现原保费收入 53.17 亿元，宜昌市累计实现原保费收入 51.25 亿元，襄阳市累计实现原保费收入 49.02 亿元，黄冈市累计实现原保费收入 34.13 亿元，十堰市累计实现原保费收入 30.73 亿元，荆门市累计实现原保费收入 29.78 亿元，恩施自治州累计实现原保费收入 26.48 亿元，孝感市累计实现原保费收入 24.58 亿元，黄石市累计实现原保费收入 20.92 亿元，咸宁市累计实现原保费收入 18.34 亿元，随州市累计实现原保费收入 14.76 亿元，鄂州市累计实现原保费收入 6.78 亿元，见表 1-2-3。

表 1-2-3 2016—2017 年湖北省财产保险分地区原保费收入情况

地区	2016 年		2017 年		两年累计	
	金额（亿元）	占比（%）	金额（亿元）	占比（%）	金额（亿元）	占比（%）
武汉市	121.21	41.99	146.27	42.85	267.48	42.46
荆州市	24.94	8.64	28.23	8.27	53.17	8.44
宜昌市	24.27	8.41	26.97	7.90	51.25	8.13
襄阳市	21.92	7.60	27.09	7.94	49.02	7.78
黄冈市	15.30	5.30	18.83	5.52	34.13	5.42
十堰市	13.91	4.82	16.82	4.93	30.73	4.88
荆门市	14.04	4.86	15.75	4.61	29.78	4.73
恩施州	12.31	4.26	14.17	4.15	26.48	4.20
孝感市	11.26	3.90	13.32	3.90	24.58	3.90
黄石市	9.83	3.41	11.09	3.25	20.92	3.32

续表

地区	2016 年		2017 年		两年累计	
	金额（亿元）	占比（%）	金额（亿元）	占比（%）	金额（亿元）	占比（%）
咸宁市	8. 28	2. 87	10. 06	2. 95	18. 34	2. 91
随州市	6. 79	2. 35	7. 97	2. 34	14. 76	2. 34
鄂州市	3. 10	1. 07	3. 68	1. 08	6. 78	1. 08
省本级	1. 30	0. 45	0. 80	0. 24	2. 11	0. 33
合计	288. 66	100. 00	341. 33	100. 00	629. 99	100. 00

（二）赔付支出规模与结构

1. 赔付支出总规模。2016—2017 年，湖北省财产保险市场累计赔付支出 329. 1 亿元。其中，2016 年赔付支出 156. 19 亿元，2017 年赔付支出 172. 9 亿元，见表 1 －2 －4、图 1 －2 －2。

表 1 －2 －4　　2016—2017 年湖北省财产保险赔付支出情况

年份	赔付支出（亿元）	同比增长（%）
2016	156. 19	22. 95
2017	172. 9	10. 7
累计	329. 1	—

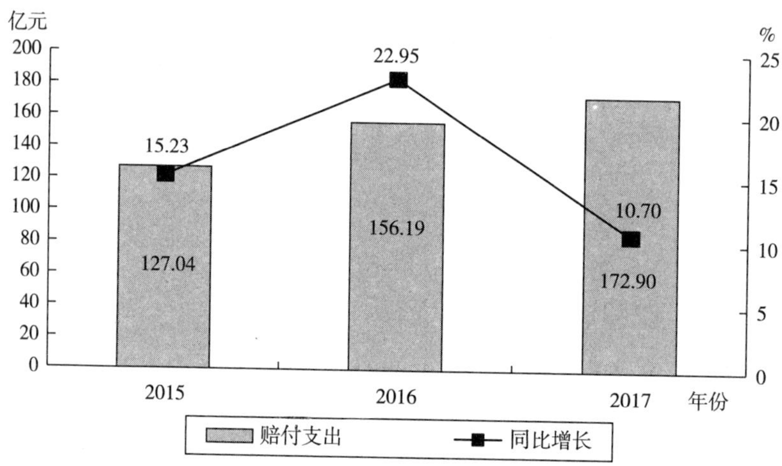

图 1 －2 －2　2016—2017 年湖北省财产保险赔付支出

2. 主要险种赔付支出。分险种来看，在2016—2017年14个大类险种中，机动车辆保险累计赔付支出241.17亿元，健康险累计赔付支出25.3亿元，企业财产保险累计赔付支出12.89亿元，责任保险累计赔付支出11.91亿元，农业保险累计赔付支出11.71亿元，意外伤害保险累计赔付支出8.75亿元，工程保险累计赔付支出5.91亿元，保证保险累计赔付支出3.67亿元，家庭财产保险累计赔付支出2.16亿元，货物运输保险累计赔付支出1.77亿元，信用保险累计赔付支出1.55亿元，船舶保险累计赔付支出1.5亿元，其他险种累计赔付支出0.68亿元，特殊风险保险累计赔付支出0.1亿元，见表1-2-5。

表1-2-5　2016—2017年湖北省财产保险各险种赔付支出情况

险种	2016年		2017年		两年累计	
	金额（亿元）	占比（%）	金额（亿元）	占比（%）	金额（亿元）	占比（%）
机动车辆保险	114.11	73.05	127.06	73.49	241.17	73.28
健康险	10.60	6.78	14.70	8.50	25.30	7.69
企业财产保险	7.68	4.92	5.21	3.01	12.89	3.92
责任保险	5.35	3.43	6.56	3.80	11.91	3.62
农业保险	5.76	3.69	5.95	3.44	11.71	3.56
意外伤害险	3.85	2.47	4.90	2.84	8.75	2.66
工程保险	3.01	1.93	2.90	1.68	5.91	1.80
保证保险	1.80	1.15	1.87	1.08	3.67	1.11
家庭财产保险	1.13	0.72	1.03	0.60	2.16	0.66
货物运输保险	0.81	0.52	0.96	0.56	1.77	0.54
信用保险	1.00	0.64	0.55	0.32	1.55	0.47
船舶保险	0.77	0.50	0.73	0.42	1.50	0.46
其他险种	0.30	0.19	0.38	0.22	0.68	0.21
特殊风险保险	0.03	0.02	0.08	0.05	0.10	0.03
合计	156.19	100.00	172.90	100.00	329.10	100.00

3. 各地区赔付支出。分地区来看，2016—2017年全省13个市州的财产保险赔付支出情况如下：武汉市累计赔付支出127.54亿元，荆州市累计赔付支出29.65亿元，宜昌市累计赔付支出26.94亿元，襄阳市累计赔付支出

26.56 亿元，黄冈市累计赔付支出 20.52 亿元，荆门市累计赔付支出 16.81 亿元，十堰市累计赔付支出 16.26 亿元，孝感市累计赔付支出 14.96 亿元，恩施自治州累计赔付支出 13.23 亿元，黄石市累计赔付支出 11.46 亿元，咸宁市累计赔付支出 10.65 亿元，随州市累计赔付支出 8.15 亿元，鄂州市累计赔付支出 3.9 亿元，见表 1－2－6。

表 1－2－6　　2016—2017 年湖北省财产保险分地区赔付情况

地区	2016 年		2017 年		两年累计	
	金额（亿元）	占比（%）	金额（亿元）	占比（%）	金额（亿元）	占比（%）
武汉市	60.86	38.97	66.67	38.56	127.54	38.75
荆州市	13.80	8.83	15.85	9.17	29.65	9.01
宜昌市	12.84	8.22	14.10	8.15	26.94	8.19
襄阳市	12.36	7.91	14.20	8.21	26.56	8.07
黄冈市	9.15	5.86	11.36	6.57	20.52	6.23
荆门市	8.37	5.36	8.45	4.89	16.81	5.11
十堰市	7.94	5.08	8.32	4.81	16.26	4.94
孝感市	7.52	4.82	7.44	4.30	14.96	4.55
恩施州	6.16	3.94	7.07	4.09	13.23	4.02
黄石市	5.52	3.53	5.94	3.44	11.46	3.48
咸宁市	4.89	3.13	5.76	3.33	10.65	3.24
随州市	3.76	2.41	4.39	2.54	8.15	2.48
鄂州市	1.91	1.22	1.99	1.15	3.90	1.18
省本级	1.04	0.66	1.26	0.73	2.30	0.70
合计	156.19	100.00	172.90	100.00	329.10	100.00

二、竞争态势

（一）经营主体数量及分布

截至 2017 年底，湖北省共有各级财产保险机构 1718 家。其中，法人机构 2 家，省级分公司 32 家，市级公司 247 家，支公司 613 家，营业部 215 家，营销服务部 609 家，见表 1－2－7。

表 1 -2 -7　　　　2017 年湖北省财产保险机构数量

地区	法人机构（家）	省级分公司（家）	市级公司（家）	支公司（家）	营业部（家）	营销服务部（家）
湖北省	2	32	247	613	215	609
武汉市	2	32	30	96	17	114
黄石市			20	23	5	20
十堰市			19	41	8	57
宜昌市			22	74	30	67
襄阳市			22	59	18	43
鄂州市			8	8	2	7
荆门市			21	28	30	35
孝感市			13	27	7	43
荆州市			23	48	36	47
黄冈市			19	75	26	39
咸宁市			12	22	9	31
随州市			9	15	2	38
恩施州			19	56	8	37
仙桃市			1	12	0	7
潜江市			8	15	10	12
天门市			1	12	6	12
神农架				2	1	

（二）市场份额

截至 2016 年底，湖北省财产保险公司共实现原保费收入 288.66 亿元。在各家省级分公司中，市场份额最大的是人保财险（39.12%），最小的是都邦财险（0.08%）。市场份额在 4% 以上的公司共有 5 家，市场份额在 1% 以上的公司共有 12 家。截至 2017 年底，全省财产保险公司共实现原保费收入 341.33 亿元。在各家省级分公司中，市场份额最大的是人保财险（39.55%），最小的是史带财险（2017 年 10 月开业）。市场份额在 3% 以上的公司共有 5 家，市场份额在 1% 以上的公司共有 12 家，见表 1 -2 -8、表 1 -2 -9。

表 1－2－8　　2016 年湖北省财产保险公司市场份额

序号	公司名称	原保费收入（亿元）	市场份额（%）	序号	公司名称	原保费收入（亿元）	市场份额（%）
1	人保财险	112.9257	39.1209	16	紫金财险	2.0661	0.7158
2	平安产险	56.4594	19.5592	17	渤海财险	1.8646	0.6460
3	太保产险	26.6911	9.2466	18	浙商财险	1.8126	0.6279
4	中华联合	12.4606	4.3167	19	鼎和财险	1.6005	0.5545
5	国寿财险	12.3461	4.2770	20	亚太财险	1.4229	0.4929
6	阳光产险	7.5362	2.6108	21	永诚财险	1.1988	0.4153
7	长江财险	7.1008	2.4599	22	安邦产险	1.1792	0.4085
8	太平财险	6.7286	2.3310	23	出口信用	1.1465	0.3972
9	大地财险	5.7613	1.9959	24	信达财险	0.9364	0.3244
10	英大财险	4.8757	1.6891	25	中银保险	0.7806	0.2704
11	天安财险	4.4616	1.5456	26	国元农险	0.7447	0.2580
12	永安财险	3.0940	1.0718	27	富德财险	0.6770	0.2345
13	长安责任	2.7934	0.9677	28	华泰财险	0.4408	0.1527
14	安盛天平	2.1900	0.7587	29	国泰财险	0.3039	0.1053
15	华安财险	2.0889	0.7237	30	都邦财险	0.2372	0.0822

表 1－2－9　　2017 年湖北省财产保险公司市场份额

序号	公司名称	原保费收入（亿元）	市场份额（%）	序号	公司名称	原保费收入（亿元）	市场份额（%）
1	人保财险	134.9895	39.5485	17	紫金财险	2.0751	0.6080
2	平安产险	73.3878	21.5007	18	安盛天平	1.9090	0.5593
3	太保产险	31.3760	9.1924	19	亚太财险	1.8443	0.5403
4	国寿财险	13.7707	4.0344	20	鼎和财险	1.8360	0.5379
5	中华联合	13.0996	3.8378	21	安邦产险	1.5550	0.4556
6	阳光产险	9.7252	2.8492	22	国元农险	1.2358	0.3621
7	太平财险	8.5875	2.5159	23	永诚财险	1.0519	0.3082
8	大地财险	6.0489	1.7722	24	富德财险	1.0365	0.3037
9	英大财险	5.0694	1.4852	25	出口信用	0.9685	0.2838
10	长江财险	5.0269	1.4727	26	中银保险	0.9315	0.2729
11	天安财险	4.7568	1.3936	27	信达财险	0.9122	0.2672
12	永安财险	3.4235	1.0030	28	都邦财险	0.8003	0.2345
13	浙商财险	2.5037	0.7335	29	华泰财险	0.4481	0.1313
14	长安责任	2.3432	0.6865	30	国泰财险	0.1151	0.0337
15	渤海财险	2.2070	0.6466	31	锦泰财险	0.0002	0.0001
16	华安财险	2.0753	0.6080	32	史带财险	0.0000	0.0000

（三）市场集中度

市场集中度（Concentration Ratio，CR）是衡量整个行业市场结构集中程度的测量指标，用来体现企业的数目和相对规模的差异，反映市场份额集中程度的重要量化指标。这里对全省财产保险行业市场集中度的分析，以2017年前三家、前十家财产保险公司市场份额之和（CR3、CR10）为标准。湖北省财产保险市场集中度CR3由2016年的67.93%上升至2017年的70.24%，CR10由2016年的87.61%上升至2017年的88.21%，见表1-2-10。

表1-2-10　　2016—2017年湖北省财产保险市场集中度

指标	2016年		2017年	
	原保费收入合计（亿元）	市场集中度（%）	原保费收入合计（亿元）	市场集中度（%）
CR3	196.08	67.93	239.75	70.24
CR10	252.89	87.61	301.08	88.21

三、经营效益

（一）承保利润总规模

2016—2017年，湖北省财产保险市场累计实现承保利润12.83亿元。其中，2016年实现承保利润4.31亿元，2017年实现承保利润8.52亿元，见表1-2-11。

表1-2-11　　2016—2017年湖北省财产保险承保利润情况

年份	承保利润（亿元）	同比增长（%）
2016	4.31	-58.74
2017	8.52	97.59
累计	12.83	—

（二）主要险种承保利润

分险种来看，在2016年14个大类险种中，机动车辆保险实现承保利润

8.38 亿元，保证保险实现承保利润 0.93 亿元，企业财产保险实现承保利润 -1.81 亿元，特殊风险保险实现承保利润 0.28 亿元，货物运输保险实现承保利润 0.17 亿元，家庭财产保险实现承保利润 0.07 亿元，农业保险实现承保利润 -0.42 亿元，船舶保险实现承保利润 -0.19 亿元，意外伤害险实现承保利润 -1.77 亿元，责任保险实现承保利润 0.33 亿元，工程保险实现承保利润 -1.83 亿元，信用保险实现承保利润 1.37 亿元，健康险实现承保利润 -0.52 亿元，其他险种实现承保利润 -0.67 亿元。

在 2017 年 14 个大类险种中，机动车辆保险实现承保利润 11.7 亿元，保证保险实现承保利润 0.54 亿元，企业财产保险实现承保利润 0.41 亿元，特殊风险保险实现承保利润 0.08 亿元，货物运输保险实现承保利润 0.02 亿元，家庭财产保险实现承保利润 -0.07 亿元，农业保险实现承保利润 -0.12亿元，船舶保险实现承保利润 -0.26 亿元，意外伤害险实现承保利润 -0.52 亿元，责任保险实现承保利润 -0.64 亿元，工程保险实现承保利润 -0.87 亿元，信用保险实现承保利润 -1.28 亿元，健康险实现承保利润 -1.5 亿元，其他险种实现承保利润 1.05 亿元，见表 1-2-12。

表 1-2-12　2016—2017 年湖北省财产保险各险种承保利润情况

险种	2016 年		2017 年	
	承保利润（亿元）	同比增长（%）	承保利润（亿元）	同比增长（%）
机动车辆保险	8.38	17.12	11.70	39.54
其他险种	-0.67	-1246.73	1.05	257.02
保证保险	0.93	-36.90	0.54	-42.06
企业财产保险	-1.81	-330.57	0.41	122.36
特殊风险保险	0.28	204.96	0.08	-71.28
货物运输保险	0.17	-35.36	0.02	-86.01
家庭财产保险	0.07	8.52	-0.07	-206.41
农业保险	-0.42	-402.62	-0.12	71.18
船舶保险	-0.19	-1084.68	-0.26	-37.63
意外伤害险	-1.77	-595.63	-0.52	70.60
责任保险	0.33	216.91	-0.64	-295.36

续表

险种	2016 年		2017 年	
	承保利润（亿元）	同比增长（%）	承保利润（亿元）	同比增长（%）
工程保险	-1.83	-1708.73	-0.87	52.44
信用保险	1.37	70.04	-1.28	-193.24
健康险	-0.52	-51.87	-1.50	-187.71
合计	4.31	-58.74	8.52	97.59

四、主要险种发展情况

（一）机动车辆保险

1. 业务总体情况。2016 年，湖北省机动车辆保险实现原保费收入 219.76 亿元，同比增长 13.66%，赔付支出 114.11 亿元，同比增长 17.31%，承保利润 8.38 亿元，同比增长 17.21%。2017 年，湖北省机动车辆保险实现原保费收入 249.85 亿元，同比增长 13.69%，赔付支出 127.06 亿元，同比增长 11.35%，承保利润 11.7 亿元，同比增长 39.54%，见表 1-2-13。

表 1-2-13　　2016—2017 年湖北省机动车辆保险业务情况

年份	原保费收入（亿元）	同比增长（%）	赔付支出（亿元）	同比增长（%）	承保利润（亿元）	同比增长（%）
2016	219.76	13.66	114.11	17.31	8.38	17.12
2017	249.85	13.69	127.06	11.35	11.70	39.54
合计	469.60	—	241.17	—	20.08	—

2. 车险市场结构。

（1）车险保费比重。2016 年，全省机动车辆保险保费占财产保险总保费的比重为 76.13%；2017 年，全省机动车辆保险保费占财产保险总保费的比重为 73.2%，见图 1-2-3。

（2）车险市场集中度。全省机动车辆保险原保费收入居前三位的公司为人保财险、平安产险、太保产险。2016 年，这三家公司机动车辆保险原

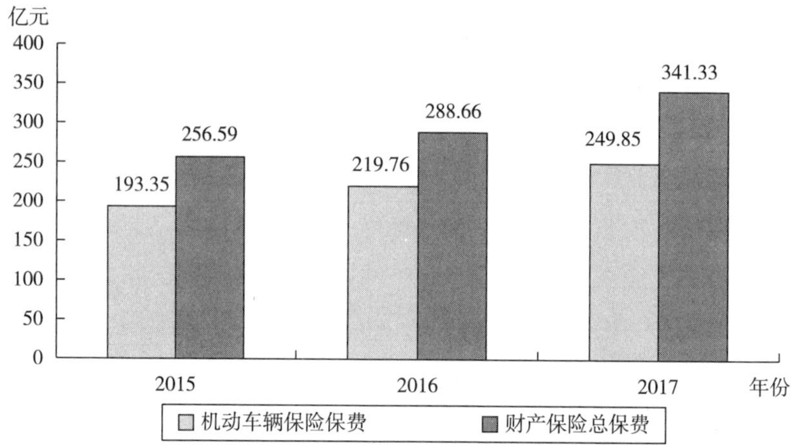

图 1－2－3　2016—2017 年湖北省机动车辆保险保费比重

保费收入分别为 78.84 亿元、49.77 亿元、22.46 亿元，市场份额分别为 35.88%、22.65%、10.22%；2017 年，这三家公司机动车辆保险原保费收入分别为 91.27 亿元、59.33 亿元、26.88 亿元，市场份额分别为 36.53%、23.75%、10.76%，见表 1－2－14、图 1－2－4。

表 1－2－14　2016—2017 年湖北省机动车辆保险前三家公司市场份额

年份	人保财险		平安产险		太保产险		三家合计	
	原保费收入（亿元）	市场份额（%）	原保费收入（亿元）	市场份额（%）	原保费收入（亿元）	市场份额（%）	原保费收入（亿元）	市场份额（%）
2016	78.84	35.88	49.77	22.65	22.46	10.22	151.07	68.74
2017	91.27	36.53	59.33	23.75	26.88	10.76	177.49	71.04

3. 商业车险改革。在 2015 年 12 月 18 日启动的商业车险改革的基础上，根据保监会①商业车险条款费率管理制度改革总体安排，2017 年湖北保监局

① 2018 年 3 月，第十三届全国人民代表大会第一次会议批准国务院机构改革方案，设立中国银行保险监督管理委员会作为国务院直属事业单位，不再保留中国银行业监督管理委员会和中国保险监督管理委员会。2018 年 4 月，中国银行保险监督管理委员会正式挂牌。因本书所涉及的内容均为机构改革前，故书中保险监管机构名称仍用保监会。

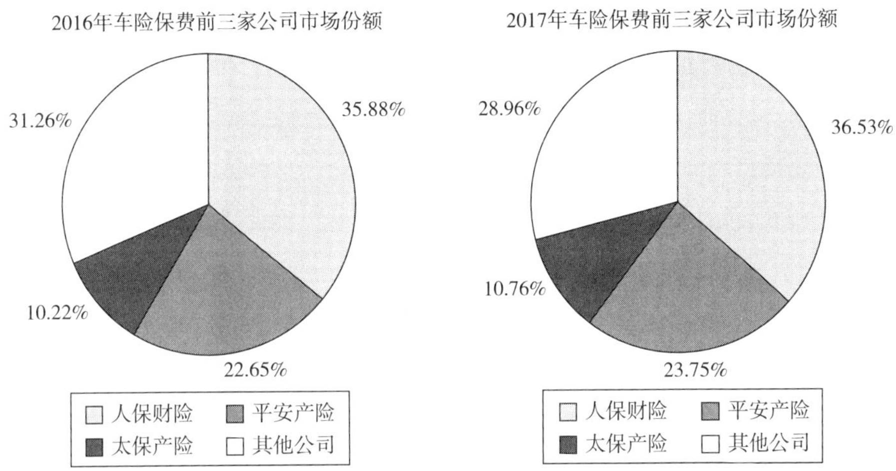

图 1－2－4　2016—2017 年湖北省机动车辆保险前三家公司市场份额

下发了《关于商业车险费率调整上线有关事项的通知》，组织省内财产保险公司于 7 月 8 日启动了商业车险第二次改革。本次改革进一步扩大保险公司定价自主权，将车险自主渠道系数浮动区间从 0.85～1.15 扩大为0.75～1.15。驾驶习惯良好的低风险车主享受商业车险最低折扣率将可由 0.4335 降至 0.3825，下降幅度达 11.8%，达到让利于民的目的。

截至 2017 年底，全省 599.49 万台车辆投保商业险，同比增长 19.03%；签单保费合计 201.55 亿元，同比增长 16.61%。二次改革后，车主投保意识增强。2017 年，同时投保交强险和商业险的车辆占比达 92.02%，同比上升 2.02 个百分点。车辆保险消费者受益明显，2017 年，全省商业险单均保费 3362 元，平均折扣率为 0.631，较上年同期下降 0.0531，续保车辆中有 76.69% 的保费同比下降。

（二）农业保险

1. 业务总体情况。2016 年，湖北省农业保险实现原保费收入 5.59 亿元，同比下降 13.57%，赔付支出 5.76 亿元，同比增长 49.93%，承保亏损 0.42 亿元，同比下降 402.69%。2017 年，湖北省农业保险实现原保费收入 9.23 亿元，同比增长 65.21%，赔付支出 5.95 亿元，同比增长 3.33%，承保亏损 0.12 亿元，同比增长 71.18%，见表 1－2－15。

表 1-2-15　　2016—2017 年湖北省农业保险业务情况

年份	原保费收入（亿元）	同比增长（%）	赔付支出（亿元）	同比增长（%）	承保利润（亿元）	同比增长（%）
2016	5.59	-13.51	5.76	49.93	-0.42	-402.62
2017	9.23	65.21	5.95	3.33	-0.12	71.18
合计	14.82	—	11.71	—	-0.54	—

2. 财政补贴型险种情况。2016—2017 年，全省财政补贴型农业保险累计实现原保费收入 12.01 亿元，赔付支出 8.04 亿元。其中，2016 年实现原保费收入 4.5 亿元，赔付支出 3.77 亿元；2017 年实现原保费收入 7.51 亿元，赔付支出 4.27 亿元。

目前，全省共有 7 家保险主体，376 个县级支公司、720 个乡镇营销服务部经办农业保险业务。各乡镇、村组建立的“三农”保险办公室、服务网点等协办机构超过 2.4 万个，各级保险机构的工作人员达 2080 人，聘请协保员达 2.57 万人。2017 年，共承保水稻 2170.77 万亩，原保费收入 5.18 亿元，赔付支出 3.05 亿元；承保小麦 128.7 万亩，原保费收入 0.22 亿元，赔付支出 0 元；承保油菜 332.12 万亩，原保费收入 3321.19 万元，赔付支出 670.31 万元；承保棉花 68.21 万亩，原保费收入 1909.99 万元，赔付支出 1262.49 万元；承保森林 2348.43 万亩，原保费收入 3522.64 万元，赔付支出 806.9 万元；承保能繁母猪 176.01 万头，原保费收入 1.06 亿元，赔付支出 8651.4 万元；承保奶牛 1.62 万头，原保费收入 584.85 万元，赔付支出 310.2 万元；承保“两属两户”农房 116.02 万户，原保费收入 1044.22 万元，赔付支出 538.33 万元；承保农民工意外 14.72 万人，原保费收入 73.65 万元，赔付支出 17.5 万元。

3. 主要工作及成效。2017 年，在各级政府和相关部门的共同努力下，一是全省农业保险顺利实现“提标、扩面”。全省水稻基础保险每亩保额翻倍（由 200 元提高到 400 元），费率降低（由 7% 降至 6%）。水稻保险覆盖 85 个县市，能繁母猪保险覆盖 79 个县市，油菜、棉花、森林等保险覆盖面也大幅提升。二是确定湖北省京山、监利、襄州等 14 个粮食主产县市为试点县市，开办主要针对适度规模经营主体的专属水稻、小麦农业大灾保险，保障水平覆盖“直接物化成本 + 地租”，水稻总保额达到700元/亩，小麦总保额达到450元/亩，增强了适度规模经营主体应对大灾风险的能力。三是农业保险精准扶贫成效不断凸显。开发的“扶贫保”系列保险产品，确保贫困户真正实现“脱贫路上少风险、致富路上多保障”；支持产业脱贫的黑山羊保险，为406个贫困户、4228只能繁母羊提供了保险，承担风险保额1057万元；扶持贫困农户的贷款保证保险，平均每户可获得贷款2000元。农户负责管理和饲养，企业提供种苗、饲料、肥料和技术，并回购农产品，解决了贫困户无资本、无技术、无市场等问题，共惠及7000多户农户。四是积极发挥农业救灾减灾和灾后理赔的作用。在2016年的暴雨洪涝灾害中，全省农业保险共支付赔款2.36亿元，其中水稻保险赔款1.81亿元，母猪、奶牛等赔款1594万元。在2017年的秋汛灾害中，全省农业保险共支付灾款1.61亿元，其中水稻赔款1.53亿元，棉花赔款800万元。

（三）责任保险

1. 业务总体情况。2016年，湖北省责任保险实现原保费收入10.75亿元，同比增长13.48%，赔付支出5.35亿元，同比增长29.43%，承保利润0.33亿元，同比增长216.91%。2017年，湖北省责任保险实现原保费收入12.95亿元，同比增长20.42%，赔付支出6.36亿元，同比增长22.66%，承保亏损0.64亿元，同比下降295.36%，见表1-2-16。

表1-2-16　2016—2017年湖北省责任保险业务情况

年份	原保费收入（亿元）	同比增长（%）	赔付支出（亿元）	同比增长（%）	承保利润（亿元）	同比增长（%）
2016	10.75	13.48	5.35	29.43	0.33	216.91
2017	12.95	20.42	6.56	22.66	-0.64	-295.36
合计	23.70	—	11.91	—	-0.31	—

2. 环境污染责任险。环境污染责任保险是利用市场机制化解环境风险、处理环境污染纠纷并对受害人予以救助的重要经济和政策手段，是环境污染责任制度和风险监管制度的重要支持和补充，在环境保护制度建设中作用突出。自2008年湖北省开办环境污染责任保险试点以来，湖北省环境污

染责任保险实现原保费收入 4421. 54 万元，累计为 1265 家企业提供风险保障 58. 16 亿元。其中，2017 年，湖北省环境污染责任保险实现原保费收入 1140. 67 万元，共为 290 家企业提供风险保障 20. 69 亿元。

湖北省环境污染责任保险在转移环境污染风险、服务全省“两型”社会建设等方面取得了积极成效，具体体现在“三个发挥”：一是发挥社会管理功能，完善环境风险保障体系。以商业保险辅助生态环境建设，对湖北省传统环境监管进行有益补充，以社会化、市场化途径解决环境污染损害，减轻了政府负担，有效促进政府职能转变。二是发挥风控管理功能，加强企业风险防御能力。保险公司将环评结果与保险费率挂钩，运用经济杠杆作用奖优罚劣，鼓励企业重视风险防范。分散企业对污染事故的赔付压力，促使其快速恢复正常生产。三是发挥经济补偿功能，保障受害者权益。推动环境污染责任保险实现强制化，以社会化、市场化途径解决环境污染损害，使受害人及时获得经济补偿。

3. 安全生产责任险。为进一步发挥商业保险在促进安全生产中的积极作用，湖北省从 2008 年开始推行安全生产责任保险制度。自 2008 年至今，全省累计承保安全生产企业共 2. 44 万家（次），提供风险保障金额达 1137. 82 亿元，实现签单保费收入 6. 25 亿元，累计支出赔款 3. 14 亿元。其中，2017 年，全省承保安全生产企业 3024 家（次），提供风险保障金额达 192. 88 亿元，实现签单保费 6671. 3 万元，赔付支出 2444. 31 万元。

安全生产责任保险试点范围包含所有煤矿、非煤矿山、危险化学品、烟花爆竹生产、经营企业，以及其他高危行业企业、重大在建项目。2010 年以来，省政府先后印发了 5 个重要文件，对大力推进安全生产责任险工作提出了明确要求。湖北保监局与湖北省安监局联合印发了 2 个重要文件，对新形势下如何开展安全生产责任险工作作出了明确规定。省、市、县三级安监部门和承保公司均成立了安全生产责任险推动工作领导小组，建立了联席会议制度，把安全生产责任险的推动工作纳入对各市州年度目标考核的重要内容，严格奖惩兑现。试点以来，安全生产责任保险在安全生产工作中发挥的作用越来越大，在一定程度上转移了投保企业的安全责任风险，减轻了企业和政府负担，保障了伤亡职工的合法权益。

（四）保证保险

1. 业务总体情况。2016 年，湖北省保证保险实现原保费收入 3.4 亿元，同比下降 40.54%，赔付支出 1.8 亿元，同比增长 10.31%，承保利润 0.93 亿元，同比下降 36.9%。2017 年，湖北省保证保险实现原保费收入 11.55 亿元，同比增长 239.17%，赔付支出 1.87 亿元，同比增长 4.275%，承保利润 0.54 亿元，同比下降 42.06%，见表 1－2－17。

表 1－2－17　　2016—2017 年湖北省保证保险业务情况

年份	原保费收入（亿元）	同比增长（%）	赔付支出（亿元）	同比增长（%）	承保利润（亿元）	同比增长（%）
2016	3.40	－40.54	1.80	10.31	0.93	－36.90
2017	11.55	239.17	1.87	4.27	0.54	－42.06
合计	14.95	—	3.67	—	1.47	—

2. 小额贷款保证保险。近年来，湖北省保险业紧密围绕省委、省政府的中心工作，积极探索开展小额贷款保证保险试点工作，以保险方式打通金融机构与小微企业之间的“输血”通道，助力化解小微企业融资难、融资贵的问题。自湖北省小额贷款保证保险试点以来，已累计为 12.72 万个小微企业及个人融资达 217.5 亿元，共计赔付 4.84 亿元。其中，2017 年累计为 5.39 万个小微企业及个人融资 64.04 亿元，共计赔付 1.29 亿元。

小额贷款保证保险试点工作在全省各级政府的大力支持下，在保险、银行共同协作努力下，取得了初步的成效。一是优化资金配置，发挥了财政资金杠杆作用。通过设立风险补偿专项资金或者以保费补贴和贷款贴息的方式支持企业融资，比直接向每个经济个体注入资金更能发挥财政资金的使用效率。二是降低融资成本，减轻了企业负担。湖北省在小额贷款保证保险方面出台的保费补贴、贷款贴息等优惠政策，大幅降低了企业融资成本。三是增强发展动力，提升了企业的经营能力。小微企业通过小额贷款保证保险获得资金支持，用于扩大生产和更新技术，提升了企业的经营能力，有力推动了实体经济发展。

第二节　主要特点及问题

2016—2017 年，湖北省财产保险业整体运行平稳，保费规模实现稳步增长，盈利能力逐步增强，服务水平不断提升。财产保险业发展过程中呈现出许多特点和亮点，也暴露出一些难点和问题。

一、主要特点

（一）保费规模保持较快增长

2016 年，湖北省财产保险业实现原保费收入 288.66 亿元，保费规模居全国第 12 位，同比增长 12.5%，保费增幅居全国第 11 位，高于全国增幅 2.49 个百分点。其中，机动车辆保险实现原保费收入 219.76 亿元，规模居全国第 11 位，同比增长 13.66%，增幅居全国第 10 位，高于全国平均增幅 3.41 个百分点。

2017 年，全省财产保险业实现原保费收入 341.33 亿元，保费规模居全国第 12 位，同比增长 18.25%，保费增幅居全国第 8 位，高于全国平均增幅 5.49 个百分点。其中，机动车辆保险实现原保费收入 249.85 亿元，规模居全国第 10 位，同比增长 13.69%，保费增幅居全国第 10 位，高于全国平均增幅 3.65 个百分点。

（二）车险盈利能力优势明显

2016 年，全省财产保险业实现承保利润 4.31 亿元，居全国第 19 位。其中，机动车辆保险实现承保利润 8.38 亿元，居全国第 10 位，利润额较上年同期增加 1.22 亿元，同比增长 17.12%，增幅居全国第 15 位，较上年同期提升了 3 位。机动车辆保险承保利润率为 4.16%，与上年基本持平，居全国第 16 位。

2017 年，全省财产保险业实现承保利润 8.52 亿元，居全国第 14 位。其中，机动车辆保险实现承保利润 11.7 亿元，居全国第 6 位，利润额较上年同期增加3.32亿元，同比增长39.54%，增幅居全国第14位，较上年同期提升了1位，机动车辆保险承保利润率为5.03%，较上年上升0.87个百分点，居全国第13位。

(三) 服务实体经济全面深入

一是以保证保险为抓手，降低企业融资成本。积极探索开展小额贷款保证保险试点工作，以保险方式打通金融机构与小微企业之间的“输血”通道。在全省范围内探索出东湖模式、咸宁模式、宜昌模式、红安模式等小额贷款保证保险发展模式，在武汉市全面推广“科贷保”业务，形成了企业贷、科技贷、助农贷等多个“政银保”合作项目。二是以科技保险为抓手，服务企业科技成果产业化。将科技保险从传统的财产类、产品类、人身类等领域，逐步向增信类、融资类、研发类延伸，着重发展科技型企业贷款保证保险，不断完善首台（套）重大技术装备保险，积极开展新材料首批次应用保险。三是以信用保险为抓手，服务“一带一路”经贸活动。指导保险公司与国家开发银行、工商银行等10家银行签署战略合作协议，全面启动湖北省出口信用险保单融资工作。推动中国信保总公司与省政府签订“深化合作协议”，着力提高湖北省外经贸企业的抗风险能力。

(四) 辅助社会治理成效显著

依托责任类保险服务社会治理体系建设，与卫计委、教育厅等单位联合印发了《关于改革完善预防接种异常反应补偿机制的通知》《湖北省中小学生研学旅行试点实施意见》等7个责任险类文件。一是促进政府职能转变。推动预防接种异常反应补偿机制由“财政补偿”向“保险补偿”转变，形成了“基础保险”加“补充保险”的保险补偿体系。二是提升社会安全度。落实湖北省以安全生产责任保险代替安全生产风险抵押金制度，并在矿山、交通运输等高危行业领域强制实施安全生产责任险。三是助力“平安医院”建设。积极参加国务院法制办、国家卫计委组织的医疗纠纷预防和处理立法调研会，推动医疗责任险立法工作。四是提升全社会保险意识。开展“食品安全活动周”宣传工作，与省质监局联合举办“质量月”活动新闻发布会，湖北电视台、《湖北日报》等主流媒体进行了广泛宣传报道，带动了企业积极投保。

二、存在的问题

（一）车险保费收入增幅趋缓

随着汽车消费逐步度过高峰期，参保汽车数量增幅逐渐降低。湖北省承保汽车数量的增幅由 2015 年的 20.93% 增至 2016 年的 21.16%，又下降到 2017 年的 19.04%。

2016 年，全省机动车辆保险实现原保费收入 219.76 亿元，规模居全国第 11 位，同比增长 13.66%，增幅居全国第 10 位，高于全国增幅 3.41 个百分点。2017 年，全省机动车辆保险实现原保费收入 249.85 亿元，规模居全国第 10 位，同比增长 13.69%，居全国第 10 位，增幅略高于上年。由于保费规模占财产保险保费的 70% 以上，机动车辆保险增幅趋缓将会导致全省财产保险市场发展速度变慢。

（二）市场费用水平仍然偏高

1. 综合费用率总体偏高。2016 年，全省财产保险综合费用率为 36.22%，其中，机动车辆保险综合费用率为 35.82%。2017 年，全省财产保险综合费用率为 35.52%，其中，机动车辆保险综合费用率为 35.6%。

2. 手续费用率明显上升。2016 年，全省财产保险手续费用率为 13.74%，较上年同期上升 4.78 个百分点。其中，机动车辆保险手续费用率为 14.17%，较上年同期上升 5.67 个百分点。2017 年，全省财产保险手续费用率为 18.21%，较上年同期上升 4.47 个百分点。其中，车险手续费用率为 20.96%，较上年同期上升 6.79 个百分点。

（三）农业保险发展面临瓶颈

2017 年，湖北省财政补贴型农业保险“提标、扩面、增品”工作取得很大突破，但仍存在一些突出问题。

1. 总体发展偏慢。2017 年底，湖北省农业保险保费为 9.23 亿元，排名居全国第 18 位，中部第 5 位。湖北省开办的 7 个中央补贴险种中，除水稻保险、能繁母猪保险、奶牛保险 3 个险种外，森林保险、小麦保险、油菜保险、棉花保险 4 个险种均只在局部试点，尚未全面推开。

2. 保险品种偏少。目前，中央财政对 15 个农业险种给予资金补贴支持，但湖北省只开办了 7 个，而河南和安徽开办了 10 个，湖南开办了 9 个，发展潜力有待进一步挖掘。

3. 保障程度不高。以水稻保险为例，湖北省针对广大农户的基础保险保额为 400 元/亩，安徽为 406 元/亩，湖南最高达 500 元/亩，江苏最高达 700 元/亩；实施大灾保险试点后，湖北省新型经营主体保额提升为 700 元/亩，湖南为 800 元/亩，江苏为 1100 元/亩，安徽通过开展“基本险 + 补充险 + 商业险”试点，保额最高可达 1200 元/亩。

（四）部分险种发展不及预期

1. 企业投保意愿不强。如小额贷款保证保险，武汉高新区内共有 2 万多家小微企业，小额贷款保证保险的承保覆盖面仅为 3‰。又如科技保险中，对于一些特殊风险，如科技研发、成果转化等阶段的风险，企业投保比例历年来一直较低。而环境污染责任险、食品安全责任险等险种，由于认识不足、心存侥幸，或者负担较重、资金紧张等原因，积极主动投保的企业不多。

2. 政策法规支持不够。一方面，对企业给予保费补贴、贷款贴息等的优惠政策不平衡、不稳定。如小额贷款保证保险，全省范围内出台小额贷款保证保险补贴政策的县（区）仅有 15 个，大部分地区都还没有建立保费补贴制度；另一方面，缺少强制推行的法律依据。如环境污染责任保险、安全生产责任保险、医疗责任保险等，这些险种的社会效益都很强，但由于不是强制性保险，难以发挥应有的作用。

3. 保险服务能力跟不上。一方面，保险产品缺乏创新，条款相对单一，同质化程度高，难以体现行业内不同企业之间的差异性，不能覆盖企业生产经营的全部风险；另一方面，保险公司缺乏专业人才的培养与储备，险种定价能力、风险评估能力、事故认定能力等明显不足。

第三节　发展展望

近年来，中央高度重视湖北的发展，提出了“建成支点、走在前列”的发展要求，并对湖北专门出台了一系列优惠政策，湖北已成为中部地区改革发展的政策高地和创新创业的热土。湖北经济社会发展也取得了巨大成就。2016 年全省地区生产总值首次突破 3 万亿元，在全国排名第 7 位。2017 年地区生产总值达 3.65 万亿元，同比增长 7.8%。

当前，湖北经济处在转型升级、动能转换的关键阶段。从有利因素看，消费内需扩大、城市化进程加速、供给侧结构性改革持续推进，有力推动产业结构、需求结构和发展方式持续转型，新经济、新业态、新模式快速涌现，为财产保险业带来新的发展机遇。从不利因素看，传统去产能进程深入推进，绿色发展成为主流，环保压力持续加大，与能源、钢铁、造纸等高耗能、高污染行业相关的保险业务将面临保源萎缩和保费下滑的局面。在中央、省委、省政府高度重视和支持下，在湖北保监局党委的正确领导下，在全省财产保险机构的共同努力下，湖北省财产保险业一定会实现更加稳健的发展。

一、车辆保险增长动能减弱

一是随着城市汽车保有量趋于饱和，小排量车税收优惠政策逐步退出，加上环保压力持续增大、公路超载治理力度增强，未来一段时期汽车消费增长滞缓，车辆保险承保数量增速将逐步趋缓。二是商业车险改革力度加大，车险定价权交给市场，保费折扣系数进一步放开，对车均保费的影响将逐步显现。尽管车辆价格和保险深度仍有提升空间，但综合各种因素，机动车保险市场的成长性较以往有所下降，进入中低速增长阶段。

二、民生类保险逐步发力

一是国家推进农业供给侧结构性改革和实施乡村振兴战略，将推动农业保险实现新的发展。传统农业保险在提标、扩面、增品方面还有一定的发展空间；新型农业保险，如目标价格保险、气象指数保险、“保险+期货”等险种也迎来新的发展机遇；国家扶贫战略还将带动扶贫类农业保险快速增长。二是城镇居民基本医保和新农合“二保合一”、城乡居民报销比例上升等因素将推动大病保险筹资标准提升，健康险发展前景可期。三是在国家安全生产、环境保护等发展战略要求推动下，安全生产责任险、环境污染责任险等准强制性险种将迎来较大的发展空间。

三、主要非车财产保险企稳向好

一是政府在短板领域投资、推动 PPP 模式发展，加大地铁、高铁等领域的投资力度，将拉动工程保险、企业财产保险保持一定增速。二是伴随武汉城市圈科技金融改革创新专项方案、《中国制造 2025》等国家政策的实施，科技类保险在服务实体经济和降低企业经营风险，促进企业科技成果产业化方面将进一步发挥独到优势。三是我国“一带一路”倡议的持续推进、武汉自贸区逐步建成，贸易自由化和通关便利等利好将带动相关海外项目的出口信用险保险等业务快速发展。

四、科技发展促进保险产业转型升级

大数据、人工智能、区块链等技术与保险业的结合更加紧密，逐渐渗入保险公司经营核心，重塑产品设计、承保定价、分销渠道、理赔服务、运营支持等关键环节。一方面，科技深刻地改变消费者的行为习惯，推动客户保险需求升级；另一方面，积极有力地推动保险主体商业模式升级，满足客户的价值主张从经济损失补偿向风险解决方案转变。

第三章　湖北人身保险市场发展情况

第一节　市场概况

2016—2017 年，湖北省人身保险业牢固树立新发展理念，坚持质量优先、效率至上，注重供给侧的增量优化、动能转换，业务结构调整取得积极成效，整体保持较快增长；坚持“以人民为中心”的理念，把提高民生保障和完善社会治理作为发展的出发点和落脚点，在构建多层次社会保障体系、提高社会治理水平、助力脱贫攻坚等方面发挥了积极作用。

一、基本情况

（一）保费收入规模与结构

两年来，湖北省人身保险业稳步发展。原保险保费收入从 763.11 亿元增至 1005.44 亿元，同比增长率从 29.99% 上升至 31.76%，保费规模在全国排名第 10 位，人身保险深度从 2.36% 上升至 2.75%，人身保险密度从 1296.7 元增至 1703.56 元。

1. 渠道结构。银行邮政代理、公司直销和个人代理是全省人身保险业的主要销售渠道。2016—2017 年，主要销售渠道保费收入保持较快速度增长。银行邮政代理渠道保费收入增长较快，保费收入从 302.84 亿元增至 405.41 亿元，同比增长率从 23.51% 上升至 33.87%，占人身保险业总保费收入的比重从 39.68% 上升至 40.32%；公司直销渠道保费收入增速放缓，保费收入从 59.51 亿元增至 61.77 亿元，同比增长率从 22.35% 下降至 3.8%，占人身保险业总保费收入的比重从 7.8% 下降至 6.14%；个人代理和其他渠道[①]保费收入稳定增长，分别从387.18亿元和13.58亿元增至518.14亿元和20.12亿元，同比增长率分别从36.37%下降至33.82%和从46.02%上升至48.23%，占人身保险业总保费收入比重分别从50.74%和1.78%上升至51.54%和2%。

除传统销售渠道外，全省人身保险业新型销售渠道保费收入出现分化。2016—2017年，公司直销渠道中电话销售渠道保费收入增长放缓，从8.73亿元上升至10.52亿元，同比增长率从36.2%下降至20.5%；公司直销渠道中互联网销售渠道保费收入出现回落，从15.24亿元下降至10.2亿元，同比增长率从103.47%下降至-33.07%。

2. 险种结构。2016年，人寿保险、年金保险、健康保险和意外伤害保险保费收入分别为325.17亿元、304.83亿元、115.6亿元、17.51亿元，同比增长率分别为16.57%、40.84%、48.43%、27.25%，分别占人身保险业总保费收入的42.61%、39.95%、15.15%、2.29%；2017年，人寿保险、年金保险、健康保险和意外伤害保险保费收入分别为391.18亿元、438.89亿元、154.33亿元、21.04亿元，同比增长率分别为20.3%、43.98%、33.51%、20.22%，分别占人身保险业总保费收入的38.91%、43.65%、15.35%、2.09%。

2016—2017年，年金保险业务发展速度较快，保费收入从304.83亿元增至438.89亿元，同比增长率从40.84%上升至43.98%，占人身保险业总保费收入的比重从39.95%上升至43.65%，人寿保险和健康保险业务稳定增长，保费收入分别从325.17亿元和115.6亿元增至391.18亿元和154.33亿元，同比增长率分别从16.57%和40.84%上涨至20.3%和43.98%，分别占人身保险业总保费收入的比重从42.61%和48.43%下降至38.91%和33.51%；意外伤害保险业务增长速度放缓，保费收入从17.51亿元增至21.04亿元，同比增长率从27.25%下降至20.22%，占人身保险业总保费收入的比重从2.29%下降至2.09%。

两年间，普通寿险业务持续快速发展，保费收入从336.54亿元增至

① 其他渠道包括保险专业代理、保险经纪业务和其他兼业代理。

471.47 亿元，占人身保险业总保费收入的比重从 53.42% 上升至 56.8%；分红寿险业务发展速度放缓，保费收入从 288.61 亿元增至 353.58 亿元，占人身保险业总保费收入的比重从 45.81% 下降至 42.6%；万能寿险和投资连结寿险因投资部分不计入保险合同核算，占人寿保险业总保费收入比重变化较小，分别从 0.75% 下降至 0.59% 和保持 0.02% 不变。

万能型和投资连结型寿险业务投资部分交费分别计入保户投资款和投连险独立账户核算。2016—2017 年，全省人身保险业保户投资款新增交费分别为 405.86 亿元和 168.74 亿元。同期，投连险独立账户新增交费分别为 5.31 亿元和 5.95 亿元。

3. 地区结构。全省 13 个市州中，武汉地区人身保险业保费收入占全省的比重持续排名第 1 位，业务保持平稳发展。2016—2017 年，武汉地区保费收入从 304.55 亿元增至 407.76 亿元，同比增长率从 40.59% 下降至 33.89%，从高于全省平均水平的 10.6 个百分点下降至 2.13 个百分点，占全省人身保险业保费收入的比重从 39.91% 上升至 40.55%，分别超过武汉地区 GDP 占全省的比重 3.4 个百分点和 3.83 个百分点。

荆州地区人身保险业保费收入占全省的比重持续排名第二位，业务发展速度相对较慢。2016—2017 年荆州地区保费收入从 81.46 亿元增至 100.16 亿元，同比增长率从 26.11% 下降至 22.96%，从低于全省平均水平 3.88 个百分点下降至低于全省平均水平 8.8 个百分点，占全省人身保险业保费收入的比重从 10.67% 下降至 9.96%。

宜昌、襄阳、黄冈等地区人身保险业保费收入占全省的比重持续排名第 3 至第 5 位。其中，襄阳地区业务发展速度较快，2016—2017 年保费收入从 51.55 亿元增至 76.13 亿元，同比增长率从 25.02% 上升至 47.7%，从低于全省平均水平 4.97 个百分点上升至高于全省平均水平 15.94 个百分点，保费增速全省排名第 1 位，占全省人身保险业保费收入的比重从 6.75% 上升至 7.57%；宜昌、黄冈地区业务发展速度稳定，2016—2017 年保费收入分别从 58.61 亿元和 51.46 亿元增至 78.95 亿元和 70.2 亿元，同比增长率分别从 34.23% 和 15.59% 上升至 34.72% 和 36.41%，分别从高于全省平均水平 4.24 个百分点下降至 2.96 个百分点和由低于全省平均水平 14.4 个百分点上升至高于全省平均水平 4.65 个百分点，占全省人身保险业保费收入的比重分别从 7.68% 和 6.74% 上升至 7.85% 和 6.98%。

孝感、十堰、荆门、黄石、咸宁、恩施、随州、鄂州地区人身保险业保费收入占全省的比重排名第 6 至第 13 位。其中，黄石、咸宁地区业务发展速度较快，2016—2017 年保费收入分别从 25.64 亿元和 23.17 亿元增至 34.24 亿元和 33.45 亿元，同比增长率分别从 13.98% 和 14.93% 上升至 33.56% 和 44.35%，分别从低于全省平均水平 16.01 个百分点和 15.06 个百分点上升至高于全省平均水平 1.8 个百分点和 12.59 个百分点，占全省人身保险业保费收入的比重分别从 3.36% 和 3.04% 上升至 3.41% 和 3.33%。

孝感、十堰、荆门、恩施、随州、鄂州地区业务发展速度较慢，2016 年保费收入分别为 37.67 亿元、38.83 亿元、39.04 亿元、23.31 亿元、15.17 亿元、12.3 亿元，同比增长率分别为 27.64%、34.87%、26.11%、11.71%、24.41%、29.02%，分别低于全省平均水平 2.35 个百分点、高于全省平均水平 4.88 个百分点、低于全省平均水平 3.88 个百分点、18.28 个百分点、5.58 个百分点、0.97 个百分点，占全省人身保险业保费收入的比重分别为 4.94%、5.09%、5.12%、3.05%、1.99%、1.61%；2017 年保费收入分别为 49.45 亿元、49 亿元、46.49 亿元、28.37 亿元、17.18 亿元、13.52 亿元，同比增长率分别为 31.26%、26.15%、19.09%、21.7%、13.29%、9.95%，分别低于全省平均水平 0.5 个百分点、5.61 个百分点、12.76 个百分点、10.06 个百分点、18.47 个百分点、21.81 个百分点，占全省人身保险业保费收入的比重分别为 4.92%、4.87%、4.62%、2.82%、1.71%、1.35%。

2016—2017 年湖北省及各州市人身保险业保费收入年增长率和湖北省人身保险业保费收入地区结构分别见图 1－3－1、图 1－3－2。

（二）赔付支出规模与结构

2016—2017 年，全省人身保险业赔付支出持续增长，从 216.1 亿元增至 233.57 亿元，同比增长率从 38.33% 下降至 8.08%，从高于保费收入增长率 8.34 个百分点下降至低于保费收入增长率 23.68 个百分点。

1. 险种结构。两年间，寿险业务赔付支出增长趋缓，赔付支出从

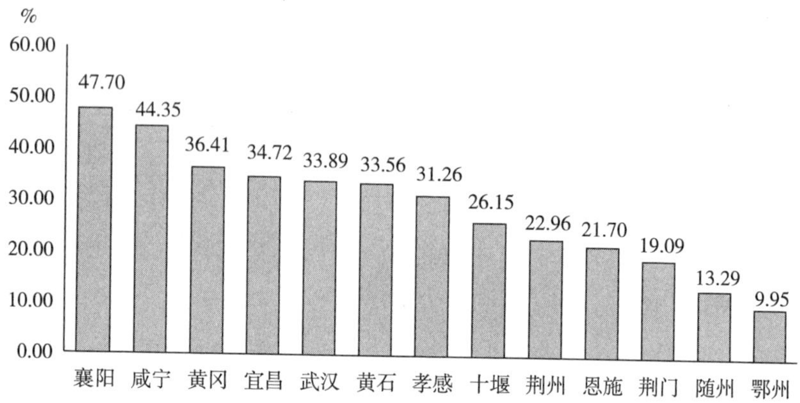

图 1－3－1　2016—2017 年湖北省及各州市人身保险业保费收入年增长率

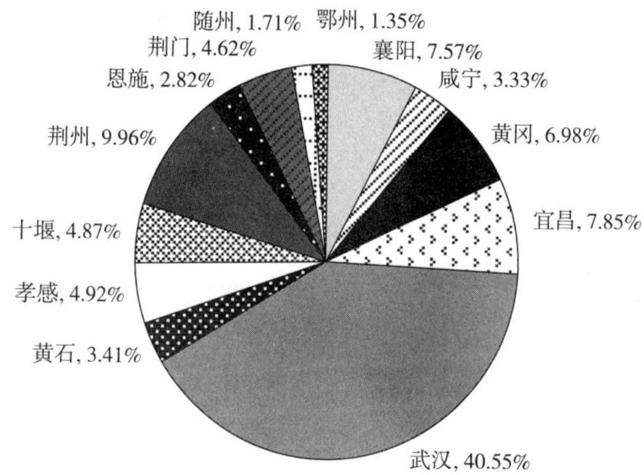

图 1－3－2　2016—2017 年湖北省人身保险业保费收入地区结构

185. 16 亿元增至 191. 64 亿元，同比增长率从 41. 78% 下降至 3. 49%，从高于总赔付支出年均增长率 3. 45 个百分点下降至低于总赔付支出年均增长率 4. 59 个百分点，占全省人身保险业赔付支出的比重从 85. 68% 下降至 82. 05%；健康保险和意外伤害保险赔付支出增长速度相对较快，赔付支出分别从 27. 81 亿元和 3. 13 亿元增至 38 亿元和 3. 94 亿元，同比增长率分别从 19. 92% 上升至 36. 62% 和从 28. 81% 下降至 25. 9%，分别低于总赔付支出增长率 18. 41 个百分点和 9. 52 个百分点上升至高于总赔付支出增长率

28. 54 个百分点和 17. 82 个百分点，占全省人身保险业赔付支出的比重分别从 12. 87% 和 1. 45% 上升至 16. 27% 和 1. 68%，见图 1 –3 –3。

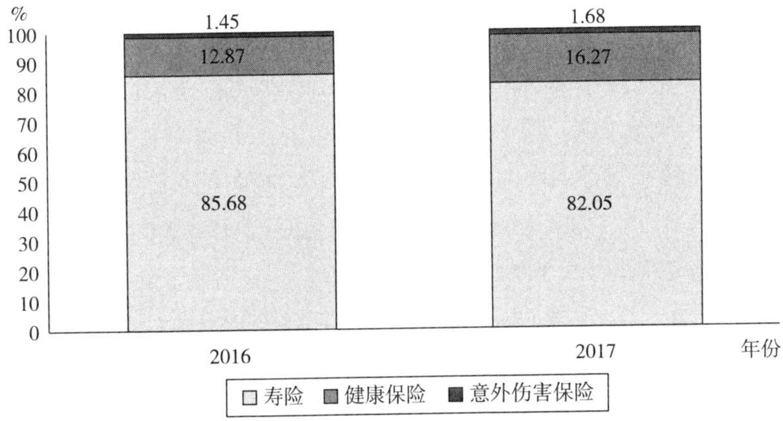

图 1 –3 –3　2016—2017 年湖北省人身保险业赔付支出险种结构

2. 地区结构。全省 13 个地市州中，武汉地区人身保险业赔付支出占全省的比重持续排名第 1 位，2016—2017 年武汉地区赔付支出从 61. 97 亿元增至 62. 31 亿元，同比增长率从 22. 79% 下降至 0. 55%，从低于全省平均水平 15. 54 个百分点上升至低于全省平均水平 7. 53 个百分点，占全省人身保险业赔付支出的比重从 28. 68% 下降至 26. 68%。

恩施、黄冈、随州、荆州、咸宁、宜昌地区人身保险赔付支出增长较快。2016 年赔付支出分别为 8. 28 亿元、18. 11 亿元、6. 02 亿元、24. 24 亿元、7. 29 亿元、20. 3 亿元，同比增长率分别为 58. 62%、24. 98%、84. 66%、47. 45%、65. 31%、40. 1%，分别高于全省平均水平 20. 29 个百分点、–13. 35 个百分点、46. 33 个百分点、9. 12 个百分点、26. 98 个百分点、1. 77 个百分点，占全省人身保险业赔付支出的比重分别为 3. 83%、8. 38%、2. 79%、11. 22%、3. 37%、9. 39%；2017 年赔付支出分别为 11. 43 亿元、22. 7 亿元、7. 07 亿元、28. 11 亿元、8. 25 亿元、22. 75 亿元，同比增长率分别为 38. 02%、25. 32%、17. 33%、15. 95%、13. 22%、12. 06%，分别高于全省平均水平 29. 94 个百分点、17. 24 个百分点、9. 24 个百分点、7. 87 个百分点、5. 14 个百分点、3. 97 个百分点，占全省人身保险业赔付支出的比重分别为 4.89%、9.72%、3.03%、12.04%、3.53%、9.74%。

鄂州、孝感、十堰、荆门地区人身保险赔付支出增长较慢。2016 年赔付支出分别为2.39 亿元、11.62 亿元、12.51 亿元、18.85 亿元，同比增长率分别为32.04%、31.75%、44.96%、69.06%，分别低于全省平均水平 6.29 个百分点、6.58 个百分点、高于全省平均水平 6.63 个百分点、30.73 个百分点，占全省人身保险业赔付支出的比重分别为 1.11%、5.38%、5.79%、8.72%；2017 年赔付支出分别为 2.55 亿元、12.36 亿元、12.79 亿元、19 亿元，同比增长率分别为6.91%、6.32%、2.24%、0.77%，分别低于全省平均水平 1.17 个百分点、1.76 个百分点、5.85 个百分点、7.31 个百分点，占全省人身保险业赔付支出的比重分别为 1.09%、5.29%、5.48%、8.13%。

黄石、襄阳地区人身保险赔付支出小幅回落。2016—2017 年，赔付支出分别从 7.18 亿元和 17.31 亿元下降至 7.14 亿元和 17.09 亿元，同比增长率分别从 24.01% 和 54.41% 下降至 -0.65% 和 -1.31%，分别从低于全省平均水平 14.32 个百分点上升至低于全省平均水平 8.73 百分点和高于全省平均水平 16.08 个百分点下降至低于全省平均水平 9.39 个百分点，占全省人身保险业赔付支出的比重分别从 3.32% 和 8.01% 下降至 3.06% 和 7.32%。

2016—2017 年湖北省及各市州人身保险业赔付支出同比增长率和湖北省人身保险业赔付支出地区结构分别见图 1-3-4、图 1-3-5。

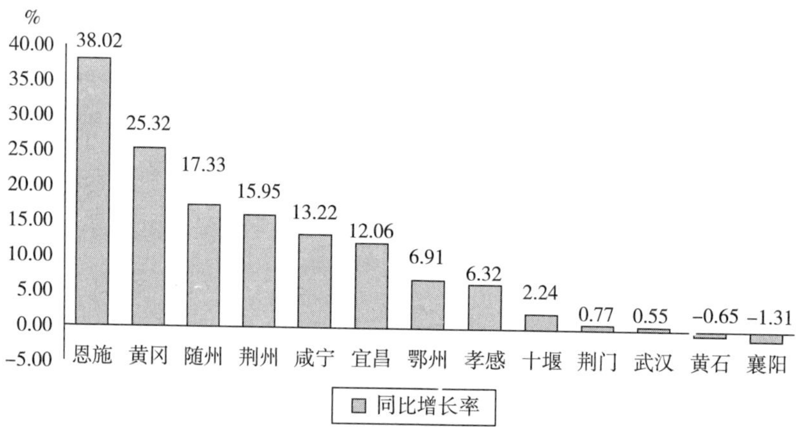

图 1-3-4　2016—2017 年湖北省及各市州人身保险业赔付支出同比增长率

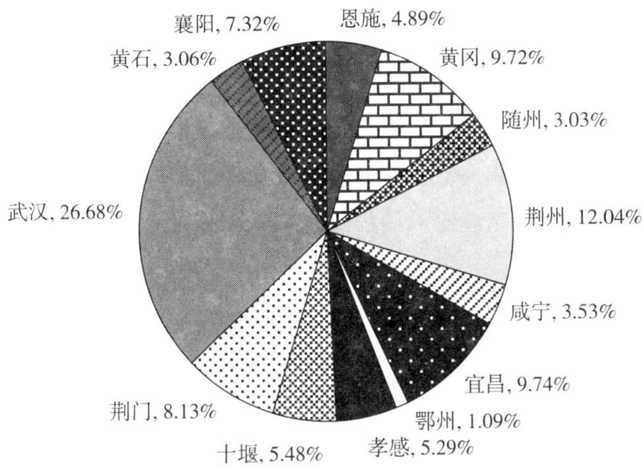

图 1－3－5 2016—2017 年湖北省人身保险业赔付支出地区结构

二、竞争态势

（一）经营主体数量及分布

从市场主体看，截至 2017 年底，湖北省人身保险业共有总公司 1 家、省级分公司 42 家。省级分公司中，从保险公司资本属性看，中资保险公司有 29 家，外资保险公司有 13 家。从保险公司业务范围看，人寿保险公司有 37 家，专业性养老保险公司有 3 家，专业健康保险公司有 2 家。

从经营机构看，截至 2017 年底，湖北人身保险业共有各级机构 2386 家，其中包括总公司 1 家、省级分公司 42 家、中心支公司 242 家、支公司 448 家、营业部 197 家、营销服务部 1448 家、专属机构 9 家。2016—2017 年，机构数量总体保持增长，中心支公司和支公司数量增长较快，分别新增 16 家和 22 家，营业部、营销服务部和专属机构数量出现回落，各撤销 1 家。

从地区分布看，截至 2017 年底，黄冈、武汉、宜昌、孝感、襄阳、恩施、十堰、咸宁、荆州、荆门、黄石、随州、鄂州和省直辖县级行政单位分别设有人身保险机构 312 家、308 家、301 家、199 家、197 家、165 家、153 家、148 家、139 家、131 家、98 家、85 家、24 家和 118 家，见图 1－3－6。

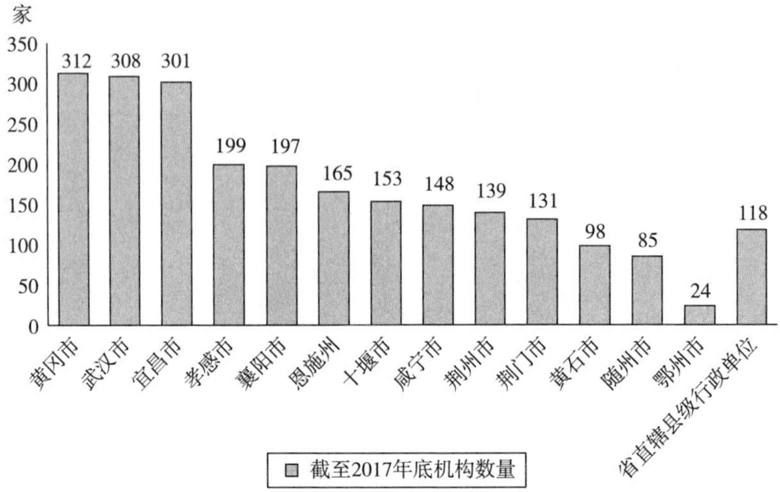

图1-3-6　2017年湖北省人身保险业经营机构地区分布

（二）市场份额

从保险公司资本属性看，湖北省外资人身保险公司业务发展速度相对较快，2016—2017年，保费收入从46.48亿元增至89.38亿元，同比增长率从71.7%上升至92.3%，高于全省平均水平从41.71个百分点上升至60.54个百分点，占全省人身保险业保费收入的比重从6.09%上升至8.89%；中资人身保险公司业务发展速度相对缓慢，但仍占据了绝大多数市场份额，2016—2017年，保费收入从716.63亿元增至916.06亿元，同比增长率从27.98%下降至27.83%，从低于全省平均水平2.01个百分点下降至低于全省平均水平3.93个百分点，占全省人身保险业保费收入比重从93.91%下降至91.11%。

从保险公司业务范围看，人寿保险公司持续稳定发展，2016—2017年，保费收入从734.52亿元增至983.69亿元，同比增长率从29.29%上升至33.92%，从低于全省平均水平0.7个百分点上升至高于全省平均水平2.16个百分点，占全省人身保险业保费收入的比重从96.25%上升至97.84%；专业养老保险公司业务发展速度放缓，2016—2017年，保费收入从5.01亿元增至6.44亿元，同比增长率从40.73%下降至28.54%，从高于全省平均水平 10.74 个百分点下降至低于全省平均水平 3.22 个百分点，占全省人身保险业保费收入的比重从 0.66% 下降至 0.64%；专业健康保险公司保险业务出现回落，2016—2017 年，保费收入从 23.57 亿元下降至 15.31 亿元，同比增长率从 53.35% 下降至 -35.04%，从高于全省平均水平 23.36 个百分点下降至低于全省平均水平 66.8 个百分点，占全省人身保险业保费收入的比重从 3.09% 下降至 1.52%。

（三）市场集中度

2016 年，湖北省各人身保险公司中，中国人寿湖北省分公司保费收入排名全省第一，从 109.24 亿元增至 124.64 亿元，但所占市场份额呈下降趋势，从 14.32% 下降至 12.4%。2017 年，平安寿险湖北省分公司保费收入排名全省第一，从 106.86 亿元增至 155.53 亿元，所占市场份额呈上升趋势，从 14% 上升至 15.47%。2016—2017 年，保费收入前 8 位的公司合计保费收入从 523.61 亿元增至 673.33 亿元，合计所占市场份额呈持续下降趋势，从 68.62% 下降至 66.97%。

三、经营效益

（一）资产状况

湖北省人身保险业总资产增长较快，从 2016 年的 2135.26 亿元增至 2017 年的 2362.14 亿元，同比增长率从 21.59% 下降至 10.63%。

（二）承保利润

湖北省人身保险业短期险承保利润平稳增长，2016—2017 年，盈利从 2.79 亿元增至 3.39 亿元，但承保利润率从 2.1% 下降至 1.93%。

具体险种方面，2016—2017 年，意外伤害保险承保持续盈利，承保利润从 4.07 亿元增至 5.42 亿元，承保利润率从 23.24% 上升至 25.75%；短期健康险承保持续亏损，从亏损 1.28 亿元到亏损 2.03 亿元，承保利润率从 -1.11% 下降至 -1.32%。

四、主要险种发展情况

（一）人寿保险

2016—2017 年，湖北省人寿保险业务平稳增长，保费收入从 325. 17 亿元增至 391. 18 亿元，同比增长率从 16. 57% 上升至 20. 3%，占人身保险业总保费收入的比重从 42. 61% 下降至 38. 91%。

人寿保险分为定期寿险、终身寿险和两全保险。① 其中，两全保险由于同时具有储蓄性、给付性和返还性，保险期间比终身寿险更加灵活，更受保险消费者欢迎，因而所占市场份额较高。2016—2017 年，两全保险收入从 254. 59 亿元增至 295. 4 亿元，在人寿保险总保费收入中的比重从 78. 29% 下降至 75. 52%。其中，普通型两全保险收入从 74. 94 亿元增至 138. 46 亿元，占两全保险总保费收入的比重从 29. 44% 上升至 46. 87%；分红型两全保险保费收入从 179. 65 亿元下降至 156. 94 亿元，占两全保险总保费收入的比重从 70. 56% 下降至 53. 13%。

终身寿险和定期寿险所占市场份额较低。2016—2017 年，终身寿险保费收入从 63. 39 亿元增至 88. 12 亿元，在人寿保险总保费收入中的比重从 19. 49% 上升至 22. 53%；定期寿险保费收入从 2. 37 亿元增至 2. 66 亿元，在人寿保险总保费收入中的比重从 0. 73% 下降至 0. 68%。

（二）年金保险

2016—2017 年，年金保险业务稳步发展，保费收入从 304. 83 亿元增至 438. 89 亿元，同比增长率从 40. 84% 上升至 43. 98%。占人身保险业总保费收入的比重从 39. 95% 上升至 43. 65%。其中，普通型年金保险保费收入从 230. 19 亿元增长至 284. 47 亿元，占年金保险总保费收入的比重从 75. 51% 下降至 64. 82%；分红型年金保险保费收入从 74. 6 亿元增长至 154. 38，占年金保险保费收入的比重从 24. 47% 上升至 35. 18%。

① 相关统计数据只对普通型和分红型人寿保险按定期寿险、终身寿险和两全保险进行了划分，未对万能型和投资连接型人寿保险进行划分。

（三）健康保险[①]

2016—2017 年，湖北省健康保险业务平稳发展，保费收入从 128.41 亿元增长至 172.72 亿元，同比增长率从 45.97% 下降至 34.51%。疾病保险和医疗保险分别以保险合同约定的疾病发生和医疗行为发生为给付保险金条件，与居民医疗保障需求密切相关，受保险消费者欢迎，所占市场份额较高。2016—2017 年，疾病保险保费收入从 64.51 亿元增长至 99.73 亿元，占健康保险总保费收入的比重从 50.23% 上升至 57.74%，其中重大疾病保险保费收入从 62.02 亿元增长至 94.92 亿元，占疾病保险保费收入的比重从 96.15% 下降至 95.17%。医疗保险保费收入从 40.89 亿元增长至 58.2 亿元，占健康保险总保费收入的比重从 31.85% 上升至 33.69%。护理保险和失能收入损失保险保费收入占健康保险总保费收入的比重较低，失能收入损失保险保费收入从 398 万元增长至 547 万元，占健康保险保费收入的比重保持在 0.03%。护理保险因为不允许再设计成中短存续期产品，保费收入从 22.97 亿元下降至 14.74 亿元，占健康保险保费收入的比重从 17.89% 下降至 8.53%。

学生平安保险附加住院医疗险和意外医疗险是医疗保险中的重要产品，为广大学生提供了保险保障，产生了良好的社会影响，2016 年、2017 年，湖北省中小学生平安保险附加住院医疗险和意外医疗险累计保费收入分别为 3 亿元和 2.42 亿元，累计赔付分别为 4.28 亿元和 7638 万元。

（四）意外伤害保险[②]

2016—2017 年，湖北省意外伤害保险保费收入从 30.13 亿元增长至 35.45 亿元，同比增长率从 36.89% 下降至 17.65%。

意外伤害保险虽然规模不大，但与百姓生活密切相关，是最能凸显保险业保障功能的重要险种，具有较强的经济补偿和社会管理功能，主要体现在以下三个方面：一是保险期限短，一般不超过一年，最多三年或五年，

---

① 包括人身保险公司和财产保险公司的健康保险业务。

② 包括人身保险公司和财产保险公司的意外伤害保险业务。

短则几天，甚至几小时；二是保费较低，保额较高，保障功能强；三是条款简单，投保简便，适合人群广泛，社会影响力大。意外伤害保险也是知名度高的保险产品之一。过去几年，保险公司通过航空意外保险、学生平安保险和建筑工人意外伤害保险等业务为特定人群提供了保险保障，在重大事故中发挥了积极的作用，得到受灾群众、社会媒体和各级政府的充分肯定和好评。2016—2017 年，全省航空意外保险、学生平安保险和建筑工人意外伤害保险累计保费收入分别为 3814 万元、3.06 亿元和 5.47 亿元，累计赔付分别为 1495 万元、3232 万元和 3.17 亿元。

（五）城乡居民大病保险

1. 大病保险政策环境进一步规范。

（1）专门监管制度不断完善。自 2013 年城乡居民大病保险启动以来，中国保监会陆续完善大病保险相关监管制度。在 2013 年 3 月保监会发布《保险公司城乡居民大病保险业务管理暂行办法》的基础上，于 2016 年 10 月颁布了《保险公司城乡居民大病保险投标管理暂行办法》《保险公司城乡居民大病保险业务服务基本规范（试行）》《保险公司城乡居民大病保险财务管理暂行办法》《保险公司城乡居民大病保险风险调节管理暂行办法》《保险公司城乡居民大病保险市场退出管理暂行办法》5 项监管制度，为大病保险承办工作的规范有序运行打好了坚实的基础。

（2）具体承办政策进一步优化。2015 年 11 月，湖北省政府办公厅下发了《关于进一步做好城乡居民大病保险工作的通知》（鄂政办发〔2015〕79 号），同年 12 月，省人社厅、卫计委、财政厅和湖北保监局联合下发了《湖北省城乡居民大病保险合同范本（2015 年版）》（鄂人社发〔2015〕59 号），在上一轮承办基础上，具体政策得到进一步优化。一是优化了筹资标准。从原来固定的 25 元/人左右，调整为基本医保基金人均筹资标准的 5% ~10%。二是提高了统筹层次。新政策明确要求实现真正的市级统筹，资金要求各县上解到市州，不再由各县直接划拨；市州统一政策、统一核算，不与各县单独核算盈亏；一个市州原则上只选定一两家保险公司，避免过于分散承保带来的风险不一致、服务不统一。三是优化了高费用段的保障水平。从原先的8000元至3万元赔付50%、3万元至5万元赔付60%、5万元以上赔付70%提高为1.2万元至3万元赔付55%、3万元至10万元赔付65%，10万元以上赔付75%；明确规定了要设定最高支付限额。四是明确了跨年度统筹核算盈亏，可以实现以丰补歉，平滑盈亏峰谷。五是明确了医保经办部门的责任义务。必须实名制投保，确保被保险人信息完整；按照合同约定及时、足额拨付保费；授予公司医疗费用核查权限；支持公司进入定点医院核查等。

2. 大病保险保障功能进一步凸显。2016—2017年湖北省大病保险保障工作良好，一是大病患者的保障水平提高明显。经过第二轮大病保险招投标和年度调整，2017年全省大病保险人均筹资标准平均为35元左右，较起步时的2013年提高了56%。两年来共计向67.63万人次参保群众赔付30.49亿元，被保险人大病医疗费用报销水平稳定在总费用的11%左右，最高单人赔付达到50万元，切实减轻了参保群众的大病医疗费用负担，兜实了社会保障底线。二是健康扶贫效果明显。大病保险为全省491万建档立卡贫困群众提供倾斜政策保障，已向精准扶贫对象支付赔款3.95亿元，占全部赔款金额的36.47%，有力地实现了大病保险的精准扶贫保障功能。三是大病补充保障有力。在基本医保和大病保险的基础上，自2017年起全省保险业进一步为367.32万贫困群众提供大病补充保险等健康保障，已向28.04万人次赔付3.61亿元，促进贫困群众医疗总费用大幅下降。

3. 大病保险服务质量进一步提升。自2016年以来，湖北省保险业致力于大病保险服务工作的优化升级。一是继续加强队伍建设。各公司建立了772人的专兼职服务队伍，在全部区县提供柜面窗口服务，20个项目的医学背景人员占比超过30%。二是巩固"一站式"即时结算服务成效。全省所有市州和103个区县中的95个已经实现"一站式"即时结算，在12个市州提供异地结算服务，极大地方便了参保群众。三是在医疗审核、管控、监督等方面成效初显，通过驻点巡查、异地调查、智能审核、专家审核等多种手段，2016—2017年共核减不合理大病医疗费用1.01亿元。

第二节　主要特点及问题

一、市场发展的主要特点

（一）行业整体保持快速增长

2016—2017 年，湖北省人身保险业原保险保费收入涨幅猛进，2017 年原保险保费收入首次突破千亿元大关；增速递增（2016 年为 29.99%，2017 年为 31.76%），分别高于上年 7.91 个百分点和 1.77 个百分点，分别低于全国平均水平 6.79 个百分点和高于全国平均水平 1.77 个百分点，分别在全国所有省、自治区、直辖市和计划单列市中排名第 20 位和第 5 位。

1. 行业增长动能中续期保费占比提升。2016—2017 年，全省人身保险业续期保费收入分别为 306.62 亿元和 418.03 亿元，分别同比增长 20.21% 和 36.33%，增速分别高于上年 11.2 个百分点和 16.12 个百分点；对总保费增量的贡献度分别为 29.28% 和 45.97%，分别高于上年 9.43 个百分点和 16.69 个百分点。新单保费收入分别为 456.49 亿元和 587.42 亿元，分别同比增长 37.51% 和 28.68%，增速分别高于上年 3.04 个百分点和低于上年 8.83 个百分点；对总保费增量的贡献度分别为 70.72% 和 54.03%。续期业务虽然在规模上还不及新单业务，但在支撑增长、促进转型等方面发挥着越来越重要的作用。

2. 新单增长动能中期缴保费占比提升。2016—2017 年，全省人身保险业新单业务中，期缴保费收入分别为 168.68 亿元和 247.84 亿元，分别同比增长 71.97% 和 46.92%，增速分别高于上年 28.02 个百分点和低于上年 25.05 个百分点；首年期缴保费占比分别为 36.95% 和 42.19%，分别高于上年 7.4 个百分点和 5.24 个百分点，分别高于全国平均水平 6.3 个百分点和 4.6 个百分点；对新单保费增量的贡献度分别为 56.7% 和 60.46%，分别高于上年 21.51 个百分点和 3.76 个百分点。趸缴保费收入分别为 287.81 亿元和 339.58 亿元，分别同比增长 23.05% 和 17.99%，增速分别低于上年 7.81 个百分点和 5.06 个百分点；对新单保费增量的贡献度分别为 43.3%

和 39. 54%。

(二) 行业持续推进优化结构

湖北省人身保险业牢固树立新发展理念，坚持质量优先、效率至上，注重供给侧的增量优化、动能转换，业务机构调整取得积极成效。

1. 保障型业务发展较快。2016—2017 年，保障水平较高的健康保险保费收入分别为 115. 6 亿元和 154. 33 亿元，2016 年首次突破百亿元大关；分别同比增长 48. 43% 和 33. 51%，增速分别高于总保费收入增速 18. 44 个百分点和 1. 75 个百分点；分别占总保费收入的 15. 15% 和 15. 35%，占比分别较上年上升 1. 88 个百分点和 0. 2 个百分点。与百姓生活密切相关的意外伤害保险保费收入分别为 17. 51 亿元和 21. 05 亿元，分别同比增长 27. 25% 和 20. 22%；分别占总保费收入的 2. 29% 和 2. 09%。

2. 产品形态回归传统。2016—2017 年，普通型产品增长较快，保费收入分别为 336. 54 亿元和 471. 47 亿元，分别同比增长 43. 5% 和 40. 09%，增速分别高于寿险业务总保费收入增速 16. 33 个百分点和 8. 34 个百分点；分别占寿险业务总保费收入的 53. 42% 和 56. 8%，占比分别较上年上升 6. 08 个百分点和 3. 38 个百分点。分红型产品保费收入分别为 288. 62 亿元和 353. 58 亿元，分别同比增长 12. 55% 和 22. 51%，增速分别低于寿险业务总保费收入增速 14. 63 个百分点和 9. 25 个百分点；分别占寿险业务总保费收入的 45. 81% 和 42. 6%，占比分别较上年下降 5. 95 个百分点和 3. 22 个百分点。

3. 个人代理渠道占比稳步提升。2016—2017 年，个人代理渠道保费收入分别为 387. 18 亿元和 518. 14 亿元，分别同比增长 36. 38% 和 33. 82%，增速分别高于总保费收入增速 6. 39 个百分点和 2. 06 个百分点；分别占总保费收入的 50. 74% 和 51. 53%，占比分别较上年上升 2. 37 个百分点和 0. 8 个百分点。银邮代理渠道占比出现波动，保费收入分别为 302. 84 亿元和 405. 41 亿元，分别同比增长 23. 51% 和 33. 87%，增速分别低于总保费收入增速 6. 48 个百分点和高于总保费收入增速 2. 11 个百分点；分别占总保费收入的 39. 68% 和 40. 32%，占比分别较上年下降 2. 08 个百分点和上升 0. 64

个百分点。

4. 中短存续期产品受到控制。近年来，中短存续期产品由于透明度较高，客户能够清晰地了解产品保障部分和理财部分的变化情况，能够满足保险消费者保险保障和财富保值增值双重需求等原因，总体发展较快。以万能保险为例，2016 年，湖北省人身保险业保户投资款新增交费 405.86 亿元，同比增长 101.51%，增速高于上年 46.85 个百分点；保户投资款占总规模保费的 34.56%，占比高于上年 9.41 个百分点。

中短存续期产品快速发展的同时，也暴露出产品偏离保险保障本源，个别公司业务结构单一、产品存续期缩短等问题和风险隐患。2016 年，保监会先后出台多项政策，从产品设计、账户管理、结算利率、规模管控、业务结构、经营门槛和资质要求等方面对中短存续期产品从严监管。受监管政策影响，2017 年，全省人身保险业中短存续期业务持续降温。以万能保险为例，其结算利率逐步回落，保户投资款新增交费 168.75 亿元，同比负增长 58.42%，增速低于上年 159.93 个百分点；保户投资款占总规模保费的 14.3%，占比低于上年 20.26 个百分点。

（三）行业加快回归保障本源

湖北省人身保险业坚持“以人民为中心”的发展理念，把提高民生保障和完善社会治理作为行业发展的出发点和落脚点，在构建多层次社会保障体系、提高社会治理水平、助力脱贫攻坚等方面发挥积极作用。2016 年、2017 年，全省人身保险业分别为社会新增风险保障金额 15.08 万亿元和 16.84 万亿元，分别同比增长 15.08% 和 11.64%，努力把商业保险建成社会保障体系的重要支柱。

1. 参与构建多层次医疗保障体系。第一，开展城乡居民大病保险。2013 年，全省范围内同步开展城乡居民大病保险，2015 年实现全省覆盖。2016—2017 年，全省 8 家保险公司承办了 17 个统筹地区的 28 个大病保险项目，覆盖 4800 万人左右，两年累计赔付 120.63 万人次，赔付金额 30.49 亿元，大病患者的实际报销比例达 50% ~70%，整体报销水平提高了 12 个百分点，切实减轻了参保群众的大额医疗费用负担。同时，承办公司还积极提升服务水平。截至 2017 年底，全省已基本实现“一站式”即时结算；多地开展异地结算，两年累计异地结算金额 2. 24 亿元。通过多种手段开展医保控费，两年共审核出不合理医疗费用 2. 23 亿元，拒付 0. 65 亿元。

第二，发展商业健康保险。除了发展与基本医保相衔接的大病补充保险外，全省人身保险业还为广大群众提供了更全面的商业健康保险保障。两年内，全省保险业累计为社会新增健康风险保障金额 33. 26 万亿元，健康保险累计赔付支出 91. 12 亿元。为推动商业健康保险的发展，国家于 2016 年初在全国部分地区试点健康保险个人所得税优惠政策，武汉市成为第一批试点城市。2017 年 7 月，该政策在全国推开。截至 2017 年底，全省税优健康保险累计承保 5987 人，实收保费 1352. 9 万元，累计赔付 381 人次，赔付金额 177. 83 万元。在大力发展健康保险业务的同时，全省人身保险业还积极探索健康管理，从简单的医疗费用报销，向病前、病中和病后的综合健康管理服务发展，提高参保群众的健康水平和服务体验。

第三，参与基本医疗保险经办管理。全省人身保险业借助自身在精算技术、专业服务和风险管理等方面的优势，主动承担社会责任，接受政府委托，积极稳妥地参与基本医疗保险经办管理。自 2016 年 1 月起经办宜昌市城镇职工和居民基本医保。当年服务人群 71. 75 万人，托管基金 15. 26 亿元，全年累计补偿 193. 62 万人次，实际补偿金额 9. 03 亿元；2017 年服务人群 81. 57 万人，托管基金 20. 16 亿元，全年累计补偿 237. 27 万人次，实际补偿金额 9. 08 亿元。在完善基本医保管理运行机制，改进服务手段和管理办法，提高管理效率和服务水平等方面均取得良好成效，得到当地政府、参保群众和医疗机构的广泛好评。

2. 参与构建多层次养老保障体系。

第一，开展老年人住房反向抵押养老保险试点。2014 年 6 月，保监会发布《关于开展老年人住房反向抵押养老保险试点的指导意见》，决定从 2014 年 7 月 1 日起在北京、上海、广州、武汉等四地开展老年人住房反向抵押养老保险试点。2016 年 7 月，保监会又发布《关于延长老年人住房反向抵押养老保险试点期间并扩大试点范围的通知》，将试点期限延长至 2018 年 6 月 30 日，试点范围扩大至各直辖市、省会城市（自治区首府）、计划单列市，以及江苏省、浙江省、山东省和广东省的部分地级市。试点启动后，全省人身保险业加大宣传力度、营造舆论环境、争取政策支持，推动了住房反向抵押养老保险首单落户武汉。然而，受本地传统观念、政策法律环境、风险管控难度以及房价剧烈变动等因素的影响，截至 2017 年底，全省仅幸福人寿承保“幸福房来宝”业务 3 单，3 个家庭累计月领养老金 6690.49 元。

第二，参与长期护理保险试点。老年人是病残率较高的人群，也是护理需求最大的人群。湖北省积极开展长期护理保险业务，满足老年人护理需求。2016 年 6 月，人社部办公厅下发《关于开展长期护理保险制度试点的指导意见》，提出从 2016 年起在部分地区开展长期护理保险制度试点，湖北省荆门市被列为首批试点地区。2016 年 11 月，荆门市政府印发《荆门市长期护理保险办法（试行）》。2017 年 9 月，荆门市政府通过竞争性磋商，确定由泰康人寿经办荆门市长期护理保险。荆门市长期护理保险自 2017 年 7 月 1 日起保，截至 2017 年底，已承保 210 万人，筹资 1.68 亿元，享受待遇 2000 余人。

第三，投资养老服务产业。截至 2017 年底，人身保险公司在湖北省已设立两家险资养老社区，分别为“合众优年”养老社区和“泰康之家·楚园”。“合众优年”养老社区位于蔡甸后官湖风景区，分三期建设，总项目实施完成后可提供养老住房 6263 套，床位 12526 张。其中一期工程于 2013 年 6 月建成，占地 245 亩，建筑面积 17 万平方米，建成养老住房 2005 套，可提供养老床位 3200 张。该养老社区自 2013 年底开业以来，为逾 3 万名老人提供了中短期居住服务，目前常住老人约 550 名。“泰康之家·楚园”位于东湖高新区花山生态新城，规划建筑面积约 19 万平方米，可提供 1840 户养老单元。预计 2019 年开业运营，首批开放约 300 户入住，其中独立生活区 180 户，护理区 120 户。

第四，积极参与企业年金和职业年金管理。截至 2017 年底，全省有平安养老湖北分公司、泰康养老湖北分公司和太平养老湖北分公司 3 家专业养老保险机构，国寿养老和长江养老委托中国人寿湖北省分公司和太平洋寿险湖北分公司在本地开展企业年金业务。截至 2017 年底，全省保险业受托管理企业 478 家，受托管理基金 123.77 亿元；账户管理企业 82 家，涉及职工 4.2 万人；投资管理企业 424 家，投资管理基金 165.52 亿元。

2015 年 1 月，国务院下发《关于机关事业单位工作人员养老保险制度改革的决定》，明确按照公务员法管理的单位、参照公务员法管理的机关（单位）、事业单位及编制内的工作人员参加机关事业单位养老保险。同年 10 月，湖北省政府印发《关于机关事业单位养老保险制度改革的实施意见》，明确湖北省机关事业单位养老保险制度自 2014 年 10 月 1 日起实施。2016 年 9 月，人社部和财政部联合印发《职业年金基金管理暂行办法》，明确职业年金基金受托、托管和投资管理机构在具有相应企业年金基金管理资格的机构中选择。因此，有资质的商业保险机构积极参与湖北省职业年金的前期准备工作，如协助人社部起草《职业年金基金管理暂行办法》并提供技术支持和政策建议；加强与本地相关主管部门的沟通对接，跟进政策落地进展；开展机构铺设、人才储备和业务系统调试，为属地化服务做好了准备。

3. 参与脱贫攻坚。

第一，落实大病保险对贫困人群的倾斜政策。2016 年 10 月，湖北保监局与湖北省卫计委等 15 个厅局联合印发《关于湖北省健康扶贫工程的实施意见》，文件提出“通过逐步降低大病保险起付线、提高大病保险报销比例等，实施更加精准的支付政策，提高贫困人口受益水平。”2017 年 7 月，湖北省扶贫办印发《湖北省深度贫困地区脱贫攻坚工作实施意见》，提出对全省建档立卡贫困人口，大病保险起付线降至 5000 元以下，报销比例提高 5～10个百分点。湖北省保险业严格落实相关文件要求，2016—2017 年累计赔付建档立卡贫困人口 23.25 万人次，赔付金额 6.07 亿元。

第二，为贫困人口提供医疗费用兜底。2016 年以来，部分地方政府通过购买保险服务的方式，对扶贫对象经基本医保、大病保险报销、民政救助后个人自负的医疗费用予以报销，取得了较好的效果。其中，人保财险参与的黄冈“新农合 + 大病保险 + 补充医疗保险 + 民政救助”四位一体的健康扶贫模式被《人民日报》刊载。2017 年 7 月印发的《湖北省深度贫困地区脱贫攻坚工作实施意见》要求，建立精准扶贫补充医疗保险制度，县市政府可按照每人每年不低于200元的标准为建档立卡贫困人口购买补充商业保险。在提高基本医疗保险、大病保险待遇的基础上，通过医疗救助和补充保险，确保建档立卡贫困人口住院及门诊慢性病医疗费用报销比例达90%以上，个人年度自负医疗费用为5000元以内。全省保险业按照文件要求加大精准扶贫补充医疗保险推进力度，相关业务覆盖面进一步提升。2017年承保全省49个县的355万精准扶贫对象，对28万人次赔付3.6亿元。

4. 开展各类普惠保险。

第一，开展农村小额人身保险。全省保险业充分发挥农村小额人身保险保费低廉、保障适度、保单通俗、核保理赔简单等特点，积极开展保险扶贫。2016—2017年，累计承保低收入人群4766.17万人次，保费收入6.37亿元，赔付14.75万人次，赔付支出3.39亿元。在2016年湖北地区的暴雨洪涝灾害中，农村小额人身保险充分发挥了社会“稳定器”的作用，有效缓解了受灾群众“因灾致贫”的问题。

第二，开展学生平安保险。2017年，全省学生平安保险承保641.36万人，覆盖率达66.82%；赔付20.94万人次，赔付总额3.4亿元，有效提高了广大学生，特别是贫困家庭学生抵御意外和疾病风险的能力。

二、存在的主要问题

2016—2017年，湖北省人身保险业整体保持快速增长，持续推进优化结构，加快回归保障本源，为提高民生保障和完善社会治理作出了积极贡献。但总体上看，全省人身保险业仍处在发展的初级阶段，同人民日益增长的美好生活需要和党中央、国务院对现代保险服务业的要求还存在较大差距。

（一）行业发展不平衡

1. 市场集中度偏高。市场集中度是衡量行业市场结构的一个重要指标，集中度的高低直接标志着市场的发展水平。2016年、2017年，全省人身保险业保费收入前8位的公司市场合计份额分别为73.25%和66.97%，分别较上年下降3.4个百分点和6.28个百分点。虽然市场集中度一直呈下降趋势，市场结构在2017年由极高寡占型[①]转变为高中寡占型，但市场集中度仍然偏高，市场结构仍然呈现出寡占型的市场竞争格局。

寡占型的市场结构会对行业发展产生不良影响。一是少数市场份额较大的人身保险公司的经营情况对市场影响较大，容易造成市场波动，不利于市场平稳发展。二是容易促使大公司之间合谋获得高额利润，造成市场价格机制和竞争秩序的扭曲。三是导致市场竞争力不足，制约整个行业的创新发展。

2. 区域发展不平衡。两年里，湖北省下辖13个市州中，武汉和宜昌地区人身保险业发展情况较好，区域保费收入增速高于全省保费收入增速，占比连续两年增长。其中，武汉地区占比分别为39.96%和40.61%，分别高于上年3个百分点和0.65个百分点；宜昌地区占比分别为7.68%和7.85%，分别高于上年0.24个百分点和0.17个百分点；荆州、孝感、荆门、黄石、恩施、随州和鄂州等地区人身保险业发展情况不佳，区域保费收入增速低于全省保费收入增速，占比连续两年下降。

（二）行业发展不充分

1. 保障覆盖面不足。全省人身保险业虽然保持了较快的发展速度，在保险深度和保险密度两个反映行业发展水平的关键指标上获得显著提升，但仍落后于全国平均水平。人身保险深度分别为2.36%和2.75%，分别高于上年0.37个百分点和0.39个百分点，分别低于全国平均水平0.57个百分点和0.4个百分点。人身保险密度分别为1297元和1704元，分别高于上年294元和407元，分别低于全国平均水平272元和170元。

2. 产品同质化严重。全省人身保险业提供的产品虽然品种繁多，但同人民日益增长的美好生活需要仍有较大差距。虽然近年来在人身保险费率市场化改革等政策红利刺激下，产品创新不断涌现，但产品结构不合理的

① 根据美国经济学家贝恩和日本经济学家植草益对产业集中度的划分标准，将产业市场结构粗分为寡占型（CR8≥40%）和竞争型（CR8<40%）两类。其中，寡占型又细分为极高寡占型（CR8≥70%）和高中寡占型（40%≤CR8<70%）；竞争型又细分为低集中竞争型（20%≤CR8<40%）和分散竞争型（CR8<20%）。

现象和供需矛盾仍然比较突出，产品供给与消费者日益增长的保险需求之间仍有脱节。特别是各人身保险公司在银行邮政代理渠道销售的产品多为投资理财型，产品名称虽然不同，但是产品期限、保险责任和目标客户都存在很大的雷同性，产品同质化严重。

（三）部分领域风险突出

1. 满期给付与退保处于高位。2013 年，全省人身保险业开始进入满期给付与退保高峰。2016—2017 年，全省人身保险业分别满期给付 149. 23 亿元和 147. 71 亿元，分别同比增长 47. 15% 和下降 1. 02% 。2017 年满期给付虽然同比下降，但仍处于较高水平。近年来，随着人民群众收入水平的提高和财富管理需求的快速增长，兼具保险保障和投资理财功能的中短存续期产品受到市场欢迎，发展速度较快，但也推动了退保的快速增长。这两年，全省人身保险业原保险保费和保户投资款合计分别退保支出 244. 7 亿元和 387. 93 亿元，分别同比下降 11. 63% 和增长 58. 53% 。

2. 市场乱象问题。市场主要存在销售误导和理赔难问题。近年来，在监管部门和全行业的综合治理下，全省人身保险市场销售误导问题明显减少，理赔服务质量和效率明显提高，但销售误导和理赔难问题仍时有发生。比如，保险公司、保险中介机构以及保险从业人员欺骗消费者、隐瞒与保险合同有关的重要情况、夸大保险责任或保险产品收益、不履行责任免除及特别约定条款的说明义务、不告知提前解除合同可能产生损失、客户信息失真；理赔手续繁多、流程较长、告知不到位、未按法定时限核赔给付、理赔尺度不一、争议化解不及时以及服务体验不佳等。

第三节　发展展望

湖北省人身保险业坚持稳中求进的工作总基调，遵循保险发展规律，紧紧围绕保障和改善民生、防控风险、深化改革三项任务，牢牢把握回归保障本源、优化结构、强化监管和市场导向四项重要原则，加快转变发展方式，取得了突出成绩，实现了健康可持续发展。党的十九大报告提出，从现在到2020年，是全面建成小康社会决胜期。湖北人身保险业将深入贯彻党的十九大精神，在服务决胜全面建成小康社会中发挥更大作用。

一、我国经济前景稳中向好

从周期性变化看，虽然世界经济总体复苏向好，但主要经济体政策调整及其外溢效应带来变数，保护主义加剧，地缘政治风险上升，存在很多不确定、不稳定的因素。当前，我国物质技术基础更加雄厚，产业体系完备、市场规模巨大、人力资源丰富、创业创新活跃，综合优势明显，经济基本面是好的，但从阶段性变化看，我国经济正处在转变发展方式、优化经济结构、转换增长动力的攻关期，从高速增长阶段转向高质量发展阶段，发展面临着机遇和挑战并存。党中央、国务院按照高质量发展的要求，统筹推进“五位一体”总体布局和协调推进“四个全面”战略布局，坚持以供给侧结构性改革为主线，统筹推进稳增长、促改革、调结构、惠民生、防风险各项工作，大力推进改革开放，创新和完善宏观调控，推动质量变革、效率变革、动力变革，在打好防范化解重大风险、精准脱贫、污染防治的攻坚战方面取得扎实进展，引导和稳定预期，加强和改善民生，促进经济社会持续健康发展。稳中向好的经济形势和党中央、国务院推行的一系列发展战略，将为湖北省人身保险业进一步保障和改善民生、服务社会管理提供广阔的发展空间。

二、政府支持力度不断加大

近年来，党中央、国务院和有关部门越来越重视保险业在战略全局中的重要作用，保险业发展的政策环境不断改善。2016 年 3 月，国家发布《“十三五”规划纲要》，将人身保险业上升到推进健康中国建设的国家战略层面，部署行业在健全全民医疗保障体系中发挥更大作用，要求全面实施城乡居民大病保险制度，健全重特大疾病救助和疾病应急救助制度，鼓励商业保险机构参与医保经办，鼓励发展补充医疗保险和商业健康保险，探索建立长期护理保险制度，开展长期护理保险试点。2018 年 3 月，国务院总理李克强在第十三届全国人民代表大会第一次会议上作的《政府工作报告》中，充分肯定了大病保险在增进民生福祉，推动社会事业改革发展中的积极成效，提出2018年“提高基本医保和大病保险保障水平，居民基本医保人均财政补助标准再增加40元，一半用于大病保险”。在加快金融体制改革和促进外商投资稳定增长等方面，也有多个“保险”关键词出现，提出“拓展保险市场的风险保障功能”“放开外资保险经纪公司经营范围限制”。这都充分体现了党中央、国务院对保险业的高度重视。

三、行业发展前景广阔

新时代赋予了保险业更重要的历史使命。以人民为中心的发展方式，以更本源的保障增强人民群众的获得感幸福感、服务国家治理体系和治理能力现代化，是保险业共同的期许和努力的方向。今后一段时期，湖北省人身保险业发展将遵循国家经济发展路径，持续转变发展方式、优化业务结构、转换增长动力，从高速增长阶段转向高质量发展，进入“稳中趋缓”的中低速增长区间。外部政策性的、指导性的转型动力将逐渐内化为市场主体自主性的、趋势性的增长潜力，负债结构和经营成效将进一步得到改善。同时，行业将进一步加快回归保障本源，在健全多层次医疗和养老保障体系、推进医药卫生体制改革、应对人口老龄化趋势、完善社会治理体系、提升社会管理效率、服务精准脱贫攻坚战和全面深化改革等方面取得突破，努力把商业保险建成现代金融体系的重要支柱、改善民生保障的有力支撑、创新社会治理的有效机制和促进经济高质量发展的重要抓手。

第四章　湖北保险中介市场发展情况

第一节　市场概况

一、保险专业中介市场情况

（一）机构数量

自2015年第三季度末放开保险专业中介法人机构的行政许可工作，并将专业代理、经纪分支机构的设立由行政许可项目改为报告项目后，保险专业中介市场主体组成逐步从小型区域性法人机构为主向大型全国性公司省级分支机构为主的模式转变，管理架构逐步趋于合理。

1. 总量情况。截至2016年底，湖北省共有保险专业中介机构527家，其中法人机构50家，省级分支机构75家，地市级分支机构402家。截至2017年底，湖北省共有保险专业中介机构718家，其中法人机构54家，省级分支机构99家，地市级分支机构565家。从2015年取消保险专业中介分支机构行政许可事项后，市场主体数量有了大幅增长，2016年的机构数量较2015年增长近1倍，2017年的增速也保持在50%左右。见图1－4－1。

近两年，湖北省辖内专业代理法人机构数量均为37家，省级分支机构从18家增至61家，地市级分支机构从149家增至488家，见图1－4－2。专业代理分支机构数量增长较快。

全省辖内经纪市场主体数量增长较专业代理机构相对平稳，2017年新增3家法人机构，其中新设1家保险经纪机构（唯诚保险经纪有限公司），外地迁入2家保险经纪机构（由广东迁入的梧桐树保险经纪有限公司和由青岛迁入的湖北海客保险经纪有限公司）。截至2017年底，全省保险经纪

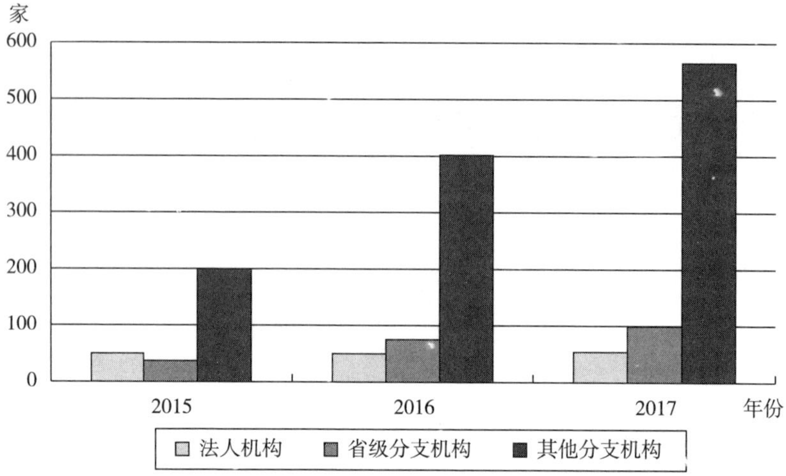

图 1-4-1　2015—2017 年湖北省保险专业中介机构数量

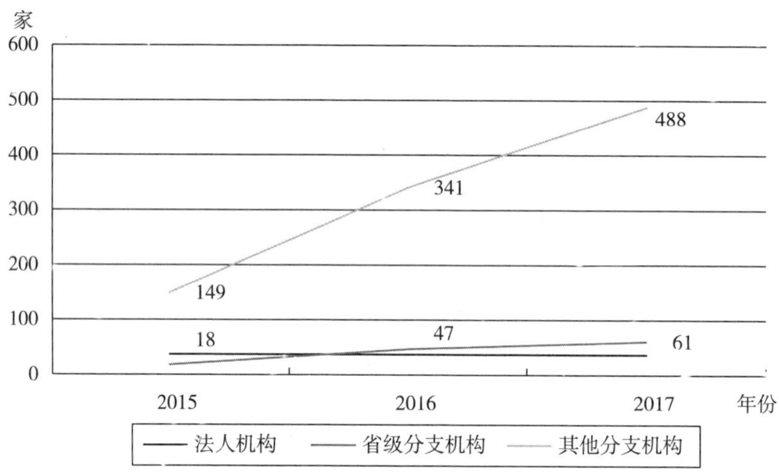

图 1-4-2　2015—2017 年湖北省保险专业代理机构数量

法人机构 10 家，省级分支机构 30 家，地市级分支机构 75 家，见图 1-4-3。经纪机构数量稳定增长。

2016—2017 年，全省保险公估机构仅新增 1 家法人机构和 1 家省级分支机构，分别是从广东迁入的诚鼎保险公估有限公司和新设的广东天信保险公估有限公司湖北分公司。截至 2017 年底，全省保险公估法人机构 7 家，

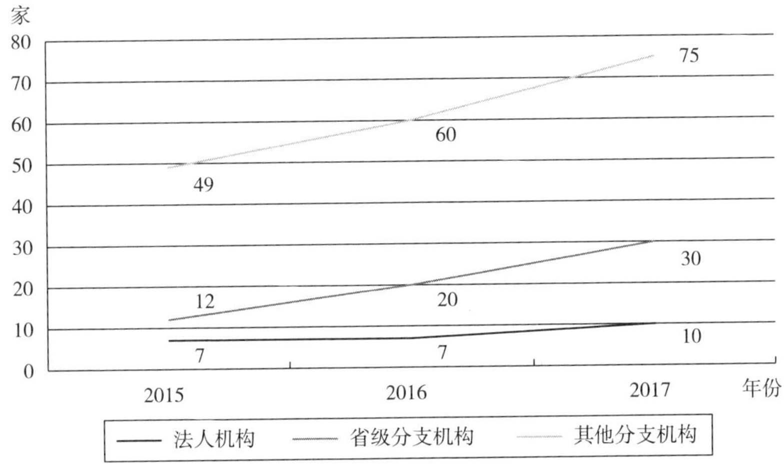

图 1－4－3 2015—2017 年湖北省保险经纪机构数量

省级分支机构 8 家。公估机构数量及新增数量保持稳定。

2. 机构区域分布。从地区分布上看，全省专业中介机构主要集中在武汉、襄阳两市，两地保险专业中介机构数量占了全省机构的近半数。在地级市中鄂州市的保险专业中介机构数量仅为 7 家，发展相对滞后，见表 1－4－1。

表 1－4－1 2017 年湖北省保险专业中介机构区域数量分布情况 单位：家

地区	保险代理			保险经纪			保险公估			地区合计
	法人机构	省级分支机构	其他分支机构	法人机构	省级分支机构	其他分支机构	法人机构	省级分支机构	其他分支机构	
武汉市	30	57	140	9	27	20	5	8	2	298
黄石市	0	0	20	0	0	3	0	0	0	23
十堰市	1	0	25	0	1	3	0	0	0	30
宜昌市	0	0	32	1	0	5	0	0	0	38
襄阳市	0	2	58	0	1	7	1	0	0	69
鄂州市	0	0	5	0	0	2	0	0	0	7
荆门市	1	0	33	0	0	3	0	0	0	37
孝感市	1	2	31	0	0	5	0	0	0	39
荆州市	0	0	25	0	1	6	0	0	0	32
黄冈市	1	0	34	0	0	4	0	0	0	39

续表

地区	保险代理			保险经纪			保险公估			地区合计
	法人机构	省级分支机构	其他分支机构	法人机构	省级分支机构	其他分支机构	法人机构	省级分支机构	其他分支机构	
咸宁市	0	0	19	0	0	4	1	0	0	24
随州市	2	0	20	0	0	4	0	0	0	26
恩施州	0	0	24	0	0	3	0	0	0	27
仙桃市	0	0	8	0	0	3	0	0	0	11
潜江市	1	0	5	0	0	1	0	0	0	7
天门市	0	0	8	0	0	2	0	0	0	10
神农架林区	0	0	1	0	0	0	0	0	0	1
合计	37	61	488	10	30	75	7	8	2	718

（二）资产状况

1. 注册资本情况。截至2017年底，全省保险专业中介机构注册资本总额73253万元。其中代理机构31371万元，经纪机构35080万元，公估机构6502万元，见图1－4－4。

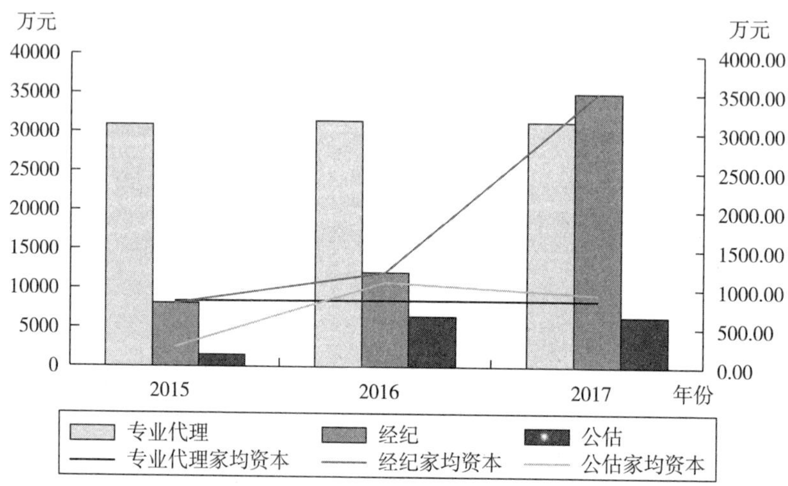

图1－4－4　湖北省专业中介机构注册资本

2015年，保监会修订三个监管规定，将专业代理和经纪机构的注册资本金最低要求调整到5000万元，将保险公估机构的注册资本要求取消并改为认缴制。2017年，湖北省新增3家保险经纪机构，且合翔保险经纪湖北有限公司和武汉东风保险经纪有限公司等2家机构增资至5000万元，因此全省保险经纪机构的注册资本总额和家均资本均有大幅度增长，也从一定程度上反映出保险经纪机构更受资本青睐。

公估机构方面，由于瑞成（武汉）保险公估有限公司提高注册资本金5000万元造成数据异动，但其新增资本均为认缴且认缴期较长，因此对湖北保险公估机构注册资本总额及家均资本的实际影响并不大。

2. 总资产情况。整体来看，保险专业中介机构总资产状况与注册资本状况大致相同。截至2017年底，全省保险专业代理机构总资产51113.36万元，保险经纪机构总资产37679.74万元，保险公估机构总资产7185.96万元，见图1－4－5。整体上看，全省保险专业代理机构的总体负债较保险经纪更高。

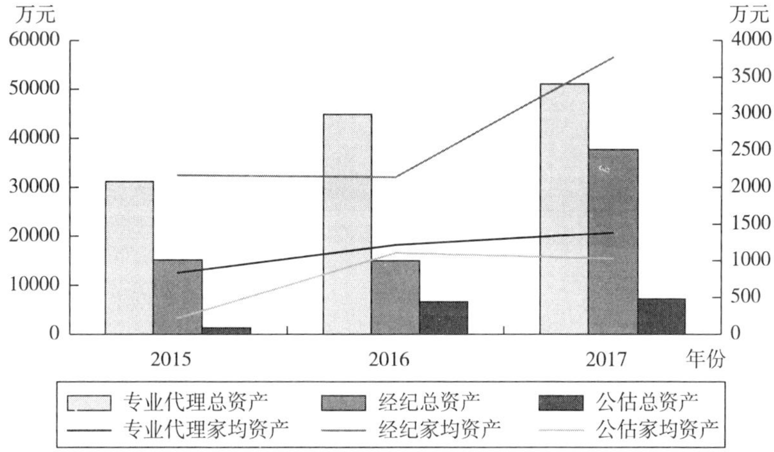

图1－4－5 湖北省保险专业中介机构总资产

（三）业务结构及规模

2016年湖北省保险专业中介市场共实现中介保费收入69.25亿元，占全省总保费的4.79%，同比增长71.54%。2017年保险专业中介市场共实现中介保费收入 85. 58 亿元，占全省总保费的 5. 7%，同比增长 23. 58%。

1. 险种结构。

（1）保险专业代理方面。全省保险专业代理市场仍然以财产险业务为主，全省保险专业代理机构中 90% 以上有开展财产险代理业务，财产险业务占全部专业代理保险业务的比例也一直保持在 80% 以上。机动车辆保险仍然是专业代理机构的主营险种。

2017 年代理人身险业务占比相较于 2016 年增长 3 个百分点，增长较快的险种主要有普通寿险和健康险业务，从事代理人身险业务的专业代理机构也占到了全部机构的 60% 以上。险种结构调整效果已初步显现，见表 1-4-2。

表 1-4-2　湖北省保险专业代理保费收入分险种统计表

险种项目	2016 年度代理保费（万元）	险种占比（%）	2017 年度代理保费（万元）	险种占比（%）
1. 企业财产保险	5161. 12	0. 97	6759. 69	1. 02
2. 家庭财产保险	73189. 04	13. 77	99. 00	0. 01
其中：投资型家财险	73128. 67	13. 76	0. 00	0. 00
3. 机动车辆保险	267801. 11	50. 39	527558. 87	79. 70
其中：交强险	46730. 40	8. 79	84675. 06	12. 79
4. 工程保险	2681. 19	0. 50	2431. 36	0. 37
5. 责任保险	3321. 76	0. 63	4774. 90	0. 72
6. 信用保险	1328. 45	0. 25	5371. 41	0. 81
7. 保证保险	3386. 56	0. 64	2939. 44	0. 44
8. 船舶保险	505. 71	0. 10	978. 08	0. 15
9. 货物运输保险	1416. 70	0. 27	1736. 35	0. 26
10. 特殊风险保险	0. 00	0. 00	0. 00	0. 00
11. 农业保险	0. 00	0. 00	0. 00	0. 00
12. 健康险	236. 01	0. 04	689. 18	0. 10
其中：投资型健康险	0. 00	0. 00	0. 00	0. 00
13. 意外伤害保险	107477. 75	20. 23	6890. 60	1. 04
其中：投资型意外险	103630. 33	19. 50	60. 63	0. 01
14. 其他险	827. 55	0. 16	1803. 20	0. 27

续表

险种项目	2016 年度代理保费（万元）	险种占比（%）	2017 年度代理保费（万元）	险种占比（%）
小计	467332.95	87.94	562032.09	84.91
一、寿险小计	34617.01	6.51	63368.92	9.57
（一）普通寿险	22869.82	4.30	49862.68	7.53
1. 定期寿险	3894.91	0.73	7527.45	1.14
2. 两全寿险	3584.56	0.67	8457.64	1.28
3. 终身寿险	11728.38	2.21	26715.44	4.04
4. 年金保险	3661.97	0.69	7162.15	1.08
（二）分红寿险	9953.34	1.87	12716.37	1.92
1. 定期寿险	988.49	0.19	918.85	0.14
2. 两全寿险	2405.80	0.45	2779.85	0.42
3. 终身寿险	2177.43	0.41	2101.02	0.32
4. 年金保险	4381.62	0.82	6916.65	1.04
（三）投资连结产品	199.51	0.04	133.95	0.02
其中：年金保险	199.51	0.04	133.95	0.02
（四）万能寿险	1594.34	0.30	655.92	0.10
其中：年金保险	1320.14	0.25	407.05	0.06
二、意外伤害险小计	19654.36	3.70	16854.58	2.55
1. 一年期以内业务	2046.20	0.39	2909.36	0.44
2. 一年期业务	16926.96	3.19	13382.03	2.02
3. 一年期以上业务	681.20	0.13	563.19	0.09
三、健康险小计	9166.47	1.72	19077.08	2.88
1. 短期健康险	1085.21	0.20	1711.78	0.26
2. 长期健康险	8081.26	1.52	17365.30	2.62
四、其他	637.13	0.12	613.92	0.09
小计	64074.97	12.06	99914.50	15.09
总计	531407.92	100.00	661946 59	100.00

（2）保险经纪方面。全省保险经纪险种结构仍然以财产险业务为主，但具体险种的占比与专业代理有较大不同。经纪机构的寿险业务占比近四成，且以意外伤害险为主。经纪机构的财产险业务中，主要险种是机动车

辆险和企业财产保险，车险业务仅占全部经纪保费收入的24.41%，险种结构更加均衡，见表1－4－3。

表1－4－3　　湖北省保险经纪保费收入分险种统计表

险种项目	2016年度经纪保费（万元）	险种占比（%）	2017年度经纪保费（万元）	险种占比（%）
1. 企业财产保险	28434.36	17.65	32728.01	16.89
2. 家庭财产保险	181.10	0.11	161.36	0.08
其中：投资型家财险	0.00	0.00	0.00	0.00
3. 机动车辆保险	34861.58	21.64	47304.38	24.41
其中：交强险	3677.00	2.28	2499.01	1.29
4. 工程保险	11689.62	7.26	11191.41	5.77
5. 责任保险	14620.13	9.08	17228.55	8.89
6. 信用保险	0.89	0.00	0.00	0.00
7. 保证保险	92.12	0.06	101.48	0.05
8. 船舶保险	990.09	0.61	1400.14	0.72
9. 货物运输保险	3840.45	2.38	6156.23	3.18
10. 特殊风险保险	0.00	0.00	0.00	0.00
11. 农业保险	0.00	0.00	0.00	0.00
12. 健康险	13.68	0.01	25.62	0.01
其中：投资型健康险	0.00	0.00	0.00	0.00
13. 意外伤害保险	6441.55	4.00	10673.59	5.51
其中：投资型意外险	53.23	0.03	0.00	0.00
14. 其他险	132.83	0.08	678.75	0.35
小计	101298.40	62.89	127649.52	65.86
一、寿险小计	357.46	0.22	2768.06	1.43
（一）普通寿险	174.73	0.11	2075.10	1.07
1. 定期寿险	155.41	0.10	1961.35	1.01
2. 两全寿险	0.43	0.00	27.12	0.01
3. 终身寿险	18.89	0.01	85.63	0.04
4. 年金保险	0.00	0.00	1.00	0.00
（二）分红寿险	182.73	0.11	682.16	0.35
1. 定期寿险	0.00	0.00	115.80	0.06
2. 两全寿险	54.58	0.03	6.70	0.00

续表

险种项目	2016 年度经纪保费（万元）	险种占比（%）	2017 年度经纪保费（万元）	险种占比（%）
3. 终身寿险	8.15	0.01	2.70	0.00
4. 年金保险	120.00	0.07	556.96	0.29
（三）投资连结产品	0.00	0.00	0.61	0.00
其中：年金保险	0.00	0.00	0.00	0.00
（四）万能寿险	0.00	0.00	10.19	0.01
其中：年金保险	0.00	0.00	10.19	0.01
二、意外伤害险小计	37486.85	23.27	39652.25	20.46
1. 一年期以内业务	1124.49	0.70	2359.15	1.22
2. 一年期业务	36267.59	22.52	37281.37	19.24
3. 一年期以上业务	94.77	0.06	11.73	0.01
三、健康险小计	21924.01	13.61	23129.73	11.93
1. 短期健康险	12296.13	7.63	22794.26	11.76
2. 长期健康险	9627.88	5.98	335.47	0.17
四、其他	0.00	0.00	620.64	0.32
小计	59768.32	37.11	66170.68	34.14
总计	161066.72	100.00	193820.20	100.00

2. 市场集中度。以下列举行业排名前 5 位的机构市场份额占比情况，以统计分析湖北省保险中介市场集中度的情况。

（1）专业代理机构方面。截至 2017 年底，全省保险专业代理市场主体 98 家，其中法人机构 37 家，省级分支机构 61 家。按照代理保费规模前 5 位机构统计市场份额和集中度情况，2016 年集中度 CR5 为 53.46%，2017 年为 44.55%。5% 的市场主体代理保费规模占到近五成，市场集中度略高。但相较于 2016 年市场集中度略有下降，与市场主体数量增长较快有一定联系，见表 1－4－4。

表 1－4－4　　湖北省保险专业代理市场集中度

年份	市场份额前 5 位机构代理保费（万元）	总代理保费（万元）	集中度（CR5）（%）
2016	284094.9	531407.9	53.46
2017	294544.8	661946.59	44.50

2017 年市场份额前 5 位的保险专业代理机构分别为恒信汽车保险销售服务有限公司、平安创展保险销售服务有限公司湖北分公司、湖北新华欣保险销售有限公司、人保汽车保险销售服务有限公司湖北省分公司、湖北诚翔保险代理有限公司。

（2）经纪机构方面。截至 2017 年底，全省保险经纪市场主体 40 家，其中法人机构 10 家，省级分支机构 30 家。按照经纪保费规模前 5 位机构统计市场份额和集中度情况，2016 年集中度 CR5 为 65.41%，2017 年为 69.36%，市场集中度较高。相较于 2016 年，该省保险经纪市场集中度略有上升，见表 1－4－5。新增市场主体业务尚处于起步阶段，未对市场结构造成本质影响。

表 1－4－5　湖北省保险经纪市场集中度

年份	市场份额前 5 位机构经纪保费（万元）	总经纪保费（万元）	集中度（CR5）（%）
2016	105355.3	161066.7	65.41
2017	134438.7	193820.2	69.36

2017 年市场份额前 5 位的保险经纪机构分别为英大长安保险经纪有限公司武汉分公司、武汉东风保险经纪有限公司、北京联合保险经纪有限公司湖北省分公司、东方大地（武汉）保险经纪有限公司、江泰保险经纪股份有限公司湖北分公司。

（四）经营效益

1. 营业收入情况。2016 年、2017 年，全省保险专业中介市场共实现营业收入分别为 12.31 亿元和 23.44 亿元，见表 1－4－6。

表 1－4－6　湖北省保险专业中介机构营业收入　单位：万元

年份	专业代理佣金	经纪佣金	经纪咨询费	公估业务收入	合计
2015	58987.52	23365.18	149.43	3423.14	85925.27
2016	93574.91	25126.66	823.34	3540.05	123064.96
2017	194906.07	35709.81	345.59	3398.2	234359.67

（1）专业代理机构营业收入快速平稳增长。2016 年全省辖内专业代理机构实现营业收入 9. 36 亿元，总体佣金比例为 17. 61%；2017 年，营业收入则上涨为 19. 49 亿元，总体佣金比例为 29. 45%，专业代理佣金比例受到车险业务手续费比例水涨船高的影响，加之专业代理机构业务规模提升带来的议价能力的提高，总体佣金比例上升了近 10 个百分点。

（2）经纪机构议价能力偏弱。2016 年全省经纪机构共实现营业收入 2. 6 亿元，总体佣金比例为 16. 14%；2017 年，则共实现营业收入 3. 61 亿元，总体佣金比例为 18. 63%。经纪机构较专业代理机构佣金水平相对偏低。

（3）公估机构单均营业收入偏低。2016 年全省公估机构共实现营业收入 3540. 05 万元，结案件数 14. 69 万件；2017 年，营业收入共计 3398. 2 万元，结案件数 10. 23 万件。该省公估机构仍然以车险代查勘理赔为主要业务来源，2017 年单均收入仅 332 元。

2. 利润情况。

（1）专业代理机构盈利状况改善但主体盈利能力仍然不足。2006 年湖北保险专业中介市场利润亏损 208. 49 万元，2015 年继续亏损 79. 03 万元。2016 年，全省专业代理机构扭亏为盈，共实现利润 5045. 13 万元。2017 年共实现利润 5905. 84 万元，整体盈利能力显著增强。但盈利主要来源于恒信汽车销售、大德天成代理等车商类专业代理机构，排除上述两家机构后，专业代理机构总体仍然亏损。

（2）经纪机构总体盈利状况不佳，但主体盈利能力企稳。2016 年全省经纪机构共实现利润 446. 26 万元。2017 年共实现利润 –699. 46 万元，主要原因是梧桐树经纪迁入该省后对业务模式进行改造，投入大量资金开展互联网平台和机构团队组建，2017 年该公司利润为 –1342. 4 万元。排除该机构后，全省保险经纪机构整体盈利水平较 2016 年还略有增长。

（3）公估机构持续亏损。2016 年全省公估机构共亏损 185. 57 万元，2017 年亏损 75. 21 万元。该省保险公估机构以车险代查勘为主的业务模式利润空间微薄，已连续 10 年未盈利，亟须调整业务模式，增强专业化水平。

湖北省保险专业中介机构营业利润见表 1 –4 –7。

表 1－4－7　　湖北省保险专业中介机构营业利润

年份	专业代理机构利润（万元）	资产收益率（%）	经纪机构利润（万元）	资产收益率（%）	公估机构利润（万元）	资产收益率（%）
2015	585.34	1.88	－592.79	－3.92	－71.58	－5.42
2016	5045.13	11.25	446.26	2.98	－185.57	－2.8
2017	5905.84	11.55	－699.46	－1.86	－75.21	－1.05

二、保险兼业代理市场情况

保险兼业代理市场主要分为银行类、邮政类、保险相互代理类和其他类四类兼业代理机构，其中其他类兼业代理机构主要包含车商、运输等相关机构。

（一）机构数量

2016 年保监会放开银行类兼业代理机构行政许可，将银行类兼业代理机构网点持证模式改为法人机构持证、网点机构备案的模式。截至 2017 年底，湖北省共有保险兼业代理持证机构，即发放有保险兼业代理业务许可证的机构 463 家，其中银行类法人机构 107 家，保险类法人机构 1 家，邮政类机构 138 家，其他类法人机构 217 家。按照营业网点统计，全省共有保险兼业代理网点 5130 家（含持证机构），其中银行兼业代理网点 2727 家，邮政类兼业代理机构 138 家，保险公司相互代理网点 2048 家，其他类 217 家。

（二）业务经营情况

2016 年全省保险兼业代理机构实现代理保费收入 504.36 亿元，占全省总保费的 34.86%，同比增长 33.7%；2017 年实现代理保费收入 483.56 亿元，占全省总保费收入的 32.21%，同比下降 4.12%，见表 1－4－8。从业务占比上看，兼业代理渠道依然是除营销员渠道以外重要的保险中介渠道，稳定保持在三成以上的业务占比，而兼业代理渠道中主要业务来源是通过银行类和邮政类兼业代理机构，银邮类兼业代理机构业务占整个兼业代理渠道业务的近九成。其他类兼业代理机构数量、规模和覆盖面与银邮兼业代理机构还有非常大的差距。保监会 2012 年也暂停了其他类兼业代理机构的业务许可申请。

表 1－4－8 湖北省保险兼业代理机构代理保费收入 单位：万元

渠道划分	2015 年代理保费收入	2016 年代理保费收入	2017 年代理保费收入
银行	1896075.99	3369823.47	2876752.29
邮政	1464901.32	1029124.27	1307042.11
相互代理	109026.85	296413.37	366285.36
其他	302376.08	348239.66	285501.29
总计	3772380.24	5043600.78	4835581.05

2016 年，新成立的多家保险公司为迅速提升保费规模，通过银行类兼业代理渠道重点销售万能险，因此在 2016 年银行类兼业代理渠道的业务规模占比提高了 16 个百分点，保险公司相互代理类兼业代理渠道业务占比翻番。2017 年保监会要求停售万能险后，银行类兼业代理渠道业务占比随之滑落，见图 1－4－6。

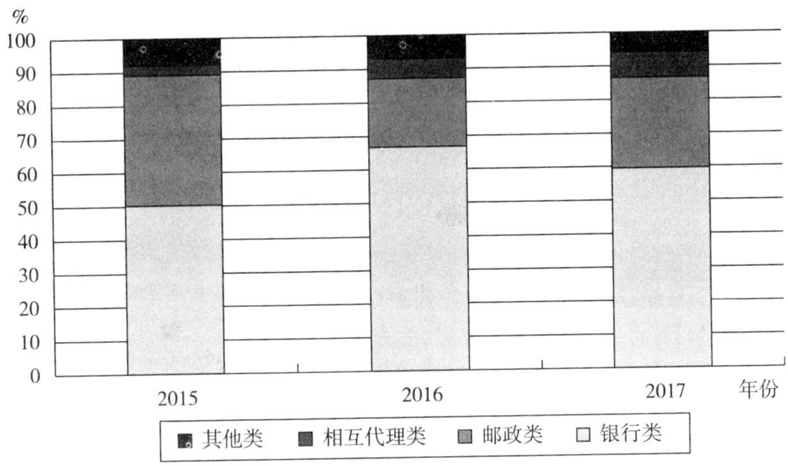

图 1－4－6 湖北省保险兼业代理机构业务占比情况

三、个人营销市场情况

（一）人员数量情况

2015 年，保监会取消了保险从业人员的资格考试，取消了从业人员的行业准入门槛，改由保险公司和保险中介机构开展执业登记。由此，湖北保险从业人员数量近年来一直保持较快的增长速度。截至2015年底，全省有执业登记的保险营销人员19.64万人，截至2016年底增长到48.14万人，同比增长145.11%，其中保险公司营销员44.85万人。截至2017年底，该省保险营销人员数量达59.9万人，同比增长24.43%，其中保险公司营销员54.1万人，见图1-4-7。

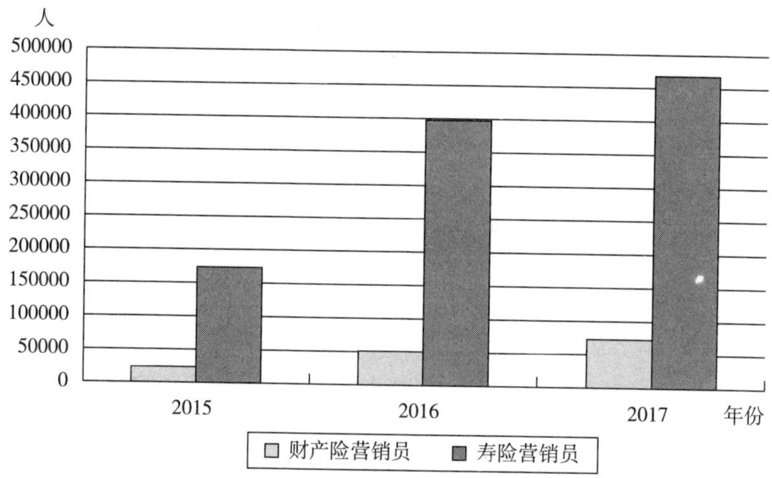

图1-4-7　湖北省保险公司营销员人数

（二）区域分布及文化程度情况

2017年，湖北省保险营销员数量虽然有较快增长，但在区域分布方面与2016年区域分布结构基本相同。2017年武汉市保险营销员人数28.63万人，占总人数的48%，其他则集中在襄阳、宜昌、黄冈、荆州、十堰等主要市州，见图1-4-8。

在文化程度方面，该省保险营销员整体文化水平偏低，高中文化水平的人数占全部营销员的近70%，其次是大专文化水平，占比为25.24%，而本科及以上学历的营销员人数占比仅为5.18%。由此可见，保险营销员文化水平还有很大的提升空间，要进一步加强保险从业人员的教育培训工作。2017年湖北省保险营销员文化程度区域分布情况见图1-4-9。

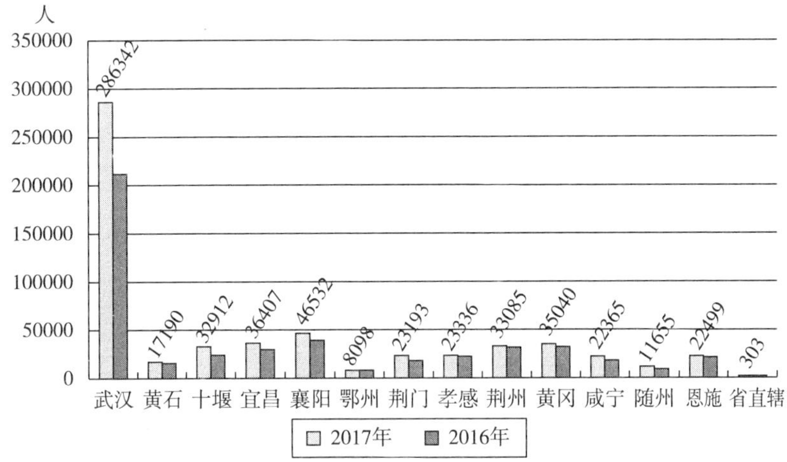

图1-4-8　2016—2017年湖北省保险营销员数量区域分布情况

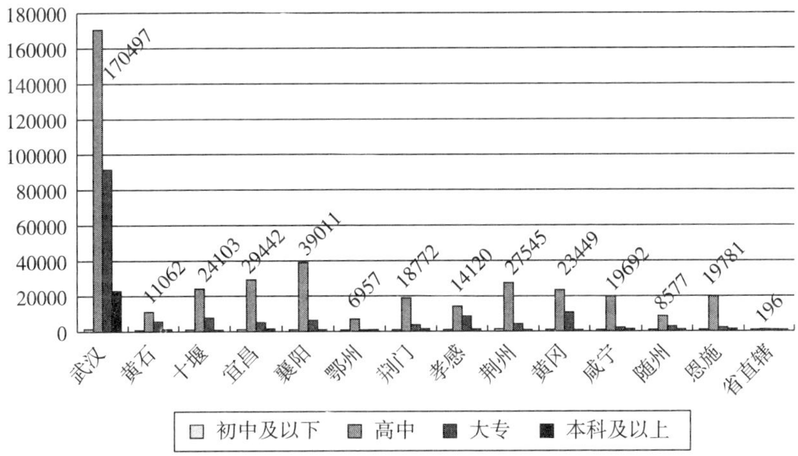

图1-4-9　2017年湖北省保险营销员文化程度区域分布情况

（三）业务情况

2016年保险营销员实现保费收入485.38亿元，占全省总保费的33.55%，同比增长49.33%。其中，新单保费收入约为234.52亿元，占全省总保费收入的16.21%。2017年保险营销员实现保费收入654亿元，占全省总保费的43.57%，同比增长34.74%。其中，新单保费收入约为318.01

亿元，占全省总保费收入的21.18%。保险营销员渠道业务发展速度远高于保险中介渠道整体15.5%的平均增速，且增长较为平稳，在各保险中介销售渠道中占比超过兼业代理渠道。在人均产能方面，2017年湖北省保险营销员人均产能为12万元/人·年，见图1-4-10。

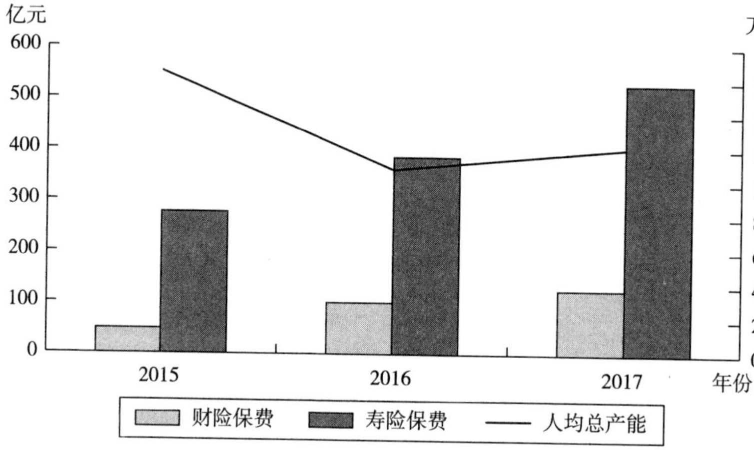

图1-4-10 湖北省保险营销员渠道代理保费收入及人均产能情况

第二节 主要特点及问题

一、资本对保险专业中介市场投资热情高涨

2015年8月，保险中介市场清理整顿工作的摸底检查阶段结束后，保险专业中介法人业务许可随之放开，取消保险从业人员准入门槛、保险中介分支机构的行政审批制改为报告制等多项简政放权政策也相继出台，同年9月，保监会还下发了《关于深化保险中介市场改革的意见》《关于进一步发挥保险经纪公司促进保险创新作用的意见》，关乎保险中介发展的多项宏观政策、指导意见和利好政策频出，保险专业中介市场成为资本看好的新目标。以湖北省目前接受的保险专业中介业务许可申请情况来看，国有企业、互联网科技公司、上市公司等资金实力较强的公司纷纷表示投资意向。保监会在2017年批准湖北省1家保险经纪公司的业务许可申请，全省

也按照审慎从严的原则，审核目前已提出业务许可申请的多家保险专业中介机构。此外还及时受理分支机构设立报告，全省保险专业中介市场主体数量从 2016 年起一直保持年均 200 家左右的数量增长。从全国情况来看，截至 2017 年底，全国已有专业代理法人机构 1788 家，分支机构 21418 家；经纪法人机构 497 家，分支机构 2539 家；公估法人机构 381 家，分支机构 477 家。

在新资本行业股东的积极投入下，已有市场主体主动谋求改变，通过引进投资人或增资扩股的方式提升自身实力。例如，湖北新华欣保险销售有限公司引入荷兰全球人寿公司资金入股、武汉东风保险经纪有限公司股东追加注册资本金至 5000 万元等。在新机构积极设立、老机构扩充实力的情况下，保险专业中介机构的资本实力、创新能力和专业能力均得到有效提升。大众创业、万众创新的宏观政策在全省保险专业中介市场得到较好的体现，充分释放了市场活力，预期目的基本实现。

但值得注意的是非理性设立机构的问题逐步凸显。部分全国性机构在湖北设立省级分支机构后成立不满一年就因业务状况不佳主动退出市场；部分全国性机构先设立地市级机构再设立省级机构，管理架构较为混乱；部分机构设立分支机构无规划，盲目开设大量分支机构，不能按照法律法规要求的时间及时报备并取得其高管任职资格批复，导致其分支机构无法正常运转。

二、中介机构经营模式多元化格局初步形成

自 2002 年第一家保险中介机构成立以来，经过近 16 年的发展，保险中介市场经营模式多元化的格局已经初步形成。一是保险公司数量不断增多。不仅在数量上逐年增加，专业健康险公司、自保公司、相互保险社等专业化的保险公司也逐渐增多。二是保险产品不断丰富，商业保险方面不断推陈出新，“三农”保险、价格指数保险、城乡居民大病保险等政策性保险产品也极大地凸显了保险业服务社会治理能力的提升。三是保险销售模式不断创新，互联网技术的发展和“互联网 +”概念提出，众多保险主体纷纷响应这场科学技术带来的行业变革，不断摸索互联网保险产品和销售模式

的设计。四是保险中介专业化程度不断加强，针对不同行业、不同险种进行深耕细作。

湖北省保险市场和保险中介市场在多元化格局下，内生动力增强，市场主体结合自身资源不断摸索经营模式和发展方式、不断更新发展理念，产生了一大批经营特点鲜明、自身优势突出、经营思路明确的保险中介机构。以保险中介渠道主营业务的机动车辆保险为例，该省恒信汽车、康顺汽车等大型车商或其他4S店利用渠道优势和专业便利，投资设立保险专业中介机构或利用兼业代理业务许可，将车险业务与自身业务紧密结合，提出构筑汽车生态服务链的经营发展理念；东风经纪等国有企业或大型企业背景的保险中介机构，则将股东车险业务作为突破口，重点突出股东业务风险管理的风险预防和处置方案设计，并深度挖掘内部员工的寿险业务需求；如人保汽车销售、人保社区销售、国寿销售、平安创展、大地销售、前海销售等一批保险公司成立的专属代理机构，将直销或营销员渠道业务进行迁移，逐步对销售渠道进行归集等；保重代理、世纪平安等主营市场零散业务的保险中介机构，则将发展重点放在完善内控管理体系，加强信息化建设和大数据运用提高销售效率方面。

但需要注意的是多元化发展同样也使得保险中介市场主体呈现出两极分化。一是公司资本实力和发展战略不同导致经营导向不同。在注册资本方面，全省37家保险专业代理法人机构中，仅有13家机构的注册资本高于平均，21家机构仅仅满足最低注册资本金要求；在业务规模方面，全省98家专业代理机构中仅有13家机构的业务规模高于平均。由此可以看出，大部分中介机构的经营仅限于维持生存，有能力进行战略规划和创新的机构仅为少数。二是管理水平两极分化。国有企业、大型企业等股东背景的专业中介机构在内控管理制度健全性、内控管理流程完整性、执行反馈机制严密性方面，相较于自然人控股的专业中介机构要强得多，管理水平的差距也导致机构在人员、业务质量和规模、业务效率方面体现出差异。三是创新意识、创新观念和创新手段出现差异。大量保险专业中介机构仍然采取“高买高卖”模式——通过向销售人员发放高额佣金的方式拓展市场业务，在获取业务规模后，增强议价能力，从而提高从保险公司获得的手续费比例，或是规模奖励，在车险市场上艰难求生。但少数专业中介机构利用股东或资本优势，已经开始探索与互联网相结合的销售模式并取得一定成效。例如，通过微信平台开展公司品牌推介和业务联系，为客户和业务人员提供新产品推介、保险知识讲座、保单续期缴费提醒等附加服务。又如，通过手机 APP 提供保险产品介绍、算价和投保资料提交等。

三、保险兼业代理市场稳健运行

2016 年 4 月 25 日，保监会下发《关于银行类保险兼业代理机构行政许可有关事项的通知》（保监中介〔2016〕44 号），将“一点一证”改革为“法人持证”。这项政策是响应国务院简政放权的号召，将银行类机构由过去各个营业网点均需申报保险兼业代理资格并持有保险兼业代理业务许可证改为“法人机构申报保险兼业代理资格、法人机构持证、营业网点统一登记”，全国银行类机构许可证发放数量将由改革前的 18 万张减少为约 3000 张，湖北省目前由 5000 余张许可证减少为 463 张，极大地简化了行政许可程序，减少了行政许可事项。同时还强化了银行类机构法人及合作保险公司的管控责任要求，要求银行类机构直接报送相关代理业务数据，改变了过去只由保险公司单方面报送数据的状况，提高了业务数据的真实性和准确性。

由于各自渠道的自身特点，银邮类兼业代理机构的业务险种主要集中在寿险中的分红、万能、投连等投资理财型产品，车商类兼业代理机构主要集中在车险和意外险业务，没有较大变化。受到万能险停售政策和分红险收益下降的影响，银行类兼业代理渠道被迫进行业务结构调整，2017 年兼业代理渠道业务占比首次被营销员渠道超越，但仍然是占比较高的重要销售渠道。

在监管举措方面，为保证湖北省保险兼业代理市场稳健运行，湖北保监局重点对销售误导问题和客户信息真实性问题，如把保险产品当作储蓄、基金进行销售或进行不当比较，不明确说明相关产品为保险产品，不明确说明经营主体是保险公司，夸大产品投资收益，违规承诺保证收益，以书面或者口头方式向客户承诺固定收益和定期退保，故意隐瞒与消费者利益相关的犹豫期、费用扣除、现金价值、投资收益不确定等重要事项，未将客户真实信息提供给保险公司等重点问题进行风险预防和专项治理。认真落实《保险销售行为可回溯管理暂行办法》关于销售环节的“双录”，即除对销售关键环节实行录音和录像以外，还出台了“访后付佣”政策，即在保险公司向客户回访确认保险业务后再支付相关手续费。目前相关风险已经得到较好控制。

四、营销员数量快速增长

受到2015年保监会取消保险代理、经纪、公估从业人员资格考试和资格证书的行业准入门槛的政策影响，湖北省保险营销人员数量出现爆发性增长。截至2017年底湖北省保险营销人员数量达到59.9万人，同比增长24.43%，而在2015年底人数仅为近20万人。

人员数量快速增长的同时，也存在一些问题：一是人均产能却逐年下降，2014年为20万元/人·年，2015年则降至16.55万元/人·年，2017年进一步下降至12万元/人·年。二是区域分布不平衡，该省近一半的营销员集中在武汉市，襄阳、宜昌、黄冈等人数相对较多的市州也总共仅占不到20%。三是文化程度偏低，且结构不合理，68%的营销员为高中学历，本科以上学历仅占5%，硕士研究生以上屈指可数，与金融行业的整体平均学历水平还有较大差距。但是从业务规模上看，2016年保险营销员实现保费收入485.38亿元，占全省总保费收入的33.55%，2017年实现保费收入654亿元，占全省总保费收入的43.57%，同比增长34.74%。保险营销员渠道业务发展速度远高于保险中介渠道整体15.5%的平均增速，渠道占比首次超过兼业代理渠道。这一方面说明保险公司仍然没有跳出人海战术的营销员销售模式，高流动高脱落的情况比较普遍，发展仍然较为粗放；另一方面，也说明在放开行业门槛后保险营销员还有巨大的潜力可以深入挖掘。

值得注意的是，社会上还存在风险跨行业传递的问题。一些社会不法人员和传销组织通过收购、参股保险中介的方式，从事非法集资、传销等犯罪活动；一些中介从业人员兼职销售非保险金融产品；一些原保险从业人员跳槽到投资理财公司以后，极力鼓动保险机构的营销队伍从事非保险金融产品销售活动。

在前端行业准入门槛取消后，针对全省营销员数量暴增的情况，湖北保监局主要从以下三个方面强化后续监管。一是强化主体管控责任。要求保险公司或保险中介机构作为委托人，对所属营销员做好执业登记，明确归属和管理责任，要求保险公司做好营销员后续教育培训。二是加强执业登记情况检查。通过开展现场检查方式对营销员执业登记情况进行排查，对于未按规定进行执业登记的机构查实一家处理一家，确保政策执行到位。三是加强行业自律和培训。通过建立行业黑名单制度，对于违法违规和违反公司管理制度的营销员录入黑名单，限制其在一定期限乃至终身禁止从事保险销售活动，初步建立其诚信管理制度。另外，通过行业组织的专业技能、诚信教育和合规风险培训活动，防范风险跨行业传递，营造诚实守信的行业秩序和执业氛围，切实提高营销员的业务能力。

第三节　发展展望

一、提升专业化服务能力

保险市场是典型的信息不对称市场，其信息不对称具有双向性：一方面，保险合同条款专业性强，复杂晦涩，投保人对保险产品质量、保险费率、经营管理等信息难以全面掌握，处于信息劣势地位；另一方面，保险人对投保标的的相关信息及投保人的需求特征了解不足，造成投保人的逆向选择及投保中的道德风险，保险人处于信息的劣势。处于信息优势方为牟取更多的利益而使另一方利益受损，这既增加了市场交易风险又降低了社会福利。保险中介能在保险人和投保人之间形成有效的信息传递机制，既解决了投保人保险专业知识缺乏的问题，最大限度地帮助客户获得最适合自身需要的保险商品，又能降低保险人的经营成本，提升市场交易效率。因此，“交易成本”是保险中介存在和发展的基础。因此不断提升的专业化服务能力就是保险中介降低交易成本的能力。

保险业发展到一定阶段，必定要有更明细的社会分工和更专业的技能以及更完善的服务，而社会分工产生了一大批具有专业知识的中介人，他们能利用专业、渠道和信息等优势，有效激活保险需求，优化保险服务，实现保险业上下游资源的有效利用和合理配置。因此，专业化服务能力的不断提升是保险中介市场发展的内生动力。

以武汉东风保险经纪有限公司为例：

武汉东风保险经纪有限公司是东风集团全资子公司，成立于2004年8月31日，经保监会批准，获得保险经纪许可证，是一家全国性保险经纪公司。总部位于武汉，在上海、广州设有分公司，拥有一家子公司。注册资本5000万元（2017年10月17日完成工商登记），企业统一社会信用代码91420100764630651H。

截至2017年底，公司总资产7936万元，净资产5810万元，营业收入3769万元，利润总额824万元（其中，保险经纪业务收入2463万元）。员工共95人，其中，保险经纪业务人员75人，100%持有执业资格。

1. 财产险业务。以预防和控制企业财产安全风险为宗旨，以东风全价值链风险管理为主线，以防灾防损为切入点，以风险评估和保险技术为手段，全面深入了解客户的风险情况，为改善客户风险管理提供有价值的保险服务和风险管理服务。

一是利用保险业的风险管理手段，辅助企业风险管理工作，为客户生产经营的稳定、健康、有序提供有力支撑，注重所有客户风险防控工作，以融入企业职能管理为目标，为企业引入外部风控技术、手段、措施、经验，让更多的资源和力量为企业风险管理服务。二是完成东风旗下主要经营板块的统保工作，如东风有限、东风商用车、东风日产、东风乘用车、东风雷诺等项目统保，安排保费规模约1.2亿元，总体赔付率控制在60%以下。三是为所有客户提供防灾防损工作覆盖率达100%，每年通过风险现场查勘提出风险改善建议约900条，协助整改完成率达80%，为降低风险，减少事故提供技术保障。四是为客户引入保险业风险评估标准和实践方法，制定适用于客户风险管理的企业标准，辅助企业管理，共同识别企业风险，在传统防灾防损工作的基础上，开展专项风险评估，利用保险的风险控制手段和风险转移手段，设计企业定制化保险产品。五是不断提升险种开发与推广能力，并在原有基础上新导入营业中断险、出口产品责任险、环境污染责任险、食品安全责任险等险种，提升了企业财产风险综合保障。

2. 人身险业务。围绕员工“身”“心”两大方面，以“信息技术+智能工具（理赔系统、移动终端）”为依托，构建身心结合的健康管理体系。目前，已统筹管理东风20余万名员工及亲属商业健康险项目，服务200多家东风单位，服务范围集中于湖北省，同时延伸至东风版图覆盖地区，年度安排保费规模达1.2亿元。

一是以理赔服务为抓手，通过TPA（第三方理赔管理服务）系统的开发提升了团险业务服务质效，引入先进、智能的系统工具，构建以人身险理赔系统为核心，对接主要客户东风公司的“五险三金系统”与定点医院（住院部分）的HIS（医院信息系统）数据，通过系统理算完成后上传保险公司，实现从投保信息、就诊数据到理赔数据全流程管理的数据处理平台，理赔效率改善明显。二是EAP（员工心理帮扶计划）项目覆盖范围不断扩大，从2016年的两家试点单位发展至今EAP项目在东风公司内部全面铺开。培养的EAP专员遍布各试点单位，作为内部力量协助推进EAP项目，为东风公司全面推广EAP积累经验并产生了积极影响。三是完成了东风汽车公司大额医疗保险保障方案优化，确保患重病职工的合理医疗需求得到解决，特别是在解决部分贫困职工因病致贫、因病返贫的问题上，发挥了积极的改善作用，为保险扶贫工作积累了经验。四是关爱女性员工健康，联合东风社会事业管理中心，成功开发了东风女职工团体重大疾病保险项目，为东风公司各级单位3.2万名在职女职工提供女性特殊疾病保障。

3. 个险业务。以传统的“车险+寿险”为主线，依托东风资源，利用自身优势，提供优质服务。

一是完善员工及员工家属保险保障的长期寿险业务的开展，在员工已有的福利项目基础上，设计补充保险项目一揽子方案，满足全员保险福利需求。业务自开展以来，已在武汉、襄阳、十堰三地的几十家单位中进行平台产品推介，保费规模和投保人数呈直线上升态势。二是以经销商事故车定损维修为切入点，提升汽车配件销量实现原厂配件价格对接方式，开展商用车车险业务，目前已实现收入。三是以员工车险为基础，为东风员工提供车险一条龙服务，提升客户满意度。

二、增强对资金和人才的吸引力

现代保险服务业成为提高保障水平和质量的重要行业，成为政府加强和改进社会管理、公共服务的有效工具。未来我国经济必然是以第三产业为主导，居民收入的不断增高、知识水平的不断攀升，必然带来风险管理和财富管理需求的不断增长。政府职能转变，提升国家治理体系和治理能力现代化的要求，对于保险行业更加深入和全面地服务于社会管理、提供社会保障不足的补充作用、提高金融效率和服务实体经济等方面都带来巨大的机遇。对于湖北省来说，GDP 排名不断攀升，产业结构也面临转型升级，实体经济的发展也更加需要保险业乃至整个金融行业的提速增效。因此，在社会分工更加精细的大趋势下，以发达保险市场的经营来看，保险公司必将回归本源，将更多的精力放到保险产品开发和资金运用上去，在销售前端和理赔后端更多地将利用保险中介机构提供更加专业化的服务。因此，保险业的发展将极大地提升对保险中介服务的需求，保险业的发展机遇更是保险中介市场的发展机遇。

除行业前景外，多项国家和省级层面的指导性意见和优惠政策的出台，使得保险中介行业对于资金的吸引力会不断增强，从而促进保险中介行业创新发展能力的提升。随着保险中介专业化服务能力的提升，核心竞争力和盈利能力也将不断增强。2015 年 9 月保监会下发了《关于深化保险中介市场改革的意见》（保监发〔2015〕91 号），鼓励专业中介机构兼并重组。支持专业中介机构通过资本市场募集资金和交易股权，在风险可控前提下探索管理层股权、期权和员工持股计划等激励机制。在薪酬体制改革后，对于人才的吸引力也将不断提升。

三、加强创新意识和创新能力

（一）增强创新意识

保险中介具备组织形式灵活、准入门槛低、分布行业广泛、数量众多、点对点销售模式等特点，使其在覆盖面上有着天然优势，对市场变化和创新的敏感度高。保险中介可以充分发挥优势，不断提升创新意识，在组织架构创新、营销手段创新、产品服务创新等方面不断寻求突破。在组织架构创新方面，专业中介公司实行集团化，将代理、经纪和公估合二为一、优势互补，通过集中管理资源和人力资源，实现资源的优化配置。既可以通过代理和经纪服务好保险产品供应商和消费者，做好保险前端的承保服务，也能通过公估做好保险后端的理赔服务，打造“一条龙”的保险服务链。在营销手段创新方面，伴随互联网的快速发展，保险中介积极介入互联网创新。例如，在网络平台和微信营销方面，可以通过建立公众号，实现文字、语音、图片的全方位信息互通，提高服务效率。在产品服务创新上，可以充分利用股东优势或行业特点，挖掘行业保险需求，开发特色产品。保险中介可以通过及时掌握市场需求，灵活开发保险产品，进一步扩大市场容量，提升服务水平。

（二）增强创新能力

从20世纪90年代引入个人代理人机制以来，我国保险业尤其是寿险业迎来了翻天覆地的变化，关键的一点就是新的营销模式极大地扩大了保险的覆盖面，销售人员、销售机构逐步覆盖各行各业、各类人群，有效地带动了市场需求。代理、经纪、公估等保险中介的迅速发展，形成了互为补充的中介运行机制，加快了保险公司与中间商之间的社会分工，提高了保险经营集约化程度，更加有效地配置了保险资源，也降低了交易成本。不断提升的资本实力和人才吸引力为行业创新发展能力的不断增强提供了有力保障。

四、完善科学审慎监管理念措施

（一）加强监管机制的协调统一

理顺部门职责分工，明确机构监管与功能监管部门的主要责任，以监管对象为基础，建立清晰有效的监管责任体系和问责机制，强化对公司风险状况的整体把握，及时将预警和防控措施传导到整个监管体系。在出台政策措施时，及时制定操作细则和执行标准，政策调整变更后同步明确后续处理措施。进一步明确派出机构在偿付能力监管、分类监管、保险资金运用属地监管、风险处置以及中介机构法人属地监管方面的职责权限，有效发挥派出机构的作用。统一监管标准，尤其在保险产品管理、分支机构市场准入等方面建立相对统一的管理制度，完善内部程序。

（二）加强前端审批与后端监管的协同

逐步完善事中、事后监管规则和手段措施，重点关注公司的合规情况、风险状况及消费者权益保护，加大对公司的行政处罚、风险综合评级结果、服务评价和投诉率等指标的审查力度，防止审批与业务监管脱节。进一步规范行政审批内部流程，建立保监会及派出机构统一的行政审批管理系统，实现申报、受理、审查、反馈、决定和查询告知等全过程网上在线办理，提高审批透明度。

（三）加强监管基础设施建设

加快推进监管基础设施建设，完善各类监管信息系统，充分发挥公共信息平台作用。规范数据指标体系，全面、及时、有效地采集保险机构、业务和高管信息。加强不同信息系统之间的协同建设和共享应用，建立相互查询机制，确保各级保险监管部门“耳聪目明”；同时，加强保监会与其他金融、行政管理部门的信息互通，打破数据孤岛，运用大数据提升监管效能。

（四）加强非现场监管与现场检查联动

完善非现场监测评价机制和风险预警指标体系，准确锁定业务扩张激进、风险指标偏离度大的公司，作为现场检查重点对象。推进保险中介云平台建设，完善中介机构非现场监管体系，切实提高风险监测和预警水平。修订现场检查工作规程，明确信息化时代电子证据的取证程序和标准，落实“双随机”抽查机制。完善保险违法行为举报处理工作办法，建立保险机构重大风险稽查工作制度，健全风险案件全流程监管体系。

（五）加大行政处罚和信息披露力度

进一步统一行政处罚裁量标准，确保一把尺子量到底。依法加大行政处罚力度，提高行政处罚的时效性。全面披露处罚信息，强化行政处罚效果。细化保险中介信息披露事项，借助信息化手段推动中介机构信息公开。建立对保险公司公开问询制度，加大股权信息披露监管力度，扩大披露范围和频度，强化外部监督约束。

第五章 湖北保险监管工作

第一节 工作概况

湖北保监局始终坚持严监管、防风险、抓服务、促发展，把防范风险摆在首要位置。2016—2017 年，在保险监管政策进一步收紧、监管力度进一步加大的情况下，抓住服务供给侧结构性改革和脱贫攻坚战略实施两条主线，推动保险服务能力再上新台阶。

一、工作思路

2016 年，全省保险监管工作的思路是：坚持抓服务、严监管、防风险、促发展，着力深化保险改革创新，着力加强和改进监管，着力防范化解风险，着力保护保险消费者权益，努力实现“十三五”时期保险业发展的良好开局。并确定了四个方面的重点工作：一是落实“三去一降一补”要求，进一步推动“新国十条”落地，促进行业健康发展；二是提升行业服务水平，加强消费者权益保护工作；三是加强市场监管，防范行业风险；四是全面加强作风建设和监管队伍建设。

2017 年，对于全国保险监管系统来说是极不平凡的一年。在这一年，全国金融工作会议及党的十九大顺利召开。此外，中央又严肃查处了项俊波严重违纪案……全国金融形势继续净化。湖北保监局党委始终把讲政治、讲规矩放在首位，不断增强政治意识、大局意识、核心意识、看齐意识，自觉把思想和行动统一到中央决策部署上来。在此基础上，确定了当年的工作思路，即始终坚持“保险姓保、监管姓监”，紧紧围绕“培根、强基、重本”要求，从严从实加强监管履责，着力防范化解风险，坚持推进供给侧结构性改革，充分发挥保险保障功能，服务地方经济社会发展全局，促进全省保险业持续健康发展。并确定了三个方面的重点工作：一是紧紧围绕“培根”要求，切实做到“四个提升”；二是紧紧围绕“强基”要求，切实做到“四个强化”；三是紧紧围绕“重本”要求，切实做到“四个服务”。

二、2016—2017 年监管工作概述

（一）2016 年监管工作

2016 年，湖北保监局重点围绕抓“三纲”（规范固基、政策引导、创新驱动）、促“五新”（认识新常态、把握新业态、塑造新形态、构建新生态、展现新姿态），不断提高监管效能，努力促进全省保险业持续健康发展。

1. 坚持规范固基，着力夯实行业健康快速发展的基础。始终做到严字当头，坚持抓大头、抓带头、抓“瘌痢头”，保持对违规行为的高压态势，严查重处顶风违规、屡查屡犯的保险机构，切实加强风险防范，维护市场稳定运行。

一是防范市场风险，严守不发生区域性、系统性风险底线。湖北保监局按照保监会的统一部署，结合全省实际，扎实开展了互联网保险风险整治和非法集资防范处置工作，研究制定了 4 个互联网保险风险整治专项方案，部署全省 175 家保险机构（包括 72 家保险省级分公司、50 家保险专业中介法人机构和 53 家专业中介省级分公司）开展自查，对省工商局、省通信管理局提供的保险相关数据逐一进行核查，指导各保险行业协会对各市州非法经营互联网保险业务情况进行了全面排查，抽调力量对 6 家保险机构开展了重点检查。认真做好“两两检查回头看”工作，制定了《湖北保险业“两个加强、两个遏制”回头看工作方案》；部署辖内保险机构和中介机构开展全面自查；局领导班子成员带队，对全省 27 家保险机构（产险、寿险、中介各 9 家）开展了现场督导工作；组成 4 个检查组，对人保财险、中国人寿等 5 家保险机构和 1 家中介机构进行了集中综合抽查。着力防范化解重大案件风险，指导人民人寿湖北省分公司及时妥善应对处置了黄梅县重大“假保单”案件，受到省政府领导充分肯定。

二是组织现场检查，严厉打击违法违规行为。开展农业保险检查，以2016年以来的财政补贴型农业保险业务为主，集中两个月时间，对辖内所有经营农业保险业务的人保财险、中华联合、太平财险、平安产险、太平洋产险5家省级分公司及其28家地市级分支机构开展检查，抽查了不低于总数30%的承保理赔档案数量。开展车险市场检查，贯彻落实保监会《2016年车险市场专项现场检查工作方案》部署要求，选择业务发展和费用支出偏离正常波动范围的华安产险、长江财险等机构和宜昌、荆门等地区，严肃查处车险市场违法违规行为，维护商车费改后平稳规范的市场秩序。根据保监会消保局专项检查工作安排，对泰康人寿、阳光人寿、富德生命人寿的电话销售中心开展了电销业务合规性专项检查。共投入90个工作日、18人次，调听600余份保单销售录音，发现问题保单143件。全年共对违法违规的18家次保险机构（包括8家中介机构）罚款263.3万元，对41名高管予以警告并处罚款59.5万元。

三是构建长效机制，努力促进行业规范发展。指导辖内保险机构建立消费者事务委员会，强化公司信访投诉处理的主体责任，把消费者利益保护纳入保险机构的日常经营管理。加强与各级法院沟通，进一步加强调解员队伍建设，完善保险纠纷调处机制，指导各地协会推动诉调对接机制在属地实施。探索建立了《湖北省保险专业中介机构合规风险评估指引》，引导中介机构完善内控管理制度，理顺内控管理流程，防范化解风险隐患。建立并严格执行全省寿险业统一标准化的“访后付佣”“新产品售前培训”等制度，严把治理销售误导“五条红线”规定，督促落实客户信息真实性管理和销售误导责任追究，形成长效机制。推动“双录”工作落实到位，从源头上防范销售误导问题。

四是坚持上下联动，全面落实保监会部署要求。全年共安排11人次借调保监会机关或参加机关各部门组织的对法人保险机构的现场检查。集中全局12名干部组成“偿二代”评估小组，对长江财险、史带财险、通用再保险上海分公司、中美联泰大都会4家公司开展评估。按照保监会部署，及时组织开展“偿二代”保险公司风险综合评级工作，对辖内72家省级分公司第二、第三、第四季度操作风险和行政处罚情况进行了监管评价。

2. 坚持政策引导，着力营造行业健康快速发展的环境。瞄准保险业发展的方向和重点，下大力气积极争取各级党政支持，搭好平台，定好政策，让市场主体充分发挥作用。

一是积极参与区域经济金融改革发展顶层设计，促进行业与地方联动互动。抓住湖北获批内陆自贸区的有利时机，借鉴保监会给予上海等自贸区的支持政策，结合湖北地方特色，提出有利于加快保险业改革发展和发挥功能作用的支持政策建议。贯彻落实保监会与国务院扶贫办联合下发的《关于做好保险业助推脱贫攻坚工作的意见》（保监发〔2016〕44 号）精神，研究制定了《关于做好保险业助推全省脱贫攻坚工作的实施意见》，精准对接湖北脱贫攻坚需求，充分履行保险业扶贫开发社会责任。与武汉市政府密切协作，共同研究促进保险业发展的财政补贴政策、税收优惠政策、机构和人才引进政策、保险资金落地政策等，推动武汉市人民政府出台专项保险资金补贴政策，全面推进武汉保险示范区建设。结合省委、省政府对湖北保监局参与地方改革发展的工作部署，在湖北保监局社会治安综合治理联系点荆州市江陵县和对口扶贫帮扶点十堰市竹溪县，联合地方政府开展社会治安综合保险试点和保险业全面参与精准扶贫工作试点，并制定实施了相关工作方案。

二是不断完善工作机制，推动重点领域保险业务加快发展。积极完善“三农”保险机制，实现全省政策性水稻、棉花、油菜等险种提标扩面。其中，水稻保险的保障程度提高 100%，达到每亩 400 元；将油菜保险从 5 个县扩大到种植面积超过 20 万亩的 35 个县，覆盖面达 77%；棉花保险从天门一地扩大到种植面积超过 10 万亩的 15 个县，覆盖面达 76%。落实大病保险运行机制。明确大病保险的筹资标准为 5% 左右，以市州为单位，实行市州统筹和“五个统一”，即统一政策体系、统一筹资标准、统一待遇水平、统一经办服务、统一核算盈亏；调整起付标准和支付比例，提高保障水平；建立收支盈余和政策性亏损的动态调剂机制，遵循收支平衡、保本微利的原则，合理控制经办商业保险机构的盈利率。全省 17 个统筹地区的 32 个大病保险项目全面铺开，覆盖人口达 4836 万人，占总人口的 82.7%。优化小额贷款保证保险发展机制。坚持“政策支持、市场运作、企业受惠、风险可控”的原则，紧密结合各地实际，实行“一市一策”，形成了“政银保”“抵押贷款保证保险”“个人贷款保证保险”等多种模式，提升企业授信额度，缓解小微企业和个体创业者融资难、融资贵的问题。2016 年，全省小额贷款保证保险保费收入 1. 92 亿元，累计为 2. 76 万个企业或个人支持贷款融资 29. 7 亿元。

三是争取政策，促进重点业务领域发展。责任保险方面，与省民政厅、省老龄办共同印发了《关于加快推进养老机构责任保险工作的意见》（鄂民政发〔2016〕8 号），明确了养老机构责任保险覆盖范围及保费补贴方式。2016 年，全省养老机构责任保险累计签单 752 笔，保费收入为 774. 81 万元，共提供风险保障 77. 2 亿元，累计赔付 98. 7 万元；与省质量技术监督局沟通协调，研究在全省部分重点领域开展产品质量责任保险的可行性，并将共同发文推进。健康保险方面，认真落实国办发〔2014〕50 号文件精神，进一步加强与省医改办、卫计委、人社厅等部门的沟通协调，积极促成省政府办公厅印发《关于加快发展商业健康保险的实施意见》（鄂政办发〔2016〕47 号）。出口信用保险方面，促成省商务厅加大对出口信用保险的保费补贴力度，对全省近 4000 家年出口额在 500 万美元以下的小微企业实行出口信用保险保费全额补贴，企业免费投保。

3. 坚持创新驱动，着力增强行业健康快速发展的动力。将创新发展作为工作的重中之重，引导和促进保险机构不断加强产品创新和服务创新。

一是创新产品，扩大保险覆盖面。在服务“三农”方面，紧密结合全省各地的实际情况，采取政策性与商业性相结合的办法，提高地方农业风险保障程度。指导经办公司在恩施芭蕉侗族乡试点茶叶天气指数保险和茶叶温室指数保险。在仙桃试点黄鳝养殖保险，共承保 120 口网箱。在武汉市东西湖区试点开办水产目标价格保险和蔬菜目标价格保险。在保障民生方面，联合省财政厅、地税局出台《湖北省商业健康保险个人所得税政策试点工作实施方案》，积极推进税优健康险试点。截至 2016 年底，全省共有 18 家公司获得了保监会批复的税优健康险经营资质，其中已批复产品的公司有 12 家，已销售产品的公司有 10 家。全省累计承保 2180 人，保费收入 275. 6 万元，均列全国第 8 位。

二是创新服务，提高服务能力和水平。围绕《湖北省“十三五”深化农村金融服务全覆盖指导意见》，不断创新优化农村惠农金融服务网点体系建设，在全省建制村建设了以融资和保险服务平台为主要功能的村级惠农金融服务站。围绕服务地方社会管理，选择武汉市部分中心城区进行试点，探索警保联动机制，进一步提高道路交通事故快速处理效率。

三是创新宣传，进一步优化保险业舆论环境。加强对社会公众的保险宣传。先后组织并参与了“3·15”消费者权益保护日、“7·8”保险公众宣传日、保险领域防范打击非法集资专题宣传月、食品安全周等主题宣传活动，组织辖内保险业大力宣传保险知识，引导社会公众正确认识保险，提高消费者维权和保险意识。重点加强对地方党政部门的保险宣传。局主要负责同志到省委党校、监利县委为党政干部授课，取得了良好效果。

（二）2017 年监管工作

2017 年 7 月，第五次全国金融工作会议召开，习近平总书记在会上指出，做好金融工作要把握好四项重要原则：第一，回归本源，服从服务于经济社会发展；第二，优化结构，完善金融市场、金融机构、金融产品体系；第三，强化监管，提高防范化解金融风险能力；第四，市场导向，发挥市场在金融资源配置中的决定性作用。同年，保监会印发了《关于进一步加强保险业风险防控工作的通知》《关于强化保险监管　打击违法违规行为　整治市场乱象的通知》《关于保险资金投资政府和社会资本合作项目有关事项的通知》《关于保险业支持实体经济发展的指导意见》《关于弥补监管短板　构建严密有效保险监管体系的通知》五个文件（以下简称“1+4”系列文件），进一步强化全面风险管理和从严保险监管思路。湖北保监局认真贯彻落实中央和保监会党委的决策部署，特别是习近平总书记关于金融工作系列重要讲话精神，以贯彻“1+4”系列文件为主线，防风险、治乱象、补短板、强监管，求真务实、真抓实干，守住风险底线，促进了市场健康发展，各项工作取得新成绩。

1. 治乱象，整顿规范市场秩序。一是严明政策要求。针对新形势、新要求，及时修订完善全年现场检查计划。组织召开省级保险公司总经理联席会议、全省农业保险规范发展会议、辖内保险业贯彻落实保监会“1 +4”系列文件精神座谈会等会议，通报政策形势，传导监管压力，强化市场主体的合规责任。二是严肃查处违规行为。始终保持监管高压态势，坚持公平、公正、公开原则，依法从严、从重、从快打击各类违法违规行为，检查处罚的频度、广度、力度、深度显著增强。共派出 30 多个检查组、检查人员 200 余人次，对辖内 40 多家（次）保险机构和中介机构开展了包括车险、农险专项检查以及“亮剑行动”、中介合规检查等在内的一系列现场检查，并根据保监会统一部署，对广西大病保险制度落实情况开展了专项检查；配合江苏保监局对湖北大病保险业务开展检查。共对违法违规的 16 家次保险机构（包括 2 家中介机构）罚款 390 万元，对 43 名高管予以警告并处罚款 93 万元。与 2016 年同期相比，行政处罚金额同比增长 49.63%。三是充分发挥行业自律作用。就保险业社团组织贯彻保监会“1 +4”系列文件精神出台指导意见，督导全省各地协会聚焦主责主业，进一步抓严抓实行业自律工作。指导省行业协会修订车险自律公约，对关键指标分类监测。全年全省各地保险行业协会自律罚款超过 160 万元。四是指导各地协会在全省开展“安宁 2017”反保险欺诈专项行动，累计为行业减少骗赔损失 4600 余万元。

2. 防风险，守住不发生系统性风险底线。对照保监会 35 号文件提出的 9 个领域突出的风险，开展认真、全面、深入、细致地排查化解工作，对文件强调的 10 个方面 39 条具体要求严格遵照落实，形成风险防控预案，坚决杜绝系统性风险隐患。一是加强监测，提升风险处置能力。密切关注经营较为激进的公司经营动向，认真摸排风险，建立重点产品季度统计分析制度、风险监测旬报制度，从业务发展、产品、销售、退保、投诉、舆情等方面掌握风险全貌，并及时进行监管约谈、窗口指导。完善风险处置方案，督导公司开展风险应急处置大演练，提升风险处置能力。二是加强消费者权益保护，源头治理风险。完善信访突发事件应急预案，优化投诉来访处理规程，提升信访工作服务水平。全年受理保险消费投诉 2834 起，消费者总体满意度保持在 99% 以上，消费者向湖北保监局赠送锦旗 10 余面，12378 热线管理工作获保监会通报表扬；未发生一起群体性闹访事件，未产生重大市场风险和舆情风险。推进寿险公司“客户大走访”活动实现常态化，切实解决问题。开展保险公司服务评价，建立以风险为导向的公司投诉考核制度，完善投诉通报制度，对投诉较多、风险处置不当的公司采取约谈等措施督促整改，压实公司管控责任；对问题突出的公司及时安排专项检查，依法严查重处。省消保中心“一站式”服务更加完善，公信力稳步提升。畅通保险纠纷调解渠道，建立了 500 多人的保险纠纷调解员队伍，40 个县级法院与保险业开展了诉调对接合作，各地保险协会共受理诉调对接案件 812 件，调解成功率达 64.2%。三是加强对重点领域风险的防范处置。切实防范保险业非法集资风险，抓好重点人群、重点机构、重点领域，推动集中宣传和专项排查工作有机结合，促进防范和处置非法集资工作制度化、常态化。加强流动性风险、新业务风险防控，指导安邦等 3 家财险公司化解非寿险投资型业务存量 98.37 亿元，占总业务存量的 32.13%。开展互联网保险专项整治工作，整治以网络互助计划形式非法从事保险业务。高度重视中介领域风险防控。出台了《湖北省保险专业中介机构合规风险评估指引（试行）》，组织辖内各保险专业中介机构开展合规风险自查评估；开展年度外部审计和分类监管，常态化开展中介领域风险排查；约谈中介机构负责人 108 人次，警示风险，对发现的问题或风险及时督促整改到位。

3. 补短板，切实提高监管有效性。以敢于监管、精于监管为目标，全面深入查找、着力弥补监管工作短板和不足。一是完善制度体系。开展了对外规范性文件的后评估工作，根据量化评估结论废止规范性文件 14 件，修改 2 件；按照精简、协调、长效管控的原则，对 92 项内部制度进行全面清理，废止 4 个，修改（包括合并）15 个，制定新制度 3 个。针对农业保险经营服务制度标准不够完善的问题，研究出台了《关于加强农业保险经营管理有关事项的通知》；针对寿险公司产品说明会容易产生销售误导的问题，建立产说会备案制度，规范宣传资料课件管理，从源头上防范化解风险。二是严格规范执法。深入推进法治机关建设，严格规范监管执法行为，确保行政行为程序规范、实体合法、裁量合理，做到“三严三铁”，即严守纪律、铁面无私，严防风险、铁证如山，严控裁量、铁案难翻。2017 年，湖北保监局未发生一起由于行政执法行为不当引起的行政复议败诉。探索建立“双随机、一公开”机制，现场检查更加公正高效、公开透明。加强监管协作，与人民银行武汉分行加强了反洗钱工作的经验交流和信息互通，与公安部门加强了打击保险欺诈犯罪的合作。加强案件问责，共对 19 起保险司法案件，督促相关公司对 46 人次分别给予了不同程度的问责处分，并依法将公司司法案件发生及问责情况与相关行政许可相挂钩。三是加强行业信息基础建设。加强与中国信保、武汉交管局等单位和部门的沟通，推动中国保信在湖北省开展交管交互项目及武汉车险应用平台建设，丰富信息平台功能。积极指导、推动辖内保险中介机构加强业务、财务信息系统建设，争取保险中介监管云平台在我省试点，与省工商局市场主体信用信息共享交换平台实现数据实时对接。四是积极扩大保险宣传。组织全行业开展保险宣传进机关、进社区、进企业、进农村，创办“农保在线”广播节目扩大农业保险宣传，开展重大赔案、保险扶贫专项宣传，狠抓行业微信公众号、门户网站等自媒体建设，加强负面舆情监测处置。

4. 促发展，服务经济社会发展大局。引导全省保险业坚守“保险姓保”，回归保险本源，充分发挥行业优势，积极服务经济社会发展。一是积极助力扶贫攻坚。认真贯彻落实保监会和省委、省政府扶贫工作部署要求，督导全省保险业积极参与和服务精准扶贫工作不断取得新成效。例如，全省各地通过开办扶贫小额贷款保证保险，已帮助贫困地区 2.8 万个中小微企业和贫困户获得各类生产性贷款 30.8 亿元。其中，罗田县以开办黑山羊养殖保险为依托，建立了“五位一体”扶贫新模式（“政府 + 产业化龙头企业 + 贫困户 + 银行 + 保险”），得到中央肯定并在全国推广，打造出了湖北别具特色的“保险 +”产业扶贫品牌。积极开展大病保险，解决因病返贫问题，大病患者医疗费用实际报销比例达 55%，总体报销水平提高了 11 个百分点，探索开办了“新农合 + 大病保险 + 补充医疗保险 + 民政救助”四位一体的健康扶贫新模式，为健康扶贫对象购买医疗救助补充保险。以驻村扶贫为基础，以十堰为重点，建立了省域保险示范区。湖北保监局 2017 年 8 月与十堰市政府签署《共建保险扶贫示范区的合作备忘录》，使之成为全国首个保险扶贫示范区。二是推进重点险种加快发展。推动湖北省政策性农业保险提标扩面实现突破，水稻保险每亩保额由200元提高到400元，油菜保险扩大到35个县，棉花保险扩大到15个县；推动在14个县市开展农业大灾保险试点，保障水平覆盖“直接物化成本+地租”，极大地提升了该省农业保险整体规模和保障能力。中央农村工作领导小组来湖北调研时，对水稻气象指数保险等特色险种开展给予了充分肯定。积极推动小额贷款保证保险加快发展，争取财政加大补贴支持力度，推动各地落实“五个一”的工作要求（即设立一个专班、制定一个方案、出台一个管理办法、签订一个合作协议、支持一批企业融资），进一步发挥保险融资增信功能。目前全省各地通过开办小贷险累计帮助7.2万个小微企业及个人融资达130亿元。推动大病保险提质增效，在全省市县两级全面推行“一站式”即时结算。完善首台（套）重大技术装备保险补偿机制，由中央和省级财政全额补贴保费，共为27台重大装备提供17.34亿元风险保障，累计赔付58.02万元。推动开展重点新材料首批次应用保险补偿机制试点。三是以创新示范引领发展。积极参与湖北自贸区建设，结合湖北自贸区实际研究出台自贸区保险机构和高管人员审批备案管理办法等优惠政策措施，进一步发挥出口信用保险功能，全面启动出口信用保险保单融资工作，支持外贸出口企业发展。加强与地方政府的沟通协调，进一步抓好武汉保险示范区、十堰保险扶贫示范区、天门县域保险示范区、荆州综治保险示范区的创新试点，带动全省保险业创新发展。四是充分发挥保险的社会保障网作用。完善“警保联动”机制，扩大快赔中心覆盖范围，减少城市拥堵。联合省住建厅开展建设工程履约保证综合保险试点，明确可以建设工程履约保证综合保险替代工程建设保证金，减轻建筑业企业保证金负担。会同省卫计委推动预防接种异常反应补偿机制由“财政补偿”向“保险补偿”转变，形成“基础保险”加“补充保险”的预防接种异常反应多层次保险补偿体系。五是积极吸引保险资金。湖北保监局与保险资管协会建立长期合作机制，组织开展了“金博会东湖论坛暨保险资金对接会”，积极争取保险资金加大对湖北基础设施建设、战略性新兴产业发展和民生保障项目的支持力度。截至2017年底，保险资金累计投资额已达1000亿元。

第二节　主要成绩及问题

2016—2017 年，全省保险业风险得到有效遏制，市场乱象得到集中整肃，监管短板得到逐步弥补，保险业发展兼顾了速度与质量、效益的均衡。

一、主要成绩

（一）保险风险得到有效防范和化解

湖北保监局认真落实中央决策部署，坚持“严”字当头，重拳治理市场乱象，整顿市场秩序，防范化解风险隐患，确保了市场的平稳健康发展。严格按照国务院及保监会关于“两个加强、两个遏制”工作部署，严查辖内保险业销售误导、理赔难、违规套取费用等问题，使全省保险市场秩序不断好转。加强与相关执法部门的协作，加大打击保险欺诈和非法集资等违法犯罪力度。各市州保险业均与当地公安部门联合建立了工作协作机制，有效地打击了车险骗赔违法行为。其中仅在武汉市，就成功破获骗赔案件 200 多起，为保险公司避免损失 607 万元。两年来，全省保险业风险可控，未发生非正常集中退保、大规模群体上访等事件，也未发生非法集资和互联网金融风险，为全省金融安全和经济社会稳定作出了应有的贡献。

（二）行业自律作用有效发挥

在湖北保监局的指导下，省保险行业协会按照合规、稳妥、规范的原则顺利完成换届，选举产生新一届协会组织架构。加强了领导班子建设，创新引入公开招聘方式，选拔出协会秘书长、副秘书长。建立常务理事会、理事会有效运行和沟通机制。通过完善行规行约，堵塞制度漏洞；通过创新自律手段，增强自律效果；通过强化自律检查，规范非理性竞争；车险理赔难题和寿险销售误导两大顽疾得到明显遏制。同时，以引领创新和自身建设为重点开展构建省市协会联动新格局。通过快查快结，从严重处，全省行业自律合规意识明显增强。

（三）重塑风清气正的保险监管

以学习领会习近平新时代中国特色社会主义思想为主线，先后组织开展学习贯彻党的十八届六中全会精神的轮训，学习十八大以来习近平总书记关于金融工作的重要论述，就党的十九大精神制定学习方案，积极开展交流讨论、撰写心得体会，持续掀起学十九大、学新党章的热潮。以项俊波严重违纪案为鉴，深刻反思、吸取教训、引以为戒，正风肃纪、认真整改，彻底肃清项俊波流毒，营造了坚定信念、正本清源、忠诚服务的良好氛围。

（四）监管队伍素质和能力进一步提高

加强对监管干部的教育引导，建立“党员学习日”制度，进一步加强党员干部学习教育和理论武装。编选典型案例，每年组织监管干部参与行政诉讼庭审旁听，促进监管干部深化规范执法、依法行政理念。大力加强培训工作，推动学习型机关建设。积极开展任职培训、业务培训及岗前培训，鼓励干部职工在干中学、学中干，把理论和实践有机结合起来。鼓励以老带新，引导干部之间相互学习、共同提高。多途径、多层次培养锻炼干部，注重“压担子”，积极“搭梯子”，选派年轻干部担任业务培训的主讲人、现场检查的主查人和重要工作任务的主办人，促进干部更快成长。加强廉政教育，扎实开展“共产党员先锋岗”创建工作，通过组织评选表彰一批优秀共产党员、优秀党务工作者、先进基层党组织，激励党员干部学习先进、争当先进、赶超先进，努力打造一支业务精、有担当、纪律严的队伍。

二、存在的问题

第一，保险监管资源尤其是基层监管力量需要进一步充实。在数量上，监管机关干部队伍仅 70 余人，面对全省 4000 多家保险机构、60 多万名保险从业人员队伍，对于许多危害行业健康发展、损害保险消费者利益的现象不能做到及时发现、及时处理。在辐射范围上，仅成立宜昌保监分局一家市级分局，县一级没有保险监管机构，湖北保监局需要监管全省 15 个市州，监管工作难以做到面面俱到。

第二，防范化解风险能力需进一步加强。风险因素的复杂程度日益加深，保险业自主管控风险的能力不足，有的公司存在很大的风险隐患，甚至风险事件多发易发，对保险监管提出了严峻挑战。监管部门对风险的持续监测、实时控制和动态管理能力有待加强。

第三，银保监的监管程序和机制需进一步统筹。机构改革涉及部门监管程序及制度的融合，关系到改革后监管行为的一致性和公信力，而目前银保监会的监管程序及机制存在一定程度的差异，需要厘清现存差异并明确统一标准。

第四，处理改革、发展、稳定三者关系的能力需进一步提升。在下决心处置风险的同时，需要充分考虑市场的承受能力。如何把握好坚持防范风险与有序规范的平衡，如何合理设置过渡期，把握好工作的次序、节奏和力度，如何有效引导市场预期，这些都对监管者的能力提出了更高要求。

第三节　发展展望

一、监管机构发展展望

2018 年机构改革大幕拉开之前，我国的金融业实行的是分业经营以及在监管协调框架下的分业监管制度。但是，伴随行业发展，金融混业的趋势日益增强，交易结构设计日趋复杂，在微观层面上出现了很多跨市场、交叉性的金融工具，金融领域的风险因素日益复杂、风险传递机制也更具交叉性。以机构监管为核心的分业监管制度已经难以满足综合经营背景下的监管需求。虽然无论是从“一行三会”层面，还是“一行三局”层面，都已建立了金融监管部门协调联席会议制度，但各监管机构的独立性仍然较强，监管协调工作的制度化水平较低，难以形成监管合力。在综合经营和金融创新不断涌现的现实环境中，各监管部门之间的信息不能充分共享，各监管部门制定的监管政策不能有效协调，产生了重复监管和监管真空，难以实现对风险的全面覆盖和全程监控。

2017 年的第五次全国金融工作会议提出，“推进构建现代金融监管框架”。随后，国务院设立金融稳定发展委员会，统筹协调金融稳定和改革发展重大问题的议事协调，其职责包括强化宏观审慎管理，强化功能监管、综合监管和行为监管，实现金融监管全覆盖。

2018 年 2 月，党的十九届三中全会审议通过了《中共中央关于深化党和国家机构改革的决定》《深化党和国家机构改革方案》，并在全国“两会”上获得通过。方案提出组建中国银行保险监督管理委员会，将中国银行业监督管理委员会和中国保险监督管理委员会拟定银行业、保险业重要法律法规草案和审慎监管基本制度的职责划入中国人民银行，不再保留中国银行业监督管理委员会、中国保险监督管理委员会。

4 月，中国银行保险监督管理委员会举行揭牌仪式，这标志着中国银行保险监督管理委员会正式对外运行。至此，在银行与保险业，人民银行负责宏观审慎监管、银保监会负责功能监管、行为监管、机构监管，已是大势所趋，中国式双峰监管模式雏形初显。

二、行业发展环境展望

当前，湖北省发展面临重大战略机遇期。全省保险业发展环境具备很多有利条件，但也面临很多新的挑战。

一是时代主题发生深刻变革。党的十九大提出，中国特色社会主义进入了新时代，这是中国发展新的历史方位。我国社会主要矛盾已经转化为人民日益增长的美好生活需要和不平衡、不充分的发展之间的矛盾。中华民族比历史上任何时期都更加接近全面复兴的目标。党和国家落实“五位一体”总体布局和“四个全面”战略部署，着力推进国家治理体系和治理能力现代化，建设现代化经济体系，实现高质量发展，对发挥保险业功能作用，既高度重视，也提出了更高期待和要求。

二是监管主调发生深刻变革。保险监管部门围绕贯彻落实中央提出的坚持以人民为中心的发展理念以及金融业三大任务、金融工作四项原则，进行全面深刻反思、大力纠偏祛邪，开展了重塑监管行动。“1 +4”系列文件着力强监管、治乱象、补短板、防风险，推动保险监管从宽松软到严紧硬，引导行业回归本源，积极服务实体经济。同时，系统上下着力推进全面从严治党，以深入肃清项俊波流毒为契机，坚决打击违法违规行为，保险业面临一个更加风清气正的监管生态环境。

三是市场主体发生深刻变革。一方面，工业化、农业现代化、新型城镇化和信息化加速推进，人口老龄化进程不断加快，居民消费逐步升级，全社会对保险需求越来越大，呈现出多样性、多层次、个性化的特点，保险日益成为人民群众生产生活中不可或缺的必需品；另一方面，以移动互联网、大数据、云计算、人工智能、物联网、区块链为代表的新技术正深刻改变着人们的生产生活，各种产业、各类业态彼此交叉融合、渗透趋势日益明显，深刻改变着人类社会，也给保险业带来前所未有的巨大机遇和挑战。

四是湖北加快转型发展面临新机遇。近年来，中央高度重视湖北的发展，提出了“建成支点、走在前列”的发展要求。事实上湖北省已成为中部地区改革发展的政策高地和创新创业的热土。近年来湖北经济社会发展也取得了巨大成就。2016 年全省地区生产总值首次突破 3 万亿元，在全国排名第 7 位。2017 年地区生产总值达 3.65 万亿元，同比增长 7.8%。全省地区生产总值过千亿元的城市达 10 个，千亿元产业达 17 个。服务业占比达 45.2%，各类市场主体达 450 万户，综合科技创新指数在全国排名第 7 位，城乡居民人均可支配收入分别达 3.19 万元和 1.38 万元。以创建武汉保险示范区为动力引擎，良好的发展机遇为全省保险业提供了巨大机遇、广阔舞台。

三、未来的保险监管工作

习近平总书记强调，金融要回归本源，为实体经济服务。这是今后金融监管改革的顶层思路。防控金融风险，消除监管盲点，防止监管套利，避免风险的交叉感染，守住不发生系统性金融风险的底线，是金融监管改革的现实逻辑。湖北保监局将紧密团结在以习近平同志为核心的党中央周围，以习近平新时代中国特色社会主义思想为指引，全面贯彻落实党的十九大和中央经济工作会议、全国金融工作会议精神，把人民对美好生活的向往作为奋斗目标，落实全面从严治党要求，坚持稳中求进和高质量发展，坚持“保险姓保、监管姓监”，全力服务于防范化解重大风险、精准脱贫、污染防治“三大攻坚战”，深入贯彻服务实体经济、防控金融风险、深化金融改革“三大任务”，切实保护好保险消费者合法权益，坚定不移地落实“1＋4”系列文件，统筹推进防控风险、重塑监管、深化改革、强化服务等重点工作，加快推进新时代现代保险服务业发展，奋力开创保险监管工作新局面。

（一）以守住系统性风险为底线，加强风险防控

1. 加强重点领域风险防控。加强对重点公司的业务监测，密切跟踪掌握公司风险状况，防范化解风险，维护稳定。重点紧盯流动性风险、群体性事件风险、业务快速扩张风险及队伍稳定风险，以及违规销售非保险金融产品、非法集资、保险欺诈等风险隐患，坚持抓早抓小，防患于未然。

2. 扎实做好非现场监管工作。进一步加大对市场的动态监测分析，及时摸清情况，预判潜在风险。加强重点产品、重点公司监测，着力防控重点领域风险，严控增量风险，化解存量风险。健全内控、自律、监管联动机制，压实保险机构风险防范化解的主体责任。继续开展公司治理和偿付能力监管。

3. 加强合规经营。全面落实保险销售可回溯制度，加强跟踪监测。落实保险实名登记管理制度和保险广告行为监管要求，推进服务标准化建设。加大“访后付佣”“访后付费”“双录”等监管制度的落实力度并完善相关制度。

4. 加强消费者权益保护。完善保险纠纷多元化解机制，提升消保中心保险纠纷调解工作效能，落实信用体系建设任务。加强消费者教育、信息披露和风险提示，提高保险消费者自我保护意识和风险识别能力。加强与法院诉调对接沟通协作，探索推广诉调对接“互联网＋”一体化平台模式。

5. 加强协调监管。与工商、税务、经侦部门开展联合执法，形成合力，防范跨行业、跨区域的风险交叉传递。

（二）以严格依法合规为保障，坚决整顿市场乱象

1. 加大现场检查力度。针对数据监测结果和市场存在的突出、重点问题，开展专项检查。对保险机构侵害消费者合法权益的违法违规行为，组织开展精准打击行动。加强协会建设，发挥协会在行业自律方面的积极作用。

2. 加强机构准入和高管及从业人员管理。进一步体现“放管服”的政策要求，按照“风险导向”“依法合规”“倒逼转型”的分支机构审批要求，分类处置，扶优限劣，推动机构有序设立。加强高管人员任职资格管理和教育培训。

3. 强化依法监管。以严管彻查重处为原则，严格落实“机构与个人双罚制”，通报典型案件，强化监管执法和责任追究。增强监管干部依法行政意识。开展合规制度落实情况督察，强化后续监管效果。探索建立覆盖受理、调查、处理、告知等环节的法律风险全程防控机制。

（三）以创新发展为驱动，提升行业服务能力

1. 加大保险助推脱贫攻坚力度。引导公司探索“驻村扶贫”“注资扶贫”“产业扶贫”、“结对帮扶”等多种形式的保险精准扶贫方式；抓好农业保险降费、大病保险政策倾斜等支持政策的落实；做好驻村帮扶工作，重点做好基层党建、产业发展、政策宣传、民生保障等工作。

2. 发挥保险支持实体经济作用。在继续推动“提标、扩面、增品”的基础上，支持鼓励各地开发具有地方特色和服务新型农业经营主体的创新险种，进一步加强服务和规范工作。开展好农业大灾保险试点，积极探索推动巨灾保险试点。打好环境污染治理攻坚战，推动环境污染、电梯安全、社会治安等重点领域的责任保险发展。推动“政银保”小额贷款保证保险向纵深发展，助力缓解融资难、融资贵的问题。

3. 以服务民生为中心提升行业服务水平。推动民生保险扩面，推动保险业积极参与助力多层次养老保障体系建设，进一步规范和提升大病保险服务管理水平。开展全面型车损险试点，进一步增加消费者的选择权和保

障程度。

4. 深化行业创新发展。加强与地方政府的沟通联系，推动武汉保险示范区建设提档升级。指导保险公司在自贸区设立分支机构，在保险产品及服务上创新。进一步引导保险资金加大对湖北的投资力度。加强行业信息平台建设。

（四）以重塑监管为目标，加强监管机关建设

加强监管干部队伍建设，进一步健全从严管理监督干部的制度体系，加强监管能力建设，大力加强监管干部教育培训，支持、选派干部进行交流锻炼，完善干部考核评价机制，强化考核评价结果运用。加强监督执纪，做到敢抓敢管、执纪必严、违纪必究。

第六章　保险消费者权益保护与教育

第一节　工作概况

自 2015 年 5 月湖北保监局成立保险消费者权益保护处以来，湖北保监局继续以完善保险消费者权益保护制度、健全保护机制为前提，以实施预防性保护、过程性保护为内容，以强化公司保险消费者权益保护主体责任为核心，以实施行为监管、加强消费者教育、推进透明度监管及行业诚信建设为基础，以调动社会各界力量协同监管为纽带，着力解决关系保险消费者切身利益的突出问题。自开展保险消费者权益保护工作以来，湖北保监局在消保领域取得了显著工作成效，局消保处荣获保监会“先进基层党组织”荣誉称号。2015 年 11 月，国务院办公厅下发《关于加强金融消费者权益保护工作的指导意见》，首次从国家战略层面进一步强化了金融消费者权益保护工作的重要性。2017 年，全国金融工作会议明确提出加快金融消费者权益保护机制建设，首次将金融消费者权益保护工作提升到维护金融安全、捍卫国家安全的政治高度。保险消费者权益保护是金融消费者权益保护的重要工作之一，2017 年中国保监会出台“1 +4”系列文件，恪守为民的监管理念，成为保险消费者权益保护工作的重要行动纲领。两年来湖北保监局扎实开展保险消费者权益保护及教育取得了明显成效，得到社会及人民群众的广泛认可。

一、2016 年工作概述

2016 年，湖北保监局立足“两学一做”，坚持学用结合，紧密围绕保护消费者合法权益工作重心，服务保险监管供给侧改革大局。全年共接收并妥善处理保险消费投诉2413起，开展投诉检查、调查52家次，纠纷矛盾全部得到妥善化解。全年投诉总量同比下降34%，消费者满意度99.2%。

（一）督促公司落实消保主体责任

1. 建立辖内保险公司消保工作监管指引。出台针对保险省级分公司的关于投诉处理及消费者权益保护工作的指引性文件，从组织架构、运行机制、工作程序、内部监督、考核追责、信息披露、宣传教育等多维度，对保险公司投诉处理机制和消保提出较为系统的刚性要求，引导保险公司将客户权益保护工作的重心，从单个事件投诉处理转向完善公司内控、健全企业制度的更高层面。

2. 开展“多层次、全覆盖”的消保培训。根据投诉情况，组织投诉量集中的公司高管集体座谈，揭示风险，针对性地给予监管指导，督促做好风险防控；组织公司一线投诉人员集中培训，宣讲最新监管政策，分析投诉形势动态，提高公司消保一线工作人员风险甄别和处理能力。

3. 定期通报投诉处理情况。按季度统计通报辖区保险消费投诉处理情况，督促各公司消委会加强消保工作研究，强化内部执行，提升投诉处理效能。

（二）推进保险纠纷调处机制建设

1. 建设湖北省保险消费者权益保护中心。由湖北省保险行业协会建设湖北省保险消费者权益保护中心（以下简称省消保中心），初步搭建省内保险投诉处理、纠纷调处和数据信息化综合处理平台。由省协会制定消保中心各项工作制度，落实调解员聘任、工作人员招聘、办公场地配备，并开展投诉接待和保险调解专业培训；同时，湖北省保险学会着手组建保险纠纷业内外专家库。为今后全省各市州消保中心建设及诉调对接工作积累经验，奠定坚实的组织保障。

2. 修订投诉处理工作流程。结合消保中心投诉处理的功能设置，全面修订投诉快处、分类受理、调查及办结流程，促进依法行政、简化环节，提升效率，防控风险。

3. 推动12378热线湖北分中心顺利运行和稳步提升。结合试运行后保监会投诉管理系统的上线要求，修订完善12378热线接收处理工作制度，强化对坐席的日常工作考核管理，持续加强保险政策、法律法规、投诉接待、公文写作、统计分析等培训与工作内容，提升12378热线的投诉应对水平和人员的综合素质能力。

4. 定期通报督办诉调对接工作情况。联合湖北保监局局办公室、法制处按照《湖北保险纠纷诉讼与调解对接机制建设工作方案》，每半年通报各协会“诉调对接”工作情况，督促协会稳步推进“诉调对接”机制建设。

5. 编写行业侵害消费者权益典型案例。继续组织编写“2016年度保险业侵害消费者权益典型案例”，持续警示行业规范经营。

（三）加强消保市场监管和检查

1. 统筹开展专项检查。按照保监会部署，针对消费者反映较为集中的保险公司和突出问题，组织开展“亮剑行动”专项检查，坚决打击损害消费者合法权益的违法违规行为。

2. 组织实施个案检查。对损害保险消费者合法权益的个案组织开展调查核实，严格执法、严格处罚和严肃追责；对保险业新兴业务领域、业务渠道暴露出的侵害消费者的风险问题予以重点关注，加大检查力度；针对个案检查发现的问题，督促公司系统实施风险排查，监控非法集资、满期给付等市场风险。

3. 开展保险消防投诉行业调解与行政监管“查调对接”。对已受理且投诉人同意调解的投诉件，委托湖北省消费者权益保护中心组织调解，收集证据，质证投诉事项，并按程序报消保处审核认定。

4. 与银监局联办联防重大投诉风险。与湖北银监局加强保险消费投诉处理信息交流；对高风险投诉件，统一调查答复口径和处理尺度；配合寿险处加强与湖北银监局的工作联系，推进银邮渠道落实“双录”监管规定。

（四）多元化开展消费者教育

组织消费者教育优秀案例展示。各保险公司在社区行、企业行、农村行、校园行等活动中运用鲜活案例开展消费者教育和消保宣传。

（五）落实行业信用体系建设要求

依照保监会信用体系建设五年规划，落实保监会、省政府有关工作部署，落实年度信用体系建设任务。

二、2017 年工作概述

2017 年，湖北保监局深入贯彻党的十九大精神，坚决落实习近平总书记关于金融工作的重要指示，坚持“监管姓监”宗旨，落实“1＋4”系列文件精神，积极稳妥推进各项消保监管工作，牢牢守住不发生系统性风险的底线。全年共接收处理保险消费投诉 3305 起，维护保障消费者经济利益 4469 万元，投诉处理消费者满意度达 99% 以上，收到消费者自发赠送的锦旗 10 余面，12378 热线管理工作获保监会消保局通报表扬。

（一）坚持以人为本，全方位打牢消保工作基础

1. 加强高管和从业人员教育，强化公司消保工作的主体责任。加强诚信文化建设，开展业内消保教育培训，对公司高管人员、投诉专岗工作人员、一线销售从业人员分层级开展政策法规知识、诚信文化、投诉处理技巧等培训，提升行业基层和一线消保工作的主体责任意识；强化公司风险提示主体责任，督促公司落实消费者风险提示服务义务，运用公司短信、微信平台，针对承保、理赔、保全等重要服务环节、重大突发保险事件，统一发布提示信息，增强教育的覆盖面和渗透力。

2. 加强宣传教育，增强民众保险意识。加强行业消费者教育工作的组织建设，建立包括公司、行业协会、保监局相关部门在内的保险消费者教育工作组，加强对公司消费者教育工作的联动和指导；加强媒体合作，开展消费者教育活动，立足“3·15”“7·8”等重要消费者教育节点，组织协会，加强媒体及相关机构合作，持续开展保险消费者教育“进企业”“进社区”活动，发动公司落实消费者教育工作任务及要求。

（二）严守风险底线，筑牢消保执法根基

1. 统筹开展“亮剑行动”专项检查。按照保监会部署，针对消费者反映较为集中的保险公司和突出问题，组织开展“亮剑行动”专项检查，坚决打击损害消费者合法权益的违法违规行为。

2. 开展投诉个案现场调查、检查。对违规情形恶劣或存在重大风险隐患的个案，无论投诉人撤诉与否，依法组织开展现场检查，重拳打击侵害消费者合法权益的违规行为；对同一问题多次反复投诉及公司怠于配合调查的个案，组织开展现场调查，提高投诉调查取证效率，加强投诉处理督察指导。

3. 加强行业新渠道、新领域风险防控。开展寿险电销“亮剑行动”回头看。结合2016年“亮剑行动”检查情况，对省内寿险电销市场风险问题整改落实情况开展调研式巡查，进一步梳理总结寿险新型渠道销售行为的风险点及其成因，探索提出风险防控监管举措；根据投诉反映的问题，综合运用警示约谈、监管谈话、调研巡查、现场检查等手段，督促公司重视新兴业务领域、业务渠道风险问题，抓早抓小，防微杜渐。

4. 建立市场风险联防联控监管机制。建立投诉数据异动监测和风险预警机制，对投诉月度统计报表异动数据加强非现场监测，开辟异动数据专栏，进行风险预警描述，及时处置风险隐患；建立风险联防联控工作机制，针对保险消费投诉个案检查发现的潜在风险，加强与各业务处室沟通协作，建立风险联防联控工作流程，规范风险问题沟通、移交程序。

（三）完善监管机制，坚定“保险姓保、监管姓监”本质

1. 推动全省诉调对接“扩面提标”。推动县域保险纠纷诉调对接增量扩面，指导、推动各保险行业协会深化与县域基层人民法院开展诉调对接合作，扩大县域保险纠纷诉调对接工作覆盖面；推进协会诉调对接服务标准化，组织省协会研究制定湖北省保险纠纷诉调对接服务标准，初步形成全省统一的涵盖诉调对接服务流程、诉调对接卷宗标准、案件档案管理、数据统计等内容的标准化服务体系；深化保险消费纠纷多元化调解，督促各

协会密切与当地政府合作，继续推进涉保类交通事故纠纷、医疗纠纷调解工作。鼓励有条件的协会将调解工作纳入地方政府人民调解体系，为诉调对接机制建设争取资金及政策支持。

2. 完善消费投诉日常处理工作机制。完善保险消费投诉处理工作机制，进一步规范投诉处理流程，建立完善内部投诉案件转办处理机制；完善信访投诉突发事件应急处置工作机制，修订信访投诉突发事件应急维稳处置预案；完善保险公司投诉处理考核机制，健全完善保险投诉风险处置流程，明确投诉风险处置方式，推动公司切实落实消保工作主体责任。

3. 落实信用体系建设及保险公司服务评价工作任务。开展2017年保险公司服务评价，落实行业信用体系建设任务，做好与湖北省信用办的工作联系。

第二节　主要成绩及问题

近年来，湖北保监局坚决落实保险业服务实体经济、防控金融风险、深化金融改革三项主要工作任务，牢固树立“保险姓保、监管姓监”工作方针，全面落实保监会“1+4”系列文件精神，坚持“以人民为中心”服务理念，有效维护地区保险市场及社会稳定和谐。

一、防控风险

（一）扎紧制度的“笼子”，全面防控投诉信访处置风险

1. 修订、出台投诉处理内部工作制度文件。修订完善局内投诉处理规程，理顺保险消费投诉件局内处理流程，实现投诉件收件、审核、受理、告知、办理及答复等全工作链无缝衔接、高效流转；修订信访突发事件应急响应制度，提升局信访投诉突发事件应急响应效能，并全面升级局内投诉、信访风险防控软硬件设备，配备专职安保人员，自升级后局内日常办公秩序得到有效保障，群众来访更加井然有序。

2. 建立以风险为导向的公司投诉考核制度。在原有投诉处理考核制度

基础上，增加投诉反映出公司治理风险、外部舆情风险、司法裁判风险等系列风险因子对公司投诉考评的权重，并配套增加月度监测和内部通报机制，增强了监管预判苗头性、潜藏性风险问题的及时性和有效性，从前端有效遏制了平安人寿保单升级等一批可能扰乱市场秩序、侵害消费者合法权益的潜在问题，达到了“治未病”的监管效果。

（二）亮出监管的“牙齿”，严厉打击违法违规经营行为

1. 持续“亮剑行动”查出实效。2016 年，按照保监会“亮剑行动”专项检查方案要求，对泰康人寿电销中心、生命人寿电销中心和阳光人寿电销中心实施现场检查。查实公司电销中心存在销售录音管理缺位、质检审核不严等管理漏洞，锁定电销混淆销售渠道、混淆投保与储蓄定义、对产品进行不实宣传等违规行为疑点证据；累计查明三家公司电销中心违规事实达 56 项。2017 年，先后对中国人寿、阳光产险两家省级分公司开展现场专项检查，查实客户信息不真实、向保监会消保局报送的小额理赔数据不真实、未妥善保管业务资料、高管任职资料和向监管部门、检查组提供虚假资料，以及相关公司系统管控缺陷等问题，共对机构及责任人员罚款 121 万元。

2. 个案检查取得实效。平均每年开展投诉个案检查近百起。2017 年，共开展举报现场检查 1 次、投诉现场检查 128 件次，对相关机构和人员罚款 32 万元。查实信泰人寿分支机构登记地址与备案地址不一致、实际负责人与备案负责人不一致的问题，平安人寿业务员销售误导、未经投保人允许擅自办理保单贷款问题，中国人寿江南营销服务部涉嫌违规召开产说会问题，以及光大永明人寿省公司业务经营违规等典型案件。根据检查事实，依法对平安人寿等 2 家机构下发监管函 3 家次，对富德生命人寿等 5 家机构实施监管谈话 6 家次，对信泰人寿等 4 家机构开展风险警示约谈 4 家次。以实际行动践行了“防控金融风险”要求和“监管姓监”的宗旨，震慑了市场主体，维护了正常的保险消费市场秩序。

（三）严肃投诉管理的规矩，突出公司消保主体责任

1. 完善规范全省投诉通报制度。依照保监会下发新版保险公司消费投

诉通报标准，修订完善《湖北保监局关于调整保险消费投诉情况通报的通知》，明确保险公司消保工作主体责任，要求公司规范自身经营行为，从源头减少矛盾纠纷和损害保险消费者合法权益情况，切实改进服务能力，提升服务水平。

2. 按月跟踪通报，压实公司投诉管控责任。按照保监会新版通报标准，每月监测、考核、通报全省各保险公司投诉发生量、处理量等关键指标，并根据市场投诉风险监测情况，及时约谈重点保险公司高管，开展警示约谈、监管谈话，倒逼公司规范经营，履行销售服务规定义务。针对保险销售从业人员资格考试取消以后，各寿险公司大幅增员，新进销售人员素质良莠不齐，违规销售引发保险消费投诉上升的风险苗头，召集7家主要寿险公司集中约谈。在详细了解公司增员规模、选聘流程、管理制度和脱落人员保单维护情况的基础上，提出监管要求，抓早抓小，防微杜渐，确保市场有序扩容。2016年共接收并妥善处理保险消费投诉2413起，2017年共接收各类涉及保险消费者权益的有效投诉3305件，全部得到妥善处理，风险总体可控，消费者权益得到切实维护，公司履行销售及售后各项服务义务的主动性较过去明显增强，公司内部对销售误导等问题责任追究得到落实，市场公平性得到了进一步保障。

（四）探索创新可回溯监管手段，防控银邮渠道销售风险

加强全省主要保险兼业代理银行保险销售“双录”建设跟踪监测，加强与银监局消保处“双录”工作横向沟通，及时了解银监局相关制度出台情况。自“双录”工作开展以来，银邮渠道保险消费投诉风险得到有效控制，保费收入实现稳步健康增长，银邮渠道市场得到持续、稳健运行。

（五）成功处置多起维稳突发事件风险隐患

2016—2017年，湖北保监局稳妥处置了多起保险消费投诉及信访事件。比如2016年，成功处理连续四年上访户朱某某诉人民人寿承保纠纷、邓某某诉5家寿险公司退保纠纷、周某某诉人保财险理赔纠纷缠访、黄某诉平安人寿理赔纠纷等多起重大投诉风险隐患；2017年，投诉人李某某父子二人

因与公司退保纠纷调处未果到保监局喧哗闹访、滞留不归，局工作人员耐心陪同李氏父子宣讲保险业政策法规和基本经营规则长达7个小时，当晚8点半投诉人平静离开并对接待人员工作表示满意；同年1月16日，中交三航局3名员工在保监局楼下地铁口拉横幅，投诉华安保险无理拒赔，局消保处安排人员第一时间下楼进行处置。经了解，投诉人事前并未向保监局投诉，而是受指派直接到保监局上访。消保处迅速将投诉人请至接访室，通知涉事公司立即到局联合进行现场办公，最终促成双方达成一致解决意见，避免了不良社会影响的发生。

二、为民监管

（一）初步建成省消保中心服务品牌

1. 消费维权服务实现“一站式”“一条龙”。经过两年的努力，湖北省保险消费者权益保护中心已实现为省内消费者提供保险维权、法律咨询、投诉处理、纠纷调解、风险监测、消费风险提示等在内的全方位服务。

2016年3月14日，湖北省保险消费者权益保护中心建成。以该中心为载体，设计开发投诉监测统计系统，以投诉协调、督办、指导、考核为抓手，在2015年全面建成公司消委会的基础上，对70余家保险公司消保工作力量进行整合，运用投诉数据业内通报、业外披露等方法，激发公司消保工作主体责任意识，全年组织省内各公司调解保险争议4463起，调解成功率达61.06%，涉及金额达1912.4万元。2017年，累计处理保险争议7168件，促成客户与保险公司达成和解5298件，受理保险群众书面调解申请628件，涉及金额4634万元，调解成功率为76.11%。

2. 消保维权服务公信力稳步提升。省消保中心充分发挥自身投诉处理、专业调处、联合调处、消费者教育、信息收集分析以及行业诚信文化培育等综合功能，积极支持地方社会治理，中心调解工作已列入武汉市司法局指导范围，中心调解员除原来的资深保险业内专家外，已拓展至司法部门派驻的公益律师，能够为消费者提供更为专业的法律咨询和维权服务，中心公信力进一步增强。

3. 配套信息化建设取得成果。为了更好地发挥消保中心的职能，突出信息技术和“大数据”在消保工作的积极作用，消保中心建立起保险消费者权益服务信息平台。目前已实现省内保险投诉及调解案件的线上集中数据处理，不仅能够与全省73家保险公司无缝对接保险投诉咨询案件，还能除电话、网络外，建立保险维权教育微信平台，与消费者实时互动。信息平台的建立，不仅能够实现保险消费者、保险公司、行业协会、调解员之间的网络信息化互动，而且后期将逐步探索拓展交警、仲裁、法院等相关部门信息接口，提供调解与诉讼衔接服务，极大地提高了保险纠纷处理和信息收集统计的效率，平台数据也为省内保险机构不断改进服务质量、提升消费者满意度，提供了第一手资料和较为全面的基础数据。

（二）稳步拓展多元化调解服务渠道

1. 基本建成保险纠纷诉调对接机制。按照《湖北省保险纠纷诉讼与调解对接机制建设工作方案》，持续推进全省诉调对接机制建设，组织开展全省诉调对接调解员业务培训，定期通报统计各市州协会诉调对接工作，推动协会诉调对接工作的执行与落实。2016年，全省13个市州协会全部与当地中级人民法院建成保险纠纷诉调对接机制，建成调解室28个，拥有在册调解员521人，与30个县区级人民法院启动了诉调对接工作合作，共受理调解案件410起，成功调解293起，调解成功率为71.5%，为保险消费者挽回经济利益达2071.57万元，诉调对接案件受理量、结案量均较上年同期实现翻番，为消费者挽回经济利益金额同比增幅超过20%。

2017年，湖北保监局加大诉调对接机制建设力度，实现诉调对接扩面提标。扩面方面：指导全省各保险行业协会建成地市级诉调对接机构15家，全面覆盖省内13个市州，8家市州协会与所在地中级人民法院建立工作机制，专家调解队伍已发展至500余人。2017年，运用“诉调对接”机制，配合人民法院处理各类纠纷案件557起，调解成功412起，诉调对接工作已成为湖北省社会治安综合治理重点建设项目。提标方面：已完成省行业协会诉调对接标准化试点建设，初步形成了涵盖诉调对接服务、卷宗档案管理等主要方面的工作标准，省行业协会诉调对接工作于2018年纳入武汉市保险创新示范区建设项目。

2. 交通事故人伤调解持续发力。引导、督促全省各保险行业协会全面推进交通事故人身调解。2016 年全省受理交通事故人伤调解案件 1307 起，调解标的金额达 3096.2 万元，标的总金额较去年同期翻了一番，调解结案 1289 起，调解结案率为 98.6%，维护相关保险消费者经济利益达 2463.9 万元。交调工作的有效推进，有力地支持了地方法院工作，有效分流、减轻了法院交通事故人伤赔偿诉讼案件审理压力。2017 年，全省各协会共受理交通事故人伤调解案件 435 起，调解标的达 4194.9 万元，已调解结案 419 起，结案率达 96.32%。

3. 行协调处队伍建设得到加强。运用定期监测、统计、通报等方法，加强对各市州协会调处队伍建设及调处业务开展的督促指导，引导协会发挥行业调解、源头化解纠纷矛盾的积极作用。截至目前，全省各级保险行业协会共建立各类调解组织 20 家，其中有成立人民调解委员会，有设立行业性调解组织，有与当地仲裁机构合作成立保险仲裁中心；调解人员数量不断增加，全省保险纠纷调解人员近 400 人。截至 2017 年底，全省各行业协会年均受理网、电、信、访等传统渠道，以及市长热线、各类媒体、消协组织转办投诉近 5000 件，行业调解逐步成为消费者乐于接受的化解矛盾的主要方式。

（三）不断健全保险消费服务监管机制建设

1. 积极开展保险公司服务评价。全省全行业每年开展保险公司服务评价。2016 年，按保监会保险公司服务评价工作方案，设计湖北省保险公司服务评价重要创新和重大负面事件评分标准，对全省符合条件的 64 家保险公司进行了“双重”评价打分。共收集保险公司服务创新项目 192 项，按保监会重要服务创新评审标准，筛选确定重要服务创新 19 项，涉及产品创新、流程创新、技术创新、组织创新、模式创新等 5 大领域，为保险公司下一步加强消费者服务创新研发明确了方向。同时，确定 7 家公司的 7 起负面服务事件为重大负面事件减分事项，督促公司加强经营行为管控，重视社会声誉、媒体关系及客户关系管理。2017 年继续开展了保险公司重大服务创新和重要负面事件评估工作，制定了全省行业统一的服务评价标准和工作方案，评价工作统一规范、客观公正。通过开展服务评价，全省各保险公司高度重视服务评价工作，报送工作积极主动，申报项目特色鲜明。2017年服务评价共收集65家参评公司报送的创新项目51项，根据评价标准筛选确定33项，相关创新服务全部贴近消费者需求、贴近服务实体经济大局，显示出监管引导促行业创新的积极作用。

2. 全面推进保险销售行为可回溯管理。按照保监会印发的《保险销售行为可回溯管理暂行办法》，制定下发全省保险机构可回溯管理工作方案，明确责任、细化要求，并对重点公司、重点渠道实施现场督导，确保可回溯管理在湖北按时、按进度推进实施。截至2017年底，全省保险市场运行平稳，寿险银邮渠道投诉发生量仅为425起，银邮渠道投诉总量降幅明显，风险形势得到根本性扭转。

3. 12378热线管理迈上新台阶。持续加强12378热线工作追踪考核，加强座席投诉受理转办、督办督察公司纠纷快处落实情况，进一步发挥了12378热线投诉处理和督办的监管功能，得到了消费者和保监会消保局认可。平均每年接受保险消费者投诉咨询近3.5万起，接通率为96.23%，消费者满意度为98.52%，因转评价率、接通率等关键指标全国排名靠前，受到保监会消保局通报表扬。

4. 行业信用体系建设得到稳妥推进。在对公司高管任职、行政审批、行政处罚、监管检查对象选取等日常工作中，按要求使用保监会下发的证券期货市场相关失信情况信息，配合省信用办开展地方信用体系建设工作。

（四）抓细抓实保险消费者教育服务

1. 正面宣传行业形象。督促省保险行业协会连续向社会发布“湖北保险业年度十大典型赔案”，展现保险业工作成效，坚定消费者信心，增强消费者保险意识。

2. 组织发动各种活动。督促各保险公司、行业协会在“3·15”活动周，积极参加保监会“保监微课堂”线上答题活动；指导省行业协会每年与《长江商报》《楚天都市报》等媒体合作开展消费提示；2016年，组织发动约 2.1 万人参加保监会举办的“保监微课堂”公众微信号线上答题活动，2017 年组织发动全省行业开展保险消费知识宣传普及现场活动达 3281 场，发放宣传资料 14 万份，营造了良好的消费者教育氛围。

3. 配合政府部门开展宣传教育。主动配合湖北省、武汉市政府每年开展的“3·15”纪念活动，给予项目支持，参加省纪委主办的“党风政风行风”热线访谈节目，正面回应消费者诉求，宣传保险理念，普及保险知识，向社会积极传导“保险姓保、监管姓监”的行业宗旨，相关工作得到了省、市各部门的充分肯定，其中“3·15”活动情况在《长江日报》等相关媒体进行了正面报道。

4. 创新开展消费者教育“新春地铁行”。2016 年底至 2017 年初，立足地铁平台组织开展消保教育宣传，弘扬“保险姓保”，活动覆盖省会城市地铁主要线路及站点，投入海报及宣传单共 7 万余份，精编宣教材料，提示消费者防范保险诈骗、非法集资等违法犯罪风险，关注冬季雨雪极端天气，教育广大民众及时防灾减损，围绕社会治理和民生需求，宣讲税优健康、以房养老等保险新政，引导群众逐步树立运用保险管理健康、规划养老的科学观念。

三、消保工作需要改进和提高的三个方面

（一）保险公司消保工作主体责任有待进一步加强

2011 年 4 月 18 日保监会成立了保险消费者权益保护局。自成立以来，监管部门消保工作力量不断增强，成效显著，社会反响正面积极。保监会发布的《关于加强保险消费者权益保护工作的意见》中第二条明确指出，消保工作的重点之一就是“强化保险公司主体责任”。保险公司是维护保险消费者权益的工作着力点，保险公司要树立客户第一的经营理念，必须加强管理层责任。2017 年 3 月 6 日，梁涛副主席在 2017 年保险消费者权益保护工作会议上再次强调，必须强化保险公司主体责任。近年来，保险公司及兼业代理保险业务的商业银行，在强化自身消保工作责任、加强从业人员行为约束等方面做出了诸多有益探索，取得了一定成效。但是，在如何

切实有效加强管理层消保工作责任，将消保工作纳入公司治理，如何在日常管理工作中体现“客户第一的经营理念”等方面，公司主体责任发挥仍有待加强。

（二）保险公司服务能力水平有待进一步提高

近年来，各保险公司均高度重视服务能力建设，加大了服务领域的R&D（研究与开发）力度。但是与市场的发展和消费者需求相比较，还存在一定差距，具体表现为以下几个方面。

1. 管理者的认识差距。由于保险公司的管理者没有充分认真进行客户服务需求调查，对客户服务需求的分析不准确、服务品质定位不正确，或不同部门间沟通不畅，扭曲了顾客信息，使得保险公司所感知到的客户服务期望与客户真实期望不一致。

2. 服务能力差距。受保险公司的服务资源、经营目标、对服务的管控能力、服务的复杂性、市场竞争度等因素的影响，提供的服务承诺并不能完全与其对客户的服务感知相契合。

3. 服务转化差距。由于服务承诺与服务生产能力不匹配；服务规范标准不够细化和精准，标准缺乏操作性，难以进行考核；员工缺乏服务培训使得技能缺乏；信息平台未能提供服务便利等原因，造成保险公司所提供的服务达不到其承诺标准。

4. 服务感知差距。即使保险公司提供的服务与其承诺一致，但是由于人员、流程、信息平台、服务环境等诸多因素，使得客户的服务体验与其期望之间存在差距。

（三）消费者教育工作有待进一步深入

近年来，监管部门大力开展保险知识普及和消费者教育工作，保监会连续多年组织开展“3·15”消费者教育活动，开发“保监微课堂”微信教育平台；湖北保监局在官网开辟消保专栏，根据市场动态适时发布保险消费提示。经过多年努力，消费者保险知识水平得到了一定程度的提高，但总体来看，保险业消费者教育和知识普及工作还存在一些不足：一是保险公司消费者教育工作不够普及和深入，公司开展消费者教育主要依托于“3·15”等重大节点，对客户的消费知识普及，尤其风险教育尚未完全贯穿于日常经营活动。二是保险公司层面尚未建立系统完整的消费者教育工作制度和教育工作体系，对客户的教育工作更多侧重于营销推介，风险教育方面存在一定的短板。三是保险公司缺乏消费者教育的有效切入点和工作抓手，保险公司更多依赖于案例教育的模式，但对于保险消费理念、客户自身风险管理等内容，行业尚未探索出有效的教育方法。

第三节　发展展望

“以人民为中心”的发展思想就是保险消费者权益保护及教育工作的根本遵循。从宏观层面看，金融消费者权益保护是金融业行为监管的核心内容，近几年 IMF 和世界银行 FSAP（Financial Sector Assesement Program）评估中对行为监管（消费者权益保护）的关注非常积极，金融业行为监管及消费者权益保护成为央行最后贷款人、审慎监管、存款保险制度之后，金融安全及监管的第四支柱。保险消费者权益保护是金融消费者权益保护工作的重要组成部分，必将得到进一步的强化和完善。从中长期看，保险消费者权益保护是我国保险业得以健康、有序、持续发展的重要工作，在未来一段时间金融消费者保护统一立法、预防性事前保护和事件驱动的事后保护机制建设、保险消费者教育、基于保险消费者需求方的行为研究等都将成为保险消费者权益保护及教育工作的发展领域。从监管实践的层面看，未来一段时期内保险消费者权益保护及教育工作的主要思路和任务是：以强化保险公司维护消费者权益主体责任为工作主线，以督促保险公司切实提高和改进保险服务水平为切入点，以强化投诉处理和矛盾化解、加大查处力度、加强消费者教育和风险提示、突出透明度监管、推进保险业信用体系建设为关键环节，以稳步推进保险消费者权益保护制度机制为保障，打好治理损害保险消费者合法权益行为、防范声誉风险攻坚战，为人民群众的美好生活保驾护航。具体包括以下五个方面 16 项具体工作。

一、强化保险公司维护消费者权益的主体责任

一是要落实保险公司各级机构“一把手”负责制。督促保险公司各级机构落实以总经理为第一责任人的维护消费者合法权益责任制；督促保险公司将维护消费者合法权益工作纳入各级机构管理层的重要议事日程，定期研究和及时解决问题；督促保险公司做实总经理定期接待日制度。

二是要落实保险公司消费者事务委员会职责。指导保险公司各级机构健全消费者事务委员会组织机构、职责权限和工作规则；督促保险公司消费者事务委员会切实发挥职能，推动保险公司构建内部“大消保”工作机制。

三是要实施保险公司消费者权益保护约束考核。督促保险公司将维护消费者合法权益情况、服务质量情况、投诉处理工作情况、涉及消费者权益有关信息的披露情况等纳入各级机构经营考核指标体系，并与各级机构主要负责人、引发问题责任人的薪酬分配、职务晋升挂钩。定期组织考核，督促保险公司切实维护消费者合法权益。

二、督促保险公司切实提高和改进保险服务质量

一是开展保险公司服务评价，加强服务评价结果运用，加大服务评价对保险公司各级机构经营管理的约束力度，鼓励保险公司积极创新服务方式，推动保险公司增强以服务创造价值的内生动力，进而实现行业高质量发展；探索建立区域性保险服务评价机制。

二是加强保险小额理赔监测。指导保险公司进一步简化理赔索赔流程，减少理赔单证种类，推进单证无纸化，并适时开展数据真实性现场检查。

三是还要监控保险公司的销售行为。抓好保险销售行为可回溯制度落实，督促保险公司记录和保存保险销售过程关键环节，加强对制度落实情况的督导检查。

三、规范保险消费投诉处理工作

第一，优化投诉处理处置。加大对保险公司督导检查力度，选择若干

保险公司及分支机构进行督导检查。推动保险公司各级机构高度重视并积极参与行业调解和诉调对接工作，完善调解程序，强化调解协议约束力，并将保险公司各级机构参与调处工作情况纳入投诉考评、服务评价指标体系。

第二，提升投诉监管信息技术。升级改造保险投诉管理系统，提升投诉管理系统的智能化和精细化水平。对保险消费投诉数据资源深度挖掘、综合分析，为改进保险监管、完善政策提供参考。

第三，加强投诉通报。定期发布保险消费投诉通报，督促保险公司各级机构依规处理投诉事项，及时妥善解决消费者诉求，将矛盾化解在公司内部，避免矛盾激化升级。对投诉案件较多、处理不到位的保险公司采取有力监管措施，倒逼保险公司改进保险消费投诉处理。

第四，强化投诉考评。加大对保险公司投诉事项办理回复报告的审查力度，督促保险公司深入分析引发投诉的深层次原因，溯源整改。以投诉考评为抓手，落实保险公司投诉处理主体责任，提高保险公司解决矛盾纠纷的积极性、主动性。

第五，防范群体性事件风险。加强对消费者反映突出问题的分析研判，密切关注舆论动态，抓早抓小，及时排查和化解投诉纠纷重点难点问题，防范群体性事件风险。

四、加大对损害保险消费者合法权益行为的检查与曝光力度

一要加大违法违规行为查处力度。针对损害保险消费者合法权益的典型问题和突出公司，从严查处问责。组织检查可回溯办法落实情况，重点查处欺骗保险消费者、隐瞒与保险合同相关的重要事项、强制搭售保险等严重损害消费者知情权、公平交易权、选择权的问题。

二要突出透明度监管。督促保险公司加强对涉及保险消费者权益有关信息的披露，及时、真实、准确、全面地向保险消费者披露可能影响决策的信息。定期公布保险公司被投诉情况、损害消费者合法权益的典型案例、保险公司服务评价结果和保险小额理赔服务监测情况。探索开展“以案说

险”等教育引导。适时曝光保险公司、保险从业人员失信行为。

五、积极探索保险消费者权益保护工作新领域

一是完善保险消费者权益保护相关机制。探索开展保险实名登记管理及保险广告行为监管。规范保险纠纷调解组织建设，推动保险公司积极参与保险纠纷调处及诉调对接工作，完善保险纠纷调解处理机制。

二是加强消费者教育和风险提示。多层次、多渠道、多样式、多频次地开展保险消费者教育引导活动，强化“保监微课堂”普及保险知识作用。督促行业贯彻落实《中国保监会关于加强保险消费风险提示工作的意见》，加强对行业保险消费者教育及风险提示工作的指导、监督，落实保监局的属地监管责任和保险机构的主体责任。

三是推进保险业信用体系建设。编制保险业信用信息目录，落实守信联合激励和失信联合惩戒监管要求，推进保险业信用信息系统建设，将违法违规失信行为作为监管查处重要内容，依法严肃追究相关单位和责任人的责任，积极稳妥防范和处置各种信用风险。

第二篇

区　域　篇

第一章 黄石保险市场发展情况

第一节 市场概况

一、行业发展蓬勃有力

2016 年是“十三五”规划的开局之年，“十三五”期间的前两年，黄石市保险业取得了较大进步，整体势头良好，为“十三五”时期奠定了良好的发展基础。2016—2017 年，全市保费收入 83.19 亿元，增速明显，发展充满活力。两年间，全市累计支付赔款与给付 23.30 亿元，较为充分地体现了保险保障功能，见表 2－1－1。

截至 2017 年 12 月底，全市保险主体 39 家，其中财产险 20 家，人身险 19 家，从业人员达 16000 余人。2016—2017 年，全行业上缴税收分别是 9747 万元、1.7 亿元。2017 年初，黄石市政府正式将保险业纳入政府经济指标考核范畴。保险业“社会稳定器”“经济助推器”的作用在黄石经济社会发展中日益显现。

表 2－1－1　2016—2017 年黄石市保险市场业绩汇总表

年份	保费收入						赔付金额			
	财产险（亿元）	增长率（%）	人身险（亿元）	增长率（%）	合计	增长率（%）	财产险（亿元）	人身险（亿元）	合计（亿元）	增长率（%）
2016	9.90	10.86	27.36	20.13	37.26	17.52	5.17	7.46	12.63	36.4
2017	11.11	12.97	34.83	35.87	45.94	29.5	5.69	5.44	11.13	－11.84
合计	21.01	—	62.18	—	83.19	—	10.35	12.95	23.30	—

二、业务结构持续调整

2016—2017 年，财产险方面，车险保费收入分别为 7.77 亿元、8.59 亿元，财产险占比分别为 78%、77%，总体变化不大。但非车险保费收入在财产险、意外险、责任险、农业保险等方面均有超过 10% 的增幅；人身险方面，个人保险业务增长明显，2016 年、2017 年分别为 13.64 亿元、22.76 亿元，占比分别为 50%、65%，值得一提的是 2017 年，个人保险新单业务较 2016 年增长 3 亿元。

三、创新能力不断提高

目前，黄石市各保险主体开展的保险险种和业务涵盖面非常广，为当地经济社会发展提供了多层次、多方位的保险保障。其中，小额贷款保证保险、政策性农业保险、育肥猪价格指数保险、城乡居民大病医疗保险、农村小额人身保险、“政融保”支农融资等保险险种的推广均得到了各级政府及相关部门的大力支持。

四、行业发展日益规范

黄石市保险业坚持行业自律，加大对非法集资、车险市场乱象、寿险销售误导等非理性经营行为的打击力度，严防系统性区域性风险底线，行业发展总体呈现出稳步、健康、持续的良好发展态势。

第二节　主要成效及问题

一、主要工作成效

（一）强化协会建设，坚持创新发展

2016—2017 年，黄石市保险业以“服务实体经济、防控金融风险、深化金融改革”为中心，坚持走“回归本源、优化结构、强化监管、市场导向”的新时代发展之路。为适应新时期保险业发展需要，更好地为广大消

费者提供高质量、高效能的服务，全行业砥砺奋进、攻坚克难，坚持在改革中发展，在创新中转型，在促进行业稳步、健康发展的同时，不断改进工作作风、强化服务职能、强化自身建设。

1. 加强协会队伍建设与规范管理。2016 年上半年，本着“公开、平等、竞争、择优”的原则，黄石市保险行业协会扩充了工作队伍。同时，协会秘书处制定了《秘书处工作人员考核奖励办法》，2017 年根据《湖北省市州协会 2017 年度工作考核计分标准》，再次修订了《协会工作人员绩效考核办法》，并健全了相关管理制度。有效提高了协会工作人员的责任心与积极性，完善了财务管理、自律检查等制度，为协会整合服务水平的提升打牢了基础。

2. 加强作风改进，坚持党的领导。恪守“自律、维权、服务、交流、宣传”五大职能，强化“法治、创新、大局、担当、服务”五种工作意识，以此切实改进行业的工作作风，优化服务。强化会员大会制度及常务理事会、理事会管理制度，协会及涉及行业重大的、全局的工作均通过会员大会或常务理事会、理事会进行民主决策。积极加强基层党建与党的领导，2017 年 11 月 27 日，黄石市保险行业协会党支部正式成立。协会党支部制定系列党建管理制度，开展各种党建学习，确保时刻把握正确的工作方向。全市各保险公司也在积极加强党建工作，切实维护党的领导。

（二）强化行业自律，坚持规范发展

黄石市保险业紧密围绕自律工作，坚持自律与辅助监管相结合，加大对非法集资、车险市场乱象、寿险销售误导等非理性经营行为的打击力度，严防系统性区域性风险底线，行业发展总体呈现出稳步、健康、持续的良好发展态势。2016 年，黄石市保险行业协会被黄石市民政局评为“5A 级社团组织”，并连续两年被湖北省保险行业协会评为“优秀协会”，且荣获“黄石市民政局社团优秀会员单位”称号。全市各保险公司也积极营造了“公司有利润、员工有收入、行业有形象”的良好经营局面。

1. 加强思想认识与队伍建设。2016 年初，全市保险业从“两个加强、两个遏制”到专项自查回头看，从落实保监会“1 +4”系列重要文件及 174

号文件、136号文件到全面贯彻落实全国金融工作会议、党的十九大精神等，从思想到行动上强调了行业自律的重要性。成立了由市协会牵头并参与、会员公司骨干人员配合、聘请的第三方会计师事务所专职会计组建的财产险检查组、寿险检查组。对于全体检查人员，进行统一培训，明确检查人员的工作要求与工作纪律；对于从各会员公司抽调的检查人员，一旦发现在检查中不认真履责的，坚决予以更换；对于会计师事务所，在友好合作的基础上明确责任与义务，防止检查人员出现检查结果不公、泄露商业秘密等损害行业形象和公司利益的行为。

2. 加强过程监督与重点监督。在行业自律工作中，过程监督与重点监督并重。在过程监督中，采取“市场检查与现场检查”相结合的方式。一方面，建立了“协会产险部 + 车险自律执行小组成员 + 车险市场巡视员”三位一体的车险自律督导机制，坚持“有苗头就警告，有露头就打击”的原则，确保车险自律事中有监督，事后有处罚；另一方面，强化了科学管理手段，从2017年7月起，对各财产险公司进行综合费用率指标考核，对未达标的公司予以警告、通报、处罚。及时与重点公司负责人沟通，有效处理自律检查过程中的各方意见，保证自律检查工作顺利推进。在重点监督中，坚持既总览全局，又突出重点。对于检查内容与对应资料不能集中的单位，坚决深入基层进行现场检查，确保自律检查工作落到实处、不留死角。“重点公司、重点业务、重点行为、重点问题”被列入检查重点，坚持问题导向，加强依法依规，加强监督检查，提高检查的针对性与实效性，强力督促整改。

针对财产险的业务检查，主要是进入业务系统看数据、看资料与实务台账、实务保单留存联等。财务检查主要是“三看”（一看报表、二看明细账、三看凭证）、“三查”（一查金额大的会计科目、二查银行存款明细、三查保监会174号文件重点提及的会计科目）及“三问”（一问上级省行协、二问税务、审计部门、会计主管部门、三问被检查单位财务人员）。针对人身险，根据保监会136号文件列举的十条，通过审查合同档案、电话回访客户、查阅产品说明会相关资料、抽查业务人员微信等方式，严查各会员公司是否存在销售误导行为。对于过去常见的将银行理财产品、银行存款、证券投资基金份额等金融产品与保险产品相比较、对保险产品的不确定利益承诺保证收益、以保险产品即将停售为由进行宣传等不正当的销售行为，一经发现，责令立即整改。就自律检查中查处的一般性问题，要求问题公司从制度层面查漏补缺，不断强化合规经营管理；而对于较严重的问题，在进行全行业通报的同时，一律对涉事公司进行经济处罚。

（三）强化交流宣传，坚持开放发展

虽然黄石市目前暂没有外资保险机构的强势进入，但从长远来看，全市保险业正在培养包容并蓄、海纳百川的行业文化与精神，走开放、合作的发展之路。2017 年初，黄石市政府首次将保险业纳入政府发展经济考核指标范畴，显现了市政府对保险业的关怀与重视，也为行业发展搭建了一个更加广阔的、开放的舞台。全行业充分抓住这个契机，着力发挥保险机构的积极作用，主动做好各方面的沟通、协调、宣传、服务等对接工作，努力为保险业营造更好的发展氛围，有效促进行业快速发展。

1. 加强政府汇报与部门沟通。全市保险业定期或不定期向政府报告行业发展现状及建议，并积极参与全市季度经济形势分析会、全市招商引资会、黄石市金融业发展“十三五”规划讨论会、打击非法集资宣传月活动等大型经济会议和活动，大力推动小额贷款保证保险、农业保险等政策性保险发展。不断加强与政府相关部门对接，分别与市区法院、市经侦、交警部门建立了日常化的联动机制；与地方媒体建立了合作宣传、防控舆情风险的工作平台；与农业、人社、卫计、经信委、食品药品监督、环保等部门搭建了互动平台。众多保险公司热衷参与全市银行业工会联合会、团市委、消协等部门组织的各种文体活动。通过与政府相关部门的对接，不仅有利于整合更多更好的资源服务行业发展，也有助于保险业进一步融入地方经济建设与社会发展。

2. 加强行业宣传与形象树立。始终坚持正确舆论导向，密切媒体合作关系，不断宣传行业正能量，树立行业新形象，为行业健康、持续发展营造良好的外部环境。首先，立足黄石市保险行业协会网站，每年投放各类宣传稿件达百余条，包括《黄石保险业“3・15”活动系列报道》《黄石保

险业“7·8”活动系列报道》《黄石保险业落实“1+4”系列文件系列报道》《黄石保险业学习十九大系列报道》、会员公司老总访谈系列报道等。其次，主动搭建媒体合作平台，围绕行业及公司重大事件（活动）、行业自律、理赔服务、保险知识等展开宣传，年均发稿二十余条、刊发形象专版十余个。长江财险、中华财险、中英人寿、太平人寿等公司的产品创新与大型活动也分别在《中国保险报》及地方报刊上得到较好的宣传。最后，利用“3·15”“7·8”等宣传活动，不断提升行业形象。以公益跑、“名家保险讲座”、图片展等多种形式进行保险咨询宣传，均得到当地媒体的大力支持，并在社会上产生了较大反响，进一步彰显了保险的良好形象。2016年6月下旬，黄石发生重大洪涝灾害，保险工作人员第一时间赶赴阳新县浮屠镇陈秀村玉湖截流港玉湖堤决口现场，迅速清查抗洪英雄李连的投保情况，在出险的第二天，相关赔付全部到位。该市保险业响应号召，积极打通理赔绿色通道，并积极投身抗灾救灾后续工作。保险业勇于承担社会责任的行业风范得以良好彰显。

（四）强化服务社会，坚持共赢发展

自2017年以来，黄石市保险业紧密围绕《黄石金融业服务项目攻坚支持实体经济发展的八条意见》，切实开展了相关工作。一方面，建立了以农业保险、大病保险为核心的保险扶贫保障体系，有效防止了贫困户因灾因病返贫致贫；另一方面，通过加快转型发展，既为重点企业财产安全保驾护航，又为小微企业发展解除后顾之忧。

1. 加强“三农”保险与“政融保”支农业务。采取积极举措，不断提升服务“三农”水平。目前，该市主要开办了能繁母猪保险、水稻保险、水稻大灾保险等政策性农业保险。2016—2017年，累计承保能繁母猪59854头，保额8185.92万元，保费收入511.62万元，赔付金额456.79万元；承保水稻保险125.97万亩，保额3.64亿元，保费收入2278.03万元，赔付金额2177.36万元。两年来，全市保险业累计为地方争取中央财政和省级财政政策性“三农”保险补贴资金2440.34万元。除财政补贴险种外，应广大农民的要求，全市还开办了10多个商业性农业险种，涵盖种养林产业，包

括商业性水稻、育肥猪、养牛、养鱼、养鸡、森林、油菜、温室及温室作物、露地蔬菜、茶树等保险。两年累计赔付商业农业保险 1195.14 万元。目前，当地农业保险的开展正在形成以人保财险公司为主力军、其他保险公司积极参与的保险支持“三农”的新格局。

2017 年 9 月，人保黄石分公司正式向黄石市政府提交了《关于开办“政融保”支农融资业务的请示》，同年 12 月，首笔“政融保”300 万元支农融资资金已落户大冶市腾远水产养殖有限公司。“政融保”支农业务模式是由政府设立风险补偿金和提供补贴保费、补贴利息等政策支持，保险公司提供农业保险、信用保证保险等风险保障，支农资金直接投放的险种。这一年，人保黄石分公司还向省公司争取到“政融保”支农融资资金 3000 万元，并成立了专门的业务团队。

2. 加强民生保障与大病医保。全市保险业先后与 6 个县（市）区政府签订了政府救助保险，并与各县（市）区政府创新性地开办了黄石市残疾人团体意外伤害保险、农村小额人身保险、农村小额定期寿险（A 型）、团体女性特定疾病保险等。其中，农村小额人身保险承保人数 67578 人、保费收入 209.82 万元、已赔付金额 190.72 万元；为全市 240 余万居民提供爆炸救助、自然灾害救助、道路交通事故救助和高空坠物伤人救助保险及见义勇为的风险保障，累计保障金额达 2.4 亿元，已赔付金额 389 万元，为各级政府的社会管理构筑了多层次的风险保障。

大病医保主要由太平洋产险和中国人寿保险具体承办。2016—2017 年，太平洋产险主要承保城镇居民大病医保，累计实现保费收入 1903.79 万元，承担医疗风险保障金额 1.58 亿元，赔付金额 1101.86 万元，覆盖率为 99%；中国人寿主要承保新农合大病医保，两年来，累计实现保费收入 1.003 亿元，承担医疗风险保障金额 0.93 亿元，赔付金额 9142.59 万元，覆盖率为 100%。

3. 加强脱贫攻坚与精准扶贫。为充分发挥保险扶贫功能，助力脱贫攻坚工作，全市各保险机构将保险扶贫作为重大政治任务，主动参与、积极作为。2016 年、2017 年，该市保险业总共成立了 17 支对口扶贫先锋队，全行业累计捐款捐物 80 余万元。2017 年，人保黄石分公司与市扶贫办签署了

《保险扶贫工作合作协议》，构建起以农业保险、大病保险、小额贷款保证保险为核心的保险扶贫体系。2017 年，“扶贫保”覆盖人群为 132097 人，保障额度为 797 亿元。承保的精准扶贫项目，即贫困人口补充医疗商业保险参保人数为 113882 人，为建档立卡贫困人口因病住院发生的合规医疗费用（在 5000 元自费以上的部分）进行兜底赔付，大幅减轻了贫困人口的医疗费用压力。2017 年，已赔付人数 2643 人次，赔付金额 702.78 万元，赔付率达 82%。

4. 加强服务经济与项目建设。全市保险业积极为大冶有色、湖北新冶钢、西塞山发电公司、劲牌公司等大中型企业财产安全保驾护航，为省市及区县的 40 余家重点企业的稳定运行提供了共计 889 亿元的财产损失风险保障。同时，立足本地项目，加强与城建、水利、公路、市政及施工建设单位沟通联系，提供了 8 亿元的风险保障，解决了大型工程类项目建设的后顾之忧。

在项目建设上，通过投融资等手段，先后在黄石磁湖高新科技发展公司、大冶城投、众邦城市住房投资有限公司等建设项目中，累计投资 13.35 亿元。另外，对江北工业园、大冶湖高新技术开发区等两个项目预计投资 2.5 亿元。

5. 加强小额贷款保证保险业务和服务小微企业。2015 年 7 月，大冶市政府提供 3000 万元的风险担保金，开启了该市小额贷款保证保险试点工作。2017 年初，市政府办公室专门印发了《关于进一步推进和完善黄石市小额贷款保证保险试点工作实施方案》（黄政办函〔2017〕71 号），要求各县（市）区、各相关部门认真组织实施，市政府还组织召开了小额贷款保证保险试点工作推进专题会，有力地推动了该险种试点工作的进行。目前，大冶市、阳新县、经济开发区已签订了合作协议并开展了此项业务。自开展小额贷款保证保险试点工作以来，黄石市已累计支持 52 家中小微企业及 19 户个人，从合作银行获得贷款 6670 万元，承保贷款本息 7041 万元。

由人保黄石分公司为主的黄石市保险业，以服务地方经济建设及支持外贸发展“走出去”为目标，扎实推进出口信用保险。2017 年，承保小微出口企业 66 家，承保覆盖率为 44.6%，累计承保保险金额达 6.39 亿元，为小微企业降低成本、增强接单信心、开拓海外市场提供了坚实的保险保障。

二、存在的主要问题

（一）行业发展与地方经济社会发展要求不匹配

总体来说，黄石市保险业的发展为全市经济建设和社会稳定作出了重要贡献。但与当地经济社会发展的要求相比、与保险业应承担的社会责任相比，全市保险业的发展还存在一定差距。主要表现为：一是保险覆盖面较小，保费收入总量较少，保险深度与地区生产总值的增长相比还有较大差距。二是商业保险与社会保险之间的相互协调作用还没有得到较好发挥。三是保险知识的宣传还不到位，广大人民群众的保险意识还不强。四是保险信用建设仍需加强，行业整体形象有待提升。五是保险市场秩序不够规范，商业竞争的生态环境有待改善。六是创新能力明显不足，保险产品和服务尚不适应现代服务业的发展需求。七是保险专业队伍建设还有待加强等。

（二）服务小微、"三农"等保险扶贫工作较为滞后

目前，黄石市的保险险种和业务涵盖面非常广，为全市经济社会发展提供了多层次、多方位的保险保障。但服务小微企业、"三农"方面的保险发展相对滞后，具体反映为以下几个方面：一是小额贷款保证保险。目前，该市仅有3个地区签订了小额贷款合作协议并开展了此项业务，其他城区暂没有进展，小额贷款保证保险开展情况在全省排名较为靠后。二是政策性农业保险。除财政补贴险种外，该市还应农民所需开办了十多个商业性险种，涵盖种养林三个产业，但其农业保险的发展水平与当地"三农"发展的实际需求还有较大差距。三是农村小额人身保险。黄石市自2013年开展此项保险业务以来，累计承保44.01万人次，保费收入876.48万元，赔款支出864.09万元。虽有实践证明，作为商业性保险的小额人身保险是一种有效的保险扶贫手段，但目前，该险种在全市范围内覆盖面还不够广。

（三）市场规范化程度需进一步提高

近几年，全市保险市场发展态势总体向好，但车险市场手续费偏高、财产险综合利润率偏低、人身险销售误导等行业问题依然较为普遍。在坚持走向规范化发展的道路上，还普遍面临一些顽疾。一是“短平快”的急功近利思想较为严重，二是以“保费规模论英雄”的管理机制仍束缚了不少公司和人员，三是法治意识还较为淡薄。因此，“保险姓保”“回归保障本源”等行业发展理念需坚定树立，同时要进一步坚持市场导向，以经济社会发展和消费者的需求为中心，发展有利于社会保障和改进民生的产品。此外，黄石市现有39家保险主体，在利益竞争、市场争夺的环境中，行业整体的统筹协调性较为薄弱，不利于行业健康有序发展，行业发展大局意识仍有待加强。

第三节　发展举措

一、发展思路

坚决贯彻落实党的十九大精神，正确处理好当前与长远、经济效益与社会效益的关系，着力推动保险业在服务实体经济、防控风险、深化改革方面取得新成效，全面增强黄石保险市场与社会服务的综合实力，全面建设适应社会主义新时代发展需求的现代保险业。

二、发展目标

在保证行业稳定、高质量发展的前提下，力争全市继续保持年保费收入18%及以上的增速，力争保险深度按照每年0.5%的速度提升，力争保险密度每年提高300元，力争引进1～2家保险公司，力争成为全市金融行业发展、脱贫攻坚工作的排头兵。

三、发展举措

一是持续加强行业自律工作。以行风建设、合规管理、自律检查等工作为主要抓手，充分发挥辅助监管职能，深入持续开展行业自律工作，不断加大整改力度，大力弘扬并坚持强化“守信用、担风险、重服务、合规范”的保险业核心价值理念。

二是持续加强行业风险防范能力。坚持防微杜渐、警钟长鸣的原则，对于互联网保险风险、非法集资、各种不规范的市场营销行为等，坚持不懈地进行摸底、排查，严密监控防范保险市场风险的发生，做到早预警、早防范、早排查，把风险消灭在萌芽之中，确保保险市场持续、健康、稳定的发展。

三是持续加强保险创新服务能力。以“新国十条”“省九条”“黄石实施意见”等一系列重要政策文件为指导，在确保政策性保险有效开展的基础上，积极推进服务黄石实体经济、服务社会发展等新险种的开发与落实，充分发挥保险的社会稳定器和经济助推器作用。

四是持续加强脱贫攻坚保障能力。继续在行业内开展保险扶贫宣传与交流工作，将扶贫工作作为各保险公司全年的重点工作之一。积极与市金融办、市民政局、市扶贫办等部门沟通，提前做好保险业扶贫工作规划、积极落实各级政府的扶贫工作要求。

第二章　十堰保险市场发展情况

第一节　市场概况

一、业务概况

（一）行业规模

2016—2017 年，十堰市实现总保费收入达 117.09 亿元。2016 年，全行业保费收入 52.47 亿元，同比增长 27.98%。其中，财产险保费收入 13.91 亿元，同比增长 4.58%；人身险保费收入 38.57 亿元，同比增长 39.21%。支付财产险、寿险赔款（给付）金额 19.36 亿元，同比增长 36.47%。其中，财产险赔款 7.86 亿元，同比增长 15.49%，人身险赔款（给付）11.51 亿元，同比增长 58.51%。全省总保费收入排名第七，增速排名第三。2017 年，全行业保费收入 64.62 亿元，同比增长 23.16%。其中，财产险保费收入 16.82 亿元，同比增长 20.96%；人身险保费收入 47.8 亿元，同比增长 23.96%。支付财产险、寿险赔款（给付）金额 20.51 亿元，同比增长 5.9%。其中，财产险赔款 8.19 亿元，同比增长 4.27%，人身险赔款（给付）12.32 亿元，同比增长 7.02%。全省总保费收入排名第六，增速排名第八。

（二）保险机构及从业人员

截至 2017 年，十堰市共有 33 家三级保险机构，其中财产险公司 19 家，人身险公司 14 家。具体来看，2016 年，四级机构（含营销服务部）113 家，包括财产险公司 54 家，人身险公司 59 家；2017 年，新增 4 家四级机构（其中财产险公司3家，人身险公司1家），总计117家。

2016年底，保险从业人员21436人，其中正式员工1953人，签约代理人19483人；2017年底，保险从业人员数量28014人，比2016年净增6578人，增幅为30.69%。其中，代理制保险营销员数量25848人，比2016年新增从业人员数量6578人。

（三）税收贡献

两年间，十堰市保险业共缴纳税款3.23亿元，其中，财产险缴纳各项税款1.75亿元，人身险缴纳各项税款1.49亿元；代收车船税2.03亿元。2016年全市保险业累计缴纳税款1.45亿元，其中，财产险缴纳各项税款8122万元，人身险缴纳各项税款6413万元，同比增长25.87%；代收车船税0.96亿元，同比增长9.75%。2017年，累计缴纳税款1.78亿元，其中财产险缴纳各项税款9362万元，人身险缴纳各项税款8475万元，同比增长22.72%；代收车船税1.07亿元，同比增长10.47%。

二、政策支持

十堰市人民政府高度重视保险业的发展，大力助推保险业发展，并于2016年6月21日出台了《十堰市人民政府关于加快发展现代保险服务业的实施意见》（十政发〔2016〕21号）文件。《十堰日报》刊登了《我市保险行业发展将获更多政策红利——〈十堰市人民政府关于加快发展现代保险服务业的实施意见〉解读》，旨在使社会各界、保险企业和广大保险消费者通过学习市政府的相关文件，了解保险服务业发展的重要性，了解推进该市现代保险服务业的改革发展，对完善现代金融体系、带动社会就业、促进经济体制增效升级、创新社会治理方式和保障经济社会稳定运行等起到了明显的促进作用。

三、行业自律

十堰市保险业紧跟市场发展形势和政策法规变化，贯彻落实保监会“1+4”系列文件及134号、136号、174号文件精神，结合全市保险业市场经营实际，强化行业自律，维护市场稳定健康发展。不断修订完善自律公约，签订了《十堰市机动车辆保险规范经营自律公约》《十堰市保险行业协会人身保险业务自律公约》，全市保险业按照保险自律公约进行行业自律检查，同时十堰市保险行业协会（以下简称十堰协会）充分发挥各会员公司信息渠道的优势，加强行业相互监督，不定期对车险市场进行巡查，发现市场经营不规范行为，立即要求公司整改，从严处理，确保保险市场稳定健康的发展。

四、创建工作

为贯彻落实省政府金融办、湖北保监局开展的保险先进县市区创建活动，十堰市各县域保险公司积极参与保险先进创建活动。2016 年县域保险工作成效突出的有十堰市竹山县、房县；2017 年，省人民政府印发《关于2017 年县域保险工作考评情况的通报》（鄂政函〔2017〕150 号）文件，十堰市竹山县、竹溪县、房县三个县域从参选的 82 个县（市、区）中脱颖而出，荣获“2017 年县域保险工作成效突出”奖，并受到通报表彰。

五、行业宣传

十堰市保险业与地方媒体形成长期合作机制，全面准确地正面报道保险业的发展与服务社会经济建设的作用与贡献，提升行业形象。十堰协会联合各保险公司持续在广播电视、报纸、网络等媒体大力宣传普及保险知识，特别是在每年“3·15 消费者权益保护日”“7·8 全国保险公众宣传日”，紧扣宣传主题，正确引导舆论，让公众了解保险、认识保险、支持保险。

第二节　主要成效及问题

一、工作主要成效

（一）发挥保险功能

两年间，十堰市保险业发展稳中有升。整体来看，2017 年，全市保险深度由2016年的3.7%上升到3.99%，保险密度由2016年的1576元上升到1867元。同时，保险业积极服务社会、保障民众，极大地发挥了保险承担风险、经济补偿的作用。全市2017年保险赔付金额达到20.51亿元，同比增长5.9%，其中财产险理赔8.19亿元，同比增长4.27%，人身险给付金额12.32亿元，同比增长7.02%。为稳定十堰市社会经济秩序，较好地发挥了保险补偿作用。

（二）助推实体经济发展

1. “小额贷”协力金融扶贫。人保财险与政府、银行携手推出“政银保”信贷产品，为贫困户融资提供增信支持，为无抵押、无担保的小微企业和种养大户提供信贷保证保险，改“输血”为“造血”，解决农民普遍存在的“想致富，无资金，贷不到”问题，支持贫困户创业贷款，脱贫致富。2016年，政府风险金到位2700万元，共承保850笔，保费88万元，保额4908万元。已累计为845位农户提供4528万元的还贷保障；为小微企业十堰汇斯诚汽车有限公司、湖北威钺智能科技有限公司、十堰吉通汽车部件有限公司提供380万元的贷款保障。2017年，“政银保”继续为贫困户提供资金支持，为无抵押、无担保的小微企业和种养大户提供信贷保证保险。目前已与竹山县、郧阳区、房县、丹江口市、茅箭区等地的建档立卡贫困户签订了贷款保证保险协议。2017年与郧阳区、竹山政府开展的“政银保”业务合作，已为23851户贷款户提供信用担保3.59亿元。

2. “农小额”助力脱贫致富。保险持续拓展，为贫困人口脱贫致富保驾护航。中国人寿以比市场现行同类产品优惠20%左右的费率，在全市农村范围内推行农村小额保险为代表的扶贫专属险种。2016年底，扶贫小额保险为30万贫困农户提供了风险保额超过30亿元的保险保障。2017年承保747162人，累计承保风险金额517亿元，给付赔款290.4万元。

3. 特色保险产品支持产业发展。一是人保财险在郧西、房县、竹山、竹溪等县市开展育肥猪、肉牛、肉羊等养殖保险；在房县承保全县小花菇（食用菌）养殖大户产业保险。二是中国人寿在丹江口市投入200万元为丹江口市9.8万名建档立卡贫困人员办理了小额扶贫综合保险，风险保额达到

70 亿元，已赔付 153.2 万元。为郧西县 5 万名贫困户家庭外出务工人员、城乡环卫工人、护林员出资 100 万元免费办理意外伤害保险。三是平安财险全面开展育肥猪价格指数、能繁母猪、山羊养殖、林木综合、林木火灾等多种农业保险业务。2017 年农业保险种植业保费收入突破 400 万元，累计承担风险 12.8 亿元。四是中华财险续保丹江口森林保险，为全市 13585 户农户提供保险服务，承担风险保障 3.2 亿元。五是国寿财险免费承保了郧西县 8457 个贫困户的农房保险、丹江口市凉水河镇油坊村 3700 亩柑橘保险、丹江口市林煜农公司 3275 亩核桃保险等扶贫保险项目。

（三）防范因病致贫返贫

十堰市保险业充分运用保险补偿机制化解脱贫难题，筑起因病致贫返贫防火墙，取得明显成效。

1. 新农合城镇居民大病保险运行良好。2016 年，全市大病医保参保人数达 273.22 万人。其中，新农合 223.17 万人，城镇居民 43.2 万人，神农架 6.85 万人；保费收入 6015.69 万元，含新农合 4466.29 万元，城镇居民 1296.15 万元，神农架 253.25 万元。全年共有 15198 人因病住院得到了保险赔偿，其中新农合 12360 人次，城镇居民 2823 人次；保险赔付金额 6096.61 万元，其中新农合 5096.62 万元，城镇居民 999.99 万元。大病医疗费用报销比例提高 10 ~20 个百分点。

2017 年，中国人寿参与十堰市新农合大病保险，服务覆盖郧县、丹江口、郧西、白浪共计 115 万人群，实现“一站式”结算，免去参保人预先垫付医疗费用。该年承保 1137239 人次，结算 21184 人次，补偿金额 4010.01 万元。人保财险承保大病医疗保险赔付 9640 人/次，累计赔付 6430.58 万元，其中赔付贫困人口 4592 人/次，赔付金额 3615.13 万元；赔付城镇职工 992 人次，赔付 1782 万元；赔付新农合 4056 人次，赔付 1033.45 万元。

2. 建档立卡贫困人口大额医疗补充保险发展完善。2016 年，十堰市扶贫办、卫计委、民政局、财政局联合发文印发《十堰市建档立卡贫困人口大额医疗补充保险实施细则（试行）》的通知（十政扶发〔2016〕2 号），明确由政府出资 1637.6 万元，为全市 81.88 万名建档立卡贫困人口购买大额医疗补充保险。贫困户因病住院的费用在新农合基本医疗和大病保险报销后，再由人保财险报销医疗费余额的 40%。截至 2016 年 12 月底，已赔付贫困人口大额医疗补充协险 649 万元，涉及贫困人员 2138 人，最高补偿个人 6.9 万元。

2017 年 7 月，在继上年办理的大病医保基础上，十堰市政府实施新的医疗保险扶贫政策，出资 1.6 亿元，由人保财险独家承保，为全市每个建档立卡贫困人口承保补充保险。“贫困人员疾病补充医疗保险”市级统保、慢性病纳入保险范畴、报销比例达 90%，重病兜底目标基本实现。

十堰市实施新的健康医疗扶贫政策以后，贫困人口的医疗问题基本无忧，因病致贫返贫问题得到有效遏制。

（四）确保交通安全

1. “警保联动”促进城市道路畅通。一是全市保险业与十堰市交管局联合设立了 5 个交通事故快处快赔服务网点，为事故勘查、事故车辆定损、保险理赔、事故车辆拆检和维修等提供一站式服务。在交通拥堵点展开小额事故快处快赔，有效缓解和疏通了道路拥堵状况。二是市公安交通管理局在“12123”交通管理网平台授权保险公司一定的权限，通过筛选授权 9 家财产险公司部分理赔工作人员以协警的身份，在城市道路上对一般未造成人身伤亡的双方事故，保险公司人员到达现场后责任难以认定而交警又不能及时到场的情况下，授权由保险公司查勘人员现场查勘记录事故情况后迅速撤离现场，事后将事故现场照片和记录上传“12123”交通管理平台，交警根据现场记录和照片划分责任，确保城市道路畅通。

2. 事故快速处理推进和谐建设。2016 年，十堰市保险业与十堰市公安交管局联合印发了《十堰市开展公路和农村地区道路交通事故快处快赔工作实施方案》，旨在加快道路交通事故的处理速度，为构建和谐社会发挥保险职能作用，方案自实施以来得到了广大车主的赞誉。在过去已建 3 个快赔网点的基础上，2017 年新增竹山、丹江口、郧西交通事故快处快赔服务点，为广大客户提供事故车辆一站式服务。“快处快赔”已于 2018 年在全市所有县（市、区）推广，以实现全覆盖。此外，还设立了十堰市交通事故快处快赔综合服务点，每个工作日十堰协会负责督促全市19家财产险公司安排人员轮流值班为广大市民宣传道路交通安全法及实施条例有关内容，为客户宣传保险知识。对于交通事故伤人案件提前介入，主动宣传《道交法》、保险条款有关内容。2017年10月26日，十堰市公安交通管理局与十堰协会联合印发了《关于共同预防和打击保险领域违法犯罪活动的通知》（十公交字〔2017〕196号）文件，联合印制了《反保险欺诈告知书》《告交通事故伤者书》提前告知车主或伤者如何防范保险欺诈和保险风险，从源头上控制防范保险欺诈犯罪行为的发生。

（五）维护社会稳定

为预防和化解交通事故理赔纠纷，2016年，十堰市中级人民法院、十堰协会共同制定《关于建立保险纠纷诉讼与调解对接机制的实施意见》（十中法〔2016〕113号）文件，联合成立“十堰市保险纠纷诉讼与调解对接中心”机构，专职调解员5人，行业内兼职调解员10人。2016—2017年，累计受理案件164件，涉案金额1041万元；已结案134件，结案金额892万元，诉调对接结案率为81.71%；建立交通事故人伤调解网点2个。2016—2017年，累计受理案件877件，涉案金额2599万元；累计结案718件，结案金额2344.7万元，交通事故人伤调解结案率为81.87%。

（六）维护经济经营秩序

十堰市保险业于2016年与市公安局建立合作机制，联合下发了《联合打击保险犯罪工作细则》（十保协发〔2016〕36号）文件，共同建立预防和打击保险领域违法犯罪活动机制，加大全市打击保险欺诈犯罪活动的力度：一是要求各保险机构加强事前防范保险诈骗犯罪，增强保险员工的主动防范意识。加强事前调查，对存在疑点案件，需公安经侦或公安交警部门事前介入配合调查的及时报案，同时向协会报备。二是对交通事故涉嫌酒后驾驶、无证驾驶调包案件，及时向市交管局事故调处大队报案，商请交警配合调查。据不完全统计，2017年，市交管局事故调处大队配合调查落实拒赔案件5起，涉及金额87万元。三是通过市公安局经侦大队，对已赔付存在诈骗疑点案件进行调查，商请公安经侦大队立案查处。目前有两起涉及金额40万元的案件正在调查处理中。

（七）创建保险扶贫示范区工作

2016—2017年，十堰市保险扶贫工作围绕保险扶贫示范区创建和市政府精准扶贫、精准脱贫的工作目标，同心协力、积极参与、压实责任、主动作为，为推进保险扶贫示范区创建和助力脱贫攻坚发挥了积极的作用。

1. 扶贫示范区创建稳步推进，示范效应逐渐显现。2017年，湖北保监局和十堰市政府先后两次召开保险扶贫示范区创建工作会议，确定在十堰市创建保险扶贫示范区。为做好脱贫帮扶工作，先后制定了《关于创建十堰保险扶贫示范区实施方案》《关于创建十堰保险扶贫示范区考核办法》《关于加快推进保险扶贫示范区创建工作的通知》等相关文件。成立了保险扶贫示范区创建领导小组，明确了33家公司扶贫帮扶责任区。并多次召开扶贫专题会议，动员和引导公司积极参与保险扶贫示范区创建。

2. 进一步加大扶贫捐赠力度，缓解村办产业资金短缺困难。继人保财险湖北省公司向十堰市提供“产业扶贫支农融资”授信额度2亿元之后，全市多家公司纷纷开展捐赠扶贫。2017年共有29家公司捐助扶贫资金和物资折合金额2321.97万元。其中（捐赠20万元以上的）中国人寿1936万元、人保财险99.6万元、太平人寿60万元、合众人寿50万元、前海人寿30万元、生命人寿20万元、新华人寿20万元等。保险捐赠资金在脱贫攻坚领域正发挥着积极的作用。

3. 扶贫与“扶智”相结合，大力拓展教育扶贫。中国人寿向郧西县景阳、土门、马安捐赠教育扶贫资金378万元，向丹江口200名留守儿童、郧西县留守学龄儿童每人捐赠价值500元的书包文具一套，捐赠金额20万元；人保财险为郧西六廊乡中学、郧阳区罗堰小学和竹山大庙乡鲁家坝村捐赠体育用品、教学用具和物资等共计7.1万元；太平人寿对竹溪县汇湾镇2所小学的150名学生提供一年的营养午餐；富德生命人寿为竹溪县汇湾镇白果小学20名学生出资1.2万元，办理重大疾病保险，保障期限至学生18岁；

平安人寿为汇湾镇白果小学捐赠教育设施 5.39 万元。

二、存在的主要问题

（一）保险业务发展不平衡

2016—2017 年，十堰市保险业务分别增长 27.98%、23.16%。虽然增速比较大，但财产险和寿险之间、财产险公司之间、人身险公司之间仍存在发展不平衡的问题。例如，2016 年，全市财产险业务增速 4.58%，人身险业务增速 27.98%，财产险与寿险增速相差 23.42 个百分点。2017 年，尽管十堰市财产险与寿险之间业务发展增速差距缩小，但财产险公司之间和人身险公司之间发展不平衡状况比较明显。在 19 家财产险公司中，业务正增长的有 12 家，负增长的有 7 家，增幅最高的 36.61%；负增长幅度最大的达 75.02%。在 14 家人身险公司中也存在不平衡的类似情况，增速高的达 130.65%，最低的为 -27.72%。

（二）盈利能力不强，盈利水平下降

2017 年，十堰市财产险公司和寿险公司实现利润 9277.90 万元，同比下降 4.05%。其中，财产险利润 3420.49 万元，同比下降 68.28%；人身险利润 5857.41 万元，同比增长 525.64%。19 家财产险公司中，9 家盈利，10 家亏损，亏损家数比上年增加 4 家；14 家人身险公司中，有 6 家亏损，比上年增加 1 家。

（三）风险防控亟待加强

十堰市保险业仍存在一定程度的系统风险，需进一步提升风险防范能力，遏制非法违规经营。保险风险的表现方式主要有以下几种：一是理赔过程中存在惜赔导致保险纠纷增多；二是少数保险公司的公司利益与员工利益关系矛盾导致社会稳定风险；三是公司市场经营与自律规范之间的矛盾所产生的违规风险；四是销售和代理环节存在宣传不规范，导致后期发生诉讼纠纷；五是代理渠道存在宣传误导的现象，且后期在客户投诉、退

保时出现相互推诿等侵害消费者利益的行为；六是保险产品乱象误导消费者的违法违规风险；七是保险公司内控管理不严发生公司员工编制假保单的违法行为风险；八是保险市场监管不够严谨。代理商存在异地承保、无资质办理车险业务、哄抬车险手续费等行为，造成赔付风险和保险公司综合成本不断上升。

此外，还有极少数公司对于保险扶贫工作重视度不够、政治敏感度不强。十堰市保险业将不断落实社会责任，积极推进保险扶贫示范区创建工作，并提质增效，创新保险扶贫模式，助力地方政府打赢脱贫攻坚这场硬仗，完成保险业所肩负的扶贫攻坚政治使命。

第三节　发展举措

第一，强化服务意识，服务经济社会发展大局。贯彻落实省、市相关加快发展现代保险服务业的实施意见，提升社会管理参与力度。在“三农”保险、安全生产责任保险、医疗保险、健康保险、精准扶贫、服务社会民生等领域，引导财产险、寿险公司创新产品和服务，加大投入，发挥保障作用，通过服务提升保险业形象。

第二，强化自律检查力度，规范市场秩序。依据《湖北省保险自律公约》及相关政策法规、条款费率，不断完善十堰市财产险、寿险自律公约，继续开展防风险、合规范、促发展的自律现场检查工作；持续开展打击返现、送卡、协议外“送利益”等专项治理工作。引导行业理性竞争，切实做到自律检查的效果让行业满意、公司支持、市场规范、业务健康发展。

第三，加强车险经营成本管控。为保护保险消费者利益，坚持依法合规经营，促进保险市场根本好转，根据全市各财产险公司的共同要求，全行业应严格加强车险经营成本管控，自觉维护保险市场秩序。一是统一对车险经营成本管控的认识；二是对综合成本率实行报备监测；三是加强经营成本管控；四是综合成本率实行季度动态监测；五是加大行业自律检查力度。

第四，加强人身险对非正常退保工作监控力度。继续加大保险业自律现场检查力度，防范财务开支不规范的现象或行为。拒绝销售误导，切实保护保险消费者权益，积极参与银保业务的早会、产说会。为人身险业务健康发展做好保障、提供服务。

第五，加强信访维稳和矛盾化解工作。一是妥善处理好信访投诉案件，发挥调处机制作用，加强与会员公司联动，完善信访投诉机制，确保信访投诉工作机制规范有序。二是加强预防、排查满期给付和非正常退保的情况，做好预案，搞好演练，确保行业稳定。三是加强调研，摸清动态，提醒会员加强内控管理和财务管理，规范流程，从严防范和打击非法集资及不遵守职业道德操守的人和事，确保不出现系统性、区域性、群体性风险，确保行业稳定，社会稳定。四是积极努力，构建整个行业健康有序的发展环境，建立公平公正的保险消费环境。

第三章　襄阳保险市场发展情况

第一节　市场概况

一、业务发展良好

2016—2017 年，襄阳市保险业飞速发展，实现保险业历史性的新跨越。2017 年全市保险业实现保费收入首次突破百亿元大关，达到 107 亿元，同比增长达 40. 1%，业务增长幅度保持全省第一，高于全省平均增幅 12. 45 个百分点。其中，财产险保费收入 27. 09 亿，同比增长 23. 58%，人身险保费收入 76. 6 亿元，同比增长 47. 7%。保险深度达 2. 63%，保险密度为 1894 元。全市已有 20 家公司年保费收入过亿元，其中，中国人寿、平安人寿两家公司突破 10 亿元。

二、服务体系完善

襄阳市的保险机构数量在全省地市中位居前列，且保险机构铺设较为齐全。截至目前，全市市级保险机构已达到 50 家（其中财产险 24 家，人身险 26 家），县级机构 150 多家，中介代理机构 60 多家。一个以专业保险机构为主、兼业保险代理为辅、专兼结合、遍布城乡、覆盖面广的保险服务体系已基本形成。全市保险从业人数已达 4 万多人，拥有各级高级管理专业人才达 800 多人。

三、经济补偿显著

2016 年，襄阳市赔款与给付累计 27. 4 亿元，其中，财产险赔款 12. 2

亿元，人身险给付 15.2 亿元；2017 年全市赔款与给付累计 27.4 亿元，同比增长 33.7%，其中，财产险赔款 12.2 亿元，同比增长 15.7%，人身险给付 15.2 亿元，同比增长 52.1%。2017 年全市为 109.88 万亩水稻赔付 1538.37 万元，为 15.13 万头能繁母猪赔款 907.9 万元，为 216.85 万亩森林赔款 216.85 万元；为全市 60 余万名在校学生承保校园安全责任险，赔付 960 余万元；赔付各类医疗保险金近 3.06 亿元，为企业、家庭财产损失赔付达 12 亿元。2017 年初，南漳县发生山体垮塌事故后，保险公司第一时间一次性赔付 10 名死者家属 100 多万元，为善后处理发挥了积极作用。保险服务社会功能进一步有效发挥。

四、支持经济发展

保险业积极支持地方经济发展，2017 年全市保险业为地方政府提供税收 4 亿余元，为社会提供新增就业岗位 1.5 万多个，解决了部分复员退伍军人、大中专院校毕业生、下岗工人的再就业问题。同时参与地方发展规划制定，提交了《襄阳市保险业贯彻落实推进普惠金融发展规划（2016—2020 年）实施方案的意见》，并参与制定了《襄阳市金融业贯彻落实推进普惠金融发展规划（2016—2020 年）实施方案》，使该市保险业列入政府整体发展规划。

五、参与社会管理

有效整合公安交警和保险业资源，创新交通事故处理机制，提升警保双方“服务为民”的快速响应能力，对小微事故快处快赔；针对重大突发事件，首次利用直升机空中紧急救援，开展城市治堵保畅通工程，在社会上产生了很好的反响，已见成效，不仅提升了城市畅通能力，同时大大提升了保险业的社会地位和形象。目前，全市已建立 9 个快处快赔中心，4 个“警保联动”小分队。保险业积极参与社会管理，既实现了“警保联动”助力城市畅通，也提升了保险业地位形象的社会效应。

第二节 主要成效及问题

一、主要工作成效

（一）创思路，重协调，推动保险创新有新突破

1. 建设协调体系，积极推进市县区沟通联动化。为有效解决县域保险行业协调和管理力量薄弱的问题，襄阳市保险行业协会（以下简称襄阳协会）与市金融办联合发文，在各县（市）、区设立了保险协调联络办公室，并制定了相关考核管理办法。联络办由当地金融办主任兼任保险联络办主任，业务上接受市保险行业协会管理和指导，工作考核由市金融办、市保协负责，每年度进行一次考评。县域行业发展和协调、行业自律有了组织和落实，实现了协会职能延伸和联动发展。联络办的成立，获得县区政府欢迎，都及时召开地方保险机构负责人会议，安排部署保险发展工作，同时积极配合协会的自律工作、机构管理和高管教育工作。2017 年宜城市、谷城县被评为保险先进县，受到湖北省人民政府的通报表彰。

2. 积极为自贸区建设提供配套服务。襄阳市保险机构全力参与自贸区建设，多方联动，助推政银保、小额贷款保证保险、出口信用保证保险项目落实。全力助推以人保、中华联合、太平洋产险为主的小微企业信贷保证保险、出口信用保证保险。目前，这两项险种已经覆盖了全辖所有县（市）、区，保费达到 694 万元，较 2015 年增长 228.9%，为近百家小微企业和农户提供超亿元贷款保证，为 43 家小微出口企业提供出口信用保证保险，让襄阳的 1000 万美元产品远销国外，为当地出口经济的发展提供有力保障。

3. 协调推进，加大保险惠民工程建设。近几年，襄阳保险业发展的政策环境明显得到改善。目前，襄阳市政府、金融办、财政、法院、卫计、质监、食品、农业、社保、民政、教育等 17 个部门联合出台了一系列有关医疗责任、食品安全、特种设备、科技、公众火灾、环境污染、养老等文件。全市民生保险得以全面推开，“三农”政策性保险得以全覆盖，价格指

数、诉讼保全、综合治安、新能源汽车保险等创新保险产品正不断扩大。2017 年为 126.98 万亩水稻、24.53 万头能繁母猪、350.25 万亩森林、11.8 万间农房、6 万余名农民工提供了保险保障，保额达到 15 亿余元；为全市 60 余万名在校学生承保校园安全责任险；对全市城镇职工和新农合大病保险进行了整合，大病保险政策实现全覆盖，对贫困人口提高支付比例，实现了就医结算一站式服务。此外，全市保险公司还积极响应政府保险惠农工作号召，启动了以人保、国寿为主的、为“三农”发展提供门对门服务的工作，截至目前，已在辖内建立了 2000 余家惠农保险服务站。

4. 精心筹备，建设“三位一体”大调解体系。襄阳协会与襄阳市中级人民法院、市政府金融办、联合出台了《关于建立保险纠纷诉讼与调解衔接机制的实施办法》，建立诉调对接机制，在全辖内落实了诉调对接实施方案；与医调委、交调委共同进行纠纷案件的调解工作，建立沟通协调通报机制，对重大疑难、复杂案件提出涉及保险专业的调解意见；为及时有效预防、化解襄阳市保险业的矛盾纠纷，充分发挥人民调解在矛盾纠纷多元化解机制中的基础性作用，争取市司法局建立襄阳市保险纠纷人民调解委员会，将人民调解工作机制引入保险纠纷处理，充分发挥人民调解预防和化解矛盾纠纷的功能。调解委员会机制目前已在全辖内推广，各县市区均设保险纠纷人民调解委员会。为保护保险消费者合法权益，在市消委指导下，还成立了保险专业分会，为构建和谐保险业，维护保险当事人的合法权益及社会稳定起到重要作用。全年通过大调解体系的作用，调处金额 1.1 亿余元。

5. 加强消费者维权，传递行业正能量。2017 年，全年共受理消费者信访投诉 42 起。其中，财产险 23 起，人身险 19 起，均已妥善处理。自 2017 年 10 月 21 日襄阳市保险纠纷人民调解委员会成立以来，共受理调解案件 6 起（调解委员会现场调解 3 件，并签订调解协议书；派人到县区现场调解 3 件），2 件为督促公司与客户协商处理，指导并协助保险主体自行主动与客户调解。2017 年，仅人保、太平洋、平安三家财产险公司在庭前调解就达 1369 件。把纠纷争议化解在基层，有效避免了矛盾激化。

（二）握重点，控全局，彰显行业合规新要求

1. 加强行业自律，做到检查全覆盖。2017 年，全市保险业自律检查工作共有 50 家市级机构被纳入现场检查范围，参与现场检查的人员达 55 人（两个批次检查，一个突击检查），查阅投保及承保资料 32120 份，财务卷宗 105 卷，赔案卷宗 90 卷，银代合同 97 份，中介合同 47 份，招标文件 10 份，回放录音 2720 人次。自律检查做到了查到问题即时处理，发现问题严查到底，实现了“上下一盘棋，自律无死角”的局面，有效地规范了行业的竞争秩序。

2. 治理市场乱象，深入开展打击返现送卡输送保险合同外利益的违法活动。切实转变工作作风，盯市场，抓重点，保合规，不折不扣地按监管部门的统一部署和省协会统一要求执行。针对车险市场返现送卡这个顽疾下猛药、出重拳，见影就追、现形就打，发动社会力量，动员人民群众使之成为过街“老鼠”，人见人打。发专门治理文件 3 个，专项治理通报会三场，组织 30 余人次专项巡视。通过整治，全市财产险公司实现“三降一升”（赔付、费用、成本同下降和利润率上升）。

3. 净化市场，努力开创反保险欺诈工作新局面。市综治办、公安局、检察院、法院等八部门联合发文《严厉打击涉医违法犯罪专项行动方案》，打击涉医犯罪。2017 年，襄阳协会与法院、公安、工商密切合作，开展打击保险类违法活动。与公安经侦部门联系制定反保险欺诈备忘录，在协会挂牌设立反保险欺诈办公室，处理 53 万余元欺诈赔案；与中级法院及枣阳等地方法院召开三次联席会议，十余次上门协调，解决保险案件审判中存在的假证据、假案情、假鉴定等问题，特别是把枣阳法院及五个法庭庭长请到协会，面对面沟通和反映判案中的一些不公和违规情况，改进了工作，加深了了解，增强了互信，促进了办案公平公正，维护了行业合法利益，促使司法环境有了较大改善；与工商等联合行动三次、暗访四次，重点对枣阳、宜城两个县市区进行突击调查，查出并取缔多家无资质经营、代理保险的门店，净化了市场环境。

4. 加强风险防控，营造发展好环境。高度重视舆情监测工作，建立了

网络舆情监测员队伍，健全了监测报送流程、建立了预警及处置机制，做到日常监测和重点监测结合，确保及时掌握行业潜在的风险舆情。同时，开展了针对寿险的长险短做给付风险、销售误导风险及银邮渠道客户信息完整性、双访双录工作落实情况等全面排查，做到实时掌握情况，及时防控风险。认真落实重大事项预防和报告制度，跑在风险前面，瞄准要害、果断处置，2017 年及时处置重要事件三起，化解重大群体事件两起，向上级报告三起。做到了坚守风险，守土有责，没有发生大的群发事件，也未在社会上发生行业不良影响。

（三）建机制，抓作风，协会建设有新高度

1. 建制度、立规矩，积极推进协会组织机构建设。在市委组织部和社团党工委指导下，成立了襄阳市保险行业协会机关党支部，党的组织建设得到完善和加强。对原有制度进行了清理、修订、补充和完善。完善和补充制定了印章管理制度、人事管理制度、财务管理制度、考勤休假管理制度、公务接待管理办法、固定资产及办公用品管理办法、出纳岗位职责、会计岗位职责等多个制度办法，做到了制度管人管事，工作有章可循，协会秘书处工作作风得到根本性改变，秘书处日常管理做到了民主、公开，工作做到了更务实、更细致、更有效、更廉洁。

2. 落实岗位责任，积极推进协会工作规范化。首先，加强秘书处内部组织构架建设，对秘书处各岗职能进行了明确定位，试行人员动态考评，能者上庸者下的淘汰机制，努力改进工作作风，提高工作效率。用全员参加省协培训、开展内部轮训、市场检查代训、履职工作评训等加强秘书处全员综合素质培养。其次，民主办会，强化理事会的理事、参事、议事意识，充分发挥各自的优势，群策群力出谋划策，提升行业整体应对复杂市场的能力。已先后召开五次理事、常务理事、会员大会，对协会工作规划、制度、行业自律、市场环境等重大事项进行协商和决策。再次，实行重要事项公示制度，对涉及行业及协会重要的工作安排和计划做到了会议民主讨论和行业内公开公示，先后三次对涉及人事、制度进行了行业内公示。成立了产寿险专业委员会，制定了产寿险专业委员会议事规则，理顺了会

员公司联席会与协会秘书处之间的事权。最后，盯紧市场，密切关注市场变化，关注行业发展，随时根据市场变化，研判形势，先后召开七次市场分析协调会，正确引导行业依法健康发展。

3. 服务方式创新，积极推进协会工作现代化。面对新形势、新任务的需要，协会工作立足高要求，按照“练内功、重服务、塑形象”的标准，创新服务内容、服务举措、在提能增效补短板方面下功夫，在“互联网+”上做文章，建立了理事、常务理事、会员公司、工作信息、宣传、舆情、诉调对接等八个微信工作群，指定专人服务管理，用于及时沟通、协调和处理相关工作，许多工作多数是通过微信工作群来协调的，重大事项、政策信息、市场情况在群公布、公示、讨论，极大地提高了秘书处的工作效率，提升了服务水平，受到会员公司及当地政府的充分肯定和好评，树立了襄阳市保险协会的良好形象。同时也节约了费用成本，增强了会员公司之间的交流沟通，促进了工作人员综合素质和业务能力的提高。

（四）用宣传，重沟通，营造保险业发展新环境

1. 借媒体力量扩大保险业外宣力度。2017 年保险业与襄阳日报社持续长期合作，每周三在《襄阳晚报》设立了“保险聚焦”专栏，以行业聚焦、业内访谈、市场观察、专题报道、保险人物等栏目，及时传递襄阳市保险业健康发展的新政策、新事迹、新风貌，促进沟通，加深了解，扩大影响，为该市保险业的新跨越作出重要贡献。襄阳保险在本地主流媒体有了自己的宣传主阵地和权威发声渠道，截至 2017 年 12 月底已办 50 期，发稿 300 多篇，对树立行业形象，增强保险意识，扩大行业影响、推动行业发展起到重要作用。

2. 恢复了《襄阳保险动态》，向各级领导传送行业信息。及时收集襄阳保险业及全国各地区保险业的最新消息和动态，精准地将信息传达至市委、市政府、市直各相关单位部门、湖北保监局、湖北省保险行业协会以及各会员公司，有效发挥内部刊物资料的功能作用，使襄阳保险业与各部委的沟通交流更加顺畅。

3. 做好“市九条”出台、“3·15”“打非”“7·8”保险公众宣传日等

重要活动的组织、筹备、参与工作。全市保险业充分借助这些活动的开展，利用与媒体之间的合作，积极宣传，展示了行业风采，传递了保险正能量。通过普及各种保险知识，扩大行业影响力和覆盖面，让更多老百姓知保险、懂保险、用保险，加大了正面宣传力度，扩大了社会认知度。

（五）强意识，重服务，发挥辅助监管新作用

2017 年，襄阳协会全年共对省局委托的 32 家机构的迁址验收、2 家机构开业验收、32 位拟任高管情况进行调查，严格按要求，按时、按质进行了认真验证上报。在对拟任高管情况调查上，力改作风，采取公司内问、业外询的办法，认真负责进行拟任前调查。对市场违规线索，进行明察暗访，及时向省局进行书面报告，并对本地区重大事项及时进行电话和书面汇报，真正发挥了协会的辅助监管功能。

二、存在的主要问题

目前，襄阳保险业发展整体良好，但仍然存在一些问题和不足，主要表现如下：

一是市场特别是中介市场协调工作力度不够，造成自律存在一定盲区，市场有风险点。

二是市场主体协调平衡发展力度不够强。目前该市还有几家规模在 1000 万元左右的机构，且其生存及抗风险能力差。同时，保险公司在整合、助推全行业发展力量上有待于加强。

三是行业自律工作办法、措施、手段等创新力不够，预防和惩戒力度需进一步增强。特别是车险甩费抢业务，保险招标业务恶意降费恶性搅局、财产险赔付率居高等。

此外，协会队伍综合服务能力与服务行业要求还有一定差距，主要反映在政策、专业素质和协调能力方面。

第三节　发展举措

2018 年，襄阳市保险业将紧紧围绕党政部门的中心工作，积极践行

“保险姓保”的行业价值理念，认真履行社会责任，在服务地方经济社会建设中谋事定位，全力支持服务襄阳“一极两中心”建设。

一、服务好“大农业”发展

党的十九大确立“产业兴旺、生态宜居、乡风文明、治理有效、生活富裕”实施乡村振兴战略的总体思路，建立健全城乡融合发展体制机制和政策体系，加快推进农业农村现代化。全市保险业将重点对接国家政策，大力推进农业保险，不断提高“三农”保障力度。

一要大力推进传统农业发展。按照中央关于农业保险“扩面、增品、提标”的要求，用全用足中央补贴政策，继续推进和服务好中央财政保费补贴型农业及大宗农畜发展。

二要大力开拓特色农产品业发展。结合各地发展布局和重点品种，积极开展特色保险业务试点，全力打造“一县一品”“一县多品”，开展“大棚种植业保险”不断扩大特色农业保险承保覆盖面。

三要大力服务农业增收。探索试点农产品价格指数保险、气象指数保险、制种保险等，满足农业及农民保险实际需求，增强农业增产增收能力。

四要大力推进支农融资业务。积极拓宽保险资金直接参与支农融资渠道，解决农民及农业生产经营实体融资难、融资贵、融资慢的问题，全面开展“支农融资”普惠金融业务，将保险资金直接用于支农支小，直接支持农业实体和小微企业发展。

二、服务好精准扶贫

完善保险扶贫产品体系和工作机制，推动扶贫保险覆盖面明显提升，助力国家精准扶贫战略。

第一，进一步提升政治站位，坚决完成精准扶贫工作任务。积极响应党委政府号召，履行国企责任与使命，不折不扣地完成分支两级机构扶贫攻坚工作任务，确保不拖后腿，如期脱贫。

第二，进一步完善扶贫类保险产品体系。精准对接各地扶贫部门需求，重点以“扶贫保”八大系列产品为抓手（农房保、产业保、医疗保、重疾保、伤残保、家责保、助贷保、助学保），积极开发地方特色产业保险、扶贫小额人身保险、政府救助保险、自然灾害公众责任保险、雇主责任保险、农房保险、贫困家庭学生助学贷款保证保险等系列扶贫险种，全面助力政府扶贫攻坚任务。

第三，进一步提升服务社会民生水平。认真做好大病保险服务工作，持续开展“一元民生”政府救助保险等民生保险产品。

三、服务好社会保障体系建设

积极做好城乡大病保险服务工作，大力配合医改试点工作；积极助力健康城市建设，积极向各公司总部争取资金进入医疗、养老领域，发展大健康产业。创新保险产品和服务，精准对接社会多元化的保险需求，重点在城乡居民基本医疗补充保险、健康扶贫补充商业医疗保险、护理保险、住房抵押保险、企业年金、养老医疗等领域寻求创新和突破。

四、服务好实体经济

首先，持续推进有机谷“政银保”业务，解决企业融资难问题。服务“绿色发展”，积极引入小额贷款保证保险，辅以政府设立的风险补偿基金作后盾，构建“政银保”合作贷款体系，使小微企业、“中国有机谷”等贷款户可以在无须抵押和反担保的条件下，以合理的融资成本获得银行贷款。

其次，在首台（套）装备保险等基础上，积极推进重点科技保险、新材料首批次应用综合保险、出口信用保证保险、关税履约保证保险等，推出保障范围更广、针对性更强的保险产品，支持企业“走出去”战略。

最后，要以建设工程履约保证保险、建筑施工安全责任保险等为抓手，全力支持襄阳重大工程项目建设。

五、服务好社会治理现代化体系建设

主动投身“平安襄阳”建设，顺应政府治理现代化需求，在各级党政部门的组织推动下，认真开展社会治安、医疗责任、校园类责任、安全生产责任、监护人责任、环境污染责任及食品安全责任保险等，维护社会稳定，保障人民的生命财产安全，为经济发展营造良好环境。

六、服务好襄阳自贸区建设

一是发挥优势，主动对接自贸区建设需求。进一步加强沟通，主动对接服务襄阳自贸区建设，为自贸区建设提供科技保险、航运保险、专利责任保险、物流货运保险、出口信用保证保险等必要的保险保障和支持。

二是精准服务，打造专业化的服务团队。为提供高效、优质、专业化的保险保障服务，公司将进一步加大招聘力度，积极引进一批具有对外贸易、保险、经济等专业背景的高素质人才队伍，组建专门的服务团队，全面提升精准服务能力。

三是加快创新，为自贸区发展建设提供全方位保障。进一步加大保险创新力度，积极助推自贸区的金融创新工作。

第四章　宜昌保险市场发展情况

第一节　市场概况

一、业务规模扩大

2016—2017 年，宜昌市保险业发展稳中有升，连续 2 年在全省排名靠前，增速明显。2016 年，全市完成保费收入 82.88 亿元，保费增速为 26.63%，增幅全省排名第二，仅次于武汉市。其中，财产险公司完成保费收入 24.27 亿元，同比增长 11.39%；人身险公司完成保费收入 58.61 亿元，同比增长 34.24%。保险深度为 2.23%，保险密度为 2006.76 元/人。2017 年，全市完成保费收入 105.93 亿元，保费增速为 27.81%。其中，财产险公司完成保费收入 26.97 亿元，同比增长 11.13%；人身险公司完成保费收入 78.95 亿元，同比增长 34.72%。成为全省第二个保费收入过百亿元的市。保险深度达 2.80%，保险密度提高到 2564.94 元/人。

二、市场主体增加

两年间，全市引进和延伸保险机构 23 家。其中，引进市级保险机构 5 家，向县市区延伸保险机构 7 家，向乡（镇）延伸保险机构 11 家。截至 2017 年底，全市共有保险机构 461 家。其中，市级保险机构 50 家、县市区保险机构 172 家、乡（镇）保险机构 239 家。

三、社会贡献增长

（一）提供经济补偿方面

这两年，宜昌市保险行业充分体现了保险经济补偿的作用。仅2017年，全年保险业共处理38.62万起理赔付案件，平均每天处理1058起。赔（给）付支出36.85亿元，比上年同期的30.10亿元增长11.18%；其中，财产险公司赔付14.1亿元，比上年同期的11.41亿元增长9.8%；人身险公司给付22.75亿元，比上年同期的18.69亿元增长12.06%，充分发挥了保险业在地方经济建设中的社会“稳定器”和经济“助推器”的作用。

（二）提供就业岗位方面

截至2017年底，全市保险从业人员达到3.89万人，其中雇员0.32万人，劳务派遣人员0.03万人，营销员3.54万人。比2016年底的3.12万人净增0.77万人，其中雇员比2016年底的0.30万人增加0.02万人，劳务派遣人员与2016年底持平，营销员比2016年底的2.79万人增加0.75万人。

（三）提供各项税收方面

截至2017年底，全行业缴纳各项税金5.35亿元，比2016年同期的4.14亿元增长29.19%，税收同比增长过亿元。两年里，行业税收贡献近10亿元，在地方经济建设中发挥了重要的作用。

四、经营效益提高

两年间，宜昌市保险业综合经营效益整体增长。以财产险为例，虽然财产险业务赔付率有所上升，但由于业务规模扩大，承保利润逐年增长。2016年，财产险公司实现承保利润0.74亿元，利润率为3.54%，同比提高-3.74个百分点；2017年，财产险公司实现承保利润1.41亿元，利润率为5.96%，同比提高2.42个百分点，增速明显。

五、行业形象提升

全市保险行业重宣传，抓发动；重治本，抓管理；重硬件，抓服务，有效地推进了两个文明建设。宜昌市保险行业协会（以下简称宜昌协会）和10家会员公司被评为市级文明单位称号；人保财险宜昌市分公司荣获省级文明单位称号；2017年11月17日，在北京举行的全国精神文明建设表彰大会上，全国保险系统有6家保险公司荣获第五届全国文明单位称号，其中，太平财险宜昌中支公司榜上有名。宜昌市保险行业协会 多次荣获市委、市政府多项奖项，并于2016年、2017年两次被评为全省先进保险行业协会。

第二节　主要成效及问题

一、主要工作成效

（一）消费者权益保护得以强化

1. 修订自律公约，规范自律体系。宜昌市保险业积极探索，与时俱进，宜昌市保险行业协会（以下简称宜昌协会）在多年自律实践的基础上，重新修订《自律公约》，后又签订《宜昌财产保险业务自律公约》《宜昌人身保险业务自律公约》《宜昌市保险业参与保险纠纷调处工作机制自律公约》等一系列规范文件，做到行业自律“有章可循”。

2. 开展自律检查，规范市场秩序。与全省地市州行业机构联动开展行业自律，坚持行业自律的核心主业地位，着力整治市场乱象，维护市场秩序及稳定发展，通过抓培训，明确检查方向；划重点，细化检查目标；讲规范，加强过程管理；找方法，确保问题查得出；重应用，做好自律延伸等持续不断的自律管束，有效提升行业的规范发展意识。

（二）保险服务经济社会成效显著

1. 服务社会大局，开创新局面。2017年，保险业为全市承担3万亿元的各类风险保障，较为全面地保障了社会民众。一是贴近农民大众，积极开办涉农保险。承保农作物 130.26 万亩、牲畜 80.03 万头，两项已决赔付共计 2.46 万件，赔付 4858.25 万元，林木火灾保险 61.16 万亩，“两属两户” 4.15 万户；承保农村小额人身保险 48.44 万人，已决赔付 5396 件，赔付 16.41 万元。二是创新保险服务，助力企业生产经营。全年承保企业财产 4600 家，已决赔付 201 件，赔付 5957.11 万元；各类责任险已决赔付 500 件，赔付 5937.52 万元。三是拓展大病保险，共筑健康保障网。承保城镇职工大病保险 41.49 万人，已决赔付 1100 件，赔付 2475.51 万元；承保城乡居民大病保险 297.59 万人，已决赔付 28191 件，共计 6225.27 万元，其中城镇居民大病保险 62.54 万人，赔付 10847 件，赔付 2832.29 万元，承保农村居民大病保险 235.05 万人，已决赔付 17344 件，赔付 5179.39 万元；承保女性特定疾病保险 3.78 万人，已决赔付 170 件，赔付 100.36 万元。四是参与社会治理，提高服务民生水平。承保学生平安保险 28.92 万人，已决赔付 21674 件，赔付 1399.48 万元；承保校（园）方责任保险 40.70 万人，已决赔付 468 件，赔付 221.45 万元；承保社会治安综合保险 37.77 万户，已决赔付 5799 件，赔付 1711.86 万元；承保借款人意外伤害保险 1.55 万人，已决赔付 19 件，赔付 593.30 万元；承保“一元民生保险” 319.53 万人，已决赔付 19 件，赔付 60.50 万元。

2. 发挥行业优势，助力脱贫攻坚。两年来，全市保险业坚定“远离贫困，从一份保障开始”的理念，充分发挥行业优势，多渠道助力全市脱贫攻坚大局，取得了积极进展。2017 年，全市 29 家市级保险公司均成立扶贫工作领导小组，或是工作专班。人保财险、中国人寿、太平财险和中华保险在 20 个村驻村扶贫，全面履行行业职能，开展保险扶贫。除重点支持种植业和养殖业保险扩面提档以外，还积极开办条款通俗、保费低廉的险种，为城乡贫困人口提供各类风险保障。如宜昌市在全省率先实施精准扶贫医疗救助保险，以建档立卡低收入人群作为被保险人，有效解决“因病致贫、因病返贫”的问题；开办诸如农房保险、学生平安险、“一元民生保险”、电梯险、食品安全责任险等各类保险产品，时时刻刻地守护着宜昌人民的生活。

全市保险业善行义举，担当责任，回馈社会。坚持“慈善一日捐”活动，2016年向市慈善总会捐款11.43万元；2017年再次向市慈善总会捐款12.49万元。全行业更是通过各种形式开展贫困救助、困难帮扶活动。比如，平安人寿面向社会启动“幕天捐书”公益项目，全年给农村孩子募集书籍6021册；中国人寿为留守儿童建档登卡，每月一次家访或者进校探望，帮助留守儿童解决学习、生活困难；工银安盛捐款5万元援建的老君小学阅览室正式落成；太平财险于泉泉、平安财险李春亮、阳光人寿周武多年以来坚持“一对一”帮扶，并带动身边的朋友……为全市保险扶贫树立了学习榜样。

3. 积极参与“平安宜昌”建设，保险服务提档升级。全市保险公司积极参与“平安宜昌”建设，以其行业优势、人员优势展示行业新作为、新担当，引领互帮互助、团结友爱的社会新风尚。多家财产险公司与宜昌市公安局交警支队联合建立道路交通事故快处快赔中心。目前，全市已设8个快赔中心，包括城区3个（高新区、伍家岗、点军），县区5个（夷陵、长阳、宜都、枝江、当阳）。道路交通事故快处中心对轻微道路交通事故实行快撤、快核、快赔的一站式服务，是高效、便捷的事故处理的重要尝试和举措。仅2017年，就处理轻微道路交通事故4917起，涉及事故车辆8651台，有效保障了城区交通通畅运行。交警支队、保险公司相互配合，将快处快赔中心打造成了服务为民、规范执法、维护社会稳定的窗口。各公司还切实以客户为中心，创新服务模式，不断提升行业服务水平。2017年，太平洋人寿建立医疗服务智能管理平台（智能管理平台运用大数据分析医疗行为，实现对医疗过程的全方位管控，为患者控制不合理医疗费用支出，确保保险基金的安全使用），开展医疗费用智能化管控，被作为“中国保险科技应用案例”入选《中国保险科技发展白皮书》。同年7月，太平洋人寿携手市中心医院和上海金汇通用航空公司，启动辖区直升机救援服务项目；8月，人保财险也相继推出“空地一体化”直升机特色救援服务。由此，宜昌保险业开启了保险服务高效救援新篇章。平安人寿还推出极速、极简的闪赔服务，创新与优化流程，打造30分钟内理赔服务。如2017年5月，客户张某在上班路上遭车辆碰撞，脚踝骨折。治疗结束后，张某通过手机将病历和发票传至平安人寿理赔模块。5分钟后便收到短信提示，告知已完成理赔流程，3132.00 元保险金已转账。闪赔服务极大地提升了保险理赔的效率，改善了客户体验。

4. 引进保险资金，服务实体经济建设。宜昌保监分局推动行业发挥长期稳健风险管理和保障功能，更好地服务地方实体经济发展。2017 年，宜昌市共得到保险资金 28.9 亿元，用于支持棚改和企业融资项目，其中光大永明投资 8 亿元支持江南新城棚改项目，长城人寿向三峡现代物流中心债权投资 10 亿元。

在宜昌自贸片区挂牌后，保险业积极参与建设。人保财险宜昌自贸区支公司得以成立，为全省第一家自贸区专设保险机构。目前该市自贸片区已设有 8 家保险公司分支机构，为自贸区的建设发挥了积极作用。

（三）消保工作科学有效

1. 开展车险理赔服务质量现场测评。测评涵盖接报案、电话礼仪、到达现场时效、查勘人员和查勘车辆服务标准、理赔服务标准和禁止行为，以促进财险公司提升车险理赔服务质量，保护道路通畅及消费者权益。

2. 成立保险纠纷人民调解委员会，专门调解消费者信访投诉。2017 年共受理各类信访投诉 171 件，其中，财产险业务投诉 57 件，人身险业务投诉 114 件，结案 159 件，结案率为 92.98%。因监管得力，各会员公司充分重视消费者权益保护，保险市场日趋规范，宜昌市场首次出现信访投诉件同比大幅减少。

3. 与法院合作开展保险纠纷诉调对接工作。2016 年 1 月 19 日，市中级人民法院和市协会联合印发《关于建立保险纠纷诉讼与调解对接机制的实施意见》（宜市中发〔2016〕11 号），成立保险纠纷人民调解委员会，以实现高效、和谐、低成本化解保险纠纷。2016 年，仅受理伍家岗区法院委托案件；2017 年，新增受理西陵区法院、点军区法院、葛洲坝法院、夷陵区法院、宜都市法院、枝江市法院委托案件。保险机构与法院深度合作，切实维护保险消费者利益。2017 年受理各法院转办的诉前涉保案件 105 起，诉求金额 1466.04 万元，成功调解 75 件，金额 840.39 万元，调解达成率为 80.65%。结案平均周期不到法院的立案至开庭时间的一半，且免收当事人的任何费用，为当事人节约了大量时间、费用成本，有效化解矛盾，维护社会和谐。

此外，还参与法学会的“法制文化基层行”活动，以“7·8”宣传各类形式向社会大众普及保险专业知识及法律法规常识，通过媒体进行保险防范非法集资风险提示。

（四）舆论环境营造良好

2017年，宜昌市保险业进一步加强正面宣传，提升行业形象。分别开展一系列专项宣传活动，比如“3·15”系列活动、“最美保险人”表彰活动、“慈善一日捐”活动、法制文化基层行、“7·8保险公众宣传日”活动等。与三峡电台合作开办《保险直通车》栏目，与医学会、法学会、慈善总会联合创办《宜昌民生与法治》，通过《中国保险报》《湖北日报》、地方电台、电视台及报刊媒体宣传行业新动态，传递正能量。全年媒体采用协会新闻稿件95篇，其中纸媒用稿52篇，网媒用稿43篇；专栏宣传《宜昌市保险业十大新闻看点》《宜昌市保险业典型赔付案例》。2017年10月，宜昌市保险行业协会四届六次理事会审议通过民生保险宣传方案，“宜昌保险”专版保险知识普及宣传在《三峡晚报》开刊，每周一期，每期一个主题，共8期。以身边的保险故事、理赔案例、你问我答等多种形式向市民普及保险产品知识，宣传行业责任承担现状，获社会广泛好评，取得极好的宣传效果，以行业正面展示助力会员公司开门红业务。2017年，还为6家中心支公司争取财政补贴30万元，为宜昌新设保险公司争取政策支持。

（五）诚信建设成效明显

夯基础，抓文明，开展文明单位创建活动。全行业坚持把辅助监管、行业自律与文明创建一起抓，做到“三同步”：一是文明创建与行业自律一起规划、一起部署；二是建立统一的领导机制、工作机制、考核评价和激励约束机制；三是行业自律检查与文明创建考核，同时明确要求，同时组织落实。确保文明创建认识上有高度，思想上有位置，措施上有力度，方法上有特色，规模上有声势，内强素质，外树形象。

（六）行业形象提升

全市保险业重宣传，抓发动；重治本，抓管理；重硬件，抓服务，有效地推进两个文明建设。宜昌协会和 10 家会员公司被评为“市级文明单位”；人保财险宜昌市分公司荣获“省级文明单位”称号；2017 年 11 月 17 日，在北京举行的全国精神文明建设表彰大会上，全国保险系统有 6 家保险公司荣获“第五届全国文明单位”称号，其中，太平财险宜昌中支公司榜上有名。宜昌协会多次荣获市委、市政府多项奖项，并于 2016 年、2017 年两次被评为“全省先进保险行业协会”。

二、存在的主要问题

（一）服务领域有待拓宽

2017 年 12 月，宜昌市印发了《中共宜昌市委宜昌市人民政府关于加快发展服务业的实施意见》（宜发〔2017〕27 号）文件，对保险业也提出了新的要求，迫切要求保险公司加快转型，提供更为全面、更为精准、更为便捷的保障服务，也从侧面反映出，保险业跟进服务的领域目前还很狭窄，将来可以挖掘的空间和潜力还很大，前景无限。

（二）创新能力有待增强

随着中国经济步入新常态，供给侧结构性改革持续发力，宜昌保险市场的运行主体快速扩容，市场竞争激烈化，保险领域新业态、新模式、新技术不断涌现，不少保险公司在业务发展上虽然做了一些创新尝试，取得了一些成效，但总体看来，依然呈现出规模不大、产能不高的问题，现有的服务方式也远不能满足人民日益增长的需要。

（三）精准扶贫有待加速

2018 年，宜昌市要力争兴山和秭归两个贫困县摘帽、55 个贫困村出列、104671 人脱贫、13849 人易地扶贫搬迁。这都需要保险业认真研究，匠心谋划，主动适应宜昌市扶贫攻坚的工作安排，精准对接，精准发力。

（四）乡村振兴有待深入

宜昌市现代特色农业深入开展，柑橘、茶叶、精细蔬菜、特色水产、中药林业等产业正推广发展，城乡融合发展已进入关键时期。危房改造、防洪治理（清江、沮漳河及香溪河）、农村公路硬化、生命安防等工程纷纷启动，需要保险业依托公司品牌、网点、服务优势，尤其是用好农村网点和农网人员，真正为宜昌市乡村振兴战略探索方法，提供助力，分担压力。

（五）服务环保有待推进

落实“三大攻坚战”要求，积极对接宜昌市在大气污染、水污染、土壤污染等方面的工作安排，尤其是针对企业生产污染，大力推动环境污染责任保险，从而促使企业加强环境风险管理意识，提升环境管理水平，缓解环境污染事故赔付压力，分散企业经营风险，及时赔付环境污染受害群众，稳定社会经济秩序，为“美丽宜昌”建设提供服务保障。

第三节　发展举措

全市保险业要继续全面落实市政府《关于支持现代保险服务业发展的实施意见》（宜府发〔2015〕29 号），大力践行“守信用、担风险、重服务、合规范”行业价值理念，提高保险服务水平，为更好地服务地方经济建设作出更大贡献。

一、积极培育市场主体

依据宜昌各县市区保险密度和保险深度现状，引导保险公司合理布局经营网点，统筹城乡保险市场发展，重点向县市区和乡（镇）延伸机构，为城乡居民，尤其是农户投保、理赔提供便利。

二、大力拓展服务领域

大力拓展服务领域，提升保险业覆盖辐射能力，为经济建设和人民生活提供全方位的保险保障。

（一）服务“三农”

拓展“三农”保险广度和深度，努力扩大水稻、油菜、棉花、烟叶、蔬菜和森林承保面积；不断提高育肥猪、能繁母猪、能繁母羊、山羊、奶牛和耕牛承保数量；大力提升农村小额信贷信用保险、借款人意外伤害保险、农村小额人身保险和农房保险承保面；积极推行泥石流地质灾害综合保险；不断扩大“一县一品”特色保险和水产养殖保险；积极探索农产品目标价格保险、农机保险和农业基础设施保险。

（二）服务民生

积极推出差异化的保险产品，满足日益增长的多元化保险需求。大力推进健康医疗保险、重大疾病保险和公众责任保险；巩固发展学生平安保险、校（园）方责任保险、“一元民生保险”、社会治安综合保险和家庭财产保险；完善城乡居民大病保险、城镇职工补充医疗保险。积极探索失能收入损失保险、长期护理保险、独生子女家庭保障计划、住房反向抵押养老金保险、个人消费贷款保证保险和社区综合保险。

（三）服务企业

大力发展“银政保”、企业财产保险、工程建设保险、出口信用保险和企业年金保险。加快发展食品安全、产品质量、医疗责任、医疗意外、实习安全、旅行社、养老机构和各类职业责任保险。积极试办环境污染责任保险、国产首台（套）重大装备保险、诉讼财产保全保险、文化产业保险和物流保险，为企业生产经营和产业升级保驾护航。大力发展境外投资保险，为海外企业提供风险保障。

三、不断创新服务模式

一是更新观念改进服务。树立以客户体验为中心的服务观念，全面提升保险业服务水平。关注行业热点，解决客户难点。开展客户大走访活动，听取客户对产品、销售和服务的意见，满足客户合理诉求。二是依靠科技提升服务。以信息技术为依托，大力推行网上投保、报案和传输资料、异地查勘和全国通赔。积极推广无线 POS 机移动出单系统、手机远程销售掌上系统和移动查勘定损平台，提高承保出单和理赔给付速度；积极引进遥感分析技术、空间地理信息技术和新款无人机，为保险业服务水平提档升级。三是完善机制强化服务。全面推行服务时效管理，优化作业流程，强化技术支撑，简化审批手续，缩短工作时限。完善客户投诉管理制度。

四、严加防范金融风险

加快建立现代保险企业制度，完善保险公司治理结构。加强从业人员职业道德教育和专业技术培训，提高职业操守。强化行业自律，规范市场秩序，依法合规经营，建立公平有序的市场竞争环境，引导市场主体差异化竞争，个性化服务。建立保险机构信用评价体系和失信惩戒机制。妥善处理信访投诉，充分运用保险纠纷诉调对接机制，多元化解决保险纠纷，切实维护保险消费者合法权益。

完善风险应急预案，优化风险处置流程，提高风险处置能力。通过行业诚信建设和完善内控制度，提升行业信誉度与美誉度，确保不发生系统性和区域性行业风险。

第五章　荆州保险市场发展情况

第一节　市场概况

2016—2017 年，荆州市保险业实现跨越式发展，保费规模首破百亿元大关，市场秩序持续好转，产业结构不断优化，保障功能稳步提升，服务作用进一步凸显，连续两年上榜“中国最具活力保险城市 50 强”。

一、业务规模有所扩大

2016 年，荆州市完成保费收入 106.59 亿元，首破百亿元大关，成为全省首个保费规模达到 100 亿元的地市（武汉除外），比 2015 年的 85.87 亿元增长 24.13%。2017 年，完成保费收入 128.66 亿元，较 2016 年增长 20.7%。分险种看，2016 年、2017 年财产险保费收入分别是 25.14 亿元、28.50 亿元；2016 年、2017 年人身险保费收入分别是 81.46 亿元、100.16 亿元。总保费收入、财产险保费收入、人身险保费收入连续两年均位居全省第二，仅次于武汉。另外，截至 2017 年底，全省仅荆州人身险全年保费收入过百亿元（武汉除外）。2016—2017 年荆州保险业情况见表 2－5－1。

表 2－5－1　　2016—2017 年荆州市保险业情况

年份	保费收入（亿元）	保险深度（%）	保险密度（元）	经营主体（家）	赔款金额（亿元）
2016	106.59	6.17	1870.69	48	27.06
2017	128.66	6.69	2280.52	48	35.31

二、市场主体稳步增加

荆州市场现有 48 家保险公司，其中，财产险 22 家、人身险 26 家，数量与“十二五”规划末，即2015年相当。市场主体的新增，主要体现在向县市区延伸。截至2017年底，全市三级、四级、五级保险机构共有352家（不含国元农险洪湖支公司）。其中，2016年新增6家机构（不含国元农险洪湖支公司），2017年新增5家。两年共增加11家，覆盖8个县（市）区。

随着业务规模扩大、机构数量增加，保险从业人员数量也大幅增加。截至2017年底，全市保险从业人员已达3.4万人，较2016年的2.3万人新增1.1万人，较2015年的1.8万人增长近一倍。

三、经营效益日趋明显

2016年，财产险市场迎来商车二次费率改革；2017年，又是全国保险业的“强监管”之年。在此背景下，荆州保险业依然保持了良好的经营效益。以财产险为例，2016年、2017年财产险承保利润分别为1.16亿元、1.14亿元，较2015年9333万元的承保利润，均有所增长，承保利润率连续两年保持5%以上。

四、保障功能更加突出

2016年，全市赔款及给付27.06亿元，较2015年增长69.09%；2017年，各类赔款及给付35.31亿元，较2016年增长32.34%。其中，2016年全市遭遇重大暴雨灾害，荆州保险业积极行动，开辟绿色理赔通道，做到应赔尽赔，应赔快赔，共赔付7000多万元。以财产险为例，2016年、2017年，全市财产险综合赔付率分别为64.35%、63.27%。

第二节　主要成效及问题

一、主要工作成效

（一）市场秩序持续好转

近两年，荆州市保险业开展了一系列自律工作，促进行业健康稳定发展。一是实现自律公约全覆盖。结合荆州实际，荆州市保险行业协会（以下简称荆州协会）先后修订机动车辆保险自律公约、非机动车辆自律公约、人身险自律公约，并与银行业协会联合印发银邮自律公约，形成了通过有序竞争推动行业健康发展的良好氛围；二是开展年度自律检查。自2016年起，湖北全省联动开展自律检查，荆州协会坚持联合会计师事务所开展自律检查，共对71家次公司进行处理；三是加强非现场数据监测。2017年起，每月对车险主要经营数据进行监测，对监测异常的公司下发风险提示函，全年共下发风险提示函41件。全市保险业市场主体合规意识增强，逐步形成“我要自律”的浓厚氛围，促进了全市保险业持续健康发展。

（二）政府重视程度提升

近两年，市委、市政府高度重视保险业发展，引导保险业积极服务社会民生。针对具有社会公益性、国计民生的保险业务，如小额保证保险、政策性农业保险等发展中遇到的困难，人民银行、市政府金融办均给予积极支持，出面沟通协调。2017年底，市政府提出参照银行业评价体系，将保险业服务实体经济工作纳入考核，计划拿出“真金白银”予以激励。市政府金融办组织召开座谈会，就如何科学建立评价体系，向部分公司征求意见。目前，全市保险业服务实体经济评价体系初稿已完成。

由于政府领导对保险工作的重视，保险工作稳步推进。全市7个县（市）区（含市直）均已开展小额保证保险工作，共设立风险补偿基金1.12亿元。大病保险、补充医疗、基本医疗意外伤害险、政策性农业保险、食品安全责任险、环境污染责任险、综合治安保险、首台（套）重大技术装备保险等也在当地有序开展。

（三）联动机制逐步健全

1. 与湖北省保险行业协会（以下简称省保协）联动开展工作。2016年，荆州协会自觉加入省保协成为团体会员，主动履行团体会员义务，自觉接受省保协管理。同时，建立联动开展年度自律检查，按月报送行业相关数据、市场动态等。

2. 与公安局联动开展工作。近年来，随着保险欺诈案件频发，保险业加大了与公安局经侦支队的联系。2016 年，荆州协会联合市公安局下发《关于联合打击保险犯罪工作细则的通知》（荆保协发〔2016〕1 号），建立打击保险欺诈合作机制，组建工作领导小组和联络小组。定期与经侦部门召开联席会议，总结工作成果，谋划下阶段的工作。该市保险业积极配合公安系统，两年间，移送或协助调查的案件有 24 件，涉案金额达 500 余万元。直接或间接破获 20 件，为行业减损近 400 万元。

3. 与司法部门联动开展工作。在此前已建立诉调对接机制的基础上，在市司法局、市中院指导和支持下，2017 年 11 月成立荆州市保险纠纷人民调解委员会，组建 40 多人专兼职调解队伍，开启诉调对接新机制。2016 年、2017 年，市协会共接收委托调解案件 159 件，调解成功 127 件，调解赔偿金额 1293 万元。同时，加强与市中院、市司法局的沟通联系，邀请市中院、市检察院、市司法局的专家为调解员讲解保险诉调调解法律知识。2017 年，市检察院到公司开展虚假诉讼专项检查，筛选出 61 条线索，移交给基层检察机关办理。

4. 与交管局联动开展工作。2016 年前，荆州只有中心城区一个快处快赔中心，无法满足日益增长的需求。2016 年 4 月，行业联合市交管局开展农村地区快赔中心建设工作。在两方共同努力下，两年新建 6 个快处快赔中心，覆盖所有县（市）区。每个快赔点配备一名专职值班人员，负责与各方沟通协调、联系查勘人员定损、受理客户投诉等工作。2016—2017 年，全市快处快赔中心共受理交通事故 6000 多件，为创造良好畅通的环境、提升保险公司服务质量、树立正面社会形象、方便广大客户，起到积极作用。

（四）服务能力有效提升

1. 服务实体经济发展。在服务税收方面，保险业主动融入经济发展大局，两年共上缴税费 6.74 亿元，积极支持地方实体经济发展；在支农惠农方面，充分发挥保险功能作用，积极发展政策性农业保险。两年间，全市政策性农业保险共赔付 1.5 亿元，最大限度地缓解了农民因天气等原因造成的损失。同时，部分保险公司结合荆州实际，积极开展水稻大灾险、葡萄价格指数、水稻制种保险等特色农业保险，为荆州农业经济发展保驾护航；

在助推小微企业发展方面，积极发展小额信贷保险、小额贷款保证保险业务。两年间，全市保险业通过小额信贷保险业务共为种养大户、小微企业提供担保贷款 49.46 亿元，分别同比增长 23.97%、13.47%。同时，通过小额贷款保证保险，两年共为 24 名客户提供担保贷款 3635 万元。

2. 助推脱贫攻坚战略。中国人寿、人保财险、太平洋财险积极开展驻村扶贫工作，两年共投入扶贫资金近 50 万元，帮助 710 名建档立卡贫困户脱贫。荆州保险业充分发挥自身优势，有针对性地开发扶贫产品，比如中国人寿推出扶贫小额险，保费由公司和政府共同承担，住院日津贴 50 元，疾病身故保额 1000 元，意外身故或残疾保额 10000 元，共为 22.23 万人提供风险保障；人保财险推出住院补充医疗保险，主要保险责任是承保经基本医疗保险、大病保险、民政救助后自费部分的医药费，由政府扶贫专项资金补贴，共承保 35.44 万人。

3. 服务社会治理体系完善。在助力民生保障体系建设方面，扎实做好大病保险工作，共为 560 余万人提供风险保障，两年共赔付 3.12 亿元。开通定点医疗机构即时结算服务，提供“一站式”结算。2017 年，荆州市政府率先在全省启动基本医疗意外伤害保险工作，保险公司积极参与各县市的招标活动；在助力平安城市创建方面，积极开展校园保险和学生平安保险、民生综合治安保险。2017 年，江陵县社会治安保险转型试点工作得到省、市综治办高度肯定。

（五）行业形象不断提升

2016 年以来，全市保险业加大正面宣传力度，积极参与公益事业，为树立良好的社会形象奠定了基础。两年间，全市保险业在各大媒体上刊登正面宣传稿件 500 余篇，连续两年开展“3·15”“7·8”活动，发放防范非法集资宣传资料上万份，普及保险知识，提升群众对保险的认知能力，传递“保险让生活更美好”的服务理念，取得了良好的社会效果。同时，全市保险业积极参与公益献血、全国扶贫日等公益活动，慰问留守儿童、孤寡老人、建档立卡贫困户，捐献学习用品、生活物资等，受到社会高度赞誉。

二、存在的主要问题

（一）自身发展不够充分

近两年，荆州市保险业发展较快，保费规模持续位居全省第二，但依然存在自身发展不平衡、不充分的问题。从公司结构看，各公司间发展不平衡，实力悬殊。保费规模靠前的几家大公司市场占有率达到70%以上，且呈现出逐年增加的趋势；小公司市场占有率较少，且逐年萎缩。以财产险为例，人保财险、太平洋产险、平安产险、太平产险几家独占鳌头，2016年、2017年，4家公司的市场总份额分别为45.39%、64%。其中，仅人保财险2017年的市场份额就达到39.64%。同时，随着商车费改深入推进，市场竞争日益激烈，小公司生存压力越来越大，盈利空间缩小，甚至出现亏损。从业务结构看，人身险中，健康养老等长期寿险业务发展不足；财产险中，车险占比过高，责任险等专业险种的份额不高，公司开展积极性不大。这些现象充分体现了全市保险业供给不平衡的特点。同时，在养老、医疗、农业、巨灾、责任保险等领域，依然存在较大的保障缺口。

（二）市场秩序不尽规范

近年来，荆州协会始终坚持抓自律核心工作，自律工作贯穿全年。市场主体自律意识也不断加强，但在业务经营上，不合规的现象仍不同程度存在。主要体现在：车险业务非理性竞争，通过高额手续费、协议外赠送利益等方式争抢业务；寿险业务销售误导、风险提示语代抄录、代签名、理赔难、投诉多；中介市场无序竞争，恶意挖墙脚、监管难等问题。近两年，在对48家公司开展年度自律检查中，发现绝大多数公司在合规方面存在不同程度的问题。有些问题是查处整改后再次出现，难以杜绝。

（三）服务能力不太凸显

全市保险业服务能力不足，主要体现在理赔难、服务实体经济亮点不多、服务三大攻坚战成效不突出三个方面。

近年来，通过自律检查、未决案件数据统计等发现，车险理赔超时立案、超时支付的问题仍然存在。2016—2017 年，在对照鄂保监产险〔2012〕1 号文进行自律检查中，共比对、查看案件 26.4 万件，发现 9057 件案件存在超时理赔的问题，占查看案件的 3.4% 左右。理赔超时的原因有理赔人员工作失误、第三方支付迟缓等，但依然显示出公司对理赔服务工作重视不够的问题。此外，人身险业务中因销售误导，也易出现理赔难、难理赔的问题。近两年，荆州协会共接到 59 件投诉，其中约 30% 涉及寿险理赔、给付问题。

2017 年，保监会发布《关于保险业支持实体经济发展的指导意见》，旨在营造保险业支持实体经济发展的良好政策环境，不断提升保险业支持实体经济发展的质量和效率。实体经济的繁荣发展离不开保险业的保驾护航，保险业的发展壮大以厚实牢固的实体经济为坚强后盾。这两年，全市保险业得到较快发展，但保险业推动实体经济发展的贡献不够突出，未能充分利用自身优势，较好地服务实体经济。

2016—2017 年，根据中央部署，荆州先后打响防范化解重大风险、精准脱贫、污染防治三大攻坚战。保险机构与金融系统紧密相连，对金融稳定的影响不容忽视。部分保险机构风险意识不强，未能将风险隐患及时扼杀在萌芽状态。在服务精准扶贫、污染防治工作中，未能充分发挥“保险姓保”的功能作用，有针对性地开发扶贫、防污产品。目前，全市仅极少数保险公司推出扶贫产品，仅 3 家公司深入开展驻村扶贫工作。而在污染防治工作中，仅极少数公司推出环境污染责任险，承保客户较少，未能真正发挥作用。

第三节　发展举措

一、指导思想

党的十九大开辟了新时代，全市保险业要始终坚持党的领导，牢固树立“四个意识”，做到“四个服从”，不折不扣地贯彻党中央、国务院决策部署，旗帜鲜明地讲政治；要始终坚持以人民为中心，着眼于人民群众多层次、多元化的保险需求，切实保护消费者合法权益，保障人民美好生活；要始终坚持“保险姓保”，回归本源，努力使保险成为经济“减震器”和社会“稳定器”，不断增强全社会抵御风险的能力；要始终坚守风险底线，防止发生系统性、区域性风险，打好防范化解重大风险攻坚战。

二、主要举措

（一）坚持一个核心

合规经营是企业经营的基本原则，是保险业发展的生命线；自律是保险业的展业原则，加强行业自律对于维护保险市场秩序具有不可或缺的重要作用。荆州协会将继续车险自律，严厉打击协议外赠送利益、高手续费等不理性竞争行为，继续维持人身险良好秩序，联动开展年度自律检查，做到有创新、有亮点、有效果。同时，结合荆州实际，进一步完善车险、非车险、人身险、银邮自律公约。

（二）抓好三个服务

1. 积极服务好实体经济。金融是实体经济的血脉，为实体经济服务是金融的天职，是金融的宗旨。要提高风险保障能力，积极开展具有地方特色的农业保险，加快发展企财险、工程险和安全生产等领域的责任险，加快推进个人税收递延养老保险试点政策落实，扎实做好税优健康保险试点推广工作，支持保险资金参与医疗、健康、养老等产业投资；要积极服务重大战略部署，引导保险资金参与重大基础设施建设，开办出口信用保证保险，为“一带一路”提供风险保障；提高大病保险承办质量和统筹层次，大力发展与基本医疗保险、城乡居民大病保险有机衔接的商业健康险；完善首台（套）保险试点政策；加强小额贷款保证工作，力争全市全覆盖，小额贷款规模有较大提升。

2. 服务脱贫攻坚战略。充分发挥行业优势，精准对接贫困地区风险保障需求，创新保险产品，努力为贫困群众提供保障范围更宽、保障金额适度、保费低廉、理赔更便捷的保险产品。有驻村扶贫任务的保险公司要继续做好驻村工作，按照“脱真贫、真脱贫”的要求，做好产业扶贫工作，真正做到“扶上马，送一程”，主动作为，努力为脱贫攻坚战略多作贡献。

3. 要服务好消费者。推动快处快赔中心建设，力争网点全覆盖，业务全覆盖，机构全覆盖，优化理赔流程，提升服务水平，将快赔中心建成保险业便民服务窗口；积极推进信用体系建设，强化保险机构维护消费者合法权益的主体责任，把“理赔难”“销售误导”作为协会常抓不懈的工作；加大信访投诉处理力度，提升信访处理能力，进一步完善诉调对接机制，充分发挥保险纠纷人民调解委员会职能作用，努力提升调解成效和服务质量。

（三）做好四个加强

1. 加强党建工作。党的十九大报告明确指出，保证全党服从中央，坚持党中央权威和集中统一领导，是党的政治建设的首要任务。坚持党的领导是当代中国最重大的政治原则。全市保险业要切实提高政治站位，坚持以党建为龙头、作统领，做到党要管党、全面从严治党。健全党组织体系，做到讲政治、顾大局、守规矩，将思想和行动统一到以习近平同志为核心的党中央各项决策部署上来，做到令行禁止、不折不扣贯彻执行。全面加强纪律建设，把党的政治建设摆在首位。

2. 加强风险防控。打好防范化解金融风险攻坚战，是当前中央部署的三大攻坚战之一。金融安全是国家安全的重要组成部分，是经济平稳健康发展的重要基础。维护金融安全，是关系我国经济社会发展全局的一件带有战略性、根本性的大事。作为金融业的“三驾马车”之一，保险是现代经济的重要产业和风险管理的基本手段，必须立足于服务国家治理体系和治理能力现代化，必须加强对自身风险的管控，绝不能由“风险的管理者”异化为“风险制造者”。各保险主体要深刻认识风险防控的重要性，在各个环节切实增强风险防范的前瞻性、有效性、针对性。一要强化合规理念，经营管理要尊重客观规律，遵守市场规则，平衡好风险与利润之间的关系，从源头防控风险；二要强化风险管控，高度重视和关注信访投诉引发的群体性事件风险、非正常退保和满期给付风险、违规销售第三方理财产品、非法集资、负面舆情炒作风险、合规风险、重大司法案件风险等，完善预案，科学判研，及时将风险消灭在萌芽状态；三要强化监督问责，完善风险处置机制，严格落实责任追究制度，牢牢守住不发生区域性、系统性风险的底线。

3. 加强文化建设。荆州市保险业文化是"顾全大局、抱团取暖"，通过不断宣传和实践，已成为全市保险业人人皆知的共识，它统一了全市保险业的思想，增强了行业凝聚力，推动了全市保险业统一行动，团结一致，共同维护市场秩序，争取正当权益，全面提升行业服务品质，更好地为保险消费者服务。今后，将继续践行行业文化，增强行业凝聚力，真正实现互助共赢。同时，加强保险正面宣传力度，运用多种形式，采取生动活泼的形式，加强对保险功能作用的宣传，弘扬正能量，提升行业形象。

4. 加强作风建设。2018 年是保监会系统"作风建设年"。全市保险业将全面贯彻落实保监会、保监局部署，大力加强从业人员思想建设，强化干部队伍作风建设，坚决防止"四风"反弹，持之以恒正风肃纪。加强政治理论学习，用思想武装头脑，旗帜鲜明地讲政治，坚持"四个意识""四个自信"，做到"四个服从"，将心思集中在想干事、敢干事、会干事、干成事四个方面，远离江湖义气，远离颓废消极、衙门作风、不讲规矩等不良风气，在全行业营造风清气正人和、有利于干事创业的良好氛围。

第六章　荆门保险市场发展情况

第一节　市场概况

一、保险业务快速增长

“十三五”规划启动以来，荆门保险业步入稳健发展期。虽然国内宏观经济复杂多变，行业自身结构调整压力巨大，全市保险业仍然保持了中高速增长态势。2016—2017 年实现保费收入 115.31 亿元，年均增长 17.44%，其中财产险公司保费收入 29.78 亿元，年均增长 11.45%；人身险公司保费收入 85.52 亿元，年均增长 19.71%。到 2017 年，保险深度为 3.74%，保险密度为 2148.86 元。2016—2017 年荆门保费收入和保险深度及保险密度见表 2－6－1、表 2－6－2。

表 2－6－1　　2016—2017 年荆门市保费收入

类别 年份	保费收入（万元）	同比增幅（%）	财产险公司		人身险公司	
			保费收入（万元）	同比增幅（%）	保费收入（万元）	同比增幅（%）
2016	530704.49	17.61	140352.42	10.69	390352.07	20.32
2017	622375.32	17.27	157490.88	12.21	464884.44	19.09
合计	1153079.81		297843.30		855236.51	

表 2－6－2　　2016—2017 年荆门市保险深度及保险密度

年份	保险深度（%）	保险密度（元）
2016	3.49	1832.35
2017	3.74	2148.86

二、保险主体发展迅速

2016—2017 年，是荆门市保险业发展速度最快的阶段，截至 2017 年底，全市保险主体达 40 家，其中财产险公司 21 家，人身险公司 19 家，县级及以下机构 212 家，基本上形成了覆盖全市所有乡镇并向重点行政村延伸的保险服务网络，保险从业人员达 2.2 万余人。公司形态涵盖了国有公司、国有控股公司、非国有公司、中外合资公司，呈多元化发展趋势，有利于市场互补，有利于良性竞争，有利于规范发展，为保险消费者提供了更多的选择。2016—2017 年荆门保险机构分布情况见表 2－6－3。

表 2－6－3　　2016—2017 年荆门市保险机构分布情况

类别 年份	财产险公司（家）		人身险公司（家）		从业人员（人）
	分中支公司	县级及以下机构	分中支公司	县级及以下机构	
2016	21	102	17	105	19976
2017	21	104	19	108	22628

三、保险功能不断增强

荆门市保险业在经济补偿、防灾减损、分担化解风险、参与社会治理、优化资源配置、保障经济运行、维护社会稳定、增加税收方面发挥越来越重要的作用。2016—2017 年，实现税收 2.93 亿元，年均增长 42.53%；累计支付赔款与给付 67.52 亿元，年均增长 17.88%。2016—2017 年荆门保险各项税收、赔付情况见表 2－6－4。

表 2－6－4　2016—2017 年荆门市保险各项税收、赔款给付情况

类别 年份	上缴税收		代收代缴车船税		赔款给付	
	金额（万元）	同比增幅（%）	金额（万元）	同比增幅（%）	金额（万元）	同比增幅（%）
2016	14835.97	87.72	9808.63	7.6	332768.6	32.84
2017	14440	－2.67	12531.51	27.76	342461.75	2.91
合计	29275.97		22340.14		675230.35	

四、政策环境不断优化

（一）政策支持力度加强

荆门市委七届八次全体（扩大）会提出“资本兴市”发展路径后，市委、市政府更加重视保险业的发展，在2016年相继出台了《关于坚持资本兴市促进荆门跨越式发展的意见》《〈关于坚持资本兴市促进荆门跨越式发展的意见〉实施细则》，将金融保险业定位为该市的“重要支柱产业”。同年，市政府又专门下发了《关于支持荆门金融保险中心发展的实施意见》（荆政发〔2016〕40号），对新设立的三级、四级机构分别给予100万元、50万元的奖励；对租赁自用办公用房，连续3年给予100%的补贴；装修按每平方米350元补贴；自购办公用房按每平方米800元补贴；对新开业年度3年内，按其实际缴纳企业所得税地方留成部分的100%给予奖励。2018年又将拟出台支持外贸企业发展的相关文件，将在省财政对非小微出口企业信用保险实行保费补贴的基础上，另给予20%的保费补贴。

（二）政府重视程度提高

近年来，荆门市政府日益重视保险对于国计民生的保障作用，并在2017年荆门市第九届人代会第二次会议《政府工作报告》中指出，2018年将着力办好10件民生实事，其中涉及保险的就有2件（一是为因病致贫的深度贫困对象每人购买300元补充医疗保险；二是长期护理保险参保人数达160万）。政府十分重视保险行业参政议政和行业呼声，每年将市保险行业协会、人保财险、国寿荆门市分公司等7家保险主体纳入市“两会”列席代表，1名正式市人大代表。

（三）政府出资购买保险服务

荆门是全国15个（包括地级市7个，湖北省仅该市入选）长期护理保险试点城市之一。2016年11月市政府正式印发了《荆门市长期护理保险办法（试行）》，2017年，荆门长期护理保险纳入25万名干部职工社会保险体系，职工保险由“五险”增至“六险”。

五、重点领域快速发展

（一）政策性“三农”保险稳步发展

荆门市于2008年开始水稻种植保险，目前已累计承保2925.1万亩。2017年，承保面积达282.7万亩，覆盖面达98.63%，确保了荆门粮食产量十四连增。能繁母猪保险累计承保169.35万头，钟祥市油菜保险试点累计承保369.92万亩，同时还开办了森林保险、两属两户农房保险等险种，政策性“三农”保险累计赔付达40566.55万元。

（二）涉农保险不断推进

从2008年开始试点到2017年底，全市农村小额人身保险累计承保265.94万人次，为5.34万出险农户支付赔款8698.18万元，收到了“政府得民心、企业得市场、农民得实惠”的“三赢”效果，受到中央办公厅、湖北省委办公厅、中国保监会充分肯定，被誉为“荆门模式”在全国推广。同时积极开办农村独生子女安康保险、生猪保险、农业设施保险、农村综合治安保险、农产品价格指数保险及天气指数保险等农险险种，有力地支持了农业增效、农民增收和整个农业经济的发展。

（三）城乡居民大病保险稳步推进

2017年，荆门大病保险承办公司——泰康人寿已实现城镇居民大病保险及外地就医“一站式”即时结算。新农合在东宝区、钟祥市和沙洋县已实现“一站式”即时结算。全市城乡居民大病开展工作踏实有效，目前已发挥了明显的保障作用。

（四）环境污染责任保险全面实施

2016年，荆门市将“生态立市”纳入全市发展基本战略，并于2017年8月正式发布《荆门市生态环境保护条例》，2018年3月1日正式生效实施。为环境污染责任保险的发展和实施营造了良好的政策环境。

（五）“警保联动”有序推进

荆门已建成5个交通事故快处快赔网点，实现了全市全覆盖。快处快赔网点建成后，全市交通事故致堵率、交通事故接处警投诉率均明显下降，交通事故处理时间整体下降7小时左右，且轻微交通事故处理时间由30分钟下降至22分钟。社会治理水平显著提高。

第二节　主要成效及问题

一、主要工作成效

（一）规范市场秩序

一是认真制定行业自律公约。行业内先后印发了《荆门市财产险业务经营自律公约》《荆门市人身险业务经营自律公约》《荆门市机动车辆保险规范经营自律公约》，并与荆门市银行业协会联合印发了《荆门市银行（邮政）代理人身保险业务联合自律公约》。新规都着力写实，注重规范性和可操作性，从源头杜绝了自律公约在被执行中打折扣、做选择、搞变通等行为。二是秉持在自律中求发展、在检查中促提高的原则，坚持深入开展一年一度的自律检查。紧抓检查的“前、中、后”环节，及时整改各类问题，有效预防经营风险。三是加强经常性市场巡查。建立健全巡回检查制度，根据不同时间段和市场不同反应，及时开展市场巡查，努力将违法违规违约行为消灭在萌芽状态。四是强化自律公约的执行与监督。对违反自律公约的行为，按照情节轻重，实行警告、业内通报批评、公开谴责、扣减违约保证金和向其上级公司和监管部门通报等措施，构建行业约束和惩戒机制与监管部门，社会监督，舆论监督相衔接的联动效应。据统计，2016—2017年，全市查办违法违规违约案件37起，先后对辖内24家公司进行了处理，扣减履约保证金50.92万元。

（二）提升服务能力

一是创新服务理念。为提高消费者的满意度，全市保险机构在服务设计和服务递送上，满足不同消费者的需求，切实转变重发展、轻服务，重规模、轻质量的传统观念。在端正服务态度上下功夫，努力解决销售误导和理赔难的问题，树立保险业良好的社会形象。二是提升服务能力。全行业十分重视提高公司的品牌宣传力度和员工的沟通能力，关注客户体验，给保险消费者提供差异化、超出期望值的服务。充分利用电话投保、网络营销、移动展业、微信理赔和 E 服务等现代科技手段，有力地增进了保险业的服务能力。三是提高服务水平。诚信、专业、周到的服务是服务水平本质的体现。全市保险业加大服务投入，规范服务标准，创新服务领域，完善服务体系，不断满足消费者对保险服务的合理期待，以适应经济社会发展对保险的现实需要。

（三）加强市场环境建设

营造良好的发展环境是保险业快速健康发展的基础。“十三五”以来，荆门协会先后与市政法委、市司法局、市公安局、市法院系统、市人民银行、市银监分局、市地税局、市卫计委、市工商局（消委）建立了联席会议制度；与各县（市、区）人民政府、市政府金融办、市发展改革委、市财政局、市统计局、市民政局及市属主流媒体建立了沟通联络机制和合作关系。外部环境逐年好转，目前处于历史最好时期，为该市保险业发展提供了有利的环境氛围。

（四）切实保护保险消费者合法权益

1. 建立健全保险消费者权益保护保障机制。一方面，成立了荆门市保险消费者权益保护中心、荆门市消费者委员会保险行业分会、荆门市保险纠纷人民调解委员会、荆门市保险纠纷诉讼与调解对接中心、荆门市保险行业协会反保险欺诈中心等维权机构相互融合的“五位一体”维权局域网，负责全行业保险活动当事人维权工作；另一方面，构建了协会维权中心与保险机构维权服务站联动机制，严格执行信访联系人制度，落实和规范了接访、处置、督办、追踪程序，强化了问责力度。

2. 建设专业化维权队伍，提高维权服务水平。一方面优化队伍结构。按照“专兼结合，以专为主”原则，内部选拔、选聘退休法官等专业人员担任专职调解员，吸纳律师、法律工作者、公司承保理赔精英为兼职调解员参加调解工作。目前市协会共有专职调解员 6 名，兼职调解员 42 名，有力地保证了调解率、调处成功率等主要指标上升。另一方面提升业务技能。定期组织调解员培训班，邀请市司法局、市中级人民法院工作人员现场授课，讲解人民调解法律知识、讲授调解技巧方法，促进调解员法律知识与调解技能双提升。市协会还利用会员大会、专题会议等形式不定期通报全市保险业投诉处理工作情况。

3. 认真做好信访投诉处置工作。维权中心自 2015 年 11 月筹建以来，始终遵从“来电必接，接电必处”原则，做到事事有着落，件件有回音，有效化解了矛盾，为客户提供了暖心服务。截至 2017 年底，全行业共有各类信访投诉 1735 件，其中协会维权中心接到投诉 151 件，公司维权服务站接到 1584 件，涉案总金额 2895 万元，成功处置 1715 件，为消费者挽回经济损失 1136 万余元。2017 年诉调对接案件 71 件，涉案金额 336.9 万元，成功调处 61 件，调解金额为 193.2 万元。保险纠纷的快调解、快结案、快赔付，既取得了与诉讼途径相同的维权效果，又免除了诉讼负担，保险消费者满意度得到了提升。2016—2017 年荆门市保险业信访投诉情况见表 2－6－5。

表 2－6－5　　2016—2017 年荆门市保险业信访投诉情况

类别 年份	协会维权中心			公司维权工作站		
	诉调对接及诉讼案件总数（件）	成功处置数（件）	成功率（%）	投诉及信访投诉案件总数（件）	成功处置数（件）	成功率（%）
2016	80	76	95	817	817	100
2017	71	61	86	767	761	99
合计	151	137		1584	1578	

4. 切实维护社会和谐稳定。一方面，积极开展风险排查，对满期给付，非正常退保等风险进行定期分析，随时进行预警；另一方面，加强与人民

银行合作，建立了重大事项通报制度，每季度进行一次金融风险分析和情况通报，防止发生区域性、系统性风险。

（五）加强保险文化与队伍建设

推进保险文化是保险机构和保险从业人员创造物质成果和精神成果的具体实践，是行业共同的价值追求、思维方式、行为准则、工作作风的总和。

1. 坚持以诚信文化立基。全行业把诚信文化建设作为行业的生命线，不间断地开展诚信文化教育，把履行合同、承诺兑现作为检验是否诚信的唯一标准。大力开展诚信经营争先创优活动，提升行业的公信力。2016 年、2017 年，据荆门广播电视台“政风行风热线”网络投票数据统计，荆门保险诚信服务满意率均在 92% 以上。

2. 坚持合规文化立志。通过行业自律，业内形成了遵守法律法规、落实合规制度、维护行业秩序的自主意识和文化氛围。各公司普遍建立健全了内控合规管理制度，落实了总经理负总责的要求，对违法违规违约行为进行上追一级查处，实现了“要我合规”向“我要合规”的根本转变。

3. 坚持合作文化立业。重视正确处理竞争与合作的关系，通过合作达到共赢，降低行业的整体风险。比如天安财险荆门中支（40%）、阳光财险荆门中支（30%）、永安财险荆门中支（20%）、永诚财险荆门中支（10%）四家公司联合成立“共保体”负责该市医疗事故责任保险，取得良好业绩，2017 年保费收入就达 679.4 万元。

4. 坚持素质建设，壮大保险队伍。提高广大保险从业人员整体素质是保险公司发展的核心竞争力。该市各保险公司以思想建设为主导，着重培养员工爱司敬业观念，培养员工正确的价值观念，培养员工顾全大局的观念。认真制定行业职业道德准则，努力提高从业人员思想、文化、业务素质和职业精神；加大职业道德宣传力度，形成良好的争先创优氛围；探索行业惩戒机制，净化了行业风气。

（六）勇担保险扶贫

荆门市保险业已与全市经济社会发展紧密地融合在一起，胸怀大局，勇担社会责任，精准服务贫困对象已成为行业的基本追求，也是责任文化立身的体现。

1. 大病保险给予贫困户政策倾斜。对于精准扶贫对象，大病保险起付线降至5000元（非贫困对象为12000元），仅此一项，2017年为2672人次共多支付1021万元赔付款。

2. 多渠道开展帮扶服务。人保财险在京山县曹武镇墩子河村开展“稻鸭共栖”种养产业扶贫；太平洋财险在栗溪镇匡坡村投资3万元维修交通、水利、电力、医疗卫生等基础设施；中国人寿在钟祥市柴胡镇沙楼村争取资金40多万元修路、扩渠、改良作物品种；太平洋人寿对口扶贫钟祥市柴胡镇武洲村的28家贫困户，赠送物资2800元；合众人寿在屈家岭管理区进行点对点扶贫慰问26户困难家庭，为每户家庭赠送30公斤米面油生活物资；平安人寿在京山县罗店镇梅李村修水泥路4.5公里，成为村民通向致富的“平安大道”。保险助力扶贫攻坚受到地方党政部门的充分肯定。

二、存在的主要问题

2016—2017年，荆门市保险业发展取得了很大成绩，但与国内、省内发达地区相比还存在一定的差距，主要表现在发展水平较低、体制机制不活、创新能力较弱、产品结构单一与供给缺失、信息化建设滞后、保险教育宣传力度不够和外部环境有待进一步改善等。

（一）保险深度、保险密度程度较低

《关于加快发展现代保险服务业的若干意见》明确提出，到2020年，全国保险深度要达到5%以上，保险密度要达到3500元。荆门市离这一目标仍有巨大差距。2017年，荆门保险深度为3.74%（湖北为3.69%），高于全省0.05个百分点；但荆门保险密度2148元（湖北为2301元），低于全省153元。县（市）、区更是发展短板，平均保险深度仅为1.6%左右，保险密度人均保费不足1000元。2017年荆门市及各县（市）、区保险深度和保险密度见表2-6-6。

表 2-6-6　2017 年荆门市及各县（市）、区保险深度和保险密度

项目	荆门市	东宝区	掇刀区	京山县	沙洋县	钟祥市
保险深度（%）	3.74	7.07	4.97	1.78	1.52	1.52
保险密度（元）	2148.86	6226.27	5175.37	983.69	707.98	662.94

（二）保险服务网点有待增多

荆门市共有 52 个乡镇、1343 个行政村。目前除人保财险和中国人寿两家公司实现了机构网点的乡镇全覆盖外，其余公司服务网点基本没有延伸到乡镇一级，特别是偏远的农村，保险服务难以落到实处。

（三）农业保险尚未全面覆盖

荆门市政策性水稻、油菜、棉花、能繁母猪保险等虽全面铺开，但承保面不宽，保障程度不足。除了水稻承保面达到 98.63% 外，油菜承保面只有 25.35%，棉花承保面只有 41.98%，小麦承保面只有 12.08%，森林承保面仅 6.60%，水产品承保率几乎为零。商业性农业保险方面，灌溉、大棚等设施农业保险还没有引起足够的重视，尚处于空白，对自然灾害的抗御能力十分脆弱，涉农赔偿只是杯水车薪。新型的观光休闲农业、都市农业、市场创汇农业保险尚处于探索阶段。2017 年荆门种植业保险情况及养殖业保险情况见表 2-6-7、表 2-6-8。

表 2-6-7　　2017 年荆门种植业保险情况

作物	种植面积（千公顷）	种植面积（万亩）	承保面积（万亩）	承保占比（%）
水稻	191.08	286.62	282.70	98.63
油菜	106.63	159.95	40.55	25.35
棉花	11.99	17.99	7.55	41.98
小麦	118.45	177.68	21.47	12.08
造林面积	10.00	15.00	0.99	6.60

表 2-6-8　　2017 年荆门养殖业保险情况

动物	养殖面积	承保面积	承保占比（%）
能繁母猪（万头）	22.13	18.19	82.20
虾蟹（万亩）	94.00	0.09	0.10
淡水鱼（万亩）	612.30	0.00	0.00
合计	728.43	18.28	2.51

（四）责任保险存在诸多盲点

责任保险关乎民生，对于重大安全事故，若没有保险保障，就有可能造成恶劣的社会影响，给地方政府增加极大的善后难度和维稳成本。目前荆门的责任保险保费不足 1 亿元，风险保障不足 500 亿元，发展比较滞后。

（五）互联网保险监管缺位

当前互联网技术的不断革新，网络投保保单日益增多，但因缺乏针对互联网保险的详细条款，导致 2016—2017 年维权中心的 3 起网络投保案件无法得到有效处理，反映出地市级监管经验缺失和监管手段不足。

（六）“险资进荆门”存在困难

保险资金可融资的项目局限性较大，荆门各投融资平台能够提供的项目较少，全市仅有 4 家 AA+级融资平台，县域级融资平台多为 AA 级或 AA-级，但保险资金要求 AAA 级，投资通道是当前面临的最大难题。部分保险投资公司还要求政府财政收入在 200 亿元以上等，这些条件无疑增加了“险资进荆门”的难度。

第三节　发展举措

一、指导思想

按照“稳中求进”总基调，更好地服务“三大攻坚战”（防范化解重大风险、精准脱贫、污染防治），深入贯彻服务“三大任务”（服务实体经济、防控金融风险、深化金融改革），自觉服从服务于国务院金融稳定发展委员会的领导，切实保护好保险消费者合法权益，加快推进新时代保险服务业发展。

二、主要目标

2018 年，荆门市保险业发展的总体目标是：努力实现保险市场体系化，经营业务专门化，市场竞争有序化、保险产品品格化，保险制度创新化，经营管理集约化，从业人员专业化，服务质量优质化。力争 2018 年实现保费收入 75 亿元，同比增长 18% 以上，保险深度达 3.99%，保险密度达 2518.51 元，确保按期实现“新国十条”提出的保险发展目标；保险主体达 45 家以上，分支机构向县乡（镇）延伸，形成布局合理，城乡一体，广覆盖，多元化，多层次的保险网络，最大限度地满足社会对保险的需求；加强内控制度和人才队伍建设，提高行业自律和服务水准，规范市场秩序，增强抵御风险能力，提高盈利水平和税负能力，促进地方经济发展。

三、发展方向

（一）完善社会风险保障功能，发挥实体经济助推器作用

1. 加快发展农村小额人身保险。扩大“农小保”的覆盖面，逐步向进城务工农民、城市低收入群体拓展。2018 年努力实现承保人数 60 万人的目标任务，进一步提高服务质量和水平，不断完善“荆门模式”，提升影响力。

2. 做好长期护理保险试点工作。2017 年底，荆门市第九届第二次人大会议提出了“扩大长期护理保险覆盖面，参保人数达到 160 万人”的具体要求。荆门保险业将围绕这一目标，落实好具体承办和服务举措。

3. 推动责任保险全面实施。2017 年 8 月《荆门市生态环境保护条例》（以下简称《条例》）发布，并于 2018 年 3 月 1 日正式生效实施。《条例》明确规定：建立环境污染责任保险制度，优先在环境敏感地区、重污染企业、重点监控企业推行。荆门保险业将根据《条例》规定，配合相关部门

依法为企业办理环责险，促进《条例》落地生效，与全市人民一道共同打好“蓝天保卫战”，为荆门生态环境的改善发挥保障作用。同时，继续加强与地方政府各职能部门的沟通协调，推动发展食品安全责任保险、矿山安全责任保险、公众消防责任保险以及承运人责任保险。根据该地区风险特点，探索建立暴雨洪水巨灾保险制度，研究建立暴雨洪水灾害保险基金，逐步形成财政支持下的巨灾风险分散机制，充分发挥风险防范功能。

4. 积极发展商业养老和健康保险。以健康、养老为载体的保险生态圈成为保险业未来发展的一条主线，通过充分发挥在政府关系、机构网络建设方面的资源优势，整合现有资源，打造健康、养老专业品牌，以此支持和促进地方经济发展。2018 年，太平洋寿险湖北分公司拟与荆门市政府合作建立健养服务，促进保险与保障紧密衔接，把商业保险建成社会保障体系的重要支柱。

（二）完善农业风险管理机制，推动特色农业现代化

继续推进农业保险扩面、提标、增品，提高农业保险保障程度。一是扩大淡水渔业养殖气象指数保险投保范围；二是积极开展京山县的水稻、小麦大灾保险试点工作；三是稳步推进钟祥市森林保险。结合市情，积极探索发展茶叶、淡水养殖等特色农业保险，大棚、滴灌等设施农业保险，蔬菜、园艺等都市农业保险，各类农副产品价格指数保险，气象损失保险以及补充农业保险等，不断提高农业生产保险保障水平，加强农业保险服务站点的建设，宣传引导农民积极参保农业保险，提高农业生产防灾减灾能力，促进农业增效，农民增收。

（三）完善“政银企保”合作模式，助力小微企业发展

1. 进一步推进小额贷款保证保险。今后，希望政府根据风险补偿金使用情况，及时调整补充小额贷款保证保险风险补偿专项资金；银行适当降低贷款条件，进一步简化流程，提高放贷效率；企业合理规划未来发展方向，根据企业需求合理合法制订详细的贷款计划；保险公司加强业务培训，进一步提升风险识别能力和风险管理水平，四方共同努力，做大总量、做

优质量，切实缓解中小微企业融资难、融资贵的问题。

2. 精准对接企业需求。全面了解不同企业的多元化保险需求，为企业量身定制保险产品，满足多层次的保障需求。把与企业利益关系密切的生产设备保险、职业责任保险、产品责任保险等险种作为发展重点，充分发挥责任保险在事前防范、事中控制、事后理赔的功能。同时，充分发挥出口信用保险促进外贸增长作用，加大保险业支持企业“走出去”的力度。

3. 助力中小微企业发展。保险公司通过加强与中小微企业的沟通，了解其风险动态，运用行业风险防控经验，帮助小微企业提高风险防范意识和抗风险能力。同时，发挥保险费率杠杆的约束作用，引导中小微企业健全内部制度，改善经营管理，增强信用意识，提高管理水平。

第七章　鄂州保险市场发展情况

第一节　市场概况

一、业务发展

（一）业务发展持续稳健

2016—2017 年，鄂州市保险业持续保持较快的发展速度。2017 年，全市实现保费总收入 17.19 亿元，同比增长 11.67%。其中，人身险公司实现保费收入 13.52 亿元，同比增长 9.95%；财产险公司实现保费收入 3.67 亿元，同比增长 18.49%。保险深度为 1.9%，保险密度为 1685 元。

（二）行业力量不断壮大

两年里，鄂州市保险业队伍不断壮大，规模不断增强。仅 2017 年，全市保险业新增保险主体 2 家，保险机构达 25 家（其中，财产险 12 家，人身险 13 家）；营业网点发展到 80 个，新增从业人员 1197 人，保险从业人员达 7856 人。

（三）业务结构调整加快

鄂州市保险业整体良性发展，结构调整更趋合理。从财产险业务结构来看，2017 年，车险业务实现原保险保费收入 26904.43 万元，同比增长 13.43%；非车险业务保费收入 9753.03 万元，同比增长 30.60%，非车险比重较上年上升了 3.01 个百分点。从人身险业务结构来看，银邮保险业务比重大幅下降，而保障型产品占比大幅提升。2017 年，全市银邮业务保费收入同比下降25.88%，占人身险业务的比重由上年的41.09%下降到28.46%。

（四）经营效益有所改善

在“十三五”规划引领的经济新形势下，2016—2017年，鄂州市保险业实现整体经营盈利。2017年，全市财产险公司实现整体经营盈利，利润率为2.79%，同比上升3.95个百分点。2017年，全市人身险累计实现保费收入133769.61万元，同比上升10.31%；实现新单保费收入61493.5万元，占总保费收入的45.97%。

二、功能发挥

（一）经济补偿创新水平

保险的经济补偿作用充分得以发挥。2017年，全市保险业积极履行经济补偿职能，累计支付保险赔款和给付保险金37831.95万元，同比增长10.97%。使遭受自然灾害、各类意外事故及身患各类重大疾病的单位与个人，及时得到经济补偿，有力地促进了社会生产和人民生活的稳定。

（二）辅助社会管理达新高度

一方面，大力发展改善民生保障、服务扶贫攻坚战略的保险业务和与基本医保、大病保险相衔接的商业保险业务。比如基本医保附加意外伤害医疗保险、工伤保险附加医疗保险、贫困人口补充医疗保险、贫困人口重大疾病保险、残疾人意外伤害保险等已陆续开展起来，城乡居民大病保险覆盖面进一步扩大，且经办服务日趋规范，有力地促进了民生保障水平的提高。另一方面，大力发展各类责任保险，运用保险手段化解各类矛盾纠纷，促进社会治理创新。医疗责任险继续保持了医疗机构全覆盖，安全生产责任险、环境污染责任险稳步推进，食品安全责任险开始起步，由鄂州首创的政府救助综合责任保险经过两年试点后日趋成熟，得到进一步的完善和巩固。此外，全市各财产保险公司还大力支持配合公安交管部门道路交通事故快速处理工作，积极推进交通事故快速理赔，助力城市交通秩序管理；加强与司法部门的合作，开展反保险欺诈，打击犯罪活动，有利于净化社会风气。

（三）服务“三农”有新突破

截至目前，全市开办涉农保险机构数量达3个，主要涉农产品数量达7种，较之以往增加3种。2017年，鄂州涉农保费收入245万元，同比增加260.29%。涉农保险产品包括水稻保险、水稻大灾保险、小麦保险、小麦大灾保险、林木保险、蔬菜大棚保险、湘莲保险；治安保险保费收入120万元，同比增长263.63%；两属两户农房保险保费收入15.59万元，同比增加0.03万元；能繁母猪保险保费收入86.68万元，上年同期为102.71万元，同比减少16.03万元；奶牛保险保费收入3.53万元，同比增加0.29万元；大棚保险保费收入1.58万元。

（四）助力精准扶贫有新举措

保险精准扶贫是全国、全市保险业的一项重要工作。一方面，全市承担对口扶贫任务的10家保险机构，认真落实市委、市政府关于精准扶贫工作的要求，扎实做好包保贫困户的帮扶工作；另一方面，各保险机构充分发挥保险功能的特殊作用，积极开展扶贫保险业务，贫困人口医疗补充保险、贫困人口重大疾病保险等扶贫专属保险产品相继推出。其中，贫困人口医疗补充保险覆盖了全部建档立卡贫困人口，将有效解决因病致贫、因病返贫的问题。

（五）支持实体经济有新作为

鄂州市大力推进小额贷款保证保险试点工作，积极解决实体经济融资难的问题。2017年，全市累计发放小额保证保险贷款金额2000余万元。其中，向建档立卡贫困户发放小额贷款70笔，金额280多万元，向新型农业经济主体及小微企业发放18笔，金额1680多万元。

（六）履行社会责任有新贡献

全市各保险机构积极支持和配合地方党政部门的各项工作，努力完成当地党政部门布置的工作任务。比如积极参与创建全国文明城市活动；积极履行反洗钱义务；积极开展防范打击非法集资宣传，防范非法集资风险；积极参与“百名金融高管联系服务百家企业”活动；积极完成无偿献血、义务植树等任务。各保险公司还纷纷自主组织开展了一些各具特色的公益活动。与此同时，2016—2017 年，该市保险业对地方财政贡献明显提升，2017 年，全市商业保险机构共缴纳税费 7082. 31 万元，占全市金融机构纳税总额的 29%。其中，代收车船税 3073. 29 万元。

第二节　主要成效及问题

一、主要工作成效

（一）促进行业健康发展

回归本源，提高保险保障能力。鄂州市保险经营机构积极履行社会责任，主动承担社会义务，大力拓展风险保障功能，积极发展企业财产保险、工程保险、责任保险、新材料责任险、环污责任险、诉讼保全责任险、意外伤害保险等险种，为实体经济稳定运行提供风险保障；对接与民生密切相关的保障型保险产品需求，积极开展与基本医保、大病保险相衔接的商业保险业务，重点发展与公众利益关系密切的环境污染、食品安全、医疗责任、校园安全等领域的责任保险，充分发挥保险业辅助社会治理的作用；健全完善大病保险制度，提高大病保险承办质量和统筹层次，推动大病保险政策向建档立卡贫困人群的倾斜，形成基本医保、大病保险、社会救助等衔接机制；保险公司积极创新开发产品，准确把握社会需求，有效扩大承保覆盖面；抓业务的同时，提升理赔服务水平，切实化解矛盾纠纷，降低实体经济运行成本，共同参与和谐社会建设，确保全市保险业持续健康发展。

（二）服务社会治理体系建设

1. 促进社会治理体系建设。大力发展服务社会治理创新、服务扶贫攻坚战略、服务民生保障的保险业务，加强与政府部门的公关与协调，大力推动与基本医保、大病保险相衔接的商业健康保险、涉农保险、扶贫保险等重点业务的发展，完善社会治理体系建设，充分发挥保险的功能作用。

2. 大力推进交通事故快处快赔工作。加强与公安交管部门的合作，联合出台《鄂州市道路交路事故快处快赔工作实施办法》，并以多种形式、多个渠道进行广泛的社会宣传，多方联手建设高规格的道路交通事故快赔中心，有效服务保险消费者。

3. 积极推动打击保险欺诈工作。保险业始终重视且不断加强打击保险欺诈工作，不仅反复宣导，跟踪督导，而且注意发挥考评机制的导向作用，把打击保险欺诈工作纳入《鄂州市保险行业协会2017年度考核评价办法》进行考核。通过拜访沟通、召开联席会等途径加强与公安经侦部门的协调，巩固和深化双方的合作关系。还积极寻求与检察院、交管等部门的支持与合作。加强协调推动小额贷款保证保险业务健康发展。针对因两笔贷款逾期和银行、保险两方积极性受挫等因素而导致小额贷款保证保险试点工作陷入进退维谷的局面，行业内及时展开专题调研，了解和剖析小额贷款保证保险业务发展过程中出现的问题，根据掌握的情况，积极建议市政府金融办出面召集相关机构召开专题协调会，及时出台相关文件，促进全市小额贷款保证保险的稳定发展。

（三）增强行业自律

以“1+4”系列文件为抓手，根据湖北保监局、湖北省保险行业协会制定的行业自律工作方案、行业自律公约的要求，持续开展宣传教育，进一步强化忧患意识和底线思维，把行业自律放在更加重要的位置。根据市场情况及监管要求的变化，参照全省车险自律公约修订和完善鄂州市车险自律公约，增强经营主体的责任意识。同时，持续开展市场巡查，及时发现和处理违约行为，重点针对车险承保环节送卡、返现等乱象，开展明察暗访，受理举报，及时对违规问题给予全行业通报批评，罚缴违约金的处理，有效打击了违规行为，维护了市场经营秩序；加强同银监部门、银行协会的合作，联手规范银保业务。把自律工作与消费者权益保护工作结合起来，在开展消费者调查，受理投诉过程中注意收集、发现违规违约问题的线索，对涉及销售误导问题的投诉，坚持一查到底，有效保护了消费者的合法权益，促进了全市行业经营环境的明显好转。

（四）维护行业稳定

召开全市会员大会、工作会、专题会，安排部署并组织会员公司扎实开展防范非法集资专题宣传月活动和非法集资风险排查工作，增强辖内各会员公司风险防范意识，促进全市保险业持续健康发展；通过强化检查手段和加大考核力度（把是否开展风险排查、是否制定风险处置预案、是否发生风险事件等作为考核赋分指标，对于其中发生重大风险事件为一票否决指标），压实主体合规责任，督促会员公司落实风险防控措施，做好日常风险防范工作，开展专项风险防范活动，维护市场良好的经营秩序；加大保险纠纷调解力度，通过加强与法院的沟通协调和对会员公司的督导力度，诉调对接工作的覆盖面进一步扩大，积极争取市政法委的重视支持，把保险纠纷调解工作纳入鄂州市“1+N”社会矛盾纠纷预防化解体系，并给予财政经费支持；做好投诉处理工作，积极防范保险消费纠纷，防止矛盾升级，妥善地进行处理，维护社会稳定；市银监局根据保监会发布的《保险销售行为可回溯暂行办法》精神，组成联合小组对市几家大型银行代销保险产品“双录”情况进行实地调查，提出具体工作要求，从源头上治理销售误导、维护保险消费者合法权益，确保行业稳定发展。

（五）扩大行业影响力

1. 做好主题宣传。围绕“3·15”消费者权益日，策划组织了系列宣传活动。利用鄂州人民广播电台“亲民热线”专题节目，接受市民咨询，回答听众关注的有关保险销售、理赔方面的问题；利用《鄂州周刊》刊发“亲民热线实录”传递正面信息；组织全市24家保险机构，200多名管理人员在武汉东湖国际会展中心开展“幸福生活、保险保障”大型户外咨询服务活动，现场解答市民关心的保险投保、理赔等方面的问题。通过发放各类宣传折页和宣传册，内部报刊等宣传品，向参加活动的群众宣传保险知识，解答市民咨询问题；现场摆放服务承诺、典型赔案展板，向社会展示保险业专业、高效、便民的服务形象；组织“远离贫困，从一份保障开始”为主题的“7·8”保险公众宣传日系列宣传活动，扶贫公益跑、保险扶贫图片展、保险宣传“五进入”等活动都开展得有声有色，吸引了公众对保险业的关注，产生了较大的社会影响，进一步提升了保险的影响力。

2. 加大新闻媒体宣传力度。及时向中保协、《中国保险报》《中国保险家》和省、市媒体报道行业信息，反映行业与鄂州市保险行业协会（以下简称鄂州协会）工作动态。在《中国保险报》刊发稿件34篇，占全省保险系统上稿量的26%，国内多家知名网站也及时进行了转载，有效提升了全市保险业的美誉度，也成为湖北保险业对外宣传的一大亮点。与市内主流媒体联合办好保险专栏，鄂州协会每月编发《鄂州保险信息》，反映行业动态和典型经验。保险宣传工作产生良好的效果，引起了鄂州市政府的高度关注。鄂州协会被评为“2017年全省保险宣传先进单位”。

(六) 得到地方政府认可

主动向市委、市政府请示汇报工作，较好地反映行业发展情况和会员公司的心声。积极参与地方党政部门的政策论证，为相关政策、文件的出台提出建议。2017年，市政府及有关部门分别就《市人民政府关于加快转变农业发展方式的实施意见》《关于进一步做好政策性水稻保险工作的通知》《鄂州市“十三五”深化医药卫生体制改革规划》《关于切实做好深化医药卫生体制改革工作的通知》《健康鄂州2030行动方案》《鄂州市自然灾害应急预案》《鄂州市社会治安防控体系建设行动方案》《鄂州市服务业发展专项资金使用细则》《鄂州市电动车管理暂行办法》《关于进一步促进科技金融发展创新工作若干意见》等10多个文件向鄂州协会征求意见。协会秘书处在认真研究、深入思考的基础上一一回复，从保险行业的角度提出修改意见和建议，供政府参考。有些意见、建议得到重视被采纳；做好地方党政部门加强对保险业领导的“联络员”，协调和督导各保险机构贯彻市委、市政府的决策部署、认真完成市委、市政府及相关部门分配的任务。2017年，鄂州协会和全市6家保险公司被鄂州市人民政府授予“2017年度支持鄂州经济发展突出贡献单位”称号；全市10家保险公司被市政府金融办、市协会评为“2017年度全市保险系统先进单位。”

（七）提高履职能力

按照社团登记管理机关的要求，鄂州协会修改了协会章程；加强协会党建工作，认真抓好党员“两学一做”学习教育，推进“两学一做”学习教育常态化、制度化，扎实开展主题党日活动，积极参加市委社工委组织的各项活动，修订完善了《鄂州市保险行业协会2017年度会员公司考核评价办法》，以创建5A级社会组织为目标，并以参评为契机，促进协会规范化建设，在全市500多家社团组织中脱颖而出，成为全市四家5A级社团组织之一。

二、存在的主要问题

这两年，全市保险业虽然取得了一些成绩，但还存在不少问题与不足。首先，一直以来，鄂州经济社会发展水平居于全省前列，而保险业发展水平在全省却相对滞后，保费增长速度、保险深度、保险密度等主要指标均低于全省平均水平。其次，保险服务渗透力不强，覆盖率不高。在财产险领域，除了车辆保险外，其他财产损失类保险产品的承保率普遍偏低；在人身险领域，投资理财型业务占比仍然偏大，回归保险本源有待提升。再次，责任险发展极不平衡。公众责任险、电梯等特种设备责任险、产品责任险等尚未起步。最后，农业保险发展严重滞后，与鄂州市大力发展生态农业和特色农业的战略极不适应等。这些都需要全市保险系统在今后的工作中加以改进和加强。

第三节　发展举措

2018年，我国经济发展进入了历史上最好的时期，鄂州市社会经济面临前所未有的发展机遇。进一步做好全市保险工作，加快当地保险业的发展具备许多有利条件。全市保险业要抢抓机遇，主动作为，精准发力，紧紧围绕服务实体经济、防控金融风险、深化金融改革三项任务，促进全市保险业良性循环，健康发展。

一、凝聚行业力量，服务发展大局

一是要大力宣导“保险姓保”的行业发展理念，推动行业回归本源，充分发挥并大力拓展风险保障功能。二是要引导广大会员公司围绕鄂州经济社会发展战略谋求自身发展，努力满足鄂州发展战略实施过程中对于风险保障的需求，特别是要针对国际航空大都市建设和改善民生方面的保险需求，大力发展相关保险业务，有条件的公司要积极争取保险资金投向鄂州重点建设项目。三是动员广大会员公司在助力三大攻坚战略方面，主动担当，积极作为，尤其是在精准扶贫方面，充分发挥行业特有功能的优势，大力发展专属扶贫保险业务，使保险成为打赢扶贫攻坚战的有效工具。四是要督促会员公司积极贯彻落实市委、市政府的决策部署，努力完成相关工作任务，切实履行“市民”义务。

二、立足行业稳定，切实防控风险

防控风险是全国金融工作会议确定的金融工作三大任务之一。因此，全市保险业必须把防范风险工作放在更加突出的位置。一是要强化风险防控的主体责任，进一步增强“看好自己的门，管住自己的人”的责任意识。二是要认真开展风险排查，完善风险处置预案，落实风险防范措施。三是要切实加强保护消费者权益的工作，通过及时妥善地处理信访投诉，加强保险纠纷调解等措施有效化解与消费者之间的矛盾，严密防范由消费纠纷引发群体事件的风险。总之，要通过全行业的共同努力，扎紧篱笆，筑实防火墙，坚决守住风险底线，确保不发生系统性、区域性风险，保持行业的稳定，促进社会的稳定。

三、坚持合规经营，加强行业自律

行业自律是全行业义不容辞的责任。全市保险机构要克服畏难情绪和厌倦情绪，坚定做好自律工作的决心和信心，以百折不挠的精神抓自律工作。要加大宣传教育力度，大力培育自律文化，努力在全行业营造以“自律为荣、不自律为耻”的舆论氛围；要更好地发挥考评机制的导向作用，不断完善考核办法，推动各项工作落到实处；要积极探索提升自律工作效果的途径，不断改善自律工作方法，创新和丰富自律工作手段；要突出重点，聚焦突出问题和重点对象，有效增强针对性和实效性；要加大监督检查力度和对违规违约行为的惩戒力度，营造良好的市场经营环境。

四、服务行业发展，优化发展环境

一是加强与党政部门的联系，努力争取地方党政部门对保险事业的重视与支持，加强对保险业的领导，及时反映保险业发展中遇到的困难和问题，表达行业诉求和心声，积极争取有利于保险业发展的政策环境。二是各保险机构积极配合、开展公关，推动相关业务的开展。三是大力协调与司法部门的关系，努力改善当前在交通事故责任认定、伤残评定、涉保诉讼裁判等领域存在的不利于保险业发展的司法环境。四是积极组织开展行业交流活动，协调各公司间的关系，调解内部纷争，促进行业团结和谐。五是进一步做好投诉处理和保险纠纷调解工作，帮助会员公司化解与消费者之间的矛盾，维护保险业的声誉。其中保险纠纷调解工作要在提高调解覆盖面和成功率上下大功夫，要将调解关口前移，除进一步完善诉调对接机制外，还要积极寻求与交通事故处理对接，争取在法院和交警事故处理部门设置调解窗口。六是进一步加强交通事故快处快赔中心建设，积极推动线上快处快赔工作，为保险公司改进理赔服务搭建平台。七是大力推进反保险欺诈工作，力争取得实质性效果，有效维护保险企业的利益。八是加大保险宣传，扩大行业影响。巩固与媒体的合作关系，为行业宣传搭建平台；要更多地组织开展一些影响大、效果好的专题宣传活动，更广泛、更有效地运用各种媒体报道行业动态，传播行业信息，弘扬行业正能量，不仅要多发稿，而且要多出精品，努力打造鄂州保险业靓丽品牌名片。

第八章　孝感保险市场发展情况

第一节　市场概况

一、业务规模有所扩大

2016—2017 年，孝感保险市场呈现出持续健康发展的态势。两年间，全市保险业累计实现保费收入 111. 70 亿元，年均增长 26. 21%。2017 年全市保险业就实现保费收入 62. 76 亿元，同比增长 28. 28%，高于全省平均水平。其中财产险保费收入 13. 32 亿元，同比增长 18. 30%；人身险保费收入 49. 44 亿元，同比增长 31. 26%。2017 年，全市保险深度为 3. 6%，保险密度为 1317. 81 元。

赔付方面，财产险、人身险累计赔付（给付）19. 39 亿元，同比增长 7. 89%。其中，财产险赔付 7. 28 亿元，同比下降 6. 13%，财产险公司综合利润率高于市州平均水平；人身险赔付（给付）12. 11 亿元，同比增长 9. 5%。

该市保险主体也不断增加，截至 2017 年底，已有保险公司 34 家，其中财产险公司 14 家、人身险公司 20 家，各县、市、区分支机构 79 家。保险从业人员 23314 人，保险代理从业人员 21385 人，新增 4490 人，为社会提供了较为丰富的就业岗位。两年间，全市保险机构共缴纳各项税收 4. 01 亿元（含代缴车船税），其中代扣个人所得税 1. 18 亿元；代缴车船税 1. 51 亿元。对加快地方经济增长作出积极贡献。

二、保险功能有效发挥

全市保险业大力发展多种保险，满足市场需求。发展大病医疗保险，

2017 年全市大病保险业务总保费 16179.5 万元，参保人数 463.18 万人，总共赔付 12168.11 万元。参与重特大医保体系构建；推广食品安全、电梯等各类责任险，强化企业责任意识；发展医疗责任保险、社会治安保险，建设平安孝感，深度参与公共服务；聚焦“三农”服务，优化农业保险经营模式，持续推进农村服务体系建设，为农民群众提供了保障范围更广、层次更高的农业保险产品，截至 2017 年，“三农”保险已赔付 6000 万元；积极探索小额贷款保证保险，出台了《孝感市小额贷款保证保险试点工作实施方案》；已发放贷款 9900 万元，保单贷款提供融资 3.5 亿元，解决了小微企业融资难、融资贵的问题。

第二节　主要成效及问题

一、主要工作成效

（一）政策环境不断优化

孝感市政府对极其重视保险业的发展，每年将孝感市保险行业协会（以下简称孝感协会）视同政府职能部门一同进行考核，极大地提升了保险协会的社会地位。全年共联合发文 19 件，实现了政策引导的新格局，进一步优化了行业发展环境。

该市还率先在全省出台了《关于加强县市区保险机构协调管理的指导意见》，成立了市保险协会县（市）区联络处，代表市保险协会对当地保险机构进行协调管理，联络处主任由当地政府金融办主任兼任。保险联络机制的推出，填补了县域市场监管的空白，搭建了县域保险业与当地政府的沟通平台，促进了保险县域保险业的健康发展和保险先进县（市）的创建工作。

（二）服务能力继续提升

全市各保险机构积极学习并落实“1＋4”系列文件精神，共同治理、防范保险市场中的各种乱象，在稳的前提下实现关键领域的有所进取。以政策性“三农”保险业务推进，农村大病保险业务开展为重点，注重政策性险种的全覆盖，落实农村大病保险的监管服务质量，让老百姓从保险政策到落地中获得实惠；构筑保险民生保障网，逐步推出涉及民生的责任险种，在有条件的县（市）、区和相关保险实体中积极探索保险保障的新模式，逐步推出安全责任、医疗责任、环境保护责任、小微企业贷款保险责任险种。

同时，该市保险业转型也较为良好。全市人身险公司产品主要以定期、终身寿险产品为主，中短期年金产品等均已停售，员工熟知产品详细内容，特别是产品的缴费年限及给付时间，业务素质较高。部分银行已经停售保险公司的产品，且银行网点所销售的保险产品基本上较以往占比减少。保险产品更多关注客户的风险保障需求，回归保险本源。

（三）行业自律得以强化

1. 强化车险自律。修订《孝感市机动车辆保险规范经营自律公约》，并认真落实《关于严格执行湖北省机动车辆自律公约的通知》（孝保协发〔2017〕20号）文件精神，依法依规整顿规范孝感车险市场，促进车险市场稳定健康发展。

2. 成立三轮车险自律巡查小组。对于违反《孝感市机动车辆保险自律公约》（孝保协发〔2016〕20号）和《关于严格执行自律公约、开展打击业务经营活动中返现、送卡等违法违规违约活动的通知》（孝保协发〔2016〕21号）文件的有关规定的三家公司予以处罚；对于存在类似降低费率承保、抬高手续费排挤对手等恶性竞争的违规问题进行整改。

3. 联动开展市州（县）协会自律检查。两年间共检查了25家财产险公司和37家人身险公司，合计处罚20家公司（其中财产险公司8家，人身险公司12家），累计罚款16.1万元。进一步加大了规范市场力度。

（四）业务管理持续加强

全行业制定并遵守《孝感市（银行）邮政代理人身保险业务联合自律公约》（孝保协发〔2017〕35号），加大对全市保险、银行银邮业务的检查力度，重点检查银代财务数据。对于有些公司营销员存在的销售误导、“存单变保单”的行为等进行通报，进一步加强了保险从业人员的规范管理；自查自纠业内的垄断行为，主动与当地反垄断执法机构建立长期稳定的交流机制，对不确定的事项及时进行咨询以取得其认可与支持。

（五）服务社会治理体系全面创新

1. 实现两个创新。一是推动全市医责险、医疗意外险和医疗执业保险等健康险业务的开展，进一步提高市商业健康保险及大病保险服务水平。二是开展公路和农村地区道路交通事故快处快赔试点工作，积极主动与市交管局合作。目前，快处快赔已在全市范围内实现了全覆盖，为及时化解因交通事故引发的矛盾纠纷作出努力。

2. 实现三个加强。一是加强小额贷款保证保险的推动工作。截至 2017 年底，全市已有 7 个县市签订协议（含孝南区），合计放款 9900 万元，其中市本级 280 万元。二是继续加强诉调对接工作。目前，该市孝南区黄花路孝南人民法院已开展保险纠纷案件调解工作。三是加强打击保险欺诈工作力度。各保险机构积极与市公安局、司法局、市人民银行、市工商局等部门建立合作关系，加强沟通，共同打击保险欺诈工作，并多次开展了打击非法集资的宣传活动，在全市保险行业营造了远离非法集资的良好环境。目前，全市保险和保险中介机构没有非法集资的情况。

3. 做好两个服务。一是维护消费者合法权益，认真做好信访投诉工作，2016—2017 年，该市保险行业协会共对 100 件信访件进行了妥善处理。二是履行协会职责，认真做好保险宣传工作。部署开展了“7・8”全国保险公众宣传日活动，得到新闻媒体的广泛关注和深度报道。

（六）保险形象有所提升

全行业积极参加访贫问苦、捐资助学、关爱老年人等慈善活动，为建设“孝文化名城”作出贡献。众多保险人到大悟县宣化店万畈村小学慰问留守儿童并捐款捐物、到大悟县山区对 40 家贫困户定点扶贫、到肖港镇福利院进行慰问、到孝昌邹岗中学赠送学习用品，累计捐款达 100 多万元。保险扶贫活动多次得到孝感日报和孝感电视台等主流媒体的跟踪报道，得到社会各界的一致好评，有效提升了孝感保险业的良好社会形象。

（七）协会建设扎实有效

孝感市保险行业协会立足本职工作，发挥协会沟通机制，积极营造联动工作格局，强化行业协同发展。一是加强秘书处队伍建设，紧抓协会专职化队伍的政治方向、业务能力和工作作风；二是积极加强党建工作，于2017年12月25日在大院社区党委成立党支部；三是加强民主决策制度建设，行业重大事项皆由会员大会商讨并决定；四是加强协会财务管理。

二、存在的主要问题

1. 地方商业保险发展水平不高，保险市场不发达。“新国十条”提出到2020年保费深度达5%、保险密度达3500元。孝感市保险业离目标差距较大，还需更加努力。

2. 保险业务发展融入当地社会和民生保障产品不够深入和全面。

3. 地方政府支持保险发展的力度不强。根据目前孝感市保险业的发展实际和困境，该市还需要制定更多的推动保险业发展、引进保险机构和保险投资的相关政策。

第三节　发展举措

一、指导思想

以中国特色社会主义理论体系为指导，以保险业“新国十条”“省九条”等文件的要求为工作准则，把握新形势，打造新业态。科学定位、深化改革、积极创新、提升服务。坚持发展速度与绩效并重、坚持创新与稳定并重、坚持保险业自身发展与服务经济社会发展并重的原则，促进保险业回归本源、做到“保险姓保”。

二、发展目标

真抓实干，切实保护保险消费者的合法权益，进一步净化保险市场秩序。遵循“抓服务、严监管、防风险、促发展”的十二字工作要求，认真履行社会责任，提升保险业信誉，化解区域性保险风险，加强服务管理能力，促进全市保险业健康稳定持续发展。力争2018年底，全市预计实现保费收入达到70亿元，同比增长16%，保险深度达4%，保险密度达1435元。

三、下一步工作重点

（一）提高保险服务能力

深入贯彻落实国务院、省政府、市政府关于加快发展现代保险服务业的有关精神，在各项工作和业务发展中，将有关精神细化到各个保险险种，实现保险业务的全面发展。一是组织所有的保险机构贯彻落实党的十九大精神，加强党建工作。二是落实“三农”保险各项政策，将水稻保障水平从现有的每亩200元提高到400元，积极开办油菜、茶叶等新的农业产品，扩大农业保险覆盖面，力争全市承保面达到90%。确保汉川、孝昌、大悟三地的棉花、小麦、油菜保险试点工作取得成功。三是做好大病医疗招投标工作及补充意外险等业务的具体落实，做到全市城镇、新农合大病医疗保险全覆盖。为人民群众提供长期稳定的健康养老保障保险产品，争取各地政府支持，免费为当地60岁以上老人办理老龄人意外伤害保险。服务多层次社会保障体系建设，促进社会稳定和谐，切实为地方经济建设发展发挥“稳定器”的作用。四是开展精准扶贫工作，落实全市30万贫困人口每人200元保费的保险保障。五是推进小额贷款保证保险工作，争取小额贷款保证保险三方协议在各地政府全面落实。六是建立养老产业园、引进保险机构、争取项目资金，2018年争取太平保险集团投资临空经济区建设健康产业养老院项目。七是力争引进1～2家保险机构，对外宣传孝感经济项目，争取投资。八是加强保险联络处的建设，营造地方政府支持保险业发展的积极局面。

（二）规范保险市场秩序

开展行业自律检查，维护保险市场秩序。以实际情况为依据，制定、修改新的、更加适合当下工作的相关自律公约，重点检查财务数据真实性、车险业务手续费、农业保险业务承保与理赔的真实性、银邮代理保险存款变保险、误导销售、代签名等违规行为。真正做到有法可依、有约必依、违约必究，从严从快打击各类违法违规行为。

（三）加强重点工作建设

一是推进道路交通快处快赔中心建设，将快处快赔工作落到实处，实现全市全覆盖。二是加强诉调对接，在孝南法院设立窗口，实现建设标准化，保险、交警、法院大数据对接。

（四）开展立体宣传

积极开展保险宣传工作，营造良好发展环境，促进保险业发展。一是扩编《孝感保险市场》刊物，增加县、市、区保险统计数据和经营状况报告，加大行业动态报道，主动呈报各级政府及相关部门，并积极组织向湖北保监局和《湖北保险市场》上报信息和稿件，让各级领导和广大公众了解保险行业动态，支持保险业工作。二是在孝感日报社《金融周刊保险专刊》、市电视台等主要媒体继续组织举办专栏，正面宣传保险。三是做好“3・15”消费者权益保护日和“7・8”全国保险公众宣传日的活动。

（五）做好信访投诉工作

切实维护被保险人合法权益，做到建章建制、专人负责，设立专门的登记簿和回访制度以及信访联系人制度，建立有效的沟通机制。高效彻底地解决信访投诉案件中反映出来的集中问题，防止和化解群访群诉案件的发生。

最后，还要进一步加强协会秘书处建设，提高协会服务水平。按照专业化、职业化、年轻化的原则进行队伍建设，促进协会建设的规范化、标准化，确保协会工作高效运行。

第九章　黄冈保险市场发展情况

第一节　市场概况

一、业务得到长足发展

黄冈市第五次党代会上提出“深入实施大别山金融工程，创新多元化投融资机制，发展多层次资本市场，建成鄂东金融创新示范区”目标，极力打造黄冈大别山金融工程“升级版”，为黄冈保险业带来良好的发展机遇。2016—2017 年，黄冈市保险业业务稳定发展、服务作用凸显，整体呈现出良好局面。

2016—2017 年，黄冈市保费收入呈快速增长态势，实现保费收入 162.37 亿元，年增长率均超过 20%。2017 年，保费规模达到 89.03 亿元，增速为 21.39%，其中，财产险保费收入 18.8 亿元，增速为 21.2%；人身险保费收入 70.1 亿元，增速为 21%。

二、服务网络遍布城乡

两年来，全市新增 2 家财产险公司和 4 家人身险公司，保险机构增加到 44 家（财产险公司 19 家，人身险公司 25 家）。县市分支机构 178 家，乡镇网点 230 余个，保险从业人员超过 3 万人。每个乡镇都有服务网点，每个行政村都有服务人员，一个遍布全市城乡的保险服务网络基本形成。

三、服务获得广泛认可

2016—2017 年，全市保险业受理保险案件达 50 万余件，其中 2017 年受理案件27万余件，车险为18万余件，农业保险为20万余件，全险种案件处理率达95%，尤其是车险小案快速处理率高达98%；累计支付赔款（含人身险满期给付）64.1亿元，其中2017年支付赔款36.2亿元（财产险赔付11.02亿元，人身险赔付25.18亿元）；上缴税收5亿余元（含代收车船税），其中2017年税收2.65亿元（包括车船税1.15亿元）；提供就业超过1.2万人，其中2016年5000人，2017年7000人，为大学生提供了近千个岗位，为下岗职工、两次创业人员提供近万个岗位。

四、保险渗透持续加强

由于黄冈人口体量较大，现阶段的保险深度和保险密度与全省、全国相比仍有不小差距。两年来，黄冈保险规模与GDP在全省站位基本一致，处在全省前列，且稳中有升。2016年、2017年的保险深度和保险密度分别为4.09%、4.78%和986元、1240元。

第二节　主要成效及问题

一、主要工作成效

（一）社会地位显著提升

1. 市委、市政府高度重视。黄冈市委、市政府历来关注和重视保险业的发展，市委、市政府多次专题研究保险工作。特别是在精准扶贫工作中，黄冈市委、市政府通过政府引导、市场带动、银行支持、保险保障、贫困户参与，探索出“政府+市场主体+银行+保险+贫困户”扶贫模式，已成为全国精准扶贫、精准脱贫工作的样板。

2. 政策文件有力支持。两年中，黄冈市政府办下发了《黄冈市推进金融扶贫工作方案的通知》（黄政办发〔2017〕47号）《黄冈市大别山金融工程考核办法》，黄冈市保险行业协会（以下简称黄冈协会）、黄冈市人民政府扶贫开发办公室下发了《黄冈市关于加强保险创新　助推脱贫攻坚工作的实施方案》等与保险业发展息息相关的文件。各县（市）政府、区政府也相应出台了一系列配套文件并全面推动，由市委督导室、市政府督导室跟踪督导。

3. 职能部门助力推进。黄冈保险业在各职能部门的大力支持下，大力推进“三农”保险、大病保险、综合治安保险等保险业务，构筑一道道民生保障网；校（园）方责任保险、安全责任保险、医疗责任保险、承运人责任保险、环境污染责任保险等责任保险业务的全面推广，使保险的社会管理功能得到充分体现。

4. 人民群众积极响应。经过保险从业人员多年来的共同努力，全市广大人民群众对保险的认同和认可程度大大提升，使该市保险业务由最初的车险、财产险、责任险、人寿险等几个险种，发展到现在的500多个险种，涵盖了企业、农业、工商业、个人等方方面面。据不完全统计，全市保险业年均获得投保件150万份，累计投保件已突破3000万份，全市人均超过3份保单。

（二）服务水平得到提高

1. 抓大病保险服务规范。黄冈城乡居民大病保险已开展有五年，为了把大病保险办成政府放心、百姓满意的民生工程，全行业始终坚持抓宣传、抓统一、抓规范，不断提升服务质效，群众满意度得到进一步提升。一是采取“一站式”现场结算服务。与市县医疗机构及部分省级医疗机构合作，开通“一站式”结算服务。目前全市已有60家二级医院开通现场结算服务，服务对象达10万人次。二是与基本医疗报销合署办公。在报销人上门报销基本医疗时，实行无缝对接，实现一次性报销完成。三是针对外地就诊或没有现场报销的群体，保险机构积极应对，推行进农村、进社区活动，为大病患者送去最近的贴心服务。比如，泰康人寿通过经营浠水、团风、黄州片区了解到，仍有很多农村群众对大病保险政策不了解，不熟悉办理流程。获得这个情况后，该公司不等不靠，迅速开展“大病保险政策宣传到家”活动，即与辖内每个乡镇联系，以乡镇为单位，把该乡镇所有大病患者或家属集中到一块，进行统一讲解大病保险政策，现场办理大病理赔手续，受到了广大农村群众的高度称赞。

2. 抓“政银保”合作新模式。为有效缓解中小企业和农村专业合作社融资难、融资贵的问题，经多部门积极协调，保险机构主动作为，小额贷款保证保险业务得到大力推广。两年来，已有人保财险、中华联合、长江财险等保险机构开展此项业务，全市大部分县（市）政府与银行、保险签订了小额贷款保证保险合作协议。截至2017年底，累计承保1200多笔，承保贷款金额2.7亿元，为50余家小微企业和9000余户贫困户提供了及时、周到的信用保证保险服务。

（三）风险管控进一步加强

1. 建立沟通机制。各保险公司之间，尤其是财产险公司之间，因产品、费率、条款同质化，既是竞争对手，又是利益同盟。业务竞争中难免产生矛盾和分歧，需要及时进行沟通、协调，解决矛盾，统一步调。2017年以来，多次召开行业大会和业务形势分析会，统一思想认识，分析问题成因，明确发展要求，抓好业务引导。通过互相协调、沟通，取得了共识，减少了分歧，加强了理解，增强了行业合力。

2. 抓好风险防控。全行业积极开展互联网金融风险排查和打击非法集资专项等活动，组织会员公司开展“五进入”（进社区、农村、学校、机关、企业）宣传咨询活动。两年来，共组织宣传活动230余场/次，发放宣传资料10万余份，推送、转发短信、微信6万余条。黄冈保险业未发生涉嫌非法集资、互联网保险违规业务行为，呈现出行业和谐发展、经营秩序井然的良好局面。

3. 坚持关口前移。抓好信访投诉工作，是化解行业矛盾的前提和基础。对于各类电话或来访投诉，坚持“积极、慎重、稳妥”的工作作风，安排专人接待和处理，并做到件件有着落、事事有回音，及时化解社会矛盾，有效维护了消费者权利和行业信誉。两年来，共处理各类信访投诉案件50多件，大部分涉及理赔不满意、寿险分红收益、退保受损等问题，经行业共同努力，案件处理率达100%。

4. 搞好诉调对接。建立诉调对接机制，是保护消费者合法权益的有效方式。2017年4月27日，黄冈市保险纠纷调解委员会，暨黄冈市保险纠纷诉调对接中心在黄州区人民法院东湖法庭挂牌成立。自成立以来，该中心受理黄州区法院诉前调解案件280件，调处成功120件，涉及1500万元，减损230万元，得到市区法院和广大保险消费者的认同。为了更便捷、更公正地处理案件，大力推进道路交通事故纠纷“网上数据一体化处理”平台建设，黄冈市被省高院确定为全省首批保险纠纷道路交通事故纠纷网上数据一体化处理试点地区。市中级人民法院专门出台了《湖北省黄冈市中级人民法院关于审理机动车交通事故纠纷案件的指导意见（一）》，统一了全市交通事故责任纠纷裁判标准。自网上一体化试行以来，调解量快速增加，半年间已在网上调解200多笔，调处成功率超过90%。全行业正进一步完善网络平台建设和运行，真正让当事人少跑路，数据多跑路，打造“黄州模式”，形成“湖北模式”。

（四）市场经营规范有序

为贯彻落实“防风险、补短板、治乱象、强监管、服务实体经济”监管要求和顺应市场变化，提高行业政治站位和维护行业公平，行业经营的合规性、合法性得以强化，行业底线思维得以有效约束。结合当地实际，黄冈保险业重新修改并签订了《黄冈市保险行业车险自律公约》《黄冈市保险行业寿险诚信合规公约》《黄冈市保险行业非车险自律公约》等，把行业自律工作具体到每个经营环节。检查过程中，财产险以车险为突破口，坚决打击返现、送卡等违规行为，重点查处费用高位运行、扰乱市场行为的公司；人身险以银邮业务为切入点，严查销售误导行为。通过暗访、突访、巡查、第三方、现场检查等方法，共计查出问题近百件，下达整改通知30余份，扣缴违约金20多万元，约谈了三级机构负责人15人/次，达到规范行业经营行为、提升行业合规意识的效果。

（五）行业宣传影响广泛

1. 突出一个主题。每年的工作宣传都有明确主题。2016年提出“勇担责任传播关爱——防汛救灾，黄冈保险业在行动”，2017年提出“精准扶贫——保险业在行动”。围绕活动主题，运用多种途径、全方位地组织行业挖掘素材，多形式地开展宣传活动。由于主题突出，两年来的保险宣传做到了特色鲜明、效果明显，《湖北日报》和本地主流媒体多有报道，并产生了良好的社会反响。2017 年底，在黄冈市人大常委会组织的“精准扶贫专项测评”中，黄冈协会位居前列。

2. 紧扣两个节点。全行业还注意根据工作任务和时间的不同，抓好集中宣传活动。特别是注重抓好“3・15”消费者权益保护日和“7・8”保险宣传日两个节点的保险集中宣传，做到重点和经常相结合，成效十分明显。

3. 抓好三个环节。一是抓好通讯员队伍建设。黄冈协会每年坚持以会代训的形式，邀请地方主流媒体的记者到会讲课、传授写作经验和技巧，以此提升各保险公司通讯员的写作水平。二是抓好传统媒介的运用。注意与报社、电视台搞好互动，充分发挥其主渠道作用，抓好经常性地保险宣传，实现了报纸上有文、电视上有影，常宣传、不断线，行业社会影响逐年提高。三是努力发挥新媒介的作用。学会利用互联网、微信等新型媒介开展保险宣传，实现保险宣传“无死角”、全覆盖。行业内不仅建立了黄冈市保险行业协会网站，还通过与公众信息平台互动，建立公众微信、短信群等方式，实现保险宣传的全方位对接。

（六）助力脱贫攻坚

黄冈市保险业紧跟全国的精准扶贫、精准脱贫的活动，把服务好扶贫攻坚作为一项重大政治责任、重大政治任务、重大民生工程来抓，按照黄冈市委、市政府“五位一体”扶贫要求，各保险机构积极开发扶贫保险产品，强化与金融业融合，加强基层服务网络体系建设，在脱贫攻坚中较好地彰显了保险业的作用和价值。

1. 打造精品险种。在认真做好城乡居民大病保险的基础上，为了有效服务健康扶贫，从体制方法上探索解决精准扶贫对象“因病致贫、因病返贫”的问题。2016 年在红安试点建档立卡贫困人口补充医疗保险，使贫困人口就医费用通过“基本医保 + 大病保险 + 医疗救助 + 医疗补充”报销比例达 90% 以上，且年度个人最多承担 5000 元，实现了医疗兜底。红安县“扶贫保”模式在全市全面推广。两年来，全市所有县市均开展了“建档立卡贫困人口补充医疗保险”，参保人数达120万人，共有15万人次报销医疗费用2亿多元。2017年参保人数达90万人，报销费用1.5亿元，12.5万人受益。保费规模过亿元，实现盈亏平衡，已打造成为该市保险扶贫的一个精品险种。

2. 参与产业扶贫。在罗田产业扶贫“3311”工程中，银行为贫困养羊户量身定做精准扶贫贷款产品，提供3万元贴息贷款，按每只2500元价格由公司和合作社提供10只能繁母羊，另5000元用于建设标准羊圈；政府提供1万元资金扶持，由公司和合作社提供一只公羊，提供黑山羊养殖技术服务，还负责托底价回收；保险机构按每只90元保费、2500元保额对能繁母羊实行全额保险。政府、公司、银行、保险、农户五方签订协议，形成利益联结机制，形成产业精准扶贫“大合唱”，确保风险可化解、农户能增收、企业不受损。对于“罗田一只羊”（黑山羊养殖）、“蕲春一棵草”（蕲艾产业）、“英山一片茶”（茶叶产业）、“麻城一朵花”（杜鹃花旅游）、“黄梅一炷香”（禅宗旅游）、“红安一道光”（光伏发电）等特色产业，各保险公司根据县市特色农产品发展的需要，因地制宜地开发推出保费低、保障高的保障产品，茶叶、艾草、山药、菊花、中药材等保险产品应运而生。

3. 引进保险资金。为拓宽保险资金直接参与支农融资渠道，解决农户、农业生产经营实体及小微企业的融资难、融资贵、融资慢等痛点，黄冈市积极引入保险资金助力社会经济发展。2017年11月，人保财险黄冈市分公司向总公司争取到2亿元的支农融资额度，积极开办“政融保”支农融资业务，准备先期在红安投入1亿元。红安县梁源食品公司、将军红油茶等12家农业企业，首批获得了由人保财险提供的330万元支农融资款，后续工作正在稳步推进。

4. 信用撬动扶贫资金。扶贫小贷保证保险是小微贷款保证保险的延展，通过10倍放大，为广大精准扶贫对象及时提供了扶贫资金。以蕲春为例，2017年为6099个贫困户通过扶贫小贷保证保险发放了3亿元的贷款，使每户获得3万元、5万元、10万元不等的产品扶贫资金。两年来，全市累计为精准扶贫对象2万多户提供6亿元的无财产抵押的信用贷款。

5. 为扶贫队员保驾护航。与市委组织部推出为扶贫工作队量身定制的“驻村第一书记及扶贫工作队员意外伤害保险”，解决了驻村工作队员风险保障。

6. 直接参与精准扶贫工作。通过开展“结对子”驻村帮扶、扶贫助学和组织募捐活动等形式提高保险业助力精准扶贫、精准脱贫的参与度。

黄冈保险业积极参与精准扶贫、助推脱贫攻坚的工作，不仅提高了保险业的社会地位，而且提升了保险业的社会形象。2017 年 2 月，在黄冈市三级干部大会上，黄冈协会、人保财险黄冈分公司被市委、市政府授予“精准扶贫优胜单位”称号。此外，红安县的建档立卡贫困户“医疗补充保险”被誉为“红色保单”，《人民日报》《湖北日报》及（内参）都给予报道；“黑山羊保险”在“全国万企连万家扶贫攻坚会”上，得到了汪洋副总理的充分肯定。“一红一黑”扶贫保险，成为黄冈保险业助力精准扶贫的“两张名片”。

二、存在的主要问题

（一）保险普及率仍有距离

随着中国特色社会主义进入新时代，保险业进入一个新的发展机遇期。黄冈是有 750 万人的人口大市，可人口红利与该市当前的保险密度、保险深度极不相称，全行业构筑社会保障体系和参与社会管理的能力还有很大亟待发展的空间。虽然保险业走过了 30 多年的发展，但是仍有很多百姓不了解保险，更谈不上对保险的认可，还有一些消费者对保险认识有偏见，没有形成正确的保险消费观念，风险防范意识薄弱。保险业还需在扩大宣传力度上下功夫，在提升服务能力上提档次，在履行最大诚信上行使职责，让广大人民群众对美好生活的向往早日实现。

（二）非理性竞争仍然存在

自保险监管部门出台了“1 +4”系列监管文件以来，黄冈保险市场秩序得到了根本性改变，但区域非理性竞争现象仍然存在。如车险通过返现、送卡推广业务的现象仍然时有发生，屡禁不止，需要保险业在内控合规上、服务能力建设上、回归保险本源上下功夫。

（三）服务实体经济和脱贫攻坚的深度不够

由于保险是我国金融业市场开放度较高的行业，业务和规模的竞争，致使少数公司高管重眼前、轻长远，重业务、轻服务，不能满足地方经济社会发展对保险的需求。该市的保险助推精准扶贫工作中，涉及扶贫类的保险产品较少，不能满足当前脱贫攻坚期的实际需要，很多“一县一品”“一镇一品”的产业扶贫项目得不到保险的服务。保险业在全社会的渗透力还要进一步加深。

第三节　发展举措

一、摆正思想观念

全市保险业要更进一步提高政治站位，强化“四个意识”，坚决维护习近平总书记核心地位、维护党中央权威和集中统一领导，要毫不动摇地坚持和加强党的全面领导，扎实推进全面从严治党向纵深发展。结合保险业当前“1＋4”系列监管要求，把“强监管、治乱象、补短板、防风险，服务实体经济”工作落到实处。

二、加大服务力度

以服务社会和人民为中心，进一步提高保险的服务能力。一是回归本源，服从、服务于经济社会发展。全面提升服务效率和水平，把更多的保险资源配置到经济社会发展的重点领域和薄弱环节，更好地满足人民群众和实体经济多样化的保险需求。二是优化结构，完善保险市场、保险机构、保险产品体系。引导保险业发展同经济社会发展相协调，促进融资便利化、降低实体经济成本、提高资源配置效率、保障风险可控。三是强化监管，提高防范化解保险风险能力。以防范系统性保险风险为底线，确保不发生系统性保险风险。四是落实重点工作。保险公司要积极推广道路交通事故纠纷“网上数据一体化”的操作模式；通过业内及多部门的协调合作，促使今后的诉调对接工作有质的变化。

三、创新工作模式

随着精准扶贫、精准脱贫进入攻坚期，全市保险业要快速行动起来，围绕脱贫攻坚的不断深入，积极探索更多、更好的保险新模式。积极跟进扶贫项目，狠抓保险落地，让“红安模式”在全市所有县市开花结果，努力打造“黄冈效应”精品。

四、助力“健康黄冈”战略

2017 年 6 月，国务院办公厅出台《关于加快发展商业养老保险的若干意见》（国办发〔2017〕59 号），文件要求：认真落实党中央、国务院决策部署，牢固树立新发展理念，以提高发展质量和效益为中心，以推进供给侧结构性改革为主线，以应对人口老龄化、满足人民群众日益增长的养老保障需求、促进社会和谐稳定为出发点，以完善养老风险保障机制、提升养老资金运用效率、优化养老金融服务体系为方向，依托商业保险机构专业优势和市场机制作用，扩大商业养老保险产品供给，拓宽服务领域，提升保障能力，充分发挥商业养老保险在健全养老保障体系、推动养老服务业发展、促进经济提质增效升级等方面的生力军作用。文件指出：到 2020 年，基本建立运营安全稳健、产品形态多样、服务领域较广、专业能力较强、持续适度盈利、经营诚信规范的商业养老保险体系，商业养老保险成为个人和家庭商业养老保障计划的主要承担者、企业发起的商业养老保障计划的重要提供者、社会养老保障市场化运作的积极参与者、养老服务业健康发展的有力促进者、金融安全和经济增长的稳定支持者。黄冈保险业将抓住新的发展机遇，积极拓展商业养老广阔领域，推进“健康黄冈”的工程建设，为满足人民对美好生活的需要提供保险支持。

五、规范市场秩序

一是完善自律机制，加强、巩固已取得的行业自律检查成果，并在今后进一步有效地控制市场乱象，凡已检查出违规违约行为的，一定重处重罚，确保公平、公正的保险环境。二是把好风险防控的第一道关，坚决整治干扰保险市场秩序的行为，规范保险市场经营行为，加强互联网保险管控，落实保险机构防范风险的主体责任。

第十章　咸宁保险市场发展情况

第一节　市场概况

一、业务发展快速良好

2016—2017 年，是咸宁市保险业发展速度较快的阶段。两年间，全市保险业累计实现保费收入 74.96 亿元，特别是 2017 年，全市保费规模达 43.51 亿元，保费收入同比增长达 38.35%。其中，财产险保费收入 10.06 亿元，人身险保费收入 33.45 亿元。2017 年，全行业累计支付保险赔款和给付保险金额 23.40 亿元，其中，财产险 10.51 亿元，人身险 12.89 亿元。保险深度达 3.93%，保险密度提高到 1691 元。

截至 2017 年底，全市保险主体达 29 家（其中，财产险公司 12 家，人身险公司 17 家）；营业网点发展到 135 个（不含中介机构）；全市保险业人员 20346 人（财产险 4512 人，人身险 15834 人）。其中，代理制保险营销人员 15348 人（财产险 3120 人，人身险 12228 人），新增从业人员 1709 人（财产险 278 人，人身险 1431 人）；全市保险业缴纳税收 17121.76 万元，其中代扣代缴车船税 6659.23 万元。

保险业对当地社会经济作出积极贡献，咸宁市保险行业协会（以下简称咸宁协会）、人保财险、中国人寿、平安财险、太平洋产险、中华联合、大地财险、太平洋寿险、新华人寿、平安人寿、泰康人寿等多家保险机构荣获 2016 年度及 2017 年度“金融机构支持咸宁经济发展突出贡献奖”。

二、政策环境不断优化

保险业发展被纳入全市经济社会发展的整体规划，得到市政府、市领导的高度重视，对保险业在保障民生、支持经济发展、参与社会治理等方面作出的贡献给予高度评价与肯定，政策支持力度也在加强。2016—2017年，全市先后出台了十个与保险业发展相关的文件，分别是《咸宁市保险行业协会、咸宁市公安局联合打击保险犯罪工作细则》《咸宁市公路和农村地区道路交通事故快处快赔工作实施方案》《关于联合设立咸宁市保险纠纷人民调解中心的通知》《关于推进食品安全责任保险试点工作的通知》《关于建立保险纠纷诉讼与调解机制对接机制的办法》《咸宁市公路和农村地区道路交通事故快处快赔管理办法》《关于设立咸宁市公路和农村地区道路交通事故快处快赔服务站的通知》《关于在全市保险业推行〈告交通事故伤者书〉的通知》《印发〈关于推进扶贫小额信贷健康发展的意见〉的通知》《关于开展小额贷款保证保险试点工作的实施方案》等一揽子有利于保险业发展的政策。对重点领域的责任保险、农村小额人身保险、小额贷款保证保险、诉调对接、道路交通事故快处快赔等一些重要的工作，市政府及其相关部门都积极出面组织推动，或主导或协助，或下发文件或召开会议，或参与动员部署，或进行跟踪督导。

三、保障功能有效发挥

近年来，咸宁市保险业不断拓宽服务领域，积极提供各类风险保障服务，保险覆盖面显著扩大，渗透力明显提高，经济补偿功能进一步发挥。“三农”保险、城乡居民大病保险、食品安全生产责任险、医疗责任险、环境污染保险等各类责任保险全面推进，对构筑民生保障网，完善社会保障体系和社会治安体系发挥了积极作用。

（一）“三农”保险稳步发展

“三农”保险是政府民生保障工作的一项重要工程，保险业积极贯彻落实鄂政办发〔2016〕47号文件精神，从服务大局出发，与市农业、畜牧、财政部门沟通协调，在“三农”承保、灾情赔付、财政补贴资金落实等方面都已顺利对接，并稳步发展。2017年，全市完成水稻、能繁母猪、森林、设施农业政策性“三农”保险保费5822万元，同比增长50.24%，赔付

2570.81 万元。尤其是特色优势——农险小龙虾天气指数保险，于该年 6 月 10 日由市人保财险咸安区支公司签出全国第一单，小龙虾养殖户车大桥为其 350 亩小龙虾投保了天气指数保险。在暴雨灾害高发期，保险机构还加大服务力度，积极主动地做好保险理赔服务，严格实行“三快两应两从”，即“快查勘、快定损、快理赔，应赔尽赔、应赔快赔，理赔工作依法从简、从宽”。简化理赔程序和环节，建立快速处理绿色通道，加快理赔进度，提高理赔效率。

（二）大病保险全面覆盖

按照市政府大病保险工作“收支平衡，保本微利”，统筹推进原则，咸宁市 3 家承保公司先后签订协议，扎实推进。2017 年，全市城镇职工和居民大病实际承保人数 630244 人，实收保费 4818.9 万元，赔付 4173.8 万元。新农合全年实际承保人数 2037545 人，实收保费 4911.05 万元，赔付 5746.76 万元。

四、积极支持实体经济

一是加快推进小额贷有效实施。咸宁市扶贫办、市政府金融办、市人民银行、银监部门、保险协会联合下发《关于推进扶贫小额信贷健康发展的意见》，积极推动小额贷的开办。2017 年，咸宁市 6 县（市）、区全部签订小额贷协议，完成签约任务的 100%，全市共设立小额贷风险补偿金 9200 万元，已全部足额到位，其中咸安区、嘉鱼县和赤壁市各 1000 万元，通城县、崇阳县和通山县各 2000 万元，高新区 200 万元。通过发展小额贷款保证保险为小微企业增信，帮助其解决融资难的问题，促进资金融通，助力实体经济发展。

二是保险机构积极参与咸宁重点项目建设。比如 2016 年，泰康人寿梓山湖仙鹤园 5 亿元投资项目正式启动，一期开发投入 8000 万元，包括主体建筑、道路、水系、示范园，后期投入 6500 万元，包括鹤舍、影院、示范园区、主体建筑软装、采摘园等；二期投入 2000 万元，包括公益墓、配套景观、墓区建设等。还有中国人寿、太平洋人寿等公司积极参与市政府

“金融港”建设，实现了保险资金服务咸宁建设的重大突破。

五、行业自律明显加强

通过签订自律公约，开展自律检查，治理市场行为，防范行业风险，促进了保险经营行为的规范性，市场秩序明显好转。

（一）制定、完善自律公约

咸宁市保险行业协会（以下简称咸宁协会）制定了《咸宁市保险行业自律检查实施方案》，并根据监管政策和市场变化，提高行业自律的合规性，重新修订了行业自律公约，签订或完善了《咸宁市机动车辆保险规范经营自律公约》《咸宁市银行（邮政）代理人身保险业务联合自律公约》《咸宁市保险行业从业人员流动和展业自律公约》《咸宁市违规保险营销员行业禁入自律公约》，保证市场公平、公正竞争。

（二）整治车险市场乱象

2017 年，为整治车险市场乱象，咸宁协会与市政府金融办、市工商局成立了清理整顿保险中介机构领导小组，联合下发查处整顿通知，对全市 55 家未取得保险兼业许可证、假借与保险公司合作的名义开展保险中介销售、乱象宣传的机构进行现场检查。现场责令取缔无资质机构 11 家，提出整改意见 3 家，拆除保险乱象宣传牌 15 块，有力震慑了车险市场乱象。

（三）开展信访投诉

2017 年，咸宁协会共受理和调解信访投诉 36 件，其中财产险共接访处理 13 件，人身险共接访处理 23 件。主要反映在退保纠纷、销工号、违规返现、手续费超限等方面的投诉问题。通过调查和协调，均稳妥解决和处理，群众满意度高。

六、助力脱贫攻坚

全行业践行社会责任，积极组织开展扶贫攻坚，尤其在保险扶贫、进村驻点对口精准扶贫等方面继续发挥积极作用。为深入贯彻落实《咸宁市人民政府办公室关于转发〈咸宁市关于强化医疗保障实施健康扶贫的意见〉和〈咸宁市精准扶贫补充医疗保险实施办法〉的通知》文件精神，2017 年，太平洋寿险咸宁中支成功中标咸宁市精准扶贫补充医疗保险，为全市建档立卡的 38.3 万名精准扶贫对象提供医疗保险服务，切实减少贫困人口医疗费用支出，有效控制因病致贫、因病返贫发生率，提高贫困人口健康水平，实现精准扶贫、精准脱贫目标，同时还与该市通山县通羊镇泉港村开展了精准扶贫活动，为该村 28 个贫困户送出了 56 头仔猪，扶贫资金近 4 万元。据初步测算，该批猪出栏后，每个贫困户将增收 1 万元以上。另外，人保财险、中国人寿按照市委、市政府的统一部署积极开展驻村对口精准扶贫，取得良好成效，受到当地政府和广大农民的欢迎。

第二节　主要成效及问题

一、主要工作成效

（一）积极加强党建工作

咸宁市保险业认真贯彻“党要管党、从严治党”方针，充分发挥党组织的政治核心作用，在全体党员中开展“两学一做”专题教育活动，积极宣导和严格执行中共中央“八项规定”“六项禁令”和湖北省委“六条意见”，切实抓好党风党纪教育和廉洁自律教育；各公司通过开晨会、上党课、下基层、谈心得、立规矩等各种方式，进一步强化干部员工的责任意识、大局意识、发展意识、忧患意识，工作作风得到转变。一是认真落实“两个责任”。全行业始终坚持从严治党，落实党委主体责任和纪委监督责任，贯彻“三重一大”规定要求。二是抓好标准党支部建设。各公司根据党员实际情况，设立独立党支部或联合党支部。各党支部对照标准党支部建设的要求，认真开展对标活动，增强了支部战斗堡垒作用。三是积极开展“主题党日”活动。按照咸宁市委组织部统一部署先后开展与黄石协会、咸宁市银行业协会“请进来”组织活动，丰富党的内涵，就协会之间、各公司支部之间的党组织建设情况、活动情况开展了交心谈心，以及在“两学一做”“主题党日活动”实践中的工作经验进行认真相互学习和探讨。

（二）大力推广创新产品

为适应经济社会发展的需要，多家保险机构先后推出环境污染责任险、养老机构责任险、电梯安全责任险、小额贷款保证保险、设施农业（大棚及农作物）保险、小龙虾天气指数保险等新险种。2017 年 11 月 17 日，咸宁市扶贫办公室与人保财险咸宁市分公司联合下发《关于印发〈咸宁市人保财险“扶贫保”工作实施方案〉的通知》，目前已在通山县全面实施。人保财险同时还承办了赤壁、咸安大灾保险试点。

（三）努力提升保险服务

1. 创新销售方式。进一步增强创新意识，拓展服务范围，根据经济社会转型、经济结构调整与增长方式转变的需要，创新销售渠道。各保险公司建立自己的网络系统平台，实现了从保单设计、投保、核保、交费到后续服务全过程的网络化，更加方便快捷地服务用户，有效地提升了广大群众了解和购买保险产品的积极性。

2. 简化理赔服务。推行“快处快赔”服务网点建设，与市交警大队，以及嘉鱼、赤壁、通城交警中队协调，扎实推动快速理赔服务网点落实工作。2017 年，该市已设立了嘉鱼潘家湾、通城、赤壁 3 个快处快赔服务站，目前各服务站的运行都已步入正轨，公安交警部门指派了专业工作人员负责指导，开展处理快处快赔案件的衔接、协调和处理工作，方便了群众，提高了时效。

3. 推行诉调对接机制。积极探索多元化的调解途径，妥善解决客户纠纷，有效化解投诉争议。在市司法局的大力支持下，咸宁市保险纠纷人民调解中心于 2016 年 7 月 28 日成立，安排专门人员受理消费者与保险公司之间的纠纷。2017 年，累计受理 21 件保险纠纷调解案件，其中，19 件为法院委托的保险纠纷调解案件，2 件为保险合同诉前调解案件。成功调解 19 件，成功率为 90%，调解前索赔金额 330.70 万元，调解后赔偿金额 271.45 万元，减少赔付59.25万元。

（四）巩固合规经营意识

1. 有效防范满期给付、退保风险。积极开展市场调查，全面了解寿险公司的满期给付情况，实现稳健经营。建立保险公司联络员制度，加强与会员公司的联系，及时、全面地掌握整个市场运作情况。下发做好风险防范的文件，密切关注市场动态，对有可能引发非正常退保的苗头问题，及时与有关公司进行联系，防止事态扩大。密切与市直有关部门、银行、邮政的沟通联系。积极处置、做好重点客户服务工作；积极开展满期给付与退保风险应急处置大演练活动。截至2017年底，咸宁没有出现因满期给付、退保风险造成的社会性风波，经营秩序和社会秩序正常。

2. 开展防范打击非法集资活动和反保险欺诈行为。全市29家保险机构营业网，通过电子显示屏和悬挂宣传横幅、在醒目位置张贴宣传标语和海报进行宣传，扩大宣传教育的覆盖面和影响力，引导保险消费者自觉抵制非法集资活动；运用新闻媒体广泛宣传；充分发挥行业特点，利用营销员晨会、员工培训会、产说会等方式开展防范和打击非法集资专项教育，通过追踪落实，达到防范、化解非法集资风险隐患的目的。

3. 与市经侦部门大力协作，积极开展打击保险欺诈行为专项行动，通过调取可回溯监控影像资料和联合在全市保险业推行“告交通事故伤者书”方法方式开展工作，极大提高了案件经侦办案时效，维护了消费者知情权和切身利益，显著提高了保险服务质量，提升了保险业形象。2017年，累计处理打击保险欺诈类案件共30件，其中，移交经侦部门7件，协作处理23件。

4. 行业内多次组织各保险公司高管参加全市保险行业反腐倡廉、防范金融风险培训班，针对各公司主要负责人、高管（总经理及班子成员）作反腐倡廉警示教育报告。

（五）创建保险先进县

为积极参加湖北省保险先进县（市）、区创建活动，通过制定方案，健全工作机制，突出重点，积极推进创建工作各项标准落实，营造浓厚的创建氛围，促进区域保险市场持续健康发展。2016—2017 年，赤壁市和通山县连续两年被省政府授予“保险先进县（市）”的称号。

（六）行业形象显著提升

全行业通过开展“3・15”消费者权益日、“7・8”保险宣传日、“消费者评保险”等活动，行业形象得到较大改善，消费者满意度不断提升。为践行保险核心价值，展示保险业勇担社会责任和精神风貌。人保财险、太平洋寿险、新华人寿、泰康人寿、太平人寿、生命人寿、平安人寿、长江财险等多家公司以多种形式开展了保险扶贫攻坚系列图片展、“7・8 扶贫公益跑”“保险为生活添色彩”“五进入”等活动，普及、宣传保险知识，进一步提高社会公众对保险的认知和认同。

二、存在的主要问题

（一）保险发展有待提速

长期以来，咸宁市保险业发展速度未能与全市经济发展速度同步，保险深度和保险密度均低于全省平均水平，离“新国十条”中提及的“到 2020 年，总体建成保障全面、功能完善、安全稳健、诚信规范、具有较强服务能力，创新能力和国际竞争力，与我国经济社会发展需求相适应的现代保险服务业”“保险深度达到 5%，保险密度达到 3500 元/人”的目标差距较大，发展任务艰巨。某些政府部门、一些社会民众对于保险在经济社会发展中的作用认识不足、存有偏差。保险全面发展还有很长的路要走。

（二）经营方式与服务方式有待进一步提升

目前，咸宁市保险业尽管机构不少，但产品同质化现象严重，缺乏差异化经营，违规经营、变相杀价、惜赔、少赔等现象没能从根本上杜绝，部分公司长期亏损，发展和盈利能力严重不足，抗风险能力极弱，易出现大幅亏损。全市保险业务结构中，财产险占 25%，人身险占 75%；而在财产险保费收入中，车险业务占比为77%，非车险仅占23%，反映出咸宁市非车险业务发展薄弱，社会财产保障水平不高的情况；人身险业务中，银邮理财分红产品、短期保险产品占比过大，而保障型产品，尤其是长期保障型产品占比相对较小。现阶段，咸宁人均保费低于全省平均水平，保险服务领域窄，充分说明咸宁保险市场潜力还没有充分挖掘出来。

（三）保险机构有待合理发展

基础不牢，地动山摇。管理基础的薄弱一直是咸宁市保险业的瓶颈问题，在业务发展快时可能会掩盖一点，而一旦发展不足，管理方面的问题就会充分暴露出来。另外各机构发展不均衡问题仍未得到有效解决，各保险主体“强者恒强，弱者恒弱”的发展格局并没有被打破，发展好的公司保费收入过亿元，发展不尽如人意的公司保费收入仅几百万元。

第三节　发展举措

现代保险业既面临着服务实体经济、深化金融改革的广阔发展机遇，又要强化金融风险防控能力。咸宁市保险业力争到2020年，全市保险深度和保险密度达到全省平均水平，基本建成保障全面、功能完善、安全稳健、诚信规范、体系健全、与咸宁市经济社会发展需求相适应的现代保险体系。使保险成为政府、企业、居民风险管理和财富管理的基本手段，成为政府改进公共服务、加强社会管理的有效工具。要达到以上目标，咸宁保险业必须做好以下几个方面的工作。

一、深化对保险重要作用的认识

围绕咸宁市委、市政府提出的建设成为全省特色产业增长极、创建国家生态文明试验区、实施“创新驱动、绿色崛起”战略、建设中国中部“绿心”和国际生态城市等工作主题开展各项工作。通过各种途径和宣传形式，让各级领导充分认识到进一步发挥保险的功能作用对促进地方社会发展的重要意义。咸宁正处在转型升级的关键时期，市政府宏观管理层必须要求各级组织、各部门要充分认识保险的功能作用，立足于服务社会治理体系和治理能力现代化，把发展现代保险服务业放在经济社会工作的整体布局中统筹考虑，将保险机制纳入完善金融体系，改善民生保障、创新社会管理，促进经济提质增效升级，转变政府职能的具体实践中。

二、坚持党建工作与经营工作并进

以党建促发展。保险业要围绕业务发展大局，抓党建、促经营、建班子、带队伍，要深入开展标准化党支部创建工作，真正把一线党员干部的先锋模范作用激发出来。要把党纪考核贯穿于日常工作，始终把正风肃纪作为一项重要工作常抓不懈。通过学习教育活动的有效开展，促使工作作风进一步好转。在行业内大力培育和深入践行社会主义核心价值观，在市县两级广泛开展形式多样的争先创优活动，注重及时发现典型、总结经验，用标杆和榜样的力量引导广大从业人员。

三、加快保险产品创新步伐

全市保险业应抓住创新驱动助推经济供给侧结构性改革的契机，全面创新保险机制模式、产品服务和技术手段，激发保险业创新发展动力，支持咸宁市引领创新驱动发展和经济转型升级，增强保险助推经济供给侧结构性改革能力。目前，保险业积极对接场景化、规模化、个性化的消费需求，纷纷布局以人工智能、云平台和区块链为主的产品，逐渐将保险科技应用于各业务流程和服务环节，实现承保、核保、定损、理赔等功能的智能化，要按照“以客户为中心、以数据为依托、以智能为引领”的思路，坚持与时俱进。未来，保险科技必将呈现出主体更多、技术差异更大、科技应用范围更广等特点，但也需要密切防控风险，比如制定保险科技发展政策与法规以及加强数据管理、保障信息安全等。

四、加快发展商业养老保险

2017 年 6 月，国务院办公厅出台《关于加快发展商业健康保险的若干意见》（国办发〔2014〕50 号），为各地完善医疗健康保险体系明确了路径，提出要大力发展与基本医疗保险有机衔接的补充商业健康保险，鼓励企业和个人通过参加商业保险及多种形式的补充保险，满足基本医保之外的需求，为商业保险机构积极开发健康保险产品提供了良机。咸宁市基本医保之外的商业补充保险领域还在有序拓展，前景十分乐观。税延养老险试点工作已经开始启动，全市保险业已经基本做好了税延养老险试点的准备工作。

五、牢牢守住风险防范的底线

保险业应站在国家经济和社会发展战略高度，进行保险产品、业务模式和服务方式创新，突出主业、做精专业，不断拓展保险业服务国家战略、经济全局的途径和形式，杜绝把资产规模、行业影响、发展速度，甚至是资本的态度异化为检验标准，要牢牢守住风险防范的底线。要按照监管部门的统一部署，认真做好全市“治乱打非”等工作。要充分发挥“保险姓保”的天然优势，要主动作为，更多地在深化保险供给侧结构性改革上下功夫，更加注重通过增加有效保险产品供给，大力发展人民群众需求强烈的养老保险、健康保险、意外保险，积极承办大病保险、农村小额人身保险等业务，在老有所养、病有所医、灾有所偿、弱有所扶等方面充分发挥公司优势，补齐民生短板，使人民的获得感、幸福感更加充实、更有保障、更可持续。

第十一章　随州保险市场发展情况

第一节　市场概况

一、业务规模逐年扩大

2016年，随州市保险业实现保费收入共计24.32亿元，其中，财产险保费收入6.78亿元，人身险保费收入17.58亿元；赔付总额达4.76亿元。2017年，全市累计实现保费收入25.94亿元，同比增加1.62亿元，增长6.67%。其中，财产险保费收入8.02亿元，同比增长18.29%，人身险保费收入17.92亿元，同比增长2.17%；赔付总额为5.36亿元。发展规模相较于2015年（2015年随州总保费收入21亿元，其中财产险6.26亿元，人身险14.74亿元）均有明显增长。业务规模扩大，对于社会的贡献也越发突出。仅2017年，保险业共缴纳税费11821.16万元，其中代扣代缴车船税5465.18万元。

二、保险主体逐年增多

2016年全市有23家保险机构，截至2017年底，保险机构增至24家，财产险公司和寿险公司各为12家，其中财产险公司相较于2016年增加1家；保险从业人员达12333人，包括代理制员工10837人，占比为87.87%。

三、重点领域有所发展

（一）小额贷款保证保险

2016年，随州市签订了政府、银行、保险三方合作协议，各县（市）、区参照市政府协议执行。同年，政府风险补偿金存入邮储银行，其中随州市、广水、随县、曾都区、高新开发区各为200万元，大洪山风景名胜管理区为50万元，共计1050万元。人保财险随州分公司于2016年8月开始，积极稳妥地开展小额贷款保证保险业务。随州市全行业也紧密关注小额贷款保证保险工作的进展情况。人保财险在推进过程中，着重一个“稳”字，对客户资料认真审核，全面调查，将风险控制在最小范围内。截至2017年底，该公司共为全市26家小微企业提供小额贷款保险保障，放款共计4530万元，较好地支持了小微企业的发展。

（二）“三农”保险

2016—2017年，全市“三农”保险共计实现保费收入3342.92万元。2016年，实现保费收入1263.21万元，其中政策性能繁母猪578.64万元，商业育肥猪24.84万元，肉牛养殖16.35万元，政策性水稻404.87万元，商业水稻123.03万元，林木火灾44.06万元，水稻高温58.2万元，繁育肉牛8.97万元，温室及温室作物4.25万元；2017年，保费收入共计2079.71万元，其中政策性能繁母猪保险承保123622头，保费收入741.73万元，承保率为68%；商业育肥猪保险承保8.5万头，保费收入120.46万元；肉牛养殖保险承保195头，保费收入11.52万元；政策性水稻保险承保48.77万亩，承保率为30%，保费收入1165.79万元；商业水稻保险承保1.78万亩，保费收入24.96万元、承保率为0.01%；林木火灾保险承保6.4万元；繁育肉牛保险承保6.9万元；温室及温室作物保险承保1.95万元；两属两户农房保险承保41603户，承保率为100%。2017年，水稻保险赔付910万元，能繁母猪保险赔付614.85万元。为随州市的“三农”发展提供了全面的风险保障。

（三）大病保险

2017年，人保财险随州分公司中标曾都区和随县大病保险，中国人寿随州分公司中标广水大病保险，合同期均为3年。大病保险筹资标准为45元/人，起付线为1.2万元，1.2万～3万元赔付55%，3万～10万元赔付65%，10万元以上赔付75%。截至2017年底，人保财险承保的曾都区城乡居民大病保险实现保费收入 2325. 6 万元，承保人数 516821 人，承保率为 100%，已赔 5045 笔，已赔金额达 1213. 16 万元；随县城乡居民大病保险实现保费收入 3164. 4 万元，承保人数 703219 人，承保率为 100%，已赔 8183 笔，已赔金额为 1242. 65 万元。中国人寿承保的广水城乡居民大病保险实现保费收入 3341. 29 万元，承保人数 742508 人，承保率为 99. 12%，已赔 1460 笔，已赔金额达 1053. 02 万元。

（四）保险扶贫

2017 年，随州市保险行业协会（以下简称随州协会）、人保财险、中国人寿、太平洋产险、太平洋寿险五家保险系统单位到随县殷店镇曲河村精准扶贫。每单位包保一个村民小组。从 4 月起，各单位每月定期前往该村，到各自包保的村民小组与帮扶对象见面，了解村民致贫的原因和脱贫意愿，进而制订帮扶计划。截至 11 月底，保险系统扶贫单位已向该村提供扶贫款 16 万余元，用于为该村建设光伏发电站，为帮扶对象购买农具、猪仔，发展香菇产业等。人保财险推出精准扶贫大病补充保险，2017 年已承保 6. 6 万余人，赔付 7110 人，赔付金额达 266. 1 万元。全行业除了认真做好驻村扶贫外，还通过捐资助学、推出创新扶贫保险产品等多种方式，积极参与精准扶贫。太平洋人寿自 2015 年起便开始定点资助大洪山庹家小学，前期已为学校捐助 130 余万元，供该校改造校舍，新建图书室、操场等。2017 年 7 月，又开展“大手牵小手”一对一帮扶活动，组织学校留守儿童前往上海参加夏令营，让孩子们了解外面的世界，开阔眼界。多种形式的保险扶贫，充分地展现了保险在助推脱贫攻坚中不可忽视的作用。

第二节　主要成效及问题

一、主要工作成效

（一）坚持依法合规经营，促进保险市场日趋规范

全市保险业全力服务“保增长、保民生、保稳定”这个主题，积极建

立打击“三假”和治理行业贿赂的长效机制，充分发挥行业自律组织在维护市场秩序方面的作用，努力规范保险市场秩序，以服务全局为中心，着力扩大保险覆盖面，切实保护被保险人利益。通过一系列规章制度的建立和实施，有力地根治了经营过程中的违规行为。

一是签订自律公约，营造和谐健康的经营环境。为改变暗箱操作、高返还、高退费等无序违规经营行为和恶性竞争局面，确保保险公司主体自身的健康发展，在随州协会的组织协调下，各成员公司共同发起倡议，先后签订了《随州市保险行业人身保险业务自律公约》《随州市保险行业非车险业务自律公约》《随州市保险行业机动车辆保险自律公约》等多项协议。各公司均按照协议等相关规定，依法合规经营，健康有序竞争，从而形成了良性竞争、追求质量和效益的可喜局面，营造了一个“讲诚信、比奉献、重服务、谋发展、创和谐”的健康经营环境。

二是开展自律检查，推动保险业健康发展。通过检查，保险机构和个人依法合规经营的自觉性有了明显提高，较好地解决了过去恶性竞争、互挖墙脚、欺诈误导、批退埋单、拖赔、惜赔、人情赔等问题，促进了保险市场的日趋规范。

（二）坚持多措并举，努力改善发展环境

1. 认真做好保险宣传工作。

一是组织开展“3·15”消费者权益保护日、“7·8”全国保险公众宣传日等大型保险宣传活动。以行业内重要活动日为契机，全市20余家保险公司积极开展多种主题、多样形式的大型保险宣传活动，向社会公众宣传普及保险知识，接受市民相关咨询，进行现场扶贫公益跑活动等，努力提高公众对于保险业的认知度和认同感。

二是加强与新闻媒体的合作。借助新闻媒体的社会影响力，进行行业宣传，增强保险在社会民众间的影响性。中国人寿、平安人寿、平安产险、富德生命人寿等多家公司分别在《楚天快报》《随州日报》《编钟之声》等主流媒体发表文章，内容涉及宣传保险理赔和新产品，报道公司信息和保险理赔案例等。

三是积极开展反洗钱现场宣传。在市打非领导小组办公室和随州协会的统一组织下，平安产险、建信人寿、新华人寿、太平洋人寿、天安财险、泰康人寿、平安人寿等多家公司多次在重要交通路段和社区开展反洗钱现场宣传。

2. 积极构建宽松的工作平台。随州市委市政府及政府相关职能部门对保险业的重视程度越来越多，已逐步将保险业与银行业放在了同等重要的地位。各保险机构与市工商局、法院、交警等职能部门均建立起了良好的合作关系。随州积极搭建了四个平台，有力地支持保险业发展。一是积极寻求政法、公安、检察、司法等部门的支持，搭建保险业风险防范平台。二是主动争取工商、税务、教育、卫生等部门的帮助，搭建保险业发展的支持平台。三是开通门户网站，搭建会员公司间的交流平台。四是建立举报制度，设立举报电话，搭建全行业优质服务监督平台。目前，四个平台已经成功搭建并运行良好。

（三）坚持诚信建设，行业形象大幅提升

为树立保险业良好形象，随州市保险业提出了“内强素质，外树形象”的口号，要求全体保险人必须自觉改善承保理赔服务，切实维护被保险人权益，保护被保险人的利益，重塑行业形象，增强民众对保险的信心，促进保险业的健康可持续发展。一方面，大力提高保险从业人员的素质，逐步解决保险从业人员学历低、知识面窄、工作局面难以打开的问题。队伍的服务水平、服务质量和服务效率有所提升，过去少数员工不正当竞争的行为得到了纠正，公开、公平、公正的竞争氛围正在逐渐形成。另一方面，不断强化维护消费者权益意识，加强核心价值观建设，建立相应的考核评价和激励约束机制。强化内部经营管理，夯实维护消费者权益的基础，严格按照新《保险法》及监管部门的要求规范市场竞争，自觉杜绝不规范、非理性、有损市场秩序的行为，为维护消费者权益奠定了良好的行为基础。

（四）诉调对接工作取得实效

2015 年 5 月开始，随州市保险业就建立保险纠纷诉调对接机制寻求合

作，经过近一年的准备，2016 年 1 月 6 日，《关于建立保险纠纷诉讼与调解对接机制的实施意见》（随中法〔2016〕5 号）文件正式下发。同年 1 月，还出台了《随州市保险行业协会调解委员会管理办法》，3 月 1 日，随州市保险行业协会调解委员会正式成立并投入运行。调解委员会在曾都法院设立办公室，受理和调解保险纠纷案件（在曾都区、随县、广水市三个基层法院中，曾都法院涉及的保险纠纷案件占全市保险纠纷案件的 60% 以上），与随县法院、广水法院建立联络人制度。同年 3 月 22 日，调委会前往广水法院成功调解一起交通事故损害赔偿纠纷案件，当事人要求各类赔偿合计 56 万余元，经调委会依法据实调解，最终赔偿 24 万余元，减少金额 32 万余元。成为调委会成立后调解的第一件案件，也是成功调解的第一件案件。

2016 年，随州市保险行业协会调解委员会共受理案件 163 件，受理金额 2648. 24 万元，结案 147 件，结案金额 1978. 74 万元，调解成功 121 件，调解成功率为 82. 31%。2017 年，调解委员会共受理案件 307 件，受理金额 5049. 7 万元，结案 267 件，结案金额 3871. 7 万元，调解成功 176 件，调解成功率为 65. 92%。

（五）交通事故快处快赔网点建设实现全覆盖

2017 年 4 月，随州第二家快处快赔网点正式投入运行。至此，随州交通事故快处快赔网点实现了城区全覆盖。2017 年，两家快赔网点共处理案件 1567 件，每家网点日均处理案件 2 ~ 3 件，取得了良好的社会效应。

二、存在的主要问题

（一）社会认知存在误区

随州市保险业起步、发展较早，但是由于发展模式和工作方法存在一些不足之处，在长期发展过程中对社会上产生了一定的不良影响，社会大众在心理层面对其具有一定的偏见和抵触情绪。这不仅仅是由于随州保险业发展缺乏规范性和约束性，更重要的是因为我国保险业的发展没有充分结合市场运行规律和广大消费者的需要，存在较大的盲目性。社会大众的认识误区兼有主观性和客观性，在很大程度上阻碍了各项保险工作的顺利推广，进而影响随州整个保险业的发展，长期来看对随州市经济的发展也产生了很大的阻碍作用。

（二）队伍素质整体不高

在金融市场上，保险业长期不受重视，自身经营行为缺乏合法合规性，而很多保险企业为了获得高额利润，不断扩大公司规模，因此在从业队伍扩大的同时，队伍成员良莠不齐，人员的整体素质较低。一方面，从业人员的学历水平和受教育程度有限，很多一线的保险从业人员缺乏必要的专业素质，在进行业务推广的过程中容易引发客户的不满，这与目前保险企业对其缺乏必要的培训具有十分密切的关系；另一方面，由于随州市保险业竞争的不断加剧，很多保险企业的实际盈利能力相对有限，既不注重从外部引进专业化的人才，也不强调系统内部综合能力的培训。人才的匮乏在很大程度上降低了保险从业队伍的整体素质，不利于保险业的长远发展。

（三）保险中介市场监管乏力

随州目前在监管部门备案的中介代理公司、经纪公司共有 12 家，而经随州协会摸排，实际在开展业务的中介机构有 16 家之多。保险监管部门在随州未设机构，随州也没有保险中介行业协会，《保险法》规定，保险中介机构可自愿加入保险行业协会。但从目前看来，该市所有的中介机构都没有加入随州市保险行业协会。因此，对中介机构的监管和自律力度还不够强，中介机构的经营、管理存在诸多乱象，比如个别中介代理公司代理随州境外业务、理赔服务跟不上，有的中介代理公司以超高手续费招揽业务，形成恶性竞争等，给全行业的良性健康发展带来隐患。

（四）政府部门对“三农”保险的支持力度不够

随州市政策性水稻保险承保率低，不到种植面积的 1/3。多达 2/3 的农户没有享受到国家政策性保险惠农补贴政策的实惠，全市每年损失国家补贴资金近 2000 万元，损失保险保障近 4 亿元。相关政府部门的推动不强，引导不深，“三农”保险难以向下延伸。政策性农业保险的推进需要各级政府组织力量来共同努力，与各保险机构一起，为随州市“三农”建设撑上保险“保护伞”。

第三节　发展举措

一、大力推动养老保险服务

应在全市有条件的企业和社会单位试点推出养老健康保障计划，支持保险企业拓展企业年金等业务，提高企业职工的保障水平。支持发展个人储蓄性养老保险、独生子女家庭保障计划，适时地开展住房反向抵押养老保险、个人税收递延型商业养老保险试点。

二、全方位发展责任保险

积极推进食品安全责任保险试点。支持食品生产经营企业参保，按照法律法规的规定，在乳制品、婴幼儿食品、公共食堂、大型餐饮企业等领域积极开展强制保险试点。加快推进环境污染强制责任保险试点。逐步从重污染行业覆盖到一般污染行业。积极发展养老机构、承运人、旅行社、产品质量等责任保险。探索发展地方政府统一投保的自然灾害责任保险。

三、完善“三农”保险，创新支农惠农

加快发展农业保险。推动随州市水稻、畜禽养殖、林木、两属两户农房等重点政策性“三农”保险实现全覆盖。进一步加强政策性“三农”保险宣传，防范套保骗保等违法行为的发生，提高农合参保积极性。落实农业保险准备金制度。拓展农村小额信贷保险、农村小额人身保险等普惠保险业务，推进外出务工农民意外伤害保险，提升外出农民工的保障水平。

四、加快保险创新

构建政府、银行、保险三方合作模式，积极发展小额贷款保证保险。

支持企业财产保险、产品责任保险、货运保险等业务发展，发挥出口信用保险促进外贸稳定增长和转型升级的作用，加大对随州市自主品牌、自主知识产权的支持力度。

五、不断优化保险业发展环境

一是强化保险信用体系建设。完善保险从业人员信用档案制度、保险机构信用评价体系和失信惩戒机制。加强保险从业人员诚信教育，培育保险诚信文化。

二是优化保险业发展法制环境。完善保险业与公安部门的合作机制，联合打击保险欺诈行为。建立保险业与司法部门的沟通机制，推动保险诉讼案件公正快捷地审理，节约司法资源，减轻诉讼负担。

三是积极开展保险知识普及教育。综合运用各种宣传手段，加强对保险业的正面宣传，全面提升社会保险意识。

四是加强保险市场体系建设。积极引进专业性保险机构、外资保险机构、互联网保险公司、保险资产管理公司进驻随州市，引导保险市场向专业化、差异化竞争转变。

第十二章　恩施保险市场发展情况

第一节　市场概况

恩施州委、州政府积极谋划建设武陵山区域特色金融，形成了金融“领先发展、融合发展、诚信发展、稳健发展”“抓经济必须抓金融”的共识，初步建成了以银行、证券、保险为主体，民间金融为辅助，其他金融业态为补充的金融机构体系。金融暨保险业对国民经济的贡献度不断上升，正在成长为战略性支柱产业，为全州经济建设与发展奠定了良好基础。

一、业务规模扩大

2016—2017 年，恩施州共计实现保费收入 68.31 亿元，增长迅速。仅 2017 年，全州就实现保费收入 36.85 亿元，同比增长 17.13%。其中，财产险保费收入 13.43 亿元，同比增长 15.87%；人身险保费收入 23.43 亿元，同比增长 17.89%。保险覆盖面也持续扩大。2017 年，保险深度达 4.6%，比保险密度达 912.1 元。

二、市场主体增长

两年来，恩施州保险市场发育较为充分。截至 2017 年底，全州保险州级公司总数达 33 家，比 2010 年新增 18 家，增长率达 120%，8 个县（市）共设立支公司、营业部、营销服务部 117 个，县市保险机构达 117 家（2017 年新增 5 家），乡镇保险营销服务部达 138 个（2017 年新增 7 个）。同时，部分保险公司在社区、乡村设立“服务网点”432 个。保险从业人员达 2.1

万人（2017 年新增 1907 人）。

三、保障功能突出

保险作为社会“稳定器”、经济发展“助推器”的功能得到进一步提升。保险业为全州提供各类风险保障达 7800 多亿元。2017 年共计受理出险报案 23. 1 万件，比 2016 年增加 4. 8 万件，增长 26. 5%。办结 22. 56 万件，结案率为 97. 77%。其中，财产险公司接报案 15. 52 件，占 68. 79%，结案率为 96. 5%；人身险公司接报案 7. 04 万件，占 31. 21%，结案率为 99. 8%。保险赔款总金额达 13. 46 亿元，比 2016 年增加 2. 3 亿元，增长 20. 4%。其中，财产险公司赔付 8. 02 亿元，占 59. 58%，增加赔付 2. 1 亿元；人身险公司共赔付 5. 44 亿元，占 40. 42%，增加赔付 0. 2 亿元。

四、社会贡献明显

2016—2017 年，全行业的发展对当地社会和经济建设的贡献明显增强。2017 年全州保险企业缴纳税收合计 1. 41 亿元。其中，增值税 6830 万元，个人所得税 5944 万元，其他税收 1322 万元。代收代缴车船使用税 10075 万元。缴税总额超过千万元的保险公司有人保财险、中国人寿、太平洋产险 3 家，全行业有 8 个保险公司获得政府 A 类缴税人评级。

第二节　主要成效及问题

一、主要的工作成效

近年来，恩施州保险业坚持把依法合规经营放在首位，努力提高行业队伍合规经营的自觉性。不断创新保险服务形式和内容，提升服务水平。

（一）推进规范经营

紧抓行业自律，重点围绕大病保险、意外险、银邮保险、学平险等业务开展检查。检查经营行为的合规性、业务数据真实性，检查报批报备的条款费率和行业服务标准的执行落实情况，扎实推进行业规范发展。

（二）严控金融风险

2017 年，恩施州采取“五个一”，贯彻落实保监会“1 +4”等系列文件精神。一是保险业及时制定了《深入贯彻落实保监会“1 +4”等系列文件精神的通知》（恩施保协发〔2017〕19 号）；二是各保险公司签订了一份依法合规经营的承诺书；三是统一编印一套学习资料供高管、主管学习交流；四是举办了一次全州三级、四级机构高管（主管）参加的“1 +4”系列文件学习培训班；五是采取“一听”“二看”“三座谈”的方式，开展了一次学习贯彻落实“1 +4”等系列文件精神情况的大检查。

（三）加强网点建设

恩施州“山大而人不稀”，老百姓要求就近就地享受保险服务的愿望十分强烈。为了满足民众要求，全州有条件的保险公司在中心村和部分社区开设售后服务网点或便民服务网点。目前，该州 88 个乡镇中共设有五级保险机构 138 个，实现了全州乡镇全覆盖。同时改进保险服务能力：一是各保险企业加大了业务人员的知识培训，特别是加大了对承保出单、理赔、代理保险产品人员的培训力度；二是在硬件投入上有了一个大的进步，理赔人员都配备了现代化的踏勘设备；三是“互联网 +”营销方式、理赔方式正在兴起，“互联网 + 保险”的理念和模式已引起各保险主体的高度关注，并逐步深入恩施人的生活中，受到越来越多消费者的青睐。

（四）推动结构调整

1. 推进民生保险。一是按照鄂政办发〔2016〕47 号文件精神，推动商业健康保险。全州 24 家二级以上医疗机构，分别采取“政府招标 + 联合共保”的“江泰模式”“医疗机构招标 + 险企投保”的方式，参加了医责险、医疗意外险和医疗执业保险等，实现了全覆盖。恩施州有 1750 多家乡、村卫生院，大都选择适合自己的保险产品、保险公司参加了保险。二是按政府购买商业保险服务的要求，推进大病保险与基本医保和医疗求助相衔接，创新服务，强化管理，规范行为，实现经办公司服务机构、网络、人员、宣传等各项措施落地，做到即时接报“一站式”服务。2017 年，全州大病保险参保人数 339.3 万人，实现应保尽保，太平洋寿险、中国人寿 2 家经办公司共收保费 10178.51 万元，已经赔付 48341 人次，赔付金额 10626.86 万元，已赔付 104.4%。

2. 创新开展支农支小。继续落实州政府政办发〔2015〕48 号文件精神，全州 8 个县市政府分别与农商银行、人保财险公司签订“三方”协议，其中 6 个县市风险基金共落实 2500 万元。2016 年，在人保财险、中华联合 2 家公司通过“政银保”方式，为全州 375 家小微企业和种植（养殖）大户办理贷款（共计 5912 万元）保证保险的基础上，2017 年人保财险又引入“政府 + 保险企业直接融资 + 保险”的“政融保”新模式，获得 3 亿元融资额度，直接支持恩施州农村种养大户或小微企业，并已在利川市进行试点。

3. 创新推动结构调整。立足“保险姓保”“回归本源”，引导财产险、人身险补齐“非车险”和“结构性”发展“短板”。一是“三农”保险、财产险、货运险、责任险、信用险等业务发展加快。2017 年，全州农险业务保费、财产（货运）险保费收入 3736.2 万元、6047 万元，分别比上年同期增长 50.18% 和 19.22%。二是人身险引入“大健康”“大养老”保险新理念。加快健康险、养老险等长期保障型和意外险、医疗险等短期低缴费、高保障业务。2017 年，全州 14 家人身险公司新单期缴保费达 8.32 亿元，占当年新单保费的比例达 52.2%，比上年同期增长 30.4%；短期意外险、健康险业务分别比上年同期增长 19.84% 和 19.14%。与此同时，大幅调减了短期趸缴、投资理财型业务规模 6.17 亿元，下降了 51.85%。其中，富德生命人寿的趸缴保费调减 3.17 亿元，调减幅度达 63.15%。

（五）培植保险生态

加强消费者权益保护。一是 2017 年成立了“恩施州保险纠纷人民调解委员会”，并制定、下发了保险业信访投诉调解管理办法，做到有章可循。每年接受信访投诉的数量都在 40 件左右，信访投诉的内容大多是销售误导、理赔难的问题，做到了对消费者的来信来访有登记立案、有调查取证、有公平协商、有调解协议、有归档卷宗。二是建立了与州工商局、州消协的联席会议制度，采取定期通报与有事及时沟通的办法。三是畅通了与州信访局“阳光信访平台”的信息通道。四是 28 家保险公司都设有兼职信访工作人员。五是在每周保险宣传的专版上长期公布州保险业的投诉电话。

（六）履行社会责任

1. 驻村驻点扶贫，积极参与“整村推进”。目前已有人保产险、中国人寿、太平洋产险、太平洋寿险、人民人寿、中华联合、大地财险、天安财险 8 家公司在 25 个乡镇的 30 个村开展驻村、驻点扶贫工作（包村驻点 13 个村、联合驻点 17 个村），抽调扶贫工作人员 240 人，走访建档立卡贫困户和贫困人口分别为 1638 户、10118 人。共帮扶 182 个村民小组、6257 户、11802 人（其中建档立卡贫困人口 8810 人）。

2. 推进保险产品扶贫。以优惠费率或赠送保险的方式，开办农村小额人身保险、医疗保险、学生幼儿意外伤害保险、治安家财、建档立卡贫困户家财小额保险、两属两户农房保险、社会治安农村组合保险、1 元防癌险等多种“扶贫保”产品。2017 年，已精准对接贫困户共承保 49538 户，531908 人，并赔付 44 户，1993 人，赔款 516. 64 万元。针对建档立卡贫困人口的大病保险“起付线”已从 12000 元降低了 5000 元，并增加 5% 的赔付比例，保险公司增加赔付金额 1000 多万元。

3. 投资项目扶贫。两年来，各驻村扶贫的保险公司多渠道引入资金、技术，帮助贫困村和贫困户进行住房升级改造、电力改造、建水窖、硬化公路和连户路、河道治理、油菜种植、马铃薯种植、茶叶种植、养蜂、提供肥料、鸡苗等 10 多项基础设施建设和特色种植、养殖项目，已投入、引入和财政配套扶贫资金 1415. 08 万元。

4. 开展“普惠金融”。2016—2017 年，恩施保险业积极推进支农支小服务实体经济，已累计办理普惠贷款保险 37 笔，融资和拉动贷款 2050 万元，共支持小微企业 13 个、农村合作社 61 个、种养大户 211 户，已办理赔款 10 笔，18. 4 万元。

5. 推动爱心扶贫。两年间，共有28家保险公司组织开展了捐赠等献爱心扶危济困活动，公司和员工多种方式筹措帮扶资金134.73万元、慈善捐赠12万元，共帮扶贫困村26个、贫困户846户、帮扶建档立卡人口1208人、帮扶学校9所、帮扶贫困学生595名。

（七）营造发展环境

1. 多方合作搭建全媒体宣传平台，拓宽宣传覆盖面。全州充分整合行业宣传资源，发挥行业宣传优势，牵头与恩施日报、恩施电视台、恩施在线等合作，搭建电视、广播、报纸、周刊（杂志）、互联网、手机等多种宣传平台，统一制定各具特色的宣传方案，实现保险业多层面的宣传诉求。2017年，共有23家保险公司参与各媒体签订合作协议，组织开展宣传。

2. 立足当地组织大型宣传活动，扩大宣传影响力。多次组织“打击非法集资”“反洗钱”“食品安全”宣传月、宣传周等活动，并联合州工商局、公安局、司法局、银监局、人民银行等单位，开展“3·15”消费者权益日、“7·8”保险公众宣传日主题活动，开展典型案例评选活动。

3. 推送宣传稿件，提升保险形象。各公司积极运用不同媒体，以多形式、多角度发表各类稿件千余篇，切实加强宣传部门、新闻媒体的协调，强化保险舆情管理，做到了无媒体集中负面报道而产生的舆情风险。

二、存在的主要问题

恩施州保险业虽然得到长足发展，取得较好成绩，但与“新国十条”“省九条”的要求，与当地经济社会发展的需求相比，还有一定的差距。

（一）业务发展相对滞后

恩施州经济总量小，保险深度虽高于全国平均水平（4.42%）0.18个百分点，但保险密度（912.1元）只占全国平均水平2646元的34.47%，人均保费少，保障水平低。2017年全省各市州保费收入791.39亿元，同比平均增幅为26.76%。其中，襄阳、咸宁、黄冈增幅分别达40.50%、38.35%和33.34%，而恩施州增幅只有19.44%，保费增速在全省排名倒数第四，比条件相近的咸宁市增速低 13.9 个百分点。“新国十条”提出：到 2020 年，总体建成保障全面、功能完善、安全稳健、诚信规范、具有较强服务能力，创新能力和国际竞争力，与我国经济社会发展需求相适应的现代保险服务业，保险深度达到 5%，保险密度达到 3500 元/人。相较于上述目标，恩施保险业发展速度却未能与全州经济发展速度同步，保险深度和保险密度均低于全省平均水平，差距较大，发展任务艰巨。

（二）自律工作力度不够

协会的自律检查和对违规违约行为的查处力度不够，检查工作不深、不透、不全，惩戒上偏松、偏软、偏轻，且保险公司从上到下“系统性”自律执行不到位，导致许多违规违约行为屡查屡犯，属地治标不治本的问题。

（三）和谐发展意识较差

各保险公司之间协调、协商发展意识淡薄，没有很好处理公司之间的竞争与合作关系，公司利益与行业整体利益之间的关系。部分公司为了抢占市场，采取非理性、恶性竞争，不讲行业规矩、不讲同业情义、不讲职业道德，甚至违法违纪违规违约损害同业公司利益，损害行业利益。

（四）诉调对接推进不力

全州 8 个县市法院，启动保险诉调对接的只有恩施市法院而且案源不足，2017 年仅办理“诉前调解”保险纠纷调解案件 4 件。而法院方面的“案多人少”矛盾十分突出，许多适合委托保险业调解的案件没有“对接调解”，多渠道化解保险纠纷的机制没有真正运行起来。

（五）快处快赔遇到瓶颈

恩公交管〔2017〕161 号文件下发后，在组织邀约、推选筹建网点合作企业时，州交警支队否决了文件中规定的关于推荐汽车修理企业参与筹建的方案，又没有更加行之有效的措施，导致网点建设遇到“瓶颈”，推进受阻。

（六）保险的社会认知度有待进一步提高

目前，恩施州有些地方及部门对保险在经济社会发展中的作用认识不到位，对保险业在刺激消费、增加税收、扩大就业、保障民生等方面的作用，以及在完善社会保障体系、参与社会管理、促进社会和谐进步等方面的功能认识不足，保险全面发展还有很长的路要走。一些州民对保障认识有偏差，没有形成正确的保险消费理念，风险意识不够强；一些消费者甚至对保险存在偏见和误解，限制了保险功能和作用的充分发挥。保险宣传力度不够，部分保险公司没有给中心支公司（三级机构）预算宣传工作经费。

（七）经营方式与服务方式有待进一步提升

目前，恩施州保险业尽管机构不少，但产品同质化现象严重，缺乏差异化经营，违规经营、变相杀价、惜赔、少赔等现象没能从根本上杜绝，少数公司长期处在亏损经营的状态。全州保险业务结构上，财产险占28.9%，寿险占71.1%；而在财产险保费收入中，车险业务占比为83.2%，非车险仅占16.7%，说明当地非车险业务发展薄弱，社会财产保障水平不高，不能适应经济社会发展的需要；人身险业务中，银邮理财分红产品、短期保险产品占比过大，而保障型产品，尤其是长期保障型占比相对较小。目前，恩施人均保费低于全省平均水平，保险服务领域窄，充分说明恩施保险市场潜力还没有充分挖掘出来，发展空间巨大。只有各级政府把“州八条”真正落到实处，形成齐抓共管的局面，才能满足人民群众日益增长的保险需求，增强人民群众的获得感和幸福感。

（八）队伍建设滞后

县市保险市场主体发展迅速，新增机构逐渐增加，带来一些不适应。一是高管人员严重匮乏，导致了保费增速与行业服务不匹配。二是保险行业协会组织培训高管人员机制未形成，多数会议只是布置任务、催进度、奖惩兑现，业务培训只讲保险产品、只讲法律法规、只讲公司发展愿景。地方经济发展状况、地方政府对保险业的要求、消费者对保险产品的建议、公众对保险市场的看法等，都不能及时传导给不同公司的员工，使其展业不接地气。

第三节　发展举措

2018 年是贯彻党的十九大精神的开局之年，是改革开放 40 周年，是决胜全面建成小康社会、实施“十三五”规划承上启下的关键一年。恩施州保险业要紧密结合当地实际谋发展、防风险、重服务、强管理、上台阶。切实加快发展速度，缩小与全国、全省发展的差距，争取全年保费总规模突破 50 亿元以上。

一、争取行业发展的有力支撑

争取党政部门重视支持保险业发展。一是加强日常向党政部门汇报工作的密度和力度；二是争取组织一次州公司层面并邀请州领导参加的保险业发展高层座谈会；三是组织召开一次各县市保险协调管理办公室成员单位参加的全州保险工作会议；四是协调做好各相关部门的协同发展与管理工作。

二、推进保险业精准扶贫工作

一是准确掌握各会员公司驻村、驻点扶贫的进展情况，加强行业督导，确保按照党政部门要求精准扶贫、精准脱贫，按时完成扶贫任务。二是协调推进《恩施自治州保险业决战深度贫困精准扶贫“扶贫保”实施方案》等保险业扶贫方案的落实落地。三是重点支持和协调推动各保险公司创新特色扶贫保险产品，参与扶贫攻坚。四是引导保险业继续开展爱心、慈善捐赠等活动，精准帮扶贫困家庭、贫困学生。

三、营造良好的保险业发展环境

一是总结近年来全州保险业开展宣传的做法和效果，向州委宣传部做一次专题汇报并争取召开一次保险业宣传工作座谈会或研讨会。二是进一步整合行业宣传资源，搭建好与恩施日报、恩施在线、恩施电视台、恩施广播电台等媒体宣传平台，组织各会员公司参与媒体宣传，发挥市场主体宣传的主体作用。三是策划组织好“3·15”消费者权益保护日、“7·8”保险公众宣传日等重大宣传活动。四是加强保险业舆情风险防控。

四、行业自律应为协会主业推进

把行业自律当作保险业发展的根本，切实贯彻保监会40号、174号、54号和136号文件精神，重点继续治理车险市场乱象，规范“承保双录”“访后付费”等经营行为。一是进一步建立健全自律工作“四个机制”，即自律工作民主决策机制、经营风险预警机制、举报奖励机制、违约查处机制。二是进一步推进自律工作“四个联动”，即省市州协会联动、保险协会与中介机构联动、协会自律与保险公司内部管理联动、协会提交线索与监管部门查处联动。三是坚持自律工作“四个原则”，即坚持依法合规原则、公平公正原则、公开透明原则、注重成效原则。四是加大自律工作“四个力度”，即加大巡查的力度、加大检查的力度、加大处理的力度、加大整改的力度。

五、多渠道维护消费者合法权益

一是继续发挥保险纠纷人民解调委员会的作用，进一步做好信访工作。二是转变工作方式加强与基层法院、法庭联系，解决保险纠纷“诉调对接”案源不足的问题，积极参与涉险诉讼案件调解，发挥保险专业优势化解纠纷。三是深化与公安经侦支队的合作，从预防入手抓好打击保险欺诈工作。四是进一步与州交警支队沟通，争取落实《恩施州道路交通事故快处快赔网点建设管理办法》（恩公交管〔2017〕161号），加快筹建快处快赔网点建设工作，快速处理道路交通事故，维护车辆保险当事人的权益。

六、坚持保险业服务实体经济发展

一是继续推动小额贷款保证保险“政银保”项目，协调推进人保财险“政融保”项目，整合签订三方合作协议，整合落实风险基金，解决小微企业和种养大户融资难的问题。二是根据省政府鄂政办发〔2016〕47号、鄂政办发〔2017〕80号文件精神，组织开展商业健康养老保险情况调研，拟定并向政府提交恩施州加快发展商业健康养老保险实施方案，争取政府发文推进。三是协调做好保险资金投入与恩施州招商引资项目对接。四是扎实推进保险业对接全州“一谷、两基地、三示范区”建设。

七、加强保险特色产品创新与推广

引导保险机构根据恩施州经济社会发展需要，创新产品和创新服务，增强保险服务地方经济的能力。推广做优小额贷款保证保险产品，服务扶贫贷款和小微企业融资；加大特色“三农”保险产品的开发，扩大政策性保险范围，力争到2020年将茶叶、魔芋、药材、黑猪、马铃薯等特色产业全部纳入，农业保险覆盖面达85%，农业保险参保农户覆盖率达到全国平均水平；大力发展火灾公众责任险、环境污染责任险、医疗责任保险、校园方责任险等险种，降低生产成本与风险；进一步开发与生活相关的保险产品，推动女性特定疾病保险、储蓄性养老保险、食品安全等“菜篮子”保险等民生保险品种开发，引导保险公司开发适合低收入人群、残疾人等特殊群体的小额人身保险及相关产品；借商业车险改革的东风，推动全州机动车应保尽保。

结合恩施州的扶贫攻坚和精准扶贫需要，鼓励保险机构开发贫困县市特色农产品价格保险，促进产业扶贫的发展。引导保险资金利用债券投资计划、股权投资计划等方式，为恩施州健康休闲产业、重大基础设施、城镇化建设提供资金支持。以优化保险机构布局为抓手，坚持高标准和差异化的原则，推进保险服务体系建设。加大基层保险服务网点建设，引导保险机构向乡镇和农村延伸服务网点，改变保险机构集中州、县两级的“头重脚轻”格局，建立从州到县市、到乡镇、到村组的“立体式，全覆盖”保险服务网络。加大保险机构引进工作，优化保险机构市场布局，对保险机构进入实行总量控制，建立保险机构的优选与退出机制，力争到2020年每个乡镇至少都拥有1家寿险服务机构、1家财产险服务机构。加大保险服务体系建设力度，鼓励保险机构加大网点建设投入。加大农村保险市场的开拓力度，到2020年基本建成保障全面、功能完善，具有较强服务能力，与恩施州经济社会发展需要相适应的现代保险服务业。

第三篇

公　司　篇

第一章 人保财险湖北省分公司发展情况

2016—2017 年，中国人民财产保险股份有限公司湖北省分公司（以下简称人保财险湖北省分公司）全省系统以强化党建为统领，克服宏观经济下行压力的影响，在市场竞争加剧和大灾频发的形势下，着力深化市场对标，积极应对市场竞争，持续推进改革转型，上下齐心，共同努力，开启了百亿元之后的新征程。

第一节 发展概况

一、业务发展基本情况

（一）保费增速持续递增，市场份额不断攀升

两年来，人保财险湖北省分公司主动对接湖北“建成支点，走在前列”的发展定位，以对标考核为牵引，全面推进企划引领，在服务经济社会发展大局中盯市场、转观念、抓机遇、谋发展。2016 年公司实现保费收入 112.9 亿元，同比增长 12.7%，超越市场增速 0.2 个百分点，两年以来，公司市场份额持续回升，份额达到 39.1%；2017 年公司实现保费收入 135.0 亿元，同比增长 19.5%，超越市场增速 1.3 个百分点，市场份额达到 39.5%，市场份额回升幅度进一步扩大，保费规模持续保持中部地区财险公司首位，公司发展势头良好。

分险种来看，2017 年，公司除信用保证险、意外险外，其他险种市场份额均保持绝对领先优势，其中公司健康险、家财险、农业保险、船舶险、特种险保费市场份额高于 60%；从保费占比来看，公司保费结构进一步优

化，车险保费占比为67.5%，相较于2015年底占比下降0.9个百分点，非车险占比进一步上升。2017年人保财险湖北省分公司分险种保费市场份额与保费占比见图3－1－1。

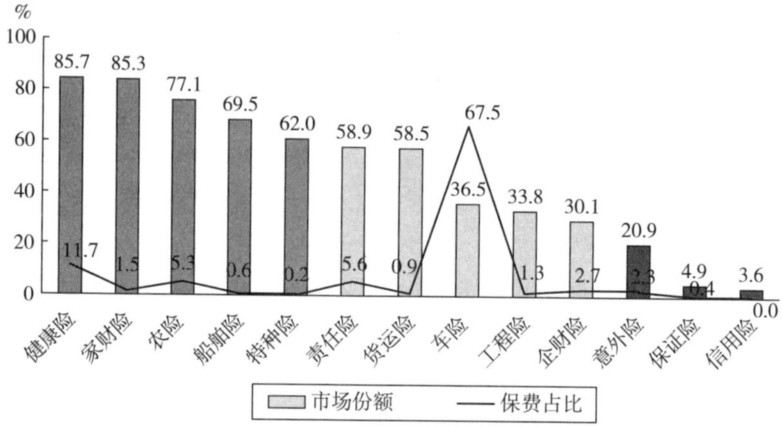

图3－1－1　2017年人保财险湖北省分公司分险种保费市场份额与保费占比

（二）风险管控能力不断提升，经营效益不断增加

两年来，公司坚持有效益发展不动摇，以管理促发展、增效益。持续深化成本领先战略，精准投放资源，实施费用率预算与业务质量、经营业绩联动调整，2016年，公司综合赔付率为65.3%，公司综合费用率为30.6%，公司综合成本率为95.9%，公司净利润为44795万元，同比增加4379万元。2017年，公司综合赔付率为65.0%，同比下降0.3%，公司综合费用率为30.6%，与上年基本持平，公司综合成本率为95.6%，同比下降0.3%，综合成本率优于行业平均水平，公司净利润为54389万元，同比增加9594万元，公司经营效益呈现出稳中向好态势。

（三）持续践行保险业核心价值，社会责任不断彰显

两年来，公司累计承担保险金额239688亿元，累计赔付138.2亿元，处理各类案件208.3万件，吸纳各类就业人员1.9万人，缴纳各类税收34.3亿元（含代缴车船税），持续践行保险业核心价值，彰显保险企业的社会责

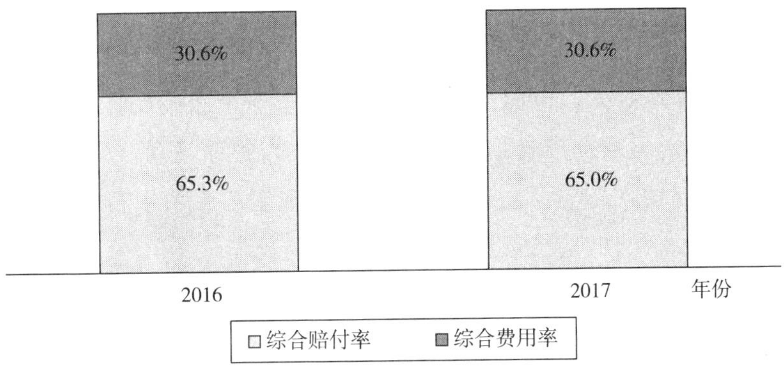

图 3－1－2　2016—2017 年人保财险湖北省分公司综合赔付率和综合费用率

任，为湖北经济发展和服务民生发挥积极的保障作用。

二、业务发展基本特点

（一）多数分公司发展超越预期，亿元支公司不断增加

2017 年，武汉、宜昌、荆州、十堰、孝感、黄冈、荆门、恩施、黄石、随州、鄂州 11 家市州分公司增速超越市场预期。其中，武汉公司保费收入首次突破 50 亿元，在系统城市公司中排名第四，中部第一，连续 7 年实现“双超”，被总部评定为 A2 类重点城市分公司。宜昌、荆州 2 家公司保费收入先后登上 10 亿元台阶，形成了业务发展的第二梯队，被总部评定为 B1、B2 类重点城市分公司。襄阳、十堰、孝感、黄冈 4 家公司保费收入突破 8 亿元。新增省营业部、江汉、武昌、汉阳、麻城、蕲春、钟祥、襄州及襄阳公司车商部 9 家亿元级支公司，亿元支公司总数达到 41 家，公司业务发展呈现出“多极多点支撑”的良好格局。

（二）队伍渠道不断壮大，发展基础不断增强

两年来，省公司紧紧围绕总公司战略部署，落实“去中介、降成本、优服务、强黏性”的要求，强化团队建设，全年建成电子商务专营机构 14 个、车险续保团队 166 个、县域新车团队 64 个、农网乡镇电销团队 361 个、商业非车险团队 138 个、综合营销团队 180 个，新建团队销售人员达 7000

人。团队产能不断提升，自有业务占比不断提高，面向未来的销售基础更加巩固。渠道经营方面，电网销加快互联网业务布局，实现非车险网销保费收入超过6000万元，全国系统排名第四。车商全面拓展县域二网卖场，车商渠道增速全国系统排名第一。经代渠道突出银保互动，以全面业务代理、特色险种代理、共保联保代理模式，实现了与工商银行、农业银行、中国银行、建设银行、交通银行国有五大行以及邮政、招商、华夏、光大等重点银行业务全面合作，增速全国系统排名第一，获评全国系统最佳渠道创新奖，绩效考评全国一等奖。直营销渠道加强对接市场，业务规模快速增长，个代渠道强化增员，再造了一支销售新军。重客渠道强化风险管理，提升服务价值，巩固合作基础，保费规模和增幅排名全国系统第六，此外还围绕军民融合，拜访了武汉联勤保障基地、省武警总队，打开了军队保险对接联系渠道。

第二节　主要业绩及问题

一、近两年主要业绩

（一）服务湖北经济社会发展

1. 保险扶贫的广度和深度持续提升。两年来，人保财险湖北省分公司坚持精准发力，助推脱贫攻坚，先后与湖北保监局、十堰市政府联合在十堰设立了湖北省首个“保险扶贫示范区”，与湖北省扶贫办签订战略合作协议，推出“扶贫保”专属产品。2017年，黄冈、荆州、孝感、武汉、随州等多个地市分公司开展了针对贫困人口的补充医疗保险，实现保费收入4.9亿元，承保贫困人口282.3万人，承保贫困人口较上年增加180多万人，承担保险金额15273亿元，化解了“因病致贫、因病返贫”难题，公司还在十堰、荆州、宜昌、恩施等多个地市州，开办了水稻、果树、肉牛、肉羊、母猪、食用菌、育肥猪等多个扶贫保险品种，为贫困人口生计产业保驾护航，产业保险产品不断丰富。此外，省公司加大对宣恩县两溪河村帮扶力度，经过两年攻坚决战，两溪河村已达到脱贫出列标准，成功脱贫。目前，黄冈“四位一体”健康精准扶贫模式和十堰构建“立体保护网”模式成功入选中国保险协会第三季度扶贫先锋榜。公司的扶贫工作也多次受到《人民日报》《中国保险报》《农村金融时报》《湖北日报》、湖北经视等多家省内外主流媒体报道。

2. 服务乡村振兴战略的能力不断加强。两年来，公司以推进农业保险事业部改革为契机，落实农村保险机构建设和服务升级，组建支农支小专业团队，推动公司从经营农险向服务“三农”转型。

（1）政策性农业保险方面。公司主动承担行业发展的重任，参与推动湖北省《2017 农业保险工作实施方案》的出台下发，促进中央政策性险种“提标扩面”工作顺利落地，湖北省徘徊多年的政策性农业保险有了较大突破。水稻保险承保率较上年提高 5 个百分点，保费净增量 2 亿多元，油菜和棉花扩面试点顺利完成承保。

（2）业务创新方面。大力发展特色农业保险，推进“一县一品”工程，在特色农业保险方面，创新开展了能繁母牛保险、肉牛保险、山羊保险、茶叶保险、养鱼保险等产品，开发了武汉市水果、蔬菜种植保险，潜江葡萄种植保险等特色产品，探索农业保险与金融的合作创新，推出农产品期货价格保险。

（3）农村普惠金融方面。2017 年公司战略性发展支农融资普惠金融业务，支农融资签约额度达到 8.2 亿元，实现放款 3655 万元，申报的红安县“政融保”项目，被国家农业部评定为全国金融创新试点项目之一，获得国家农业部创新试点资金支持。

（4）乡村治理方面。公司积极参与乡村治理，近两年，全省治安保险工作取得了新成效，基本形成了保险参与综治工作的组织体系和运行机制、“便民、利民、惠民”的产品和服务、保险服务与群众安全感双提升的局面，为深化平安湖北建设发挥了重要作用。2017 年公司治安保险覆盖农户达到 209.8 万户，同比增长 38.9%，赔付 5554.7 万元。

此外，2016 年，公司推出水稻高温天气指数保险和水稻暴雨天气指数保险，当年向仙桃市政府支付水稻暴雨天气指数保险赔付 1000 万元。并在全国率先开办了政府扶贫救助保险、小龙虾天气指数保险。

3. 持续加大产品和服务的创新力度。一是落实“新国十条”“省九条”相关政策，创新推出诉讼财产保全责任保险、首台（套）重大技术装备保险、行道树公众责任险等产品，并与阿里巴巴“招财宝”合作，开展了互联网履约保证保险业务。二是在服务民生方面，创新推出农民意外伤害险、低保对象意外险、残疾人意外险、老年人意外险等产品，依托大病保险平台积极经办社会医疗保险业务。三是与金汇通航联合启动直升机救援项目，开辟了湖北保险业首条空中救援生命线，签发了全国首张跨境电商保单。

4. 积极参与湖北多层次社会保障体系建设。近年来，公司强化社保团队建设，提升服务能力，创新管理工具，强化风控能力，积极推进“一站式”即时结算，提升服务体验。2017 年，公司在 9 个市州承办城乡居民大病项目 13 个，覆盖参保人数 1626.9 万人。两年来，累计实现签单保费收入 11.1 亿元，累计赔付 11.0 亿元。

5. 加快保险资金入鄂进度，推动人保资本与湖北交投和武汉地铁的融资合作，融资金额 150 亿元，支持湖北实体经济的发展。

（二）服务客户的能力和水平持续提升

1. 公司服务平台不断丰富。2016 年，湖北人保财险微信公众号开通，投入使用在线报案和在线客服功能，专门安排 95518 资深客服代表具体负责报案、调度、咨询及投诉环节的在线服务工作。推进了二代移动查勘定损系统应用，方便客户办理理赔手续，改善客户体验。加快小案快赔，扩大在线理赔应用，推广武汉微信理赔、襄阳 APP 远程自助定损等极速理赔模式。全省系统 2000 元以下赔案结案率为 99.5%，24 小时结案率为 50.6%，理赔整体提速 30.6%。整合各环节服务内容，扩大第三方合作，统筹客户积分商城、客户俱乐部、微信公众号平台等服务资源，丰富增值服务，增强了客户黏性。加强客户投诉管理，按照保监会 3A 评价要求，加大服务评价考核力度，公司亿元保费投诉量 0.46 件。“十一”期间，湖北省分公司在辖内高速路口及服务区共设立 22 处事故快处快赔服务网点。省公司选派多名理赔经验丰富，沟通能力强，综合素质过硬的工作人员驻点为客户服务。在为车主提供极速理赔的同时，还提供理赔咨询、道路救援、维修服务、发放饮用水、问路解答等增值服务。数据显示，省公司22处服务点在国庆期间共处理567起理赔案件，服务客户1225人次，出动理赔车辆582台次，提供救援服务36次，维修服务54次，送水服务623次，咨询服务740次。

2. 公司服务网点不断增多。截至2017年底，分公司已在全省农村地区各乡镇建立营销服务部440个，保险服务站894个，建立村级保险服务点超过1.78万个，乡镇网点覆盖率为141.46%、村网点覆盖率为69.64%，从事农业保险基层服务的人员超过1.86万人。其中，建成总公司标准化“三农”营销服务部网点55家，并将“农村业务发展”“网格化管理”“保险扶贫”“区域党建”四项功能“四合一”纳入，建成31家湖北省标杆网点。

3. 应对重大自然灾害的能力持续提升。2016年夏季，湖北遭遇特大暴雨灾害，公司迅速启动重大灾害事故应急处理预案，省、市、县、乡四级机构闻“汛”而动，四级联动，公司严格按照“五快”（快查、快定、快赔、快统、快报）原则，全员上阵、简化流程、快速理赔，全力做好抗灾理赔服务，支持灾后重建和恢复生产，发挥保险业正能量，真真切切地为政府分忧，为受灾群众解难，当年处理特大暴雨洪水案件45245件，结案率为98%，支付赔款4.99亿元，得到了保险监管部门和各级政府的充分肯定和好评。

二、存在的主要问题

公司上下常年为保费奔忙，“就保险论保险”“就保费论保费”，对人民保险的初心和使命的领悟有待加深，对国有保险企业的责任和担当认识有待提高，服务党和国家大局的视野有待扩宽。部分公司、产品线与政府主管部门全面对接机制尚不健全，对与政府相关保险的工作思路、工作重点、资源配置缺乏相应的对策和举措。

一是发展不平衡的问题亟待解决。险种不平衡、区域不平衡的问题比较突出，统一协调、均衡发展的格局尚未形成。特别是部分公司始终没有摆脱发展困难的局面，有的体现在业务条线，有的体现在县市区域。

二是销售能力有待提升。大部分支公司销售渠道单一、销售方式传统，自主销售能力不足，“有保费无客户”的现象在有些公司依然存在。在新系统、新技术、新工具的应用上，跟不上时代的步伐，销售工作显得乏力。

三是管理基础仍显薄弱。各级分公司，特别是三级以下机构，在规范经营、流程优化、服务能力、信息支持、创新机制等方面显得较为薄弱。

第三节　发展举措

一、坚持党建引领，全面提升组织战斗力

强化党对一切工作的领导，深入推进全面从严治党，为各项事业发展营造良好的政治生态和发展保障。一要抓学习教育。学习贯彻党的十九大精神和习近平新时代中国特色社会主义思想，把“不忘初心、牢记使命”主题教育、“两学一做”学习教育常态化制度化和公司发展实际结合起来，不断完善党校轮训、中心组理论学习、“三会一课”等学习制度，筑牢各级党员领导干部“抓党建、促发展”的思想基础。二要抓组织建设。加强基层党员发展力度和日常管理，健全机构、完善制度、规范活动、量化考核，确保基层组织建设常态化、制度化、规范化。持续开展“五好”联合党支部、“五讲五有”合格党员争创活动，强化示范引领。三要抓制度基础。进一步落实党委会议事规则和“三重一大”制度，规范“三会一课”、组织生活会、民主生活会和双向约谈等制度，严肃党内政治生活，严明政治纪律和政治规矩。四要抓班子建设。坚持党管干部原则，健全完善选人用人的程序和规范，结合公司班子队伍建设现状，打造一支对党忠诚、能担当、能干事、能服众，老中青年龄结构合理的班子队伍。五要抓执纪问责和作风建设。强化纪委党内监督作用发挥，把握“一岗双责”关键节点，加强监督检查，坚持有责必问、问责必严。严格落实中央“八项规定”精神，持续整治“四风”，尤其是习近平总书记批示的形式主义、官僚主义等10个方面问题，进一步营造风清气正的干事创业环境。六要抓区域党建。牵头主持人保湖北区域党建协调工作，做好统筹谋划，推广“一体化”共建示范点建设经验，把共建向乡镇网点延伸，共同做好教育培训和党员发展

工作，以联合主题活动扩大品牌影响，促进交叉业务发展。

二、全面提升服务深度和广度

（一）创新发展“三农”保险，服务国家乡村振兴战略

1. 乘势而上，抢抓国家乡村振兴战略机遇。扩大农业保险覆盖面，提高保障水平。政策性农业保险应保尽保，积极开展地方特色农产品保险、天气指数保险、价格指数保险，扩大渔业保险、森林保险承保范围；与支农融资联动，深化“保险＋期货”金融创新；探索发展农业全产业链保险，大力开展农机具保险、农业基础设施保险，支持构建新型农业社会化服务体系；积极发展农村小额保险、农房保险、农村综合治安保险，服务农村社会治理；发展土地流转保险、“两权”抵押保险，支持开展农民收入保险抵押贷款，促进城乡公共资源均衡配置。

2. 重点要完善农村保险组织服务体系、丰富农村保险产品体系、强化农村保险制度体系。强化科技应用，要全面拓展农村市场，重在细化目标任务，抓实网点建设，加强队伍建设，强化政策支持。

（二）持续参与精准扶贫，全面提升保险扶贫的广度和深度

1. 及时梳理保险扶贫工作中的不足，明确精准扶贫补充医疗保险空白市县区，制订展业计划，聚焦深度贫困地区和特殊贫困人口，加大“扶贫保”的推广力度，努力做到保险扶贫“不落一村、不漏一户”。

2. 加强贫困人口的信息管理，分析贫困人口购买保险的情况，保险扶贫不仅要注重保障贫困人口人力资产，也应注重保障贫困人口物资资产、金融资产、生计策略，扩大农房保、产业保、助贷保等产品覆盖面，积极开展农产品价格指数保险、农产品产量保险等业务。

3. 要了解政府和贫困人口服务需求，加强移动互联等技术的应用，提升服务水平，进一步简化承保理赔手续，尽可能全部实现“一站式”办理。

三、坚持科技驱动，全面提升服务能力和水平

（一）以流量思维打造移动电商平台提升获客能力

线上线下一体化重构销售服务体系，建立直达客户的营销新模式。依托公司微信公众平台、APP、网站等，以规模优势和社会关系优势整合政府与社会资源，开展系统对接和资源交换，为客户提供验车、违章处理、代驾、救援、资讯推送等多种增值服务，将移动应用端打造为增值服务直通客户的线上通道，以线下服务助推客户向线上迁徙，加快推动电网销渠道向直通业务战略转型，将农网和城网分别打造为公司电商在农村和城市的线下支持平台，服务互联网营销新模式。组建线上营销团队，线上线下协同开展主题营销活动，结合线下展业与促销活动，高频吸引用户，支持互联网海量获客。加强与互联网公司战略合作，实现自建平台引流和第三方平台引流双轮驱动，提升平台获客能力。

（二）依托大数据和移动互联实现在线核保

建立保险合约在线处理与确认平台，提升承保效率。一是基于新的承保定价模式，细化、标准化核保规则，支持核保电子化、自动化，实现精准报价和在线核保，扩大自动核保范围，提升人工核保技术支持力度，依托大数据和移动互联技术，构建业内领先的多维度风险定价模型，再造商车费改新优势。二是依托移动互联技术，在线传输、搜索、获取客户风险信息，最大限度地简化客户资料提供，支持在线简约投保。三是把握电商法律环境改善趋势，推进保险合约签署电子化，实现保险合约在线处理、确认和电子化传输，对接线下移动销售工具，支持销售人员完成产品推荐、精准报价、投保信息录入等工作。

（三）构筑开放透明的移动理赔平台

以极致思维打造优质理赔服务，重构公司理赔新模式。一是建立大互联下的多渠道接报案平台，支持客户通过电话、APP、微信、官网等各种通

道报案。借助移动互联技术简化客户索赔流程和索赔资料提供，提升用户体验。二是线上线下协同，建立理赔在线处理和在线支付模式，打造理赔在线处理平台，实现理赔全流程作业和数据传输处理电子化，打通理赔人员作业与线上处理平台对接通道，获取线上技术和信息支持，传输线下理赔作业成果，提高线下理赔效能。三是利用移动互联终端向客户展示理赔主要环节和进展，支持客户参与。导入理赔用户后评价机制，以公开的客户评价推动供应商持续提升服务水平。四是建立理赔人员与查勘定损、医审跟踪任务的自动匹配规则，实现智能调度，提高理赔人员的工作效率。建立小额案件线上自助理赔模式，客户自助上传损失照片，线上依托规则引擎自动定损、结案支付。

第二章　太平洋产险湖北分公司发展情况

2016—2017年，中国太平洋财产保险股份有限公司湖北分公司（以下简称太平洋产险湖北分公司）进入高速发展时期。公司紧随集团“转型2.0”的步伐，在“控品质、调结构、强基础、增后劲”的方针下坚持业务调整和质量为先，终于突破“瓶颈”，进入新的发展轨道。公司坚持合规经营，持续提升服务水平，着力产品创新，关注社会公益，为各行各业提供全面的风险保障，为湖北省的经济建设持续保驾护航。

第一节　发展概况

一、业务发展基本情况

（一）保费收入大幅上涨

从保费增长趋势来看，近两年来，太平洋产险湖北分公司总体保费整体呈大幅度的正态增长。车险保持主导优势，非车险结束连年亏损，实现正态增长，见表3－2－1。

表3－2－1　2016—2017年太平洋产险湖北分公司保费收入情况

年份	保费收入（万元）	同比增幅（%）	车险保费（万元）	同比增幅（%）	非车险保费（万元）	同比增幅（%）
2016	266911	4.5	224593	7.6	42317	－9.1
2017	313760	17.6	268847	19.7	44913	6.1

（二）赔款支出增幅较大

由于2016年湖北省遭受百年一遇的暴雨灾害，2016—2017年两年赔付明显上升。车险赔付和非车险赔付相较于往年均有较大增幅，其中车险和企财险2017年对未决案件的清理，也使2017年赔付与2016年几近持平，见表3-2-2。

表3-2-2 2016—2017年太平洋产险湖北分公司赔款支出情况

年份	赔款支出（万元）	同比增幅（%）	车险赔款（万元）	同比增幅（%）	非车险赔款（万元）	同比增幅（%）
2016	158420	14.8	126022	13.8	32397	18.7
2017	157295	-0.7	130764	3.8	26531	-18.1

（三）业务结构较为均衡

近两年来，公司业务结构发展较为均衡，且所有机构全面呈正态增长。从增幅上来看，其中武汉、襄阳、荆州、荆门、黄冈、恩施增幅较大；从地区分布来看，武汉、襄樊、黄冈、荆州、荆门、孝感、黄石、十堰占比业务较大，其中，武汉地区业务占比最大，充分发挥了省会地区业务优势，见表3-2-3。

表3-2-3 2016—2017年太平洋产险湖北分公司业务结构情况 单位：万元

地区	2016年	2017年
武汉	91870	117054
黄石	11444	11798
十堰	10251	11236
襄阳	23680	27611
荆州	17917	21642
宜昌	21021	21113
鄂州	3126	3618
荆门	13703	15758
孝感	10692	11820
黄冈	19684	21937

续表

地区	2016 年	2017 年
咸宁	7818	8693
恩施	18430	20578
随州	8107	8739
仙桃	1757	2609
潜江	3361	4282
天门	3386	4558
神农架	665	713

车险方面，武汉、襄阳、荆州、黄冈、宜昌、恩施等地区保费收入在公司业务中占比较大，尤其以武汉地区占比最大、车险业务增速最快。近两年来各地区业务结构较为稳定，见表 3－2－4。

表 3－2－4　　2016—2017 年太平洋产险湖北分公司车险业务分布情况

单位：万元

地区	2016 年	2017 年
武汉	71263	93985
黄石	9086	9873
十堰	9048	10093
襄阳	23680	24488
荆州	15797	18868
宜昌	18339	19441
鄂州	2842	3401
荆门	10943	12871
孝感	9838	11095
黄冈	17259	19490
咸宁	7302	8267
恩施	16139	18424
随州	7050	7837
仙桃	1646	2521
潜江	2642	3460
天门	3125	4039
神农架	599	694

非车险方面，武汉、襄阳、荆州、荆门、黄冈、恩施、黄石、宜昌地区的保费收入在公司业务中占比较大，尤其是武汉地区占比最大。在增幅上，武汉、襄阳地区的非车险保费上涨较快。黄石、十堰、宜昌、孝感等地区非车险保费下降，说明该公司正在调整业务结构，优质业务占比正在逐步提升，见表3－2－5。

表3－2－5 2016—2017年太平洋产险湖北分公司非车险业务结构情况 单位：万元

地区	2016年	2017年
武汉	20607	23069
黄石	2359	1925
十堰	1203	1143
襄阳	2002	3123
荆州	2120	2775
宜昌	2682	1672
鄂州	284	217
荆门	2760	2887
孝感	854	724
黄冈	2425	2447
咸宁	516	426
恩施	2290	2154
随州	1057	902
仙桃	111	88
潜江	719	822
天门	261	519
神农架	66	19

（四）市场份额进一步提升

2016年起，太平洋产险进入高速发展时期。市场份额进一步提升，保费规模在总公司系统内的占比稳速增长，保费规模在公司的占比逐年上升。2016年、2017年保费规模在总公司系统内的占比分别为2.8%和3.0%，增速为0.07%和0.24%。

（五）资产状况基本良好

2016—2017 年，公司资产状况稳定上升，2017 年资产总值为 2016 年的 1.5 倍。受自然灾害影响，2016 年公司整体亏损，2017 年重新恢复正常盈利，见表 3-2-6。

表 3-2-6　2016—2017 年太平洋产险湖北分公司资产与利润情况　单位：万元

项目	2016 年	2017 年
资产总值	52669	80352
利润总额	-5398.21	5749.93

第二节　主要业绩及问题

一、业务发展成效

近两年来，太平洋产险以“转型 2.0”为契机，在各方各面扎实开展各种工作。多渠道发展并举，不断完善服务举措，风险管控能力持续增强，客户满意度持续提升。公司在近两年主要取得以下成效。

（一）队伍建设成绩突出

目前，公司中层正职以上干部 39 人，平均年龄 42 岁，其中“80 后”干部 10 人，“70 后”17 人；公司科级干部 254 人，平均年龄 39 岁，各机构的“一把手”都处于展示自身才华的最佳阶段，有干劲，有思想，实现了队伍的年轻化、知识化、专业化，这是公司的发展基础。在管理上实现垂直化、公开化，公司 KPI 考核采取全透明方法，KPI 考核指标全程让中支“一把手”参与，分公司管理部门拿出初步考核意见，经过总经理室讨论，然后在会议上与各家中支“一把手”交换意见。对县支公司的考核也是在按照 KPI 考核指标的基础上，征求“一把手”的意见，并把薪酬兑换在当年，减轻第二年的成本压力。

（二）渠道建设趋于完善

公司从2014年起大力构建渠道化专业团队，截至2017年底，全渠道建设已经趋于完善。在三大核心渠道的发展上，每年都取得很大进步。2017年核心渠道增长超过40%，在太保系统内增长排名第一，快于湖北当地的行业市场。尤其在私家车的增长上，从2014年开始对个人业务渠道化以来，公司私家车的增长每年都有大幅度的提升，每年私家车的增长率都位居太保系统内第一。2017年，公司私家车增长率达26.5%。

（三）新技术运用成效显著

在前台承保端，“车e保”系统、CRM、短信投保等移动新技术的持续强化推广，推动了各渠道为客户提供全方位、立体化、多界面接触点的承保服务，公司还着力开发了“码上保”和“企业号微保险”新型销售模式。“全能卫士任我行驾乘人意外险”“学生幼儿人身意外伤害综合保险”等多款产品，出单便捷、迅速，为客户带来了全新的投保体验。在客服运营端，数字承保集约化项目的强力推广，实现了移动承保的变革。分公司新技术移动承保的覆盖率达97.48%，在太保系统内位居全国第一。人均产能由上线前的20.49件增加到86.39件，提升了322%，位居全国第一，综合时效3.61秒，位居全国分公司第五；理赔的时效结案率提升，结案周期大幅度缩短，在太保系统内得到表彰。

此外，公司还利用新技术迅速反应自然灾害，保障农业生产。2017年底，湖北省大范围遭受严重暴雪，导致武汉市黄陂区农户的蔬菜大棚设施大规模垮塌。为及时帮助农户恢复生产，公司出动50余台次车辆前往黄陂，并采用太平洋产险“e农险”APP系统和无人机进行实地查勘。雪灾造成1200余亩大棚受损，1000余亩蔬菜遭遇冻害。面对严峻的灾情，公司迅速开通绿色通道，简化理赔流程，及时把近千万元赔款送至农户手中，确保将雪灾受损程度降到最低，公司在及时支付农户赔款之外，还联系相关厂家采购了总价值25万元的蔬菜大棚钢管调直机，免费发放至受灾农户。

（四）客服提升客户体验

公司的客户服务工作为业务发展提供强有力的运营支持，2017 年 5 月 20 日，公司呼入作业顺利切换至华南营运中心，将工作中心转向全面开展客户回访，洞见客户需求。结合公司业务需求，客户服务每月回访量约 14000 件，坐席每人日均话务量 146.22 通，坐席话务利用率达到 90.31%，高于呼入作业集中前的 25.92pt，话务效能得到极大提升；集中车险出单，优化资源配置。组建专职出单队伍，出单员人均出单量由集中前的 20.49 件增加到 79.39 件，效能提升 287%。

公司还扎实推进消费者权益保护工作。公司各机构以“3·15 消费者权益保护月”活动为契机，纷纷通过“请进来”“走出去”的方式，开展保险知识普及和公益活动，举办客户交流座谈会，提高消费者风险防范意识和自我保护能力。同时，为了搭建消费者与公司高管的沟通桥梁，畅通消费者诉求渠道，公司还组织了多场总经理接待日活动，解决了客户反映的问题事项。各机构还积极开展“高管倾听客户声音”活动，倾听客户投诉录音，集中解决影响客户体验的服务问题。为了营造公平、和谐的消费环境，公司及时响应客户诉求，确保投诉不出公司，投诉办理及时率达到 100%，投诉办理时效均在 2 日内。

（五）夯实基础，提高理赔水平

为积极迎接第三次商改，主动适应市场竞争形势，公司积极发挥能动作用，对内夯实基础，练内功，全力助推时效提速和服务升级；对外，加大品牌建设和品牌宣传，扩大理赔服务影响力度，并通过理赔服务品牌的广泛传播，助力车险业务发展。2017 年，公司车险理赔时效万元以下案件支付周期提升至 9.04 天，在太保系统排名第 12。在理赔减损成效方面，通过核报价减损，加强 EPC 使用和引进多家小车配件商直供实现核报价减损；通过整合专修资源、整车询残对比全损与修复方案实现车物核损减损；此外，还通过质检减损、打假反欺减损、人伤减损、诉讼减损、意健险减损等方面两年内共计实现直接减损超过 2 亿元。

在灾害类天气发生时，公司设置兼职气象检测员，每天实时检测湖北省各地的天气信息，并提前向客户发送预警短信，通知服务商准备充足资源，每两个小时报送一次救援工单情况。在2016年的暴雨中，公司开通绿色理赔通道，对于水淹车辆可让客户自行拍摄现场照片或实行免现场查勘，第一时间安排道路救援，提醒客户不要再次启动汽车，以免造成损失进一步扩大，对于损失金额在5000元以内的案件，确定损失后先行理赔。公司通过快速查勘、快速定损、快捷理赔获得客户的一致好评。

太平洋产险破解了传统理赔“难”点，推出车险理赔七大指尖系列，打造暖心理赔，形成了“极速、极易、极暖”的“太好赔”品牌；非车险理赔突出了重客“尊享陪”、人伤“心相伴”服务特色，理赔时效较以往更快，理赔单证手续更简，理赔人员服务更暖。太平洋产险通过智能化的大数据模型为客户定制保险方案，使用APP、微信等现代方式，“互联网+”移动销售、移动投保、指尖理赔工具大大提高了投保、理赔的便捷性。

（六）积极应对重灾保企业

2016年适逢厄尔尼洛，2017年，全国各地降雨频繁，灾情频发，6月下旬入汛以来，连续强降雨天气覆盖省内各个地区，降雨量大，持续时间长。大范围的降雨和洪涝灾害给客户的生命和财产造成严重威胁。2016年7月19日，公司接到沙洋武汉革基布报案称暴雨导致财产全部被淹，最深处有1.8米。公司立即组织专业查勘骨干赴现场查勘定损，并协助客户抢险救灾。第一时间与该公司各部门沟通协调，历时五天完成全厂存货盘点，六天完成机器设备定损。考虑到客户受灾严重，在掌握了必要的索赔资料、确定了相关损失比例后，公司及时将700万元赔款送到被保险人的手中，被保险人深受感动，客户不仅感受到太保产险的优质服务，更深刻体会到保险在大灾中的重要作用。

2016年7月21日早晨，府河上游来水汹涌，洪峰过境湖北省孝感市孝南区东山头，导致水位远超保证水位，东山办事处东风垸段两处子堤出现溃口、漫堤，府河、沦河连成一片，东山头一片汪洋，工业园的大批厂房浸泡在水中。被保险人武汉云联网企业管理有限公司仓库所在位置孝感市孝南区东山头建材大世界沦河二路4号也被洪水浸泡。发生事故后，被保险人第一时间向公司进行报案索赔，公司立即前往现场查勘。被保险人共有3间仓库，其中2间位于孝南区沦河二路4号，面积分别约为5000平方米和4500平方米，另一间位于沦河二路6号，面积约为2000平方米。4号的两间仓库分别存放家用电器和纸尿裤，均为瓦楞纸箱包装，下部水湿，包装开裂，纸尿裤吸水胀大散落。堆放货物均因底部纸箱变形、破裂而倒塌。立柱上水湿痕迹约1.2米。公司第一时间协助客户施救，并协调了中国邮政负责转移货物，最大限度地减少货物损失，在清点完成以后，考虑到被保险人的资金压力较大，公司在年前完成300万元的预付，最终在2017年3月完成所有赔付，共计1820万元。

（七）丰富产品供给为民生

1. 在扩大大病保险服务范围，提高民生疾病实际报销比例。太平洋产险在2017年发挥保险扶贫的优势，持续服务民生。为切实减轻城镇居民及职工高额医疗费用负担，公司与荆门市医疗保险管理局合作了高额补充医疗保险项目，覆盖了全市12万名城镇职工，每人保额30万元，保费42元/人/年，年总保费约553.51万元。此外，公司恩施中心支公司、荆门中心支公司、孝感中心支公司还积极参与到由政府统筹的“扶贫保”的方案制定、险种推广、保障实施，降低保费收取标准，为贫困户量身打造意外伤害保险、特色农业保险、市场波动保险、大病医疗补充保险、扶贫小额信贷保险等多个险种，为贫困户稳定脱贫提供保障。

2. 创新发展新险种，积极参与地方政府精准扶贫。在黄冈，公司充分发挥保险优势，积极参与大别山红色革命老区的扶贫攻坚活动，目前已参与了罗田县的精准扶贫黑山羊“33111”工程项目和武穴市精准扶贫的湖羊保险工作。在扶贫保险项目的推进过程中，黄冈中心支公司按两地政府精准扶贫项目的实施方案以及“政府+银行+保险+公司+农户”五位一体的具体要求，快速开展市场调研，收集相关资料，在总公司、分公司的大力支持下，在不到一个月的时间里就完成了保险标的物的条款报备、报批和业务系统上线工作，为能繁母羊产品量身定做了低保费、高保额的保险服务方案，三年可为1万个贫困户提供10万只能繁母羊的保险，可保障贫困户2.5亿元的风险转移，为贫困农户依托养羊脱贫致富解决了后顾之忧，充分发挥了保险的功能和作用。该模式于2017年3月在罗田召开的全国扶贫工作会议上被国务院副总理汪洋赞誉为向全国提供了一种可以复制的脱贫好模式。黑山羊产业精准扶贫项目增加了贫困户的经济收入，分担了农户养殖风险，减轻了社会负担。通过黑山羊保险项目的良好社会效应，公司又承保了"罗田县精准扶贫对象小额人身意外伤害保险"项目，为12万贫困人口提供3600万元的意外伤害风险保障，真正体现了保险扶贫的社会价值。

3. 积极服务"三农"，在农业保险上加强合作、大力创新险种。公司还结合湖北当地特色，充分发挥和利用集团优势，加强与安信农险的融合，紧扣本地特色产业实施产品创新，开发了"淡水鱼高温气象指数保险"，连续7天超过32度高温时进行赔付，积极助力"三农"发展，得到渔业养殖户和政府部门的高度认可。公司还继而开发了稻田小龙虾养殖保险，湖北省目前作为国内最大的小龙虾养殖大省，小龙虾养殖规模较大，当遭遇病虫害和灾害性天气时，养殖户损失惨重。公司在调查了当地情况后，与当地政府充分沟通，为虾农创新了"稻田小龙虾养殖保险"，为农户直接承担病害、自然灾害带来的小龙虾损失。

二、热衷社会公益

2016—2017年，根据国务院扶贫办"精准扶贫，不落一人"的要求和集团领导扎实开展扶贫工作的指示，公司持续发挥保险扶贫的独特优势，通过捐款捐物、产业帮扶、修建基础设施、改善生存环境等措施积极助力脱贫攻坚，受到当地政府和社会各界的一致好评。近两年来，公司主要采取以下措施。

（一）筹措资金和社会资源，兴办惠民实事

在恩施，公司充分发挥自身优势，筹措资金，协调部门和社会资源，兴办惠民实事。在空山岭村，2016年，公司自筹资金22万元，协调争取

170万元，完成村级公路的安保设施和3.7公里边界公路的开通。2017年，10万元帮扶资金通过唐崖镇财政专户支付到位，重点辅助新兴产业老鹰茶幼苗栽种。援赠投影仪及电脑五台套，并支持村文化室和基础设施建设，2017年完成3条通组路改造，共计7.5公里。完成5户危房改造，并在村内建总容量为200立方米的蓄水池5口，预计2018年全面完成；积极奔走，主动向上级及相关部门协调争取政策、项目、资金支持，及时解决茶林堡村发展中的困难。2017年，公司茶林堡驻村工作队协调农业局为茶林堡解决茶叶及辣椒种植有机肥50吨，价值5万元，协调卫计局准备为村卫生室的启动设备和用品，共计5万元，协调茶叶基地基础设施建设财政整合资金200万元，协调林业局解决大湾古红豆杉保护经费10万元以上。此外，公司班子成员多次率队前往空山领村走访慰问，倾听贫困户需求，及时送上大米、菜油等生活物资，帮助他们解决困难。

在十堰市，公司积极参与竹溪县“四双”帮扶，履行扶贫开发社会责任，指定十堰中支成立了驻村工作队参与“四双”帮扶工作，为贫困村送政策、筹资金。2017年筹集现金10万元，分别捐赠给竹溪县汇湾镇和水坪镇，用于贫困村道路修建和农家乐建设。

（二）引进发展主导产业，壮大集体经济

在咸宁市，崇阳县青山镇水库村是一个集山区、库区于一体的移民特困村，无村级企业和其他集体经济来源。为了贯彻落实“精准扶贫”政策，壮大村级集体经济，结合水库村实际，计划新建一个100亩高标准油茶基地，最大问题是资金缺口太大。湖北分公司了解情况后，多次前往水库村村民委员会，与崇阳县青山镇人民政府就今后如何开展保险扶贫深入交换了意见，并形成了专题调研报告。最终与咸宁市慈善会达成捐赠协议，捐赠现金10万元用于崇阳县青山镇水库村村民委员会精准扶贫项目——油茶基地的建设。助力全村300余户、1223人脱贫致富奔小康。目前，10万元精准扶贫资金已拨付到位，水库村楠竹和油茶产业项目的开发工作正紧锣密鼓地进行。

在恩施州，公司驻村工作组进入空山岭村以来，以落实村主导产业为

重点，按照121模式，利用扶贫资金70万元，引进企业到村组建合作社，发展村主导产业。通过招投标，引进“奇泉茶业（咸丰）有限责任公司”到村组建“咸丰县唐崖镇空山岭生态农业专业合作社”，建老鹰茶产业基地520亩，合作社与村集体、种茶户建立利益链接机制，确保老鹰茶产业种得下、有收益。2017年，520亩老鹰茶基地建成，保证了村集体每年将产生5万元的收入。

在随州市，公司积极参与曲河村集体经济积累工作，出资3万元，用于光伏发电二期工程建设。其获得的经济效益30%用于扶助困难户，70%用于村集体经济的积累；出资3000元委托养殖大户发展生猪两头，待生猪出栏后获得收益，补助特困户。

在荆州市，江陵支公司扶贫小组在有限的业务经费内，挤出资金1万元，用于建设刘家剅村的基础设施。在咸宁，公司11月捐赠1万元为棋盘村贫困户发展沙滩摩托车旅游项目，解决了5家贫困户就业。公司为提高贫困村和贫困户的自我发展能力，改善贫困村的发展条件，全面加快脱贫奔小康步伐添砖加瓦，以实际行动在推进“精准扶贫、精准脱贫”工作中作出积极贡献。

（三）投身公益事业，支持山区教育事业

公司在扎实开展扶贫工作的同时，切实履行企业公民职责，积极投身公益事业，支持山区教育事业发展。2014年，分公司通过湖北省慈善总会向荆门市旧口镇罗集第二初级中学、黄冈市团风县马曹庙小学、随州市第一高级中学和随州市第二高级中学共捐赠30万元，帮助这些学校添置电教设备、扩建教学楼以及改善教学设施；2015年给襄阳谷城县茨河镇陶湾中心小学捐赠20万元，帮助学校扩建食堂浴室；2016年6月14日，宜昌中心支公司将满载爱心的5250元筹款以及书包、书籍、文具用品等大量爱心物资送到了对口帮扶的贫困教学点——五峰土家族自治县牛庄乡金山小学。

（四）捐款捐物，支持灾后重建工作

2016年，百年罕见的多轮强降雨造成湖北省受灾严重。洪水、内涝导

致交通、生活、通信等不同程度受损，很多群众的生产生活因受灾陷入困境。灾情发生后，公司积极行动，在第一时间开展抢险救援，及时提供快捷、暖心的理赔服务。同时，积极筹资筹物，慰问抗洪一线的群众和受灾贫困户，用行动诠释了“负责任”的企业使命和“在您身边”的品牌理念。

1. 筹资济困，支援灾区。公司团委心系灾区，第一时间在湖北分公司全辖内组织开展防汛救灾捐款活动。在团委的倡议下，分公司全体员工积极响应，分公司班子成员带头捐款，各部室各机构员工也纷纷捐出了一份爱心。共有1501名员工参与此次捐款活动，共计捐款12万元。天门是此次汛灾中受灾最严重的地区之一，灾情发生后，太平洋天门支公司就多次捐款捐物送到灾民手中，2016年10月，分公司又一次性筹资30万元捐赠到天门慈善总会，支持天门市开展灾后重建工作。这些爱心汇聚的善款承载着公司全体员工对灾区人民的关心和祈祷，向灾区传递着希望和坚强。

2. 筹物慰问，传递爱心。2016年7月19日至20日，荆门连续两天出现大暴雨，累计降雨量超过400毫米，其中以该市马良镇受灾最为严重，降雨量达到873.2毫米，市委、市政府紧急转移受灾群众1000余人。在得知受灾情况后，荆门中支及时与马良镇取得联系，在得知受灾群众生活用品比较匮乏的情况后，立即筹集200件纯净水和150件方便面于20日下午送往马良镇灾民临时安置点。

汉川市城隍镇三甲口地段受灾严重，太平洋产险、寿险公司领导率全体内勤人员，带着水、食品等慰问物资赶赴汛灾现场慰问当地的干部群众，传递保险人对灾区人民的关爱。当地干部群众称赞太平洋保险是抗洪战役以来第一家赶赴现场慰问的单位，是一家真正负责任的保险公司，他们表示，太平洋保险的慰问给他们增添了抗灾的力量和信心，他们绝不辜负人民的期望，坚决打赢抗洪战役。

2016年7月7日，红安支公司负责人一行来到受灾严重的黄冈市红安高桥镇岳家岗村，将筹集的5000多元资金分别送到受灾严重的村民家中，鼓励他们积极开展生产自救，力争将灾害造成的损失降到最低。

因遭受暴雨袭击，鄂州农户受灾严重，2016年7月28日，太平洋产险鄂州中支到葛店开发区邓平村对口贫困村，实地走访了受灾困难户，详细了解他们的生产生活状况和当前面临的困难和问题，并给困难户送上了粮油、大米等生活物资，表达了太保保险人的一份爱心。

三、坚持合规经营

2016—2017 年以来，公司围绕服务创新转型和健康发展的总体目标，坚持“守住底线、治理顽疾、防范风险”的工作方针，积极贯彻监管新要求，推动加强三道防线联动联控，着力优化合规内控体系，有效提高人防技防水平，不断提升发现问题、解决问题、防范问题的能力，助力公司经营成本持续优化和管控能力升级，保障公司持续健康发展。

（一）坚决走重合规、讲效益的科学发展之路

公司领导班子将坚持发展作为第一要务，将树立合规意识和坚持效益理念作为经营发展的前提和准绳，以此保证公司前行方向的正确性。公司领导班子反复强调各级机构在发展中要严守合规经营底线，严密防范系统性风险，绝不以扩大风险为代价换取一时一地的发展。必须在坚持效益的前提下，抓好发展，在发展中调整结构、完善机制，正确处理好规模和效益、短期和长远的关系，将科学发展的理念贯穿、渗透到业务发展和经营管理的全过程。要在合规经营的前提下实现“有质量的速度”“有效益的规模”，切实把发展的持续性与有效性结合起来，使分公司能沿着健康的轨道持续发展。

一是落实机构负责人的合规责任。公司与经营机构的负责人签订合规经营承诺书成为常态化的责任约束机制，从落实各机构负责人的合规责任入手，将合规经营管理工作纳入机构负责人年终工作考核项目，促使各级经营机构负责人切实承担本机构合规管理的第一责任。

二是落实分公司各职能部门的合规责任。公司各职能管理部门承担推动本条线合规履职的工作职责：其一是以总公司《内控合规手册》为标准，将各环节的内部控制要求有效地贯穿于日常经营活动中，督促各层级按照标准化流程操作。其二是按照总公司的《整改工作管理办法》，落实本条线内控缺陷的整改责任，由上至下推动整改工作的实施。

三是增强业务机构的自我完善能力。引导三级机构发挥自我完善的能力，发挥机构合规兼职岗以点带面的作用，通过组织开展自查自纠，做到对内控管理缺陷和风险隐患的“早发现、早预警、早处置”。

（二）严格内控管理，切实防范经营风险

风险防范是金融企业的生命线，是企业持续经营的基本条件。长期以来，公司严格按照内外部监管要求，狠抓内控管理，以“合规队伍建设、合规理念宣导、合规检查监控、违规风险提示、内控缺陷整改、违规问责处罚”为主线，持续加强公司内控合规管理。

一是全面开展风险监控，强化全程预防管理。公司每年度制定合规管理工作要点，拟定合规现场检查工作计划。分公司合规现场检查工作已形成多部门协同开展的机制，由法律合规部牵头，各职能部门抽调骨干人员配合实施对全辖经营机构的内控管理情况进行全面检视和梳理。通过这样的工作方式，一方面使分公司的管理岗实地了解基层经营机构在日常工作中的一些具体问题和困难，有利于优化管理流程促进业务发展；另一方面，通过面对面的交流沟通，有助于分公司的管理要点和措施得到有效贯彻，从而达到“以查代训”的效果。

二是着力整改内控缺陷，不断规范经营行为。公司高度重视内外部的审计检查，将内外部检查中发现的内控缺陷整改作为重点工作狠抓落实。在具体整改工作中，公司建立健全了整改工作的领导机制和工作机制：分公司总经理室成员按管理领域参与整改工作，负责组织部署整改工作；相关职能部门按职责分工负责整改工作的实施，并督导本条线的整改；合规部门负责协调、督促、评估各职能部门落实整改工作，并负责对下级机构的整改工作进行跟踪检查，对涉及违规违纪、整改不力等行为实施问责。

三是加强问责约束，严守合规经营底线。2017 年，太平洋产险成立了集中问责委员会，制定了《中国太平洋财产保险股份有限公司集中问责工作规则（暂行）》，对执纪问责实行统一领导，加强了过程管控。公司遵照总公司“严格集中问责，倒逼管理”的要求，结合内审外查的情况，累计

对 20 名人员进行了内部问责。根据集团内审发现的问题，对两家中心支公司总经理进行了职务调整，同时免去相关两个渠道部门经理的职务；针对分公司自查发现的顽疾问题，给予 7 名人员问责处理；针对监管检查发现的农业保险业务验标、查勘照片不规范的问题，分公司给予 9 名人员问责处理。公司通过严格落实执纪问责，起到教育警示的作用，促进各级机构和干部员工提升依法合规经营意识，推动公司持续健康发展。

四、存在的主要问题

2016—2017 年，太平洋产险在稳健发展中，也存在一些不可忽略的问题。

（一）机构之间发展还不平衡

就全省范围来看，除省会城市——武汉在公司整体保费规模中占比较大以外，一些地区机构保费规模仍然较小，就目前来讲，还有鄂州、咸宁、随州等几家中支没有过亿元。

（二）各险种之间发展不平衡

从 2016 年和 2017 年的业务来看，车险仍然作为支撑性险种，非车险发展较为缓慢，农业保险发展并未有大的起色，公司尚未实现各险种的协同发展。

第三节　发展举措

2018 年，公司将站在新的历史起点上，坚定践行“保险姓保”“太保姓保”，持续专注保险主业，专注风险保障，增强风险防范意识，强化风险防控责任，主动维护行业自律，努力成为湖北保险市场上“行业健康稳定发展的引领者”，为湖北经济建设作出积极贡献。

一是持续优化业务结构，确保非车险保持盈利。大力提倡非车险散单业务，做好各重大项目的续保工作，同时做好政保项目招投标，用服务推动优质业务的持续发展。

二是围绕客服和民生，在创新险种和创新服务上发力。在激烈的市场竞争中，不断促进客户服务的创新升级。公司将依托数字太保平台，继续提升运营与服务能力，提升客户体验，增强客户黏度。

第三章　平安产险湖北分公司发展情况

2016 年以来，中国平安财产保险股份有限公司湖北分公司（以下简称平安产险湖北分公司）全面贯彻党的十九大、中央经济工作会议、全国金融工作会议和全国“两会”精神，紧紧围绕湖北经济社会发展大局，以“合规经营、健康发展”的理念为核心，以创新优化自身业务结构为途径，坚持品质优先、客户至上、注重效益、防范风险、稳中求进，实现了公司健康持续发展。

第一节　发展概况

一、保费规模不断扩大

2016—2017 年，平安产险湖北分公司原保费收入分别为 56.46 亿元、73.39 亿元，年复合增长率分别为 11.0%、30.1%。截至 2017 年底，保费规模上升至全国系统第十位。业务结构不断优化，2016 年公司车险业务规模达 49.77 亿元，占全险种的 88.1%，2017 年公司车险业务规模达 59.33 亿元，占全险种的 80.8%，车险业务稳中有进，非车险业务得到长足发展，2017 年突破 10 亿元大关，见图 3－3－1。责任险、农业保险、小贷险保费贡献进一步提升。

二、市场份额不断提升

截至 2017 年底，湖北市场财产险主体共有 38 家，较上年增加 6 家。2016—2017 年，湖北省财产险市场保费总收入分别为 341.3 亿元、288.66 亿元，公司保费收入的市场份额由 19.6% 提升至 21.5%，市场份额提升

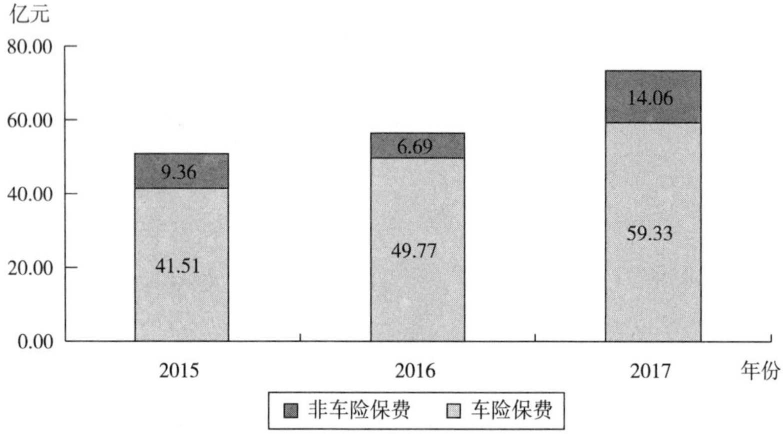

图 3-3-1　2015—2017 年平安产险湖北分公司保费情况

1.9%，市场份额稳居全省第二位，公司市场占有率不断提升。

三、盈利能力不断增强

2016—2017 年，全险种均实现盈利，实现了规模与效益的协调发展，利润额度增加，品质不断提升。2017 年，公司综合成本率为 92.1%，较 2016 年下降 0.1%，实现利润总额 4.86 亿元，较 2016 年增长 25.6%，见图 3-3-2。2016 年公司累计上缴各类税款 9.76 亿元，累计支付各类赔款

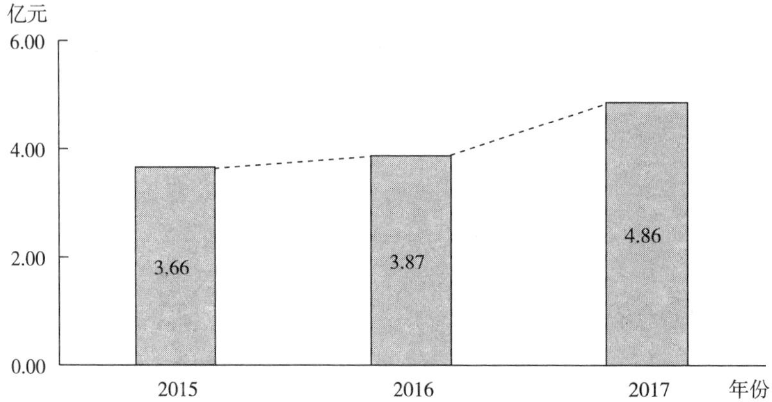

图 3-3-2　2015—2017 年平安产险湖北分公司盈利情况

27.8 亿元。2017 年累计上缴各类税款 11.0 亿元，较 2016 年增长 12.7%，累计支付各类赔款 35.4 亿元，较 2016 年增长 27.3%。

四、服务网点不断拓展

目前，公司下辖分支机构 100 家，其中中心支公司层级 15 家，支公司层级 68 家，营销服务部层级 16 家，近两年新增机构 11 余家，分布于武汉市内及黄冈、襄阳等地区，公司市外机构保费收入占整体保费收入的 52.1%，市内 47.9%。所有机构运营情况良好。

分支机构的发展遵循“一把手原则”“管控能力原则”“市场容量原则”“盈利原则”四个原则，满足公司在标准选人、文化先行、市场策略、核心团队、时事匹配、科学投入、成本控制和营造气势八个方面的要求。在设立规划上，统筹布局，总量调控，优先支持管控能力强、经营实效好的机构的发展；在筹建管理上，做好“规划与建立，分析与协调，督导与帮助”，提高执行力。

第二节　主要业绩及问题

一、主要工作业绩

（一）支持经济发展，提供民生保障

1. 大力参与保障基础设施建设，支持实体经济发展。持续积极发展企业财产保险、工程保险、责任保险等险种，为实体经济稳定运行提供风险保障。

2016 年公司加强对基础设施建设、重点工程、重点企业的关注和保障力度，先后为武汉地铁 7 号线、8 号线、21 号线、27 号线及长江三峡集团公司、葛洲坝集团等多个重点项目提供风险保障。其中企财险共承保客户 3366 个，承保保额 3002 亿元，承保保费 12207 万元；工程险共承保标的 360 个，承保保额 781 亿元；船舶险共承保客户 173 个，承保保额 64.2 亿元。货运险共承保客户 328 个，承保保额 662 亿元。特种险共承保客户 12

个，承保保额16.0亿元。

2017年企财险承保实体企业5000余个，提供保额保障3300亿元，工程险承保各类工程项目300余个，提供保额保障1100亿元。责任险承保企业8000余个，提供保额保障1350亿元，参与承保了葛洲坝安哥拉卡卡水电站、武汉地铁5号线、蔡甸线、三峡新能源海上风电等重点项目，其中葛洲坝安哥拉卡卡水电站项目是中国援非史上最大的工程险项目，协助葛洲坝集团领跑“一带一路”建筑工程板块，为企业保驾护航。

2. 提高保险价值，服务民生保障。公司积极探索“保险+服务”模式，充分利用保险经济“减震器”和社会“稳定器”的作用，在保障社会安全、减少因灾返贫、转移灾害风险、补充重疾医疗等方面，为民生实体稳健发展保驾护航。同时，协助政府完善社会保障体系和灾害事故防范救助体系，改善民生保障，增强全社会抵御风险能力，全力开展各项民生类责任保险，服务民生保障开展形式多样的保险宣传活动及社会公益活动，践行社会责任。

（1）协助政府建立“民生保险”地方惠民模式。2016年继续为武汉市江汉区提供平安社会治安综合保险服务，为全区70万居民提供公共场所安全保险保障。2017年为武汉市江汉区居民提供保障金额5000万元的公共安全综合保险，涵盖火灾、爆炸、踩踏等风险；承保东西湖区“两元”民生保险项目，在政府正常的补偿机制之外，增设一项补偿机制，提高补偿范围和力度，惠及辖区50万居民；同时为武汉市东西湖区居民及武昌区居民提供保险限额为1000万元的民生保险保障，涵盖自然灾害、见义勇为救助等风险。

（2）探索创新产品。2016年底，公司与湖北碳排放交易中心有限公司在长江论坛现场签署战略合作协议，双方后续将结合碳交易市场的特点，将继续积极创新碳交易保险产品及金融服务，扩大合作宽度及深度，从保险层面支撑实体经济低碳转型发展，助力长江经济带城市群生态环境保护一体化建设；同时，响应国家“一带一路”口号，为“走出去的项目”提供保障。2016年为三峡某公司驻巴基斯坦某工程项目中方人员提供绑架险保险保障，保障范围涵盖因绑架、勒索、劫持等事故引发的赎金损失及其相关费用。

（3）发挥经济补偿功能，完善社会风险保障体系。主动发挥保险业在经济补偿和社会管理方面的积极作用，大力发展与公众利益关系密切的责任保险、民生保险。2016 年“灾害 98 +”暴雨期间，保险惠民在自然灾害救助方面功效显著，汛期共为全区 2000 余户受灾居民支付了 210 余万元赔款。2016 年起承保江汉区公共安全综合保险，惠及居民 80 万人，为辖区居民在意外事故引起的人身伤亡风险提供年累计 1.5 亿元保额保障。2017 年，承保江夏区贫困人员民生保险项目，为低保户、低收入人群提供重大疾病补充医疗保障，年保额保障 17082 万元。同时参与武昌区困难群众重大疾病补充医疗保险项目及新洲区部分困难群众重大疾病补充医疗保险项目，涉及人群 11314 人。

（二）服务“三农”工程，落实精准扶贫

为贯彻落实“保险姓保”，发挥保险“扶贫济困、雪中送炭”的功能，落实保监会“压实责任，建立精准化、常态化工作机制”工作要求，公司积极响应集团“三村建设工程”号召，助力“村官”工程建设，探索产业扶贫模式，利用平安的金融实力、技术能力和经营智慧帮助有条件的贫困地区开展产业建设，以实现“造血式”扶贫的目标。

1. 统筹安排部署，成立以公司班子为核心的扶贫工作项目组，扎实推进保险扶贫工作落地。公司成立了以总经理为组长的工作专班，负责公司整体扶贫工作的规划及落地。领导小组成员由各级公司班子成员，农险部、办公室、财务部等部门经理组成，具有政治方向清晰、资源调配能力强、执行力强的特点，有效带领分公司各层级领会扶贫工作精神，实现从保险角度在精准扶贫工作中探索创新有效的方式方法，形成“保险 + 扶贫”特色模式，助力打赢脱贫攻坚战的目标。

2. 扎实推进产业扶贫，因地制宜，打造平安特色免息免担保的“平安扶贫保” + 一揽子保险的精准扶贫模式。平安精准扶贫模式一方面通过公司捐赠保费及利息的形式，落实“保证保险 + 全额贴息”，实现免息免担保的“平安扶贫保”，降低企业融资成本及门槛，撬动扶贫资金能顺畅精准地

用于帮扶贫困农户生产活动；另一方面，帮助企业与贫困农户建立利益联结机制，通过“见货不见钱”的资金运用约束机制，向挂钩贫困户提供生产资料及物资等，在企业技术人员的指导下进行生产活动，给参与产业项目的贫困农户带来收益。同时，为达到贫困农户脱贫不返贫的效果，公司结合产业情况为贫困农户捐赠涵盖人身意外险、医疗保险、农业保险、教育基金等覆盖“人、财、物”全方位的一揽子专属保障，有利于最大限度地发挥保险业的经济补偿、资金融通功能，是推进产业扶贫、防止贫困户多因素返贫的保险扶贫“组合拳”。并且，即便项目失利，资金发生损失，也由保险、政府、银行按照5:3:2比例相应承担。贫困户可以轻松上阵，只要参与劳动，就可以脱贫。

3. 针对建档立卡贫困户，积极开发推广农业保险产品。（1）麻城支公司开展能繁母牛、母羊保险工作，帮助麻城建档立卡贫困户抵抗农业风险。截至2017年底，为3897位农户提供了5003万元的保障；已赔付40.1万元，231位农户受益。（2）郧阳支公司为种植三叶青菜的建档立卡贫困户提供保险服务。截至2017年底，已承保三叶青菜6089.37亩，共服务1541个贫苦户，提供风险保障730.7万元。（3）巴东、云梦、当阳支公司承保当地农房保险，累计为近7万户农户提供了约1.9亿元的风险保障。2014年大雪和2016年7月汛期普降暴雨，导致农户房屋倒塌，支付赔款近20万元，200余户农户受益。

4. 联合宋庆龄基金会，在湖北地区推广“农民创业接力棒计划”。上海宋庆龄基金会于2013年设立“农民创业接力棒计划”。该项扶贫计划是以农村贫困家庭为直接资助对象，集扶贫、就业、教育为一体的综合性公益计划。目的是改变农村家庭贫困状况，从根本上解决农村儿童受教育难的问题；鼓励外出打工的农民回归家庭，在家乡创业，缓解当地留守儿童的问题，促进家庭和谐、社会稳定；倡导创业致富、勤劳致富的价值观。公司积极对接宋庆龄基金会，作为宋庆龄基金会在湖北省的志愿服务团队，将“农民创业接力棒计划”引入湖北，丰富保险业精准扶贫模式。

（三）创新理赔模式，增强社会效应

为响应党的十九大号召，率先推出“以人民为中心”的理赔服务新标准，回馈客户，回馈社会。具体创新服务有以下几个方面。

1. 推出510极速查勘。2017年，为让客户体验“安心、简单、温暖”的平安极致服务，公司重磅推出“510城市现场极速查勘”爆款服务，通过精准识别客户到查勘需求、“智能调度系统”合理准确派工、查勘区域网格化、查勘员及车主服务中心覆盖湖北车险事故高发区域，实现在客户车险报案后5～10分钟查勘员极速到达事故现场，真正诠释“平安在您身边”的服务承诺，这个颠覆性理赔服务，在大大缩短出险用户现场等待时间的同时，进一步提升了用户体验。自2017年3月项目开展以来，2017年整体510极速查勘达成率为93.54%，10分钟到达率为64.23%，为将近6.3万名客户提供极速理赔服务，客户好评率为99.2%，在全球车险理赔服务中处于领先地位。

2. 一键包办服务模式。2017年，为实现队伍理念转型，品牌口碑升级，公司聚焦客户理赔痛点，精选3大核心包办服务——包办三者车损及小额人伤、包办事故救援、包办理赔材料，从作业中穿插服务改变为在服务中穿插作业，从分环节各自作业改变为全流程管理整合作业并追踪客户反馈、从被动服务改变为主动服务，旨在打造平安“安心、简单、温暖”的价值服务品牌。自2017年3月上线以来，截至2017年底，三者包办率达成65.07%，客户好评率为98.9%，在全球车险理赔服务中处于领先地位。

3. 大力推行公益服务。（1）特色节日营销活动推广。高考期间，为参加高考的学子提供爱心助考行动，护送莘莘学子安全到达考场；七夕情人节期间，开展“爱在七夕，平安相伴”主题活动，为客户提供七夕养护礼包，并且全省各门店为进店客户准备浪漫的小礼品。社会反响强烈，客户好评如潮。（2）停车关爱。以“停下来，传递爱”为口号，鼓励全体员工在时间允许下，力所能及地帮助全体社会交通参与者，提供非事故的关怀行动和事故类的事故处理及理赔指引帮助，提升社会关注度和品牌影响力，截至2017年底，服务关怀案例达2000余例。（3）人民护航行动。2017年，

公司在全省范围内开展“人民护航——为每一位中国车主提供帮助”的春节护航行动，为返乡人群提供了全面、便捷、温暖的服务和帮助。（4）积极创新保险防灾、减灾、救灾服务模式。注重灾前预防，保障灾中救助，支持灾后恢复，积极运用创新科技（DRS 鹰眼系统）介入保险风险管控，实现对保险标的的风险评级、灾害预警和防灾防损。平安期望提供给客户基于地理信息系统的可视化管理平台，并输出包括卫星遥感、红外检测、物联网、VR 及智慧巡检等创新风控技术成果，支持防灾、救灾、减灾的需求，实现灾害预防日常管理、灾前风险预警、灾中应急救援与处置等工作体系化、平台化处理。

（四）建设企业文化，践行社会责任

公司以“创造价值　回馈社会”为宗旨，在业务发展取得显著成效的同时，公司始终把企业文化建设摆在突出位置。积极践行企业公民社会责任，全省各机构各层级坚持开展公益活动、志愿服务、助学助教等方式，为湖北地区的社会事业发展贡献力量。在公司内部营造“学标杆、树标杆、争做标杆”的工作氛围，对外展示自身品牌价值，提高外界的认知度，并取得了一系列丰硕成果。

（五）注重人才培养，健全合规机制

1. 加强系统党建工作。公司经平安产险总部党委批准，于 2003 年选举产生了第一届平安产险湖北分公司党委。公司党委积极贯彻落实党的各项方针、路线和政策，以习近平总书记系列重要讲话精神为指引，深入学习贯彻党的十九大精神，充分发挥党员干部先锋模范带头作用，全面推进党的“政治建设、思想建设、组织建设、作风建设、纪律建设，把制度建设贯穿其中”。全面开展保持共产党员先进性的教育活动。坚持工会的指导和宣传工作，充分发挥宣传教育的积极作用。增强了党组织的感召力和向心力，为推动企业综合发展起到积极的作用。

2. 健全公司内控机制。为规范公司治理结构，加强公司合规管理，确保公司依法合规经营、持续健康快速发展，公司在合规经营方面重点做了

以下工作。

（1）建设合规专业队伍。公司独立设置法律合规部，并配备足够数量的合规人员以充分履行合规职责。负责日常合规管理及反洗钱事务，协助做好本部门及分支机构合规工作的跟踪及落实。目前，公司配备合规协调人员 61 名。

（2）建立三道合规风险管理防线。各直线部门为公司合规的第一道风险防线，履行相应的合规职责。公司法律合规部门为第二道风险防线，对直线部门提供合规风险管理专业支持，监测和评估机构合规风险，并及时通报合规风险。稽核监察部门为公司的第三道风险防线，主要负责违规事件发生后的监察处理、责任追究。

（3）推行“合规 + 科技”管理新模式。2017 年总公司创新合规科技平台，创建产险合规管理系统（即合规智子管理系统），通过系统后台抓取异常数据派发至对应分公司进行异常数据核实，公司合规风险问题得到及时有效的监测，同时有效提高合规工作效率。

（4）施行合规管理领导责任制。公司建立了有效的合规考核评价和问责机制，将员工违规行为和重大违规事件纳入分公司“一把手”、分公司各部门、各分支机构考核中，追究违法违规事件责任人员的责任，充分体现鼓励合规和惩戒违规的原则。

二、发展中的主要问题及原因

（一）主要问题

一是受地域影响，武汉市外地区发展和盈利水平不均，保费规模及保费贡献度不平衡，县域乡镇网点覆盖低，农村金融线上线下渠道布局不足，创新服务薄弱领域、偏远地区覆盖不够。

二是公司部分关键指标与全国系统相比较低，比如车险续保率、客户验真通过率、新车份额提升、4S 维修比例低等问题，公司持续、创新、快速发展动力不足。

三是业务结构发展不均衡，车险及非车险保费占比差距大，且车险费用投放不断增加，非车险业务缺乏长远战略布局。

（二）原因分析

公司发展面临问题的深层次原因表现为：

一是以车险为主的市场同质化竞争严重。在商车费改的大环境下，汽车销量增速放缓、市场竞争主体增加，互联网、电销等直销渠道无法享受价格优惠而受挫等原因，车险业务在中介渠道竞争压力尤为突出。

二是县域保险市场深度挖掘不够。部分农民对农业保险缺乏应有的了解，对农业保险的经济补偿和风险保障作用认识不足，主动性较差，推广保险工作在全省发展不均衡，同时面临查勘理赔定损难、理赔标准低等问题。

三是保险服务体系缺乏创新。无论传统产品网络化，还是互联网创新产品，客户体验参与感不足，服务流程及模式还有待创新、调整和优化。

第三节　发展举措

一、坚持持续发展理念，提升市场竞争能力

随着国家保险业的不断深化，湖北保险市场竞争的发展趋势，始终坚持可持续发展理念，建设一个创新驱动、充满活力、具有较强核心竞争力的现代保险服务业。不断提高公司精细化集约化发展水平，致力于优化成本结构，增强保费规模，推进全省各地区协调发展。一是稳固车险平台性业务，同时利用渠道了解市场动态，促进非车险增速，提供多元化和综合性金融业务，提高非车责任险、工程险等险种占有率，满足客户多样化需求。二是稳固大中城市快速增长趋势，实施县域保险市场拓展策略，县域乡镇保险市场差异化深度挖掘，利用强化农村个人代理人队伍建设，构筑农村市场竞争力，同时对县域经济的发展起到极大的推动作用。

二、坚持市场需求导向，推进结构调整优化

在国家保险政策引导下，以市场需求为导向，以结构调整为重点，促

进发展方式的转变。一是持续优化业务结构。针对国家出台的保障民生、加强基础设施建设、发展社会事业等一系列扩大内需方面的政策，发展满足消费者需求、体现保险核心优势、提高公司价值和效益的业务。积极推广环境污染责任险、诉讼保全责任险、食品安全责任险、校方责任险、安全生产责任险、特种设备责任险、医疗责任险、养老机构责任险及医护人员意外险等责任险种。二是不断优化渠道布局。结合市场需求特点，推进团体渠道专业化转型，促进个人渠道优化升级，规范发展电话、网络等销售渠道，深化与专业中介渠道合作，构建高效可控的多元化销售体系，提升服务的专业化、规范化和标准化水平。

三、创新保险“互联网+”，推进线上营运管控

公司本着“开放、共享、连结”的互联网理念，运用新科技、新技术，推动保险服务业发展。一是互联网技术应用将大幅提高保险公司经营效率，降低管理成本，建立差异化优势，突出平安的综合金融优势，提供农户和政府最需要的农村综合金融服务，通过“农险+融资”，针对散户提供“农险+信用险贷款”，针对产业链整合银行、证券、信托资源，以贷款、基金等方式帮助获得资金，深化政府合作，获取稳定的保费来源。二是互联网技术的发展，将带来客户消费行为和习惯的改变，推动商业保险模式的改变，催生行业的创新。开发惠及民生服务的“好车主”APP，涵盖保险、服务、生活，一键完成承保、理赔、查询等车主服务，实现在线自助理赔，让客户充分体验科技创新的重大变化，大大提升客户的感受度和满意度。

四、健全诚信服务体系，强化风险防范功能

为持续加强和改进客服服务，启动保险理赔标准化建设，实行理赔程序公开。一是形成以客户为导向的服务文化，建立完善诚信服务体系。着重改善基础服务的细节和品质，提高服务团队的整体素质水平，完善诚信的服务体系。承保环节主推电话、网络渠道，进一步提高服务效率，简化服务流程。通过内部电话回访进行服务满意度监控，对承保服务、查勘理赔服务、柜面服务等实施评分考核机制，加强对服务接触点人员的专业素

质培训、服务技能培训，提高客服人员的工作效率，节省客户等待时间，提高客户满意度。二是为广大客户切实体会到公司的灾害反应速度和服务水平，公司深入应用大数据、LBS（基于位置服务）等创新科技手段，强化风险识别与精准定价能力，做到承保前的风险前置，面对重大自然灾害，公司提前预警，拟定重大客户防灾防损工作预案、夏季防汛安全检查办法、冬季防火防爆安全检查办法，始终做到提前把握。积极会同相关业务部门对预案执行情况进行检查落实，对可能出现的问题及时采取措施，以减少损失，增强防范风险的能力。

五、实施人才兴保战略，打造“三化”精英团队

坚持贯彻省公司基本法的主导思想，以基本法为指导、解放思想、积极拓展新的发展思路，全力营造积极向上的营销团队氛围。一是积极引进和培养专业人才，加强保险承保、理赔、财务等专业人才的职业化教育，优化人员结构，打造“专业化、职业化、规范化”的队伍，促使营销员能够不断地进步，学习保险新政策，掌握保险市场的新动向。二是推进高管培训的制度化，多层次、多形式、有计划地安排高管集中培训，建立后备人才库，促进潜质人员的培养和发展。匹配分支机构的四大类型（服务、进攻、成熟、超越）组织潜才选拔，通过人才储备为公司发展储备专业化、高学历、高素质的分支机构队伍，促进有潜力人才持续培养和发展。

第四章　太平财险湖北分公司发展情况

2016—2017 年，太平财产保险有限公司湖北分公司（以下简称太平财险湖北分公司）按照全面从严治党要求和稳中求进工作总基调，始终坚持“用心经营、诚信服务”的经营理念，推进供给侧结构性改革，充分发挥保险保障功能，服务国计民生和经济社会发展全局。面对湖北日益激烈的市场竞争，精准施策，积极应对，全力打造极具核心竞争力的精品保险公司。公司业务保持稳健增长，经营品质持续优良，盈利能力持续领先，公司保费和效益同步协调发展，荣获“湖北保险业十佳文明服务保险机构”荣誉称号，连续 6 年被监管部门综合分类监管评级为 A 级。

第一节　发展概况

一、业务发展持续提速，盈利能力稳步向好

2016 年是湖北保险业全面实施商车费改后的第一年，面对行业增速下降及利润整体下滑的巨大压力，太平财险湖北分公司全面落实“打造极具核心竞争力的精品保险公司”发展理念，在全省上下的不懈努力下，公司业务保持了稳健增长，实现了“十三五”规划的良好开局。2017 年，公司保费收入共计 8.59 亿元，同比增速达到 27.6%，行业排位保持第 7。车险业务在 2016 年、2017 年市场份额排名稳居第六。其中，2017 年车险业务市场份额为 2.83%。2016—2017 年，公司累计实现利润总额 1.16 亿元，连续 9 年实现持续盈利且利润率排名行业前茅，实现了规模与效益的协调发展。

二、机构建设稳步推进，机构发展亮点纷呈

随着业务规模的不断增长，公司机构建设稳步推进。截至 2017 年底，

公司在全省共有31家机构，设有武汉、宜昌、黄石、荆州、襄阳、荆门、十堰、孝感、恩施、鄂州、黄冈、咸宁12家地市级（中心）支公司，20家四级机构，分支机构覆盖全省主要县市。

2017年，武汉、宜昌、黄石、荆州、襄阳、十堰、荆门、咸宁8家中支跑赢大市，其中武汉、襄阳、荆州、咸宁4家公司跑赢大市10个百分点以上。武汉、黄石、十堰、襄阳、荆州等8家公司市场份额上升。从保费贡献来说，三级机构中，荆州保费平台首次突破1亿元大关，四级机构中，天门公司突破3000万元大关，监利、阳新成功晋级1000万元级四级机构行列。从机构评级情况来看，恩施、荆州、宜昌3家公司被总公司机构评级为A+级，黄石公司评级为A级。A级机构占比为36.4%，在系统内远高于其他分公司。

2016年、2017年各级机构在争创佳绩的同时，也收获了诸多荣誉：2016年宜昌公司荣获“湖北省守合同重信用企事业”荣誉称号、“慈善工作先进单位”；荆州公司荣获“荆州市保险行业协会2016年先进单位”荣誉称号；十堰公司被评为“湖北省第十三届守合同重信用企业”；襄阳中支荣获2016年度“襄阳市保险业诚信合规单位”荣誉称号。2017年宜昌公司荣获“全国文明单位”荣誉称号，这是首次获得全国级的殊荣。

第二节　主要业绩及问题

一、主要工作业绩

（一）提升服务社会管理能力，积极服务实体经济

作为中央在汉企业，近年来，太平财险主动担负社会责任，履行保险社会管理职能，积极参与和服务地方经济建设，对重大项目、重点工程、重点企业以及市政基础设施建设予以重点关注，为企业生产经营保驾护航，先后承保了湖北中烟工业有限责任公司、华润沿海（惠州）发展有限公司、武烟、中国葛洲坝集团公司、华新水泥、大冶有色、宜昌交运集团等大型企业，参与共保了神龙公司、东风雷诺汽车有限公司、武汉轻轨、地铁集

团等大型项目。2016 年以来，公司为湖北省重点工程、大型企业提供风险保障 24677. 44 亿元。

2016 年，独家承保葛洲坝机械工业有限公司的巴基斯坦风电工程项目财产一揽子保险业务，标志着太平财险主动对接国家战略，积极服务“一带一路”，全力为企业“走出去”保驾护航。公司借助集团子公司在海外金融服务和风险管理经验，为企业提供一揽子风险管理和保险解决方案。

提供及时、专业的理赔服务。2016 年 7 月 2 日，因武汉遭受暴雨灾害，由公司承保的武汉生物制品研究所有限责任公司受暴雨水淹造成仓库及设备受损，公司及时查勘定损，由于案件报损巨大，公司主动提出通过预付的形式帮助企业尽快恢复生产，并在 1 个月内将 200 万元的预付款支付给被永淹企业，帮助企业尽快恢复生产，赢得企业的好评。后期积极与企业保持沟通并收集相关核心资料，减免部分索赔单证，最终赔付 347. 1 万元。2017 年 7 月 13 日下午 17 时 40 分，由公司承保的武汉格雅科技有限公司工业园一个厂房突发火灾，事故造成厂房受损，部分机器设备过火严重，大量存货烧毁，部分存货受烟尘污染。太平财险湖北分公司获悉灾情后，迅速赶赴现场查勘定损，确定责任范围后快速理赔，最终赔付 245 万元，让企业迅速恢复生产，备受企业称赞。

（二）以客户需求为导向，不断提升服务水平

2016—2017 年，公司累计承担机动车辆保险责任金额 1218. 24 亿元，处理各类赔案 14. 71 万件，累计支付各类赔款 54569 万元。公司实行了 95589 提供 365 ×24 小时电话服务、7 ×24 小时查勘服务、全国通赔服务、出险调度时短信提醒服务、结案赔款短信通知服务、资料齐全（万元以下）8 小时内赔付、微信理赔服务、合作厂修车无差价等服务，提升了太平财险品牌影响力。

1. 充分发挥保险职能作用，为保险客户排忧解难。公司不断改进服务，创新服务模式，丰富服务内涵。建立销售、承保、回访、理赔等各环节的服务标准，制定服务承诺，并将服务标准公开，接受社会监督。公司秉承服务创造价值的理念，诚实守信经营，公平对待每一位消费者，公司开展

一系列回访及自查活动建立长期的“承保、理赔全流程回访制度”“消费者信访投诉自查工作”，设立全省保费保险消费者权益联动小组，每日快速协调客户反馈的各种服务需要。针对受理客户回访中反馈问题及抱怨件，及时办结，得到保险客户的好评；规范销售行为，如实告知保险产品的合同内容，建立公正透明的理赔和争议解决程序，优化工作流程，简化理赔程序，小案快赔，大案积极协助客户调解和理赔，保障了客户的利益，同时维护了三者的合法权益。

2. 依法维护消费者切身利益，积极实行代位求偿。为进一步提高保险业车险理赔整体服务水平，秉承“诚信、专业、价值”的核心价值观，推动公司以诚信建设为基础，着力解决关系消费者切身利益的突出问题，切实保护消费者的合法权益。方便被保险人索赔，切实维护消费者利益，公司依据《保险法》第六十五条的规定，被保险人可选择代位求偿索赔方式，为投保的保险客户提供代位求偿服务累计 112 件，代位求偿金额达 3108547. 30 元。切实解决了理赔难、改善了理赔服务、提升了保险的社会形象。

（三）助推脱贫攻坚，积极服务“三农”经济

作为湖北省 7 家具有农业保险经营资格的保险主体之一，公司充分发挥国有保险企业作用，致力于支持湖北经济发展，主动担负社会责任，并取得了一定的成绩。按照保监会、国务院扶贫开发领导小组办公室《关于做好保险业助推脱贫攻坚工作的意见》（保监发〔2016〕44 号）的相关要求，积极贯彻落实保监局和上级公司关于保险扶贫的各项工作部署，着力于“保险姓保”，不断发挥金融央企子公司的优势，持续提升公司保险助力脱贫攻坚的能力。

1. 农业保险惠农政策宣传全覆盖。公司自《关于印发湖北省 2017 年农业保险工作实施方案的通知》（鄂农发〔2017〕4 号）下发伊始，即启动了承保区县的政策性农业保险宣传工作，采用了电视、广播、宣传单、宣传车等多种农户喜闻乐见的宣传形式，累计达到近百余次，实现了承保市县和乡镇的全覆盖。

2. 建立农业保险服务体系。为了更好地贯彻落实政府及监管部门相关文件精神，进一步加强农业服务体系建设，促进试点地区农业保险业务的发展。目前，公司已成立了一级农险部，建立了以县支公司为服务中心，下乡镇深入村组的基层农业保险服务体系，基本满足了现阶段农业保险服务需求。各农业保险承办机构配备了农业保险专岗，聘请协保员486人，并在主要乡镇设立“三农”服务站点54个，农业保险服务网络建设力度正在加大。

3. 快速处置重大灾情。2017年，公司承保枝江地区棉花保险8.36万亩。2017年7月至8月，枝江出现大面积干旱，导致棉桃脱落，生长缓慢，部分棉花已绝产；从8月25日至10月中旬，持续48天的连续阴雨天气，致使棉桃霉烂、棉子发芽，棉花产量大幅减少，这是枝江棉花生产二十多年未遇的重大自然灾害，给棉农带来巨大损失。获悉灾情后，太平财险在十余天内完成了枝江市棉农的保险赔款兑现工作，赔付达585万元。枝江市政府对太平财险在十余天时间内完成了1.36万农户受灾棉花的查勘定损、赔款支付工作给予了“作风扎实、工作踏实、有责任有担当”的高度评价。

4. 探索“农业保险+”支农新模式。通过“农业保险+信托”“农业保险+保证保险”“农业保险+信贷”“农业保险+担保”等模式不断探索支农、惠农新模式。“农业保险+”模式的有效探索另辟蹊径地延展了农业保险的内涵和外延。公司在为粮食适度规模经营主体提供足以覆盖生产成本的产量保险的同时，发挥现代保险的融资杠杆作用，为农业经营主体流转土地、规模经营所需大量资金提供保险，并和银行、信托携手，变被动参与为主动管理，对农业经营主体的经营活动、资金进行监管。通过这种模式来扶持新型农业经营主体，带动农业产业转型升级。

5. 创新支持农业新型经营主体。公司紧紧围绕新型农业经营主体发展中的“融资难”“靠天收”两大瓶颈问题，在充分调研基础上创新农业保险产品供给，在总公司的大力支持下研发了生猪价格指数保险、产量保险和适用于小微企业的贷款保证保险等创新产品，为辖内新型农业经营主体扩大再生产和稳健经营提供了强有力的支持。公司赔付湖北九牛谷减产损失800万元，为该企业及时恢复农业生产提供了资金支持。

（四）提升风险管控水平，构筑风险防范体系

1. 建立风险防范机制。一是建立风险管理合规体系。公司成立风险管理及合规部，组建全省合规联系人队伍，打造专业的合规联系人队伍，不定期开展各层级合规培训工作，加强合规能力建设。二是落实风险管理责任，明确各机构“一把手”是风险防范第一责任人。与三级、四级机构“一把手”签署《合规经营承诺书》，建立合规从高层做起，合规人人有责观念，形成各条线尽职尽力、齐抓共管的合力，实现风险防范与处置工作规范化、制度化和常态化。三是对于触碰风险红线的违规行为，实行“一票否决”，确保把风险消灭在萌芽状态，不发生系统性风险。四是梳理合规制度，持续完善制度建设，加强制度约束力，引导和监督经营机构依法合规地开展各项经营活动，有效遏制了违法违规风险。

2. 做好重点领域风险防范管控。一是结合“偿二代”评估，深入推进风险管理制度建设。二是针对重点机构、重点业务做好风险防范。做好农业保险合规经营，分公司对农业保险业务进行了自查自纠工作，下发《关于开展政策性农险业务自查自纠的通知》，对各机构在全辖范围内对政策性农业保险业务的承保、理赔环节以及财务数据内容进行全面的自查自纠，分公司组成农业保险业务检查小组到机构进行了现场检查。三是严格按照保监局的要求，认真做好“两个加强、两个遏制”、“两两”回头看、保监会“1 +4”系列文件精神的自查整改工作。及时排查和整改重点领域的风险隐患，积极开展中介市场的清理整顿及自查整改，引导和监督经营机构依法合规地开展各项经营活动，有效遏制了违法违规风险，公司风险防控能力显著增强。

（五）着力抓好人才建设，打造太平优质队伍

1. 抓好“三个坚持”，牢牢把握选人用人工作方向。一是坚持“注重品行、科学发展、崇尚实干、注重实绩、群众公认”的用人导向。把贯彻公司党委决策部署坚决、工作业绩突出、完成重大任务出色等关键因素，作为考察和识别干部的重要考量因素，通过树立正确的用人导向，来匡正

干部价值取向。二是坚持选人用人标准不打折扣。将习近平总书记在全国组织工作会上提出的关于“好干部”衡量标准，贯彻落实到干部管理实际工作中，坚持“德才兼备、以德为先”的选任条件，切实保证干部在政治、品德、才干等各方面过硬。同时，严格执行《干部选拔任用工作条例》和相关政策法规，进一步规范干部选拔任用工作程序，认真细致地做好干部选拔任用工作。三是坚持五湖四海、广开进贤之路。根据公司发展需要，拓宽选人用人视野，从外部积极引进重要、关键岗位急需的干部，不断优化干部队伍结构，为干部队伍补充了新鲜血液，带来新观念，增强了队伍活力。公司坚持以队伍建设为根本，把组织能力提升作为公司转型升级的根本保障，始终坚持“以人为本、和谐奋进”的企业文化，以基层建设为重点，以作风建设为抓手，持续加强党的建设，抓班子、带队伍、强素质，不断提升组织能力，夯实公司发展基础。

2. 严格履行工作程序，不断提高选人用人工作质量。一是严把推荐考察关。按照代表性、知情度和相关性原则，合理确定参加民主推荐人员范围，改进民主推荐方式方法，严格执行规定程序与工作标准，认真做好推荐考察各环节工作，提高民主推荐的有效性和考察结果的真实性、可靠性。二是严格落实“四项权利”。落实员工“知情权”，加强干部选拔任用相关政策法规宣导，实行干部考察预告制，提高了干部工作的透明度，促进党管干部原则与员工有序参与有机统一。落实员工“参与权”，在干部推荐工作中，注重考虑参与人员的知情度和关联度，合理设置推荐人员范围、人数和比例，扩大干部员工的参与面。落实员工“选择权”，充分尊重员工意愿，对推荐票数达不到要求、得不到公认的不列入考察对象。落实员工“监督权”，通过“一报告两评议”和巡视工作等，进一步拓宽群众评议渠道。

3. 在人才梯队建设方面，总、分上下形成一盘棋。公司紧紧围绕闭环管理的四个环节，统一标准，统一流程，总、分上下形成一盘棋，实现储备和培养目标。环节一：选拔入库。通过明确选拔标准、选拔途径和选拔流程，规范后备人才的选拔和入库。将后备人才划分为储备干部和后备干部两大类；根据人员层级，分别界定 A/B/C 类后备人才的选拔标准；合理规划入库人员比例；在符合基本条件下，综合评估拟入库人员能力素质和发展潜力，选拔入库。环节二：培养计划制订。后备人才入库后，开始制订培养计划。所谓后备人才培养计划，是指基于对后备人才未来发展定位及其个人能力特点的判断，各层级直线领导与后备人才充分沟通，为其制订一系列的针对性培养与辅导计划。培养计划主要包括个人能力分析（含职业优势和待发展项）、技能发展重点和发展计划（含公司内部的培训计划和其他发展计划，比如外部培训、专项人才培养项目、轮岗等）三部分内容。环节三：培养计划实施。后备和储备两类人员总体培养思路是储备干部“缺什么补什么”，针对个人能力长短板，提升短板，发展优势。环节四：输出淘汰。后备人才库实行动态管理，每年进行更新。

（六）关注企业文化建设，积极参与扶贫公益活动

公司积极倡导“有梦想，敢担当；有激情，在状态；有胆识，善创新”的核心文化，坚持把企业文化的宣导与企业经营管理以及公司重大活动紧密结合，热心公益，彰显央企担当。

在2016年特大暴雨灾害前，发动员工捐款捐物近5万元，深入黄冈灾区慰问受灾群众；鄂州中支负责人带领理赔人员深入鄂州市陆十镇梧桐湖村防汛地段，帮助村民群众筑起堤坝一同抗洪救灾。2016年5月，太平财险宜都支公司捐助1万元扶贫款帮助对口扶贫户臧文琴一家盖新房。2016年12月22日，太平财险湖北分公司温暖开启“太平暖冬　让爱升温”爱心捐赠活动，汇集全省员工的爱心，为宜昌山区对口扶贫小学——赵勉河完全小学的孩子们送去价值2万元的爱心物资，让孩子们开心过新年。

为了更好地履行太平财险央企的社会责任，支持贫困地区脱贫减贫，经报总公司并向集团申请，公司向恩施咸丰县财政局精准扶贫社会捐赠账户捐赠扶贫款项28万元，用于咸丰县的精准扶贫工作。

二、发展面临的主要问题及分析

（一）跑赢大市面临巨大挑战

保险市场高度集中，大公司凭借其市场地位、规模和赔付管理处于更

有利的地位，而中小公司续保、新单压力大。

（二）车险市场进入强监管周期

2018 年，在三次费改的预期下，非理性竞争的苗头更明显，保监会开年就重罚车险巨头，意味着车险市场进入强监管周期。车险费率改革给公司更多产品定价权，车险市场陷入拼“抵扣”的价格恶性竞争，使得车险综合费用率高涨，业务亏损严重。2018 年车险市场保费或进一步承压。

（三）非车险困局仍未破解

非车险面临承保责任扩大、费率下降、费用上升、巨灾频发等不利因素，公司非车险占比逐年下降。

（四）满足消费者需求能力建设仍需加强

在保险业产品日益同质化的今天，客户服务质量的高低已成为衡量保险公司经营水平好坏的重要标志。要不断满足消费者需求，加强客服标准和投诉管理，优化客户体验，不断提高客户满意度。

第三节 发展举措

一、提升产品引领能力，实现高质量增长

一是确保车险快速增长。要全力开拓标准 4S 店卖场业务，高度重视续保业务，继续推进费率充足度和转保质量提升。

二是全力突破非车险瓶颈。要加强非车险队伍建设，配齐配强分公司核保核赔专业人员，提升专业能力和解决问题能力；要完善产品线与渠道线联动机制；要实施机构差异化发展策略。根据机构保费规模、业务资源，制定不同发展规划，分层推进；打造非车险专业化团队，制定专属费用激励政策；灵活承保政策，加强品质管控。

三是实现重点险种稳步增长。推进农业保险助力精准扶贫，以农业保

险为着力点，在打赢脱贫攻坚战中主动作为。

二、提升渠道推动能力，专业化动作下沉

渠道专业化是应对市场竞争、实现特色经营的有力武器。一是加快发展战略客户业务。二是加快融合综合金融业务。三是代理车商业务紧跟节奏。紧跟总公司节奏和做法，全力加快突破，充分下沉县域乡镇。

三、提升机构发展能力，释放强大增长动能

一是实施分类发展。发挥自身优势，保持良好发展势头，加快提升市场影响力。二是加快职能转变。三级机构加快在本级和四级机构落地，重点在业务发展、合规经营和效益提升方面，对四级机构履行好管理职能。三是县域模式升级。合理规划空白区域，提升现有四级机构产能。

四、提升客户经营能力，优化理赔服务效率

一是单设客服管理条线。分设客户服务部与车意理赔部，实现条线垂直管理。二是紧盯监管评价指标。高度重视消费者权益保护，实行“事前预警、事中化解、事后分析”投诉管理机制，加大投诉处理不力问责力度，重点解决好“双代”投诉问题。大力推广微信、社区理赔新模式，实现低金额、低风险案件自动理赔。三是加强续保管理。强化车险续保率特别是个人车险续保率考核。四是推进服务产品化。完善客户服务项目管理系统，逐步实现增值服务线上运营。

五、全面加强党建工作，严守合规经营底线

高度重视党建工作，把全面从严治党的新要求、新标准，贯穿到公司工作全过程。站在讲政治的高度，打赢重大风险防控攻坚战，提高风险防范意识，增强风险防控能力，为高质量发展保驾护航。

（一）全面加强党组织建设

一是把党的政治建设摆在首位。切实杜绝“重业务，轻党建”思想，

全面增强政治意识、大局意识、核心意识、看齐意识，认真组织好“三会一课”、党委中心组理论学习，扎实开展“不忘初心、牢记使命”主题教育。二是强化管党治党的责任担当。认真落实《党建工作责任制实施办法》，党委扛起主体责任，在选人用人等重大事项、重大决策方面坚决执行“三重一大”等相关规定。管好、选好、用好机构“一把手”，营造风清气正、干事创业的政治生态。三是加强基层党组织和党员队伍建设。完善基层党组织架构，确保党组织活动长期规范开展。引导基层党支部开展“党员示范岗”创建，发挥好党员的先锋模范作用。

（二）认真落实执纪监督

严格执行中央八项规定精神，继续整治“四风”问题，重点抓好党员领导干部、机构负责人的纪律监督。严格规范外出报告制度，严禁领导干部经商办企业，严禁内部高消费接待饮酒，一经发现从严从重处理。突出重点人、重点事、重点问题，开展理赔打假、维修资源、销售费用管理等专项巡查，加大问责力度，不断完善“四位一体”综合监督方式，发挥纪检监察、组织人事、风险合规部门的监督合力，为公司发展提供强有力的监督保障。

（三）严守合规经营底线

高度重视合规经营，将合规意识融入公司经营的方方面面，摸清业务和队伍风险底数，提高风险防范化解能力，确保高质量健康发展。认真落实保监会打赢重大风险攻坚战的总体要求，统筹安排重点领域风险防范，持续关注互联网等新型业务风险。强化基层机构合规管理，对稽核审计发现的问题必须彻底整改落实，从内控源头治理重要问题。

六、持续推进队伍建设，不断完善继续考核体系

（一）提升人力规划系统性

一是加强年初人力规划统筹。公司与机构的人力资源投放将以 2:8 的比

例，全面向机构倾斜。资源向大机构、重点机构倾斜，向人伤、非车、销管岗位倾斜，优化现有人力队伍，与公司业务发展要求同频共振。二是加强规划执行过程监控。通过每月对机构投产比及人均产能的监控与预警，适时纠偏、科学引员。

（二）助推三级机构转型发展

一是战略机构突破发展：保费规模过亿元、有较为成熟的人员梯队、管理比较到位的机构，实现运营承保、理赔分设；中坚机构对标发展：加大从同业引入承保、人伤专业人员；慢、弱机构帮扶发展：帮助机构进行队伍建设，快速形成战斗力，重点关注销管人员引入或能力提升。二是提高内部“造血”能力。重点关注三级机构班子、四级机构负责人、室主任、运营两核人员等后备储备人才队伍建设，打通晋升通道，做好干部履职考察、教育培训，提高核心关键岗位自主培养占比。三是优化工作流程。推动建立工作标准化动作分解，提高常规工作效率，释放人力效能，支持三级机构转型发展。

（三）完善各层级绩效考核体系

一是加强考核硬约束，以年度预算为基础，对标市场，按战略目标细化过程管理，按阶段目标设置考核方案，加强过程管理，建立机构月度经营评价指标体系，确保公司全年经营目标的达成。二是重点加强对三级、四级机构负责人、公司渠道及运营部门负责人考核，依托月度绩效考核加强过程管理，启动预警机制，实时跟踪。三是关注运营绩效考核过程管理，强化各项考核制度的硬性落地。对运营人员考核结果及降赔实效进行跟踪，评估其考核指标的导向性作用，掌握现有运营人员运力短板，为后续的改善计划提供方向，提高人岗匹配。

第五章　中华财险湖北分公司发展情况

中华联合财产保险股份有限公司湖北分公司（以下简称中华财险湖北分公司）成立于2005年5月28日，目前全省中支机构有14家，支公司和营销服务部107家。除神农架以外，全省每个县市都有机构和人员，分公司本部设14个职能部门，截至2017年底，在编干部员工1212人。

第一节　发展概况

一、主要经营情况

2016—2017年，中华财险湖北分公司业务经营稳中有涨。2016年实现保费收入12.46亿元，市场份额4.45%，赔付8.16亿元（其中暴雨水灾损失1.08亿元），全年亏损6001万元，缴纳及代收代缴各项税收1.75亿元。2017年实现保费收入13.15亿元，市场份额3.96%，赔付7.15亿元，全年盈利2754万元，缴纳及代收代缴各项税收1.86亿元。

二、重点业务情况

（一）车险业务发展明显

一是板块结构明显优化。2017年公司价值板块同比增长8%，在车险中占比为70.9%，同比提升4.5个百分点。二是家用车内部结构明显优化。家用车保费占比为63.5%，同比2016年上升4.2个百分点，家用车占比高于行业平均值2个百分点。三是车商渠道专属化团队达到93个，2016年保费收入同比增长51.69%。2017年车商渠道同比增幅为54%，全国系统省会型分公司排名第一。四是2017年续保率超过总公司年度目标3个百分点，同比提升1个百分点。五是推跟单方面，变动费用控制率和市场费用准确率得分150分（满分），变动费用合理率得分149.95分。六是车险综合成本率同比下降5.19个百分点。七是电网销2017年实现起步，完成年度计划的118%。

（二）责任险实现全牌照经营资格

在安全生产责任险、医疗责任险、食品安全责任险、火灾公众责任险等已取得全省经营资格的情况下，2016年，中华财险进一步加大攻关力度，再次取得湖北省校（园）方责任保险和承运人责任险的承办资格，并以第一名的成绩中标全省特种设备责任保险经办资格。2017年再添电梯和产品质量安全两张政府责任险牌照，实现了政府主导的民生类责任保险经营资格的全牌照，并在责任险上取得主承保经验零的突破。

（三）三峡等重点项目成效明显

中华财险湖北分公司于2016年先后统保武汉公共交通集团承运人责任险、武汉青山长江大桥工程险项目主承保资格、汉十铁路2、3标段工程险项目、中国有色矿业企财险共保项目、中国三峡集团公司长江三峡水利枢纽营运资产保险项目、武汉地铁工程险共保项目，该年重点项目保费收入占到财产险总保费的17%。2017年，继续在汉江孤山水电站工程、武汉北四环线工程险项目、中国三峡新能源有限公司2017—2020年陆上风电和海上风电保险项目、“一带一路”中国有色刚果（金）RTR铜尾矿工程险项目、中色镍业（缅甸）有限公司企财险等项目上取得8个百万元以上项目的突破。

（四）农业保险实现突破性发展

公司抓住了湖北省农业保险提标、增点、扩面的机遇，水稻以外的财政补贴型农业保险新覆盖了8个县（市）。2016年累计为247.66万亩水稻、21.93万亩棉田、39.4万亩油菜、1.83万亩冬小麦、326.13万亩林木、6.37万头能繁母猪、699头奶牛、1万头育肥猪等合计提供26.79亿元的风险保障。其中，2016 年汛期为 29. 47 万亩农作物，27. 08 万户次农户赔付 3022. 23 万元。2017 年共实现保费收入 1 亿元，同比增长 83. 99%。为全省 37 个县（市）区、264 个乡镇办场、6346 个行政村的 127. 39 万户农户提供农业保险保障。

（五）服务实体经济体现责任担当

截至 2017 年底，公司已累计支持金融机构存款 1 亿元，为 4343 家实体企业提供保险保障服务，2016—2017 年赔付超过 9000 万元；为 120 个养殖大户提供贷款 6600 万元，承担风险保障 12000 万元；为 10 个涉农小微企业提供贷款 3480 万元，承担风险保障 6960 万元。

第二节 主要业绩及问题

一、取得的主要业绩

（一）党建工作情况

1. 抓党建工作。公司积极强化党的民主集中制，切实树立和发挥党委在公司的政治核心作用。党建与业务发展有机结合，以党建促发展，在发展中检验党建，充分发挥党组织的战斗堡垒和党员干部的先锋模范作用。公司严格执行中央八项规定，突出规矩意识，着力打造一支政治坚定、立场鲜明、纪律严明、作风过硬的党员干部队伍，有力地推动了各项工作的顺利进行。公司和各中支公司党委、党支部建立了学习制度，建立了党员先锋示范岗，开展了主题教育讨论，扎实开展“两学一做”教育活动。

2. 抓两个责任强化。根据《落实党风廉政建设两个责任实施方案》，公司党委认真履行组织领导、教育引导、源头治腐、选人用人、正风肃纪、支持保障六大主体责任。纪委严格落实协调配合、执纪监督、查办案件等监督责任情况。通过纪律建设年、“遵守严”教育、四风回头看等一系列专项活动的开展，有效整肃了党风，严肃了党纪。

（二）理赔客服情况

1. 加大理赔力度，服务经济发展。2016 年，湖北地区遭受重大洪涝灾害，公司全省范围内洪灾报案 2139 笔，估损 1.21 亿元，赔付 10233 万元。尤其是孝感东山头“7·21”企业财产险巨灾案件，黄冈及天门农业保险洪涝灾害，青山长江大桥“7·6”洪灾案件，咸宁通山大润发“6·28”洪灾案件。中华财险湖北分公司的广大客服人员和党员干部全力投入，奋战在抗洪救灾第一线。其中，咸宁通山支公司大润发超市 7 天预付 100 万元赔款被《中国保险报》评为 2016 年月度典型案例；孝感东山头工业园区大灾赔款 6537 万元，中华财险孝感中支被市委、市政府评为二等功。该公司的“快速理赔”多次在《中国保险报》、中国新闻网、金融界资讯等全国、全省范围内宣传，扩大了公司在业内外的影响。

2. 开展“中华行!”车险品牌服务项目。以“承诺不变、服务升级”为主题，通过努力使“中华车险”保费更省，理赔更易，服务更行。具体是实行驾驶习惯好，保费优惠多；出单零等待，免费送单上门；全方位快速理赔响应，上门收取索赔资料，省心更安心；1000 元以下的人伤案件，现场调解免单证即时赔付；10000 元以下纯车损案件，手续齐全 1 个工作日内赔付；异地出险，全国通赔通付；出单“一张安全行驶贴”“一份服务指南”；出险“一瓶慰问水”“一张服务质量监督卡”；安享“人伤绿色通道”紧急救助，优质医疗机构推介；投保 11 座（含）以下非营运客车商业车损险，乐享全国免费非事故道路救援。

3. 通过制度完善服务体系，提高服务能力。一是通过制定《增值服务管理规定》，建立起了承保增值服务体系，在全省确定 800 家洗车店和 12 家特约维保店，推出油管家、轮胎补胎及更换、免费检测、道路救援、洗车等 10 项增值服务，全省服务点达到 1324 家，有效提升了客户的体验。同时，公司与“同城救援”湖北分公司合作，开展省内全覆盖、无盲点的道路救援服务，为车险客户提供更优质，更全面、更快捷的增值服务。2017 年 1 月，该公司的湖北增值服务系统正式上线运行，由此实现了增值服务项目的受理、调度、结果反馈、清单核对、费用结算的流程线上处理，进一步缩短了客户等待救援的时间。二是制定《中华财险湖北分公司服务提质升级竞赛活动方案》《湖北分公司“保险服务评价体系”实施细则》，建立客户服务评价体系。在省行业协会组织的武汉地区测评中，公司荣获武汉地区机动车辆保险理赔服务现场查勘十佳单位，且排名第一。2016 年，中华财险湖北分公司荣获第九届金博会“十佳优质文明服务保险机构”，还获得省行业协会“2017 年保险行业公众宣传大比武”最佳活动奖。三是制定《农业保险客户回访制度》《农业保险客户投诉管理暂行办法》《农业保险业务工作质量抽查管理办法》《农险服务能力建设管理暂行办法》等制度，完善了农业保险服务体系。

4. 积极防损。公司每年对全省进行汛期防灾防损检查，2016 年检查 352 家企事业单位，对其中的 202 家企业进行了下达检查意见书和整改通知书的风险排查，通过公众微信号、易拉宝、电话、短信、宣传单等形式，向社会公众发布预警信息，提醒广大群众及时避险并告知应采取的应急措施，得到了客户的称赞。又制定《秋冬季财产险防灾减损工作指导方案》，对防火、防冻工作进行了全面安排部署，建立起事前预防检查机制，提高了灾害预防意识和指导服务客户进行灾害预防的能力。

5. 加强理赔管控。一是两年清理 26 台查勘车，实行查勘车及油料省级集中管理；二是 2016 年创新了微信理赔，取得了较好效果；三是自 2016 年起，形成节假日照付、一日两付的赔款支付模式，加快支付速度，增强客户体验；四是开展车险打假活动。2017 年打假案件 110 笔，挽回损失 748 万元，解除劳动合同 1 人。

（三）风险合规情况

1. 认真开展“两两”回头看自查工作和反洗钱、非法集资排查等专项活动。2016 年开展全省系统“两个加强、两个遏制”回头看自查整改工作。成立了领导小组，制定了方案，明确“六虚”问题及整改情况等五大自查重点方面。同时对辖内 13 家中支 108 家支公司、营销服务部，进行了 100% 的现场督导、抽查；按照规定时间和规定流程将自查整改报告分别上报上级公司、湖北保监局。

2. 全力配合广州审计中心的审计整改及专项审计。广州审计中心于2016年分别对荆门、宜昌、恩施、十堰、随州五个中支负责人进行了离任和任中审计，对大病保险、人伤理赔、资产残值、反洗钱进行了专项审计；2017年对分公司总经理室领导进行了任中审计，对固定资产等进行了专项审计，分公司和各中支全力支持配合审计工作。通过审计及整改，进一步明确了纪律底线和责任边界，对确保业务发展始终在正确轨道运行，领导干部始终保持廉洁奉公起到了很好的促进作用。

3. 农业保险开展承保理赔专项治理整顿。分公司认真开展了农业保险承保理赔专项治理整顿工作及专项治理整顿“回头看”自查整改工作。成立了领导小组，组建了专班，与基层逐笔进行清理核实，确保了承保理赔专项治理整顿的效果。农业保险合规性得到进一步提高，基础管理工作得到进一步加强。

4. 强化制度建设，规范管理，促进发展。一是制度清理。2016年5月，分公司结合公司实际，对开业以来自定的现行制度、规定进行了全面清理，共清理各类制度696个，废止停用525个，修订完善保留适用的171个（其中，分公司含各部门68个，中支公司93个），建立健全了规章制度，扎紧了制度的笼子。二是结合新的形势制定新的制度。在车险工作上，制定了《车商渠道过程考核办法》等系列制度，形成了制度管人、制度理事的经营氛围，有效发挥了激励与约束机制，促进了经营规范；非车险发展与管理上，制定了《非车险组织与队伍建设管理办法》等，建立了非车险巡回培训制度，有效地促进了非车险的发展；在农业保险管理中，制定了《农险协办业务管理办法》《农险经办机构车辆租赁管理办法》等，对农业保险费用支出进行了规范化管理；考核与日常管理上，制定了《情况汇报制度》《督办制度》、本部值班制度等，对宣传纪律和安全稳定工作进行了强调。

5. 在全省签订依法合规经营责任书和承诺书，《签订贯彻落实中国保监会“1+4”系列文件及174号文件责任状》，加强学习教育，在全员中进一步牢固树立依法合规经营意识；同时，反洗钱方面制定了四个制度，开展了反洗钱宣传，进行了反洗钱培训，还开展了非法集资宣传月和风险专项排查。

（四）扶贫工作情况

两年来，公司成立扶贫领导小组，制定《中华财险湖北分公司扶贫工作方案》，召开全省扶贫工作会议，对全省保险扶贫工作进行安排部署，积极参与十堰市保险扶贫示范区建设。

1. 财政补贴型保险。在黄冈、鄂州、天门、宜昌、黄石、十堰、潜江等地积极扶贫，两年来累计为全省 37 个县市区、264 个乡镇办场、6346 个行政村的 3564482 户农户的 522 万亩水稻、60 万亩棉田、89 万亩油菜、55 万亩小麦、610 万亩林木、16 万头能繁母猪、1146 头奶牛等合计提供 53.85 亿元的风险保障。2016 年汛期为 29.47 万亩农作物，27.08 万户次农户赔付 3022.23 万元。2017 年提供了 34.35 亿元的风险保障，赔付 3393.98 万元，受益农户 4.72 万余户次，有力地支持了农民灾后生产自救工作。2017 年 2 月 8 日，分公司与黄冈市人民政府签订为期五年的战略合作协议。《中国保险报》和黄冈市保险行业协会简讯均对黄冈中支扶贫工作进行了介绍。

2. 健康保险扶贫。一是大病保险扶贫。2016 年公司在随州、大悟开办大病保险，为 89.88 万人提供风险保障 3181 亿元，赔付 2129 万元。2017 年在大悟为 43.38 万人提供风险保障 1735 亿元，赔付 1336 万元。二是新型农村合作医疗自伤意外保险。2016 年公司在襄阳的南漳、荆门的东宝累计为 35.1 万人提供风险保障 89.6 亿元，赔付 600 余万元。2017 年，针对参保精准扶贫的对象因自伤意外伤害发生的医疗费用由常规起赔线 200～1200 元不等统一免去起付标准，且赔付比例提高 5%～10%，因此项措施受益的贫困人数为 342 人，大大缓解了贫困家庭的医疗费用支出。三是低保人员、建档立卡的贫困户、两属两户意外保险和健康保险。2016 年，中华财险在黄冈的麻城、浠水等地，与当地民政局试点开办城乡低保人员补充医疗保险，为 12987 人提供风险保障 6448 万元，共报销补充医疗费 47 万余元。2017 年为 10.2 万低保户提供风险保障 20.9 亿元，赔付 39.34 万元。分别为黄冈的麻城、红安 4657 名“五保户”提供风险保障 9081 万元，为十堰的房县 6187 户两属两户人员提供风险保障 34028 万元，为黄冈的蕲春、黄州 45631 户建档立卡户提供风险保障 105617 万元。

3. 商业性农业保险。在做好政策性农业保险的同时，积极开办商业农业保险。2016 年以来，公司在黄冈、鄂州、天门、宜昌、黄石、十堰、荆州、荆门、襄阳等地，采取低保额、低保费的形式，累计为 2711 户提供林木火灾、育肥猪、水稻、棉花、油菜、温室大棚蔬菜、冬小麦等商业性保险，累计承担风险保障 3. 5 亿元。2017 年，共有森林保险、莲子保险、莲藕保险、藤茶保险、大棚蔬菜保险、牲畜意外伤害保险、育肥猪养殖保险、能繁母牛养殖保险和山羊养殖保险 9 款商业性农业保险产品实现了业务落地，承担风险保障 3. 81 亿元。湖北保监局官网 8 月 17 日“行业要闻”栏目刊发《湖北创新推出“莲子保值保险”产品》,《中国保险报》2017 年 7 月第 4184 期刊发《湖北鄂州“莲子”种植保险受农户欢迎》的文章，都对中华财险莲子种植保险进行了介绍。

4. 涉农贷款保证保险方面。按照精准扶贫的要求，针对农民“融资难，融资贵，担保难”的问题，中华财险在恩施、黄冈、鄂州、天门、黄石、十堰、荆州、潜江、襄阳等地，积极探索农业保险加农业信贷等信贷扶贫模式，为困难群众脱贫致富提供资金支持，促成贫困人员的创业、就业，从本质上改变贫困人员的生活，开办了涉农中小企业贷款保证保险和农户贷款保证保险，共为全省 5219 户企业或农户提供保障 3. 42 亿元，落实资金 2. 3 亿元。其中，2016 年，承保信用保证保险 526 笔，保险金额 1. 86 亿元，提供贷款 1. 25 亿元，帮扶带动 4661 个农户；2017 年承保信用保证保险 207 笔，保险金额 1. 56 亿元，提供贷款 1. 06 亿元，帮扶带动 558 个农户，形成了以下三种模式。

一是“政银保”模式。公司在恩施鹤峰、黄冈武穴、潜江油田、咸宁嘉鱼、襄阳襄州等地开展了精准扶贫小额贷款保证保险业务，由政府、保险、银行三方共担风险，向建档立卡贫困户发放贴息、贴费（保费）贷款 1. 4 亿元，共帮扶 4700 个农户开展产业脱贫。如对鹤峰建档立卡贫困户按贫困户 1 万 ~3 万元，能人大户不高于 50 万元的标准进行贷款，共承保 296 户，发放信用保证保险贷款 2747 万元；武穴主要采取龙头企业产业带动脱贫的形式，提供信用保证保险贷款 3233 万元，对 4317 个农户进行脱贫帮扶。

二是银保模式。在荆州、黄冈、襄阳等地开展了银保模式贷款保证保险，支持农户、涉农中小企业354户，发放贷款1.9亿元。比如在仙桃与农商行合作开展了黄鳝养殖贷款保险，对洪渊泽、卫祥两家国家级、省级水产养殖示范合作社及其合作社成员贷款2000万元。

三是互（互联网金融）保（保险）模式。资金来源为网商银行、京东金融、苏宁小贷等互联网金融资金。比如在襄阳、随州、荆门等地对正大集团、安佑饲料、襄大集团、湖北神丹的上游生猪、蛋鸡、肉鸡养殖农户发放信用保证保险贷款近6000万元。2017年3月，宜城农商行与湖北分公司、宜城市襄大农牧有限公司共同签署《养殖产业链融资三方合作协议》，创新推出“银行+保险公司+大型企业”的保证保险贷款业务。

此外，还针对农户季节性抢种抢收或因子女上学等临时性困难，专门开发“农户短期借款人还贷保证保险”。按照合同约定承担因投保人死亡、一级伤残丧失全部或部分还贷能力，导致贷款逾期后出现还款风险的，在襄阳、荆州、十堰、鄂州等地，为200户农民落实短期资金1.95亿元，全部无财政补贴。其中在仙桃以土地流转承保经营权、水域滩涂经营权为抵押开展了农户小额贷款保证保险、农户联保贷款保证保险，有效支持了新型农业经营主体的发展，促进农业发展方式转型升级。

5. 扶贫捐赠情况。两年来，全省各机构分别在天门市、恩施鹤峰县中营乡冷竹村、红安高桥镇光明村、英山县、竹山县鲁家坝村、丹江口市盐池河镇盐池湾村、竹溪县国营双竹林场黑山寨分场、秭归县两河口镇土珠庙村、黄陂区李家集上古寺村、随州长岭镇红寨村、鄂州葛店开发区陈范村、钟祥市石牌镇等地方开展扶贫工作，累计捐款扶助296010元。其中硚口支公司在黄陂区李家集街上古寺村进行一对一帮扶养鸽，先后被《武汉晚报》《凤凰资讯》、人民网湖北频道、荆楚网等多家媒体报道。

二、存在的主要问题

中华财险湖北分公司在发展过程中，也存在一些不足，主要为：业务发展不均衡，渠道产能有待提高；队伍素质建设水平不高，对业务的掌控能力、对经营的管理能力、对产品的创新能力、对新形势新情况的应变能力和对新知识的学习能力等需要加强，尤其是在干部队伍中，部分干部不能很好地适应公司的变革与发展；创新不够，特别是面对市场，产品创新和销售渠道创新不够，竞争力不强。

第三节　发展举措

一、指导思想

认真学习党的十九大精神，按照中华财险集团公司“2020年发展纲要”（以下简称“2020纲要”），深入贯彻落实集团公司、财险总公司一系列指示精神，加强学习，加强党建；坚守业务计划、利润目标、风险合规三条底线；深化销售体系改革、考核制度改革，继续推进七个坚定不移，强化客户服务，推进公司持续健康稳定的发展。

二、工作计划

2018年是分公司贯彻落实“2020纲要”的第一年。为此，主要围绕“一二三四五”抓好相关工作。

（一）一个学习

加强学习，抓好“2020纲要”的落地。在学习党的十九大报告的同时，继续学习集团公司“2020纲要”。各机构通过“2020纲要”的学习，按照“效益为先，兼顾发展速度”的经营原则，根据分公司建设“六个中华”的初步想法，结合本地实际，发挥区域优势，突出差异化经营特色，充分讨论，群策群力，集思广益，制定符合司情的三年规划目标、落实措施，确保“2020纲要”的落地。

（二）两项改革

落实总公司变革创新做法的措施，培育发展新动能。2018年将继续在总公司的领导下，完善三定工作和销售基本法的执行。

（三）三个目标

明确公司全年工作的目标和底线。达成保费与行业持平、利润与行业持平及风险合规监管部门零违规三个目标。

（四）四个基础

明确公司全年工作的重点。一是党建基础。加强党建工作，牢固树立和发挥党委政治核心作用。进一步加强自身建设，深入落实两个责任，切实树立和发挥党委在党建工作和经营管理工作中的政治核心作用，继续确保湖北分公司系统发展方向始终与党中央、上级党委保持高度一致。二是风险基础。强化风险识别与管控，落实总公司成本管理的减法，提升可持续的盈利能力。抓承保风险和理赔风险，强化承保管理委员会和理赔管理委员会的职能，在成本管理上做好减法；抓合规经营风险。合规工作将在集团公司“合规建设年”的统筹下，进一步强化合规意识，加强流程、合同法律等风险的识别与管控，严格做到合规经营；抓安全管理风险。加强新闻舆论风险的预防和控制，严防安全事故发生。三是全年基础。争取全年工作主动，打好全年业务发展的基础。四是创新基础。加强创新，助推公司转型升级。有创新思维、创新思想，加强学习，确保思想跟上时代潮流和上级要求，做创新的思想者、执行者、实践者。

（五）五大险种

落实总公司业务发展的加法，提升可持续发展能力。关于车险，要继续抓好七个坚定不移。关于非车财产险和意健险，落实总公司发展措施，实施五大策略，抓结构调整。关于农业保险，要落实总公司大农业保险战略，构筑农业保险发展新格局。关于信用保证保险，严格遵守总公司“效益为先，兼顾规模”的发展理念，推进既有资产、城市、涉农三大板块稳健发展的思路，打造新的增长极。

第六章　阳光产险湖北省分公司发展情况

阳光财产保险股份有限公司湖北省分公司（以下简称阳光产险湖北省分公司）成立于2007年2月14日，隶属于中国500强企业阳光保险集团子公司阳光财产保险股份有限公司。截至2017年底，阳光产险湖北省分公司下辖11家地市机构已扎根荆楚大地，服务网络覆盖全省。公司自成立以来，累计为100多万客户提供保险保障服务，充分履行了社会责任与担当，先后获得“湖北十佳优质文明服务金融机构”“消费者满意单位”“先进金融工作单位”等荣誉。近年来，公司承保了全省医责险、武汉地铁建设保险等一批惠及民生、地方经济建设发展的重点项目；同时积极发展信用保证保险，为银行企业贷款护航，为推动地方经济建设、民生改善作出了积极贡献。

第一节　发展概况

一、保费规模持续攀升

2016—2017年，阳光产险湖北省公司业务发展稳中有升。两年里，公司保费规模从2016年的7.54亿元，平稳增长到2017年的9.73亿元，见图3-6-1。截至2017年底，保费收入排名一直稳居当地市场第六位，全国系统排名也逐渐上升。

2017年是阳光产险“新十年”战略和“十三五”规划持续推进的关键年份，任重道远。公司坚持以客户为中心，以人才为根本，加快保险主业发展，突破重点创新项目，加强核心能力建设，扎实推进“一身四翼”新时期发展战略。

在全省系统上下不懈努力下，2017年底公司共签单561224单，同比增长47.93%。2017年计划保费收入8.9亿元，计划达成率为109.27%，保费收入同比增长29.05%，累计当地市场占有率为2.90%。

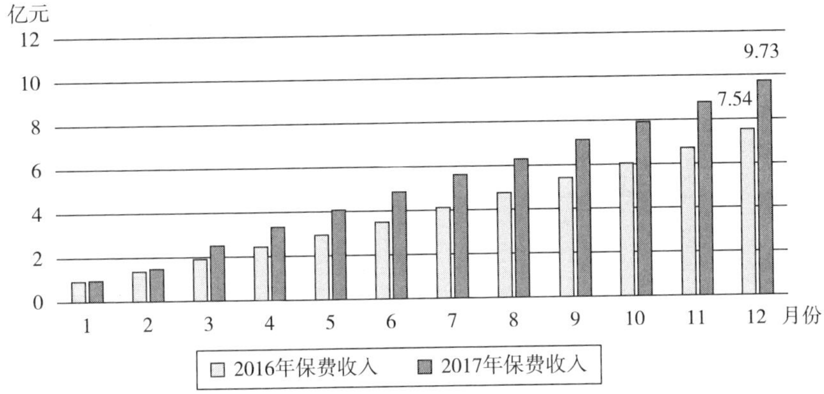

图3-6-1　2016—2017年阳光产险湖北省分公司保费收入情况

二、各险种保费收入持续增长

（一）车险方面

公司经历连续两年高速发展后，车险业务进入平稳增长期。2016年，车险保费收入55784.83万元，同比增长11.07%；2017年，车险保费收入61768.46万元，同比增长10.73%。2016年、2017年车险市场份额分别为2.54%、2.47%，市场排位稳居行业第七，但市场份额同比上年分别下降0.06个百分点、0.07个百分点，呈逐年下降趋势，且与排位靠前公司之间的差距逐渐拉大。2016年，车险综合成本率（监管口径，下同）为89.55%，承保利润5549.29万元；2017年，车险综合成本率为93.57%，承保利润3856.04万元。连续两年表现出良好的经营管理能力和持续盈利能力。

（二）非车险方面

公司非车险业务占比逐渐加大。截至2017年底，公司财产险实现保费收入32116.32万元，占比为33.02%，同比增长82.65%，保费情况较2016年底有所增加。截至2017年底，公司意健险实现保费收入3367.46万元，占比为3.46%，占比略有下降，保费情况较2016年底同比增加68.92%。努力扩大意健险在全险种的占比是阳光产险业务发展的必然选择。

2016—2017年阳光产险湖北省分公司各险种保费收入情况见图3-6-2。

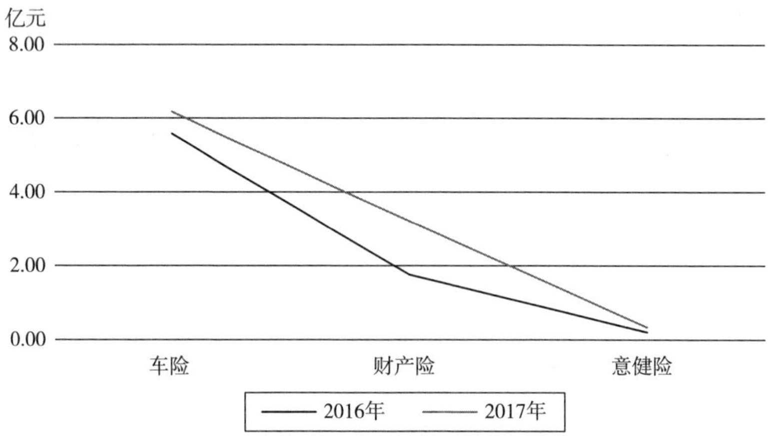

图3-6-2　2016—2017年阳光产险湖北省分公司各险种保费收入情况

三、赔付情况良好

2016年和2017年，阳光产险湖北省分公司分别赔付36672.41万元、41668.58万元。涉及车险、财产险、意健险等多个险种，保障充分，有力地支持了地方经济建设，极大体现了保险的社会保障作用。其中，2016年公司整体赔付率为53.09%，2017年公司整体赔付率为58.14%。

截至2017年底，车险日历年度赔付率（再保前，不含IBNR）为54.13%，车险综合赔付率为59.24%，其中商车险51.89%，交强险80.04%；财产险日历年度赔付率（再保前，不含IBNR）为34.42%，综合赔付率为57.89%；意健险日历年度赔付率（再保前，不含IBNR）为35.33%，综合赔付率为35.47%。

四、持续实现盈利

2016—2017 年，累计实现利润总额 9387.78 万元。截至 2017 年底，公司综合费用率为 36.51%，较 2016 年底下降 1.24%；综合成本率为 94.64%，较 2016 年底上升 3.8%。截至 2017 年底，承保利润为 4184.73 万元，承保利润率为 5.36%，较 2016 年底下降 3.79%，保持较好的价值发展。

第二节　主要业绩及问题

一、主要工作业绩

（一）贯彻落实重要精神

2017 年党的十九大、第五次全国金融工作会议召开后，阳光产险湖北省分公司党委、总经理室组织各机构和各条线通过党课、座谈会、专题学习会等形式开展学习贯彻活动，进一步强化国家战略意识与社会责任，不断增强创新力和竞争力，推动阳光保险向更加符合时代要求的方向转型和发展。同时要求在全省深入开展学习保监会“1 + 4”系列文件精神活动，对照文件精神找不足、补短板，确实加强合规管理意识，确保公司健康、可持续发展。

2017 年 6 月 15 日，阳光产险湖北省分公司党委被阳光保险集团党委授予 2017 年度“党建工作示范点”荣誉称号。阳光产险湖北省分公司将以此为契机，进一步深刻理解和把握国家战略，把企业发展主动融入党和国家战略大局之中。

（二）产品发展和服务创新方面

1. 坚持价值发展理念，理性参与市场竞争。面临日趋激烈的市场竞争形势，阳光产险湖北省分公司始终坚守价值发展初心，牢记价值发展使命。一切经营管理决策，以创造价值为前提，以维护市场稳定为己任，不带头扰乱市场，不盲从跟风市场，不推高破坏市场，坚持做市场的维护者，理性参与市场竞争。

2. 创新风险管理手段，提升经营管理能力。在车险业务发展方面，强化推动终极赔付率在生产中的运用，不断完善车险生命表管理模式，持续推动风险管理能力的提升。通过丰富和完善车险定价模型，提高风险识别能力；通过建立风险评价跟踪和检视机制，提高风险评价准确性；通过升级管理规则，提高资源配置科学性。

3. 以客户为中心，抓好客服理赔工作。公司在快速发展的同时，始终秉承“以客户为中心”的服务理念，不断致力于改善服务品质和提高客户体验，实施理赔、客服服务升级。

理赔方面，公司推出的车物闪赔——针对5000元（含）以下案件现场定损，免客户索赔单证，报案后24小时赔款到账。极速理赔体验覆盖90%以上客户，最快的小额案件7分钟结案，小额案件24小时结案率为65%。同时，阳光产险理赔人员长期坚持“三个一”工程——在现场查勘时为客户递上一瓶水、一份报、一把伞（一件大衣），为客户送上阳光关爱。2016年，公司还新推出了“一键赔”服务——让客户无须现场等待，APP直连后台理赔专家，十分钟在线完成赔案处理，让阳光的客户享受到专业、高效的保险服务。

客服方面，2017年起，公司在全省落实柜面WiFi升级服务，打造五星标准柜面，并在“湖北阳光成立十周年”、公司客服节活动期间开展客户体验提升活动，在“3·15”消费者权益保护日、“7·8”保险公众宣传日期间组织开展风险排查、保险宣传等工作，传递行业正能量。

针对客户投诉化解工作，公司积极完善投诉处理工作制度，下发了《湖北省分公司监管投诉责任追究管理办法》，并于每季度开展投诉管理工作培训。另外，2017年随着总公司CEM系统和NPS客户体验智能系统的投入使用，对投诉处理时效、客户体验提升进行了全方位升级，切实地保护了消费者的合法权益。

4. 加快非车险发展，履行社会责任，服务实体经济，改善社会民生。分公司高度重视非车险发展，承保了一批惠及民生、支持地方经济建设发展的重点项目。无论是已开展多年的全省医疗责任险业务，还是首次与武汉亚心医院合作开展的手术意外险业务，以及连续中标武汉地铁建设保险项目，该公司在实现保险收入增长的同时，切实发挥保险社会保障功能，为经济发展、民生改善保驾护航。特别是 2017 年 8 月，公司作为第二大份额承保人，为葛洲坝集团承建的“非洲三峡工程”——安哥拉卡卡水电站提供建工一切险保障服务，利用自身优势，在中非经贸合作中发挥积极作用，履行社会责任，服务国家“一带一路”倡议实施。同时，公司在 2017 年积极发展信用保证保险，为银行企业贷款保驾护航。2017 年累计发放小额贷款 51833. 1 万元，保费收入 26435 万元。

（三）机构发展和队伍建设方面

截至 2017 年底，阳光产险已在全省开业 52 家机构，含二级分公司 1 家、三级中支公司 11 家、四级支公司/营销服务部 40 家，服务网络遍布全省。根据公司发展，目前分公司设有人事行政部、企划财务部、车险部、非车险部、理赔服务部、客户价值与体验部、车商客户部、网电客户部、团体/渠道客户部共 9 个部门。同时，分公司党委下辖 7 个党支部。另外，分公司还成立了工会，工会组织覆盖下辖 11 个中支机构。

截至 2017 年底，公司有正式员工 754 人，较 2016 年底净增 38 人。其中，管理人员 311 人，销售人员 443 人。2016 年以来，公司持续加强队伍建设。

1. 深化核保、核赔专业技术制度建设，建立两核人员技术系列资格认证考试和评聘制度，加快推进专业人才的培养，持续提升核心专业能力。

2. 通过“双三百”“双四百”工程，不断引进高校人才，并通过“360 胜任力评价体系”“青年骨干员工指导人计划”“假如我是总经理”各项活动不断推进青年人才培养发展计划，促进员工专业技能、综合素养进一步提高。同时制订指导人培养计划，引导优秀青年员工积极下基层锻炼，促进快速成长。

3. 加强学习型组织建设，利用总公司推出的新型学习途径及软件，如“阳光 e 学堂”“千人计划培训”等，通过线下及线上的直播平台等多种途径，推动教育培训体系优化升级，完善培训资源建设。

4. 深化薪酬体系改革，规范用工管理，完善激励约束机制，推广运用HR系统和职业牵引系统，开展岗位与薪酬体系优化项目，充分调动队伍的工作积极性、主动性。

（四）合规经营与风险管控方面

1. 成立合规管理部，建立合规风险防范体系。公司于2017年9月按照总公司统一部署，设立了合规管理部，并设专职合规岗1名，分公司各部门及各中支均设兼职合规岗1名，进一步从组织构架上完善合规管理。通过合规管理机制和风险管理工作机制的完善，防范事前风险；各业务部门通过建立、完善内部管理制度，定期自查，对日常经营风险进行监控，防范事中风险；稽核监察条线由集团稽核部垂直管理，通过开展专项稽核检查，对事后风险进行有效监督。

2. 重大事项实行法律审核双控流程。对于特殊类型的三类法律文件：（1）代理、经纪、承保等业务合同、协议；（2）与职场租赁、装修相关的合同、协议；（3）对外签订、出具的其他存在重大、系统性风险的法律性文件。在审核流程中，除需分公司合规法律岗审核外，还需经总公司合规法律部审核。针对这些重大合规风险事项实行双控审核制度，既实现了风险管控双保险，又体现了审核效率原则。

3. 建立合规事项报告机制，动态监管各类风险。公司各级机构就监管检查信息、监管处罚信息、非理赔诉讼仲裁案件信息等需在知晓后24小时内上报至总公司。对于重大诉讼、仲裁事件，通过专案签报的形式，上报至总公司。对外部监管机构发布重要的文件、政策、通知、通报需在24小时内上报至总公司。通过上述流程设置，使公司领导层能及时掌握各合规事项的动态，有效地做好决策反馈及安排处置工作。

4. 加强反洗钱管理。目前全省各级机构制定发布且现行生效的内控制度164个，使公司内部反洗钱工作的开展有据可依、分工明确、责任到人。同时强化对中层干部、分支机构经理、关键岗位、业务一线人员反洗钱方面知识的培训，提高反洗钱技能，增强反洗钱工作紧迫感。

2016—2017年，公司还组织开展了"两个加强、两个遏制"回头看工作、涉嫌非法集资风险专项排查活动、非法集资宣传月活动、反洗钱主题宣传月活动等主题活动，通过开展以上活动，切实提升机构和员工合规管理意识和能力，坚守合规经营底线，实现公司健康发展。

（五）品牌宣传与社会公益方面

2016—2017年，阳光产险积极组织公司爱心志愿者开展各类志愿者服务公益活动，包括为2016年、2017年武汉马拉松、荆门漳河国际冬泳节提供保险保障和志愿者服务，向2016年湖北暴雨洪水灾区开展募捐活动，联手武汉亚心医院开展贫困先天性心脏病患儿家庭捐助慰问活动，组织开展"慈善一日捐"扶贫捐款活动，以及响应集团公司号召开展关爱留守儿童"心灵阳光计划"公益活动，积极践行社会责任，传递阳光关爱。

同时，公司积极响应保险助推扶贫脱困攻坚战的号召，积极落实推进十堰保险扶贫示范区建设，在对口支援的十堰市竹溪县汇湾镇荣玉村设立产业扶贫基金，该基金将由汇湾镇政府统一管理调配，在资金使用上实行村级申请、政府审核、公司监管的模式，共同在产业扶贫上探索新的路子。

二、发展中的主要问题

（一）车险业务发展进入瓶颈期

首先，在2014—2015年连续两年的高速发展后，公司车险发展进入瓶颈期，不仅增速落后行业，而且与行业领先者差距进一步拉大；其次，系统内地区发展不平衡，武汉、宜昌、襄阳、荆州等地的"大市场小阳光"市场格局未能得到改善；最后，核心渠道能力建设有待加强，直管、网电等核心渠道呈萎缩趋势，不利于核心竞争能力的成长。

（二）非车险业务发展不均衡，非车险占比仍然较低

2016—2017年，公司非车险（剔除信保业务）发展势头良好，占比逐

年提升，但与行业相比，非车险占比仍然较低，非车险发展仍有很大拓展空间。同时，三级机构非车险业务发展不均衡，截至2017年底，全省11家三级机构中，财产险有5家、意外险有3家，保费不足百万元。

（三）四级机构发展不均衡，弱体机构急需帮扶改造

全省40家县域/非县域四级机构发展出现不均衡现象，截至2017年底，保费规模超过1000万元的四级机构共9家，保费规模不足500万元的四级机构共13家，呈现出不均衡的发展现状。同时，全省弱体四级机构占比较高，严重制约公司持续健康发展。截至2017年底，负增长四级机构共7家，占比为17.5%；经营亏损的四级机构共10家，占比为25%。

（四）客户留存能力不足

近两年，分公司大力推动客户脱媒工作，但仍存在客户信息准确性不高，没有真正掌握客户真实信息，整合和挖掘不够，客户分级分类标准细化不够等工作的不足。截至2017年12月，全省家庭自用客车标的续保率为45.75%，低于目标值7.23pt。

（五）队伍建设培养和创新核心能力有待进一步加强

公司现有人才队伍仍然不能够满足公司业务发展的要求，专业人才队伍不足、精细化经营能力欠缺制约了公司发展。特别是在非车险大发展的背景下，非车险专业人才猎取不足，一定程度上制约了非车险业务发展。同时，考核和激励机制有待进一步完善，过程考核与结果考核的指标不一致，导致重规模轻效益的思想在部分基层机构存在，价值发展观念不能始终贯穿年度经营活动中。

公司创新能力落后于时代步伐，产品同质化、服务大众化、科技运用简单化，使得销售和售后缺乏亮点，阻碍了公司在行业中脱颖而出。核心竞争能力培育不足，核心渠道、核心队伍建设缺乏清晰的长远规划和能力储备，存在重短期轻长远的短视行为，偏离了公司的战略发展轨迹。

第三节　发展举措

一、进一步推行车险智能生命表工程，完善经营管理模式

进一步深化车险经营“红黄蓝”盈利模式，针对不同的区域和渠道，分类制定了差异化的车险“生命表”，把各种不同的业务质量、不同的客户群体、不同业务成本的各种业务，通过管理办法区分开，然后从资源匹配等各个方面进行分项管理。让“车险生命表”的应用为优化业务结构、实现价值发展起到积极作用。同时，为适应和深化推进商业车险改革，建立车险智能风险识别和智能定价机制，提高车险定价准确性、资源配置科学性、预警监控及时性。

二、加大非车险拓展力度，实施非车振兴工程

一是从销售端、核保端、理赔端进一步加大非车人才引进力度，加强非车专业团队建设。二是实施差异化资源配置，调整险种发展，实现价值发展。三是加强财产险大项目储备的同时，提升分散型、常规型非车险平台提升，不断拓宽非车业务平台。四是提升非车险培训支持力度，特别是提升基层销售人员非车险展业能力。

三、以客户为中心，建立多元化的销售和服务体系

一是加快特色产品开发步伐，丰富产品体系，满足不断升值的客户需求。二是清晰定位渠道发展策略，建立多渠道互补的产品销售格局，提升渠道核心竞争力和市场获取能力。三是完善售后体系建设，建立增值服务供应链体系，同时强化理赔队伍建设，严格理赔效能管理，优化理赔管理指标。四是加快网点布局，完善县域服务网络覆盖。五是坚持诚信与关爱的服务理念，提供优质便捷的客户体验。

四、优化人才培养机制，提升管理服务能力

一是树立两核核心人才队伍的核心地位，培训资源向核心人才倾斜。二是完善核心人才培养规划，为青年骨干员工优先提供成长环境。三是强化核心人才考核激励机制，短期激励与中长期激励相结合，促进队伍快速成长。四是建立人才储备机制，为公司中长期发展奠定人才基础。

另外，分公司还将着力改善机关服务一线能力，提升干部队伍的思想水平和执行能力，激发正向思维与正能量，全面提升管理和服务能力。

五、实行机构差异化管理，启动弱体机构改造工程

一是对机构进行分类管理，并给予针对性的指导，帮助其解决重点问题。二是实行差异化的地区政策，实行差异化的费用政策和业务政策，支持机构逐步形成自身在当地市场的独特优势。三是年终实施绩效考核奖励办法，合理评价机构的价值贡献与规模创造。

针对四级弱体机构占比较多的突出问题，启动弱体机构改造工程。分公司、中支公司组织弱体机构改造工作专班，赴机构调研了解实际存在的问题和困难，结合不同县域的具体情况，因地制宜，确定不同县域机构的核心产品、重点项目及需要的支持帮扶的项目，帮助弱体机构提升产能，实现全省机构均衡健康发展。

六、加强成本管控，助力价值发展

进一步加强成本管控，重点围绕“增效挤虚，精细管理，开源节流”的核心思路，全面升级成本管控，提升费用使用效能。同时，积极响应总公司“10 + N”节约创收活动，助力公司价值发展。

七、守住风险底线，依法合规经营

公司在今后的发展中，必须严守风险底线，加强内控合规建设，强化合规经营意识，完善内控管理制度，确保公司健康发展。同时，要始终高举价值发展旗帜，确保经营盈利，加快向高价值公司发展转型。

第七章　国寿财险湖北省分公司发展情况

2016—2017 年，中国人寿财产保险股份有限公司湖北省分公司（以下简称国寿财险湖北省分公司）紧跟湖北经济社会发展步伐，以保险普惠民生、助力精准扶贫为突破口，充分发挥财产保险功能作用，不断满足日益增长的多元化财产保险服务需求；着力构建“合规创造价值、合规人人有责、合规重在细节”三个维度的合规，严格依法合规经营；坚持“强党建、促发展、优结构、增效益、夯基础、控风险”的工作方针，坚持价值导向，强化对标管理，注重能力建设，认真分析形势，有效应对市场变化，队伍素质不断提高，业务结构明显优化，管理能力全面提升，经营风险有效控制，在较短的时间里实现业务发展的“换挡升级”。

第一节　发展概况

国寿财险湖北省分公司现有分支机构 46 个，其中省级公司 1 家，中心支公司 12 家，支公司 31 家，营销服务部 2 家。2017 年新设立中心支公司 1 家，县支公司 14 家。公司机构建设呈现出快速发展的势头，中心支公司覆盖率达到 95%，支公司覆盖率达到 63%。

一、公司业务发展基本情况

2016 年，公司实现保费收入 12.35 亿元，同比增长 26.11%，跻身湖北财产险市场主体“十亿军团”行列。非车险 1.08 亿元，同比增长 44.45%；自主渠道实现保费收入 7.09 亿元，其中车行渠道实现保费收入 1.95 亿元，银保渠道实现保费收入 0.81 亿元，同比增长 37.41%；重客渠道实现保费收入4459.81万元，同比下降9.03%；电网销渠道实现保费收入8562.33万元，其中电销业务保费收入7829.38万元，网销业务保费收入732.95万元。分公司的经营成果，被湖北保监局领导评价为“大局意识强、发展势头好”；被省保险行业协会评定为“A类经营评价”。

2017年实现保费收入13.77亿元，同比增长11.54%，总体经营平稳有效。互动业务实现保费收入5.6亿元，占比同比提升了5.1个百分点；创新电子业务实现保费收入1.04亿元，网销业务实现保费收入1010.07万元。车行业务2016年同期增加保费7697万元，同比增幅299%；非车险业务实现保费收入1.46亿元，同比增长35.34%；重客渠道实现保费收入5575.52万元，同比增长25%，公司成为武汉地铁8号线主承保商之一。“武汉地铁案例”“中石化川气东送案例”被集团公司表彰为“综合金融优秀案例奖”。

公司2016年赔付6.15亿元，2017年赔付6.65亿元，赔付呈现出正增长的趋势。

二、业务结构调整优化

在车险业务上，以“调结构、稳增长”为主基调，积极推行车险分布式价格成本管控体系，确保车险业务持续健康发展。一是交强险占比下降，商业险投保率上升。2017年，交强险增速4.2%，占比26.2%，同比下降1.3%，商业险投保率90.84%，同比提升4.25%。二是家用车发展加快。全年家用车占比达到65.3%，增速21%，保费占比同比提升6.3个百分点。三是高风险业务明显放缓。“三大货”增速为-48.5%，占比仅为8%。

在非车险业务上，以“非车险跨越式发展”战略部署为重点，实行强力管控。一是财产险业务提质增速。实现保费收入3438.7万元，同比增幅29.3%。其中企财险增速74.6%，家财险增速650%。水险保费收入624.8万元，同比增幅31.1%。其中船舶险增速183.6%。二是责意险业务结构调整明显。全年责意险业务实现保费收入9733万元，增速为30.2%，占非车险保费收入的66.6%，对非车险增量贡献为65.4%，对全险种增量贡献为31.8%。优质效益业务占比为22.5%，同比提高4.8%。建工团意险通过严格控制后，整体业务占比降至10.25%，同比负增长13.8%，达到管控目标，并实现了效益经营。三是农业保险政策性业务实现突破。全年实现政策性农业保险保费收入149.5万元。

第二节　主要业绩及问题

一、主要业绩情况

（一）实施创新驱动战略，服务湖北经济社会

2016—2017年，公司坚持“创新驱动发展”战略，致力推动服务湖北经济社会发展。一是融入“长江经济带”建设。先后中标承保了武汉北四环线、武汉地铁8号线以及中石化川气东送等重大基础工作建设项目，承保了三峡资产保险、道路建筑工程一切险、石油化工财产一切险等工程。其中，“武汉地铁案例”“中石化川气东送案例”被中国人寿（集团）公司表彰为“综合金融优秀案例奖”。二是勇担社会保险责任。中标承保了“校园方责任险”“校车责任保险”“承运人责任险”“环境污染责任保险”“医疗责任保险”等多个民生保险项目。三是创新承保涉农保险。2016年在仙桃市支公司成功开出全国首张创新型“黄鳝养殖保险”保单，取得了“小举措、大发展；小保单，大民生”的社会效应；在湖北首次承保了“棉花期货价格保险”，开启了创新型“保险+期货”战略合作的新时代。2017年，试点承保了潜江、大冶小麦种植险；签发了首张“鸡蛋期货价格保险”保单；“淡水渔业养殖气象指数保险”正式落地钟祥；承保了“菊花种植保险”以及商业性“马铃薯产量保险”；将仙桃市“黄鳝养殖保险”升级为“黄鳝养殖低温指数保险”。为十堰丹江口近万户农房以及4000亩柑橘、5000亩核桃树提供保险保障服务。

（二）有序推进网点建设，不断延伸服务触角

公司按照“成熟一家，铺设一家机构”的建设思路，将机构建设作为更好服务广大客户的一项基础性工作。2016—2017年，公司新设立中心支公司1家，县（市、区）支公司14家。同时，公司为加快公司销售渠道转

型升级，按照“推进中国人寿财险特色‘新零售’，打造公司‘全民营销’战略新格局”工作部署，加大优质资源整合力度，全面加快咨询服务点的推广步伐，为客户提供方便快捷的服务，先后设立咨询服务点1193个，将服务触角向机关、厂矿、企业、农村以及相关服务机构延伸。

（三）提高精细管控水平，增强效益经营效果

一是落实“降赔增效”举措，突出“降赔增效、提升服务”的工作主线，制定了三个涵盖所有理赔条线员工的考核办法和两个减损激励办法，规范了《车险重大案件查勘定损操作指引》《人伤案件查勘跟踪处理规定》等相关操作标准。引入第三方调查公司开展理赔调查工作，通过风险排查前置，助推降赔增效成果。建立了高风险案件排查机制、人伤案件授权审批调解机制等六大管理机制，增强了理赔精细化管控水平，进一步筑牢了理赔管理基础，推动了理赔运管能力的持续提升。二是推动“降税增效”实施。为降低税负成本，全面推动了增值税抵扣工作有效开展。其中，手续费抵扣率高于全国系统平均水平1.8个百分点；业管费抵扣率高于全国系统平均水平0.13个百分点；赔款抵扣也保持全国系统的序时进度。三是执行“两率联动”政策。在车险经营方面，按照“优质优价，劣质劣价”的原则，适时出台车险承保政策销售指引，鼓励优质业务发展，明确业务发展方向，强化高风险业务管控，并结合市场实际，研判车险市场形势，适时调整费用策略，保障充分的市场竞争。针对家用车及自卸货车、半挂牵引车及挂车“三大货”高风险业务板块，通过折扣率、赔付率及费用率联动的测算模型进行测算，实施手续费差异化管控，保障车险业务稳步发展。其中，2017年“三大货”同比负增长48.5%，共调整保费近1亿元。在费用管控方面，执行“两率联动”，对赔付率居高不下的机构给予严格的费用管控，对赔付率较低的机构给予合理的费用倾斜。在阈值风险管理方面，紧紧围绕监管阈值，对经营数据进行跟踪分析，预测研判，通过加强对费用和赔付成本的管控，公司经营更趋稳健，避免了监管风险的发生。四是实施“精密管控”策略。通过严格落实中央“八项规定”，巩固反“四风”成果，控制会议费、招待费及行政费用支出，切实履行节约，抓好行政费

用管控。严格车辆管理与使用，杜绝公款宴请消费、严控招待费用开支。公司的车船使用费、修理费以及业务招待费、行政办公费支出环比大幅下降。

（四）积极履行社会责任，全力助推精准扶贫

一是助推十堰贫困地区精准扶贫。第一，实施保险产业扶贫。2017 年 11 月，中国人寿资产管理有限公司、丹江口市扶贫开发投资有限公司、湖北省高新技术产业股份有限公司三方签约，共同出资 2 亿元成立了全国首家保险产业扶贫基金——国寿丹江口绿色扶贫产业基金，将致力于投资对扶贫带动作用明显的现代农业产业等领域，为基金投资企业提供寿险、财产险、银行、养老险、客户资源等多种金融保险服务，推动扶贫攻坚工作有效开展，扶持丹江口市农业经济增长。第二，实施干部和资金扶贫。截至 2017 年底，国寿财险系统内派驻湖北省扶贫干部 2 名，并且每年将对以上市（县）分别支付扶贫项目资金 400 万元。第三，实施专项资金扶贫。2016 年 6 月，公司针对十堰市竹溪县汇湾镇荣玉村小学的校舍环境差、生活条件苦以及洗澡难、借书难、就餐难等问题的实际，捐助该校用于教学楼、运动场和师生食堂改造资金 30 万元。第四，实施电商扶贫。2016—2017 年，公司积极响应中国人寿（集团）公司的号召，通过中国人寿“惠生活”电商扶贫专区积极购买丹江口市、郧西县扶贫产品共计 47063.9 元。

二是提供创新型保险扶贫产品。2016 年以来，公司量身定做了“黄鳝养殖保险”“棉花期货价格保险”“桃树种植保险”等创新型保险扶贫产品，并在 2016 年的湖北特大暴雨灾害天气中，分别向遭灾遇险的农户支付赔款，支持生产自救。其中，向仙桃 16 户黄鳝养殖户赔付 27.45 万元；向荆州市“荆州桃源谷家庭农场”支付 482 亩桃树被淹赔付 94.75 万元；向投保农房保险的农户赔付 4.96 万元。一系列的农业试点工作具有创新性，为惠农工作开辟了一条新途径，对于保证农民基本收入提供了一个有效形式。

三是定点开展捐赠、扶贫活动。公司自 2011 年成立以来，一直致力于关注弱势群体状况，通过加强与当地政府、对口慈善机构合作，充分利用政府公信力和慈善机构的影响力，为遭灾遇险和需要帮助人群直接送去温

暖。2016—2017年，公司先后参与了枝江市“贫困学生捐”“枝江市政府扶贫捐赠”活动，随州市“贫困小学捐赠”活动，武汉市“帮扶残疾儿童献爱心”“防汛救灾助学爱心捐赠”活动，湖北省“社会干部驻村扶贫”“慈善一日捐”活动以及参加湖北青爱工程启动暨青爱小屋授牌仪式，并通过北京青爱教育基金会向华中师范大学附属中学、水果湖高级中学等定向捐赠10万元，精准对患艾滋病的孤儿和家庭捐赠救助。

（五）强化风险防控体系，严守合规经营底线

2016—2017年，国寿财险在全省系统构建了“合规创造价值、合规人人有责、合规重在细节”三个维度的合规文化，先后修订出台了合规管理计划、合规经营考核办法等7项制度；开展了防范和处置非法集资宣传教育、风险排查和现场检查工作；有效进行了“五虚问题”自查整改；完成了“两两”回头看专项检查；按时保质保量地完成了“两两”回头看问题整改、五虚问题再布置整改、防范和处置非法集资工作、违规套取费用问题自查、关联交易自查工作、产品报备风险自查整治等工作；做好了保监会“1+4”系列文件的宣传、培训、测试与落实。全员的依法合规经营意识明显增强，全省系统在市场竞争中守住了合规经营底线。守住了不发生重大违法违规案件、不构成重大违规处罚案件和不出现重大责任事故“三个底线”。

（六）党建带动群团建设，文明建设成果丰硕

2016—2017年，面对竞争、商车费改和监管力度加大等市场变化，公司党委班子认清形势、审时度势，坚持从严治党。加强党的基层组织建设，开展“两学一做”学习教育和“创先争优”活动，深入推进党风廉政建设和反腐败工作；强化后备干部队伍建设以及认真学习贯彻党的十九大精神，扎实有效推动党建工作，各级党组织和全体党员的“四个意识”明显增强，党组织的凝聚力、战斗力明显增强。营造了“拧成一股绳，劲往一处使，公司和谐、员工阳光”的良好氛围，精神建设再上新台阶。先后开展了中国人寿“5·17骑行节”“环中赛”等宣传活动；组队参加了“湖北金融职

工羽毛球大赛”“金秋健步走”等活动；举办了全省系统羽毛球赛和乒乓球赛等。分公司荣获“2017 年湖北保险行业公众宣传大比武最佳组织奖”“2017 年湖北保险业 7.8 公里扶贫公益跑团体冠军”“2017 年度湖北保险行业宣传工作先进单位”，全国系统“2017 年财务管理价值贡献竞赛”铜奖、全国系统首届“微课程”大赛“优秀组织奖”等多项荣誉、公司电话中心荣获全国系统“全国十佳服务窗口”“五星级服务资格”“湖北金融五一巾帼标兵岗”和“2017 年电话中心员工综合技能劳动竞赛——好声音”一等奖等多项荣誉。

（七）客户服务体验增强，服务品质不断提升

在公司快速成长壮大的同时，客户服务能力建设不断提升，提出了“大客服”战略，提出“用心服务，客服先行”战略，通过一个理念两大核心，即“专业、快捷、便利、贴心”的服务理念和“速度”“规范”两大核心，快速提升服务竞争力和服务形象。公司采取以自建服务网络为主，共享中国人寿服务网络为辅，通过进一步整合销售、承保、理赔、电话中心、柜面和电子商务等环节，国寿财险形成了多触点、综合性的客户服务平台，在推进客户服务高效快捷方面，国寿财追求“速度”，不仅包括理赔结案的速度，还包括多个触点的响应速度和反馈速度。2016 年以来，公司先后推出“365 + 客户服务承诺”、六大安心举措、五重权益保障，全球医疗救援服务、“星光守护”进校园、车险理赔“易捷安”（简易、便捷、安心）大额快赔服务以及短信、微信线上服务等创新服务项目多个，公司累计差异化服务项目达到 23 个，并牵手“苏宁”跨界打造“6·16 客户节回馈活动”。公司客户服务能力不断升级，客户体验不断增强，服务质量、服务效率和客户满意度明显提升。

二、存在的主要问题

一是险种结构不尽合理。公司车险业务占比较高，非车险业务发展相对滞后，业务结构有待提升，且非车险优质业务板块少，拳头险种规模小，抗风险能力弱。

二是车险精细化管理能力仍需提高。公司虽然剔除了部分亏损业务，大力发展效益型业务和险种，但精细化管理能力仍需跟上，盈利能力还需提升。

三是专业人才队伍建设仍需完善。公司在专业领域业务发展上实现突破，专业人才引进是关键，特别是非车险、农业保险方面的人才，两核方面专业人才的培养。

四是农业保险业务发展未能取得突破。公司取得政策性农业保险经营资格较晚，政府公关能力需要不断强化。公司四级机构覆盖率还不高，在一定程度上也制约了农业保险业务发展。

第三节　发展举措

国寿财险将坚持“强党建、促发展、优结构、增效益、夯基础、控风险”的工作方针，围绕高质量的发展要求，优化业务结构、强化价值导向、突出能力建设、筑牢管理基础、注重效益经营、守牢合规底线，确保公司可持续健康发展。

一、深入贯彻党的十九大精神，打造从严治党新格局

一是把贯彻党的十九大精神与加强党建相结合。组织深入学习贯彻党的十九大以及习近平总书记系列重要讲话精神，用十九大精神指导实践、推动发展，实现党建与发展深度融合；优化基层党组织设置，在四级机构全部建成党支部的基础上，深入推进和加强党支部规范化、标准化建设，实现“支部定根、书记定责、党员定心”的“三定”目标；建立健全基层党务干部培训机制，加强党员日常教育管理。二是把贯彻党的十九大精神与加强党风廉政建设相结合。推进对中心支公司党委、支公司党支部的巡察，巡察覆盖率要达到50%以上；建立健全“两个责任”落实体系，严格落实各项规章制度；强化执纪问责，运用好监督执纪“四种形态”，坚持抓早抓小，加强信访处置和案件查处；落实“三转”要求，完善纪检监察组织建设，加强纪检监察力量，扩大组织覆盖，在党支部配齐纪检委员。三

是把贯彻党的十九大精神与加强干部队伍管理相结合。要坚持党管干部原则，提高各级党员干部适应新时代，实现新目标，落实新部署的能力；深化尽职考核成果应用，提升人岗匹配度；树立“开放包容”理念，大胆起用年轻人、能人，强调人才选拔的公开、公平、竞争、择优导向，建立能上能下选人用人机制，把国有企业“对党忠诚、勇于创新、治企有方、兴企有为、清正廉洁”的好干部标准落到实处；要创新关键人才招募与培养模式，缓解农业保险、重客等重点板块专业人才不足的问题。

二、加快销售渠道转型升级，打造渠道发展新格局

要坚持“渠道为王”的战略理念，优先保障销售渠道投入，紧跟商车费改后的新形势，加快转型升级步伐。一是加快管理模式转型。要推进销售渠道专业化经营，根据销售渠道特点，做好队伍、产品和费用资源差异化配置；要探索推进准事业部制管理，提升渠道专业经营能力；要推进销售渠道专营，车行、银保、重客、农业保险、专业中介等借助公司资源拓展的业务，均应纳入公司业务管理；要提升渠道专业保费占比，杜绝渠道保费无序“搬家”；要充分发挥好销售公司平台，加快中国人寿销售公司湖北分公司的建设步伐；要加快综合服务团队整合建设工作，着力发展个代队伍，为业务发展、队伍建设、降低成本提供强大支撑。二是加快运营模式转型。互动渠道要完善垂直化管理运营体系，全面推广渠道专营和手续费日清日结制度，优化互动专员“6＋1”工作模式，激发渠道活力；车行渠道要重点提升新车及优质家用车业务占比，扩大合作平台，创新合作模式，提高与汽车厂商、经销商合作深度与广度；银保渠道要加强对银行信用卡、机构客户、零售客户的产品开发和服务匹配，实现银保全领域互融；中介渠道要推进细分市场、细分客群专业队伍建设。三是加快销售模式转型。要借助国寿天财和“国寿财”客户端 APP，为销售人员插上腾飞的科技翅膀；要进一步加大国寿天财培训推广力度，提升销售人员使用率；要推广国寿财 APP，实现销售、服务环节全流程客户引流，将国寿天财与国寿财 APP 建设成为闭环无缝衔接的销售和服务平台；要加快拓展第三方网销平台，加快“大电销”“大个代”“大网销”战略落地步伐。

三、推广“新零售”模式，打造“全民营销”新格局

要借助国寿财险 APP、官网以及第三方平台编织一张覆盖所有类型客户的线上网络，依托国寿天财和“国寿财”客户端 APP 打造一支规模庞大、类型齐全、结构合理、覆盖城乡的专兼职全民营销队伍，实现线上、线下相结合的“新零售”时代，培育发展新动能，抢占未来竞争的主动权。一是加快咨询服务个代推广步伐。要坚持量质并举，抓好咨询服务点拓展，提升单点产能。要以“国寿 e 联盟”为抓手，推动咨询服务点跨领域发展，重点扶持一批保源稳定、质量可控、忠诚度高的中高端优质咨询服务点，推动业务做大做强。二是加快综合服务团队建设步伐。要把综合服务团队建设作为弥补电销渠道短板的核心抓手，作为车险提速发展的新路径，加快队伍建设步伐。要强化集团客户资源整合，推进客户资源共享；加大与第三方机构合作力度，建立常态获客机制。三是加快“三进”“三万”工程落地步伐。在城区，要加强对职场和社区个人客户营销力度，依托商家联盟资源，以车险高频服务为切入点，实现进企业、进政府、进社区。在农村，要抓好“三万”工程推广，将村干部、农村电商店主等关键群体发展成个代队伍，打造农村业务新增长点。四是加快专职个代队伍建设步伐。要坚持高素质、高产能、高绩效的个代建设定位，加大自主培养力度，把专职个代打造成公司的精锐部队。要把高产能队伍培育引进作为常态动作，拿出资源强力支持，持之以恒的抓下去。

四、坚持价值导向，打造车险持续健康发展新格局

把精细化、精准化摆在更加突出的重要位置，全面提升车险效益经营和专业化经营能力。一是要在市场对标上下功夫。强化发展对标，既要盯预算、也要盯市场。强化结构对标，对标先进主体提升优质业务占比，把结构优化作为重中之重来抓。二是要在精准化资源配置上下功夫。销售、业管要加大力度协同推广差异化手续费配置，按照预期赔付率倒推费用投放能力，实现优质业务引导和结构调整，要把重点放在保足保全上，提升车险盈利能力。三是要在资源统筹上下功夫。整合公司费用资源，销售费

用要看齐市场配置；整合车险理赔资源，提高送回修系统维修时效。

五、突出效益经营，打造非车险跨越式发展新格局

把效益经营摆在更加突出的首要位置，在发展中通过调整结构实现效益经营。要立足全局，力促“三转”。要转思想观念，通过转观念，解决“不想干”的问题；要转思维方式，既要从内向外看，更要从客户、市场视角来看公司的经营管理，加快从管理者向经营者转变；要转经营模式，对标市场调结构，继续坚持“高风险业务不做、高成本业务不做、高赔付业务不做”的“三高三不做”原则，严控高风险业务，集中资源拓展优质业务。

六、夯实公司发展根基，打造基层公司建设新格局

基层是公司发展的核心载体，要进一步加快基层公司建设步伐。一是要进一步加强基层机构建设。统筹抓好城乡机构铺设，加快城乡机构筹建速度，重点抢占经济强区、人口大区发展机遇。要抢抓乡村振兴战略机遇，加快实施“农村包围城市”战略，充分发挥县域和城郊市场主体少、成本低的优势，加快县区机构建设步伐，巩固已有优势。各单位要加大机构负责人的引进和储备力度。二是要进一步加大基层人才梯队建设。要充分关心基层、尊重基层、相信基层、依靠基层，真正为基层办好事、做实事、解难事。建立人才向基层流动、在一线干事创业的激励机制。从源头加强基层队伍建设，重视青年员工培养，加强同业优秀干部引进，重视从政府和事业单位引进成熟型、资源型人才。加强基层干部教育培训，建立县支公司经理轮训体系。要构建员工薪酬与公司业绩同步提升机制。三是要进一步支持基层公司发展。分公司各部门要进一步提升服务意识，要主动靠前站位、服务基层。要推进差异化简政放权，赋予中支公司承保、理赔更大自主权，探索审批事项备案制管理。要建立涵盖核保、核赔等审批事项在内的考核体系，提升公司审批效率。要加快理赔、IT 等硬件设备配置速度，提升配置前瞻性和时效性。

七、补齐客户服务能力短板，打造“大客服”新格局

要打造涵盖售前、售中、售后全流程的“大客服”体系。一是要细化标准。要从客户视角制定服务标准，通过业务规则和业务时效将“以客户为中心”理念固化在执行层面。要规范销售行为，提高核保精准度，及时识别恶意投诉以及把涉嫌欺诈等风险并拒之门外。要及时客观地开展理赔给付，明确更换修理标准，优化流程、简化手续，严格疑难案件送外部调查审批手续。要加强理赔队伍培训和理赔岗位员工廉洁自律教育，强化“客户至上”理念，打造一支服务态度优、专业能力精、合规意识强、具备工匠精神的理赔专业队伍。二是要保障投入。在能力建设上、行业通用项目上增加投入，要以能力建设创造有效供给。对标市场统一采购重点客服项目、统一策划客服方案。要借力借势借资源，将服务能力建设与咨询服务点建设结合，探索用外部资源为客户提供增值服务。三是要优化体验。要高度重视监管服务评价，重点开展理赔服务能力建设和流程优化，要站在客户的角度进行换位思考，多问一问“客户方不方便、客户认不认可”，提高客户服务满意度。

八、加强基础能力建设，打造后援支持建设新格局

一是要进一步提升精细化管控能力。狠抓降赔增效，加快理赔流程和理赔政策优化步伐，狠抓人伤精细管控、加强人伤调解减损、诉讼追偿、稽核、反欺诈与拒赔奖励、减损奖励等核心环节，加快非车险理赔队伍建设。深挖资源潜力，做好增值税抵扣，抓好应收保费、投标押金和代付赔款清收，加大责任追究。提升续保投入精准化水平，加大考核力度，完善配套系统。二是要进一步提升后援支持能力。要积极应对商车三次费改，切实提升精算定价能力，为自主折扣进一步放开打好基础；要发挥再保功能，扩大保障宽度；着力提升非车险承保能力。三是要进一步提升风险管控能力。要贯彻落实全国金融工作会议、保监会“1 + 4”系列文件以及整治车险乱象工作要求，推动自查自纠、补齐短板和整改督导。要始终紧绷合规经营这根弦，车险经营要守牢阈值监管要求，非车险经营特别是农业

保险要严守监管合规操作规范，创新业务要确保风险总体可控，守住不发生重大行政处罚、不被责令停止开展新业务的底线。完善风险监测评估机制。加大重大决策跟踪审计力度。在风险防范上，要压实责任，实现“一把手”总负责、一级抓一级、层层抓落实的工作格局。动员千遍不如问责一次，对于失职渎职或违规违纪人员，要严格追究责任。

第八章　中国人寿湖北省分公司发展情况

中国人寿保险股份有限公司是国内最大的专业寿险公司，中国人寿保险股份有限公司湖北省分公司（以下简称中国人寿湖北省分公司）是中国人寿保险股份有限公司设在湖北省的一级分公司。2016—2017 年，公司立足湖北实际，确立了“发展是第一要务，基层是重中之重，效益是根本追求”的大逻辑，推进了“特色发展体系、精准管控体系、和谐人本体系”的三大体系建设，描绘了“发展更优、基层更强、效益更好、客户更满意、员工更幸福、公司整体实力更强大”的“湖北国寿梦”，从理论和实践上推动转型升级，转向高质量发展。2016—2017 年公司实现了里程碑式的跨越发展，打破了自 2008 年总保费收入突破 100 亿元大关后徘徊不前的局面，2016 年达到 125.12 亿元，同比增长 14%，2017 年达到 151.1 亿元，比 2016 年增长 20.6%，市场份额保持第一位。公司产品结构不断优化，服务方式不断创新，内部管理不断提升。

第一节　发展概况

中国人寿湖北省分公司下设各类机构 1136 个，其中省公司 1 个、地市分公司 13 个、省直管支公司 3 个、其他支公司 137 个、乡镇营销服务部 982 个，有合同员工 4239 人，销售队伍合计约 6 万人。

一、保费收入跨越发展

2016 年公司总保费收入第一次突破 120 亿元大关，达 125.12 亿元，同比增长 14%。2016 年公司总保费收入中，个人业务收入 116 亿元，同比增长16%，其中人寿保险105亿元，同比增长15.4%；意外伤害险3亿元，同比增长30%；健康险8亿元，同比增长23%；团体保险业务9亿元，与上年基本持平，其中意外伤害险2亿元，同比增长66.7%；健康险7亿元，同比下降6.7%。

2017年总保费收入151.1亿元，同比增长20.6%，实现了自2008年总保费收入首次突破100亿元后的又一次跨越。2017年公司总保费收入中，个人业务收入141亿元，同比增长21.6%。其中，人寿保险128亿元，同比增长21.9%；意外伤害险3亿元，与上年基本持平；健康险10亿元，同比增长25%；团体保险业务10亿元，同比增长11.1%。其中，意外伤害险1亿元，同比下降50%；健康险9亿元，同比增长28.6%。

二、赔款支出稳定增加

2016年公司共为全省3000多万人次提供了总额为27533亿元的风险保障，给付各类赔款75.9亿元，同比增长74.9%。在赔款总额中，个人业务赔款小计68.7亿元，同比增长84.6%，其中赔款支出2亿元，同比增长5.3%；死伤医疗给付3亿元，同比增长7.1%；满期给付60.1亿元，同比增长96.4%；年金给付3.6亿元，同比增长125%。团体业务赔款小计7.2亿元，同比增长10.8%，其中赔款支出7.1亿元，同比增长10.9%；死伤医疗给付0.1亿元，与上年基本持平。

2017年公司累计为全省6544万人次提供了总额为34200亿元的风险保障，给付各类赔款79.3亿元，同比增长4.5%，全年贡献税收2.57亿元。个人业务赔款小计71亿元，同比增长3.3%，其中赔款支出2.2亿元，同比增长10%；死伤医疗给付3.4亿元，同比增长13.3%；满期给付59.1亿元，同比下降1.7%；年金给付6.3亿元，同比增长75%；团体业务赔款小计8.3亿元，同比增长15.3%，其中赔款支出8.2亿元，同比增长15.5%；死伤医疗给付0.1亿元，与上年基本持平。

三、资产小幅增长

截至2016年底，公司的资产总额达493.8亿元，同比增加19.2亿元，增幅为4%。其中货币资金5.7亿元，同比增长102.4%；应收保费4.1亿元，同比增长3.4%；保户质押贷款18.6亿元，同比增长10.4%；固定资产4.5亿元，同比下降3.3%；系统往来457.8亿元，同比增长3.1%；其他应收款1.2亿元，同比增长76.2%。

截至2017年底，公司的资产总额达512.2亿元，同比增加18.4亿元，增幅为3.7%。其中货币资金3.7亿元，同比下降34.9%；应收保费4.3亿元，同比增长5.7%；保户质押贷款22.8亿元，同比增长22.3%；固定资产4.4亿元，同比下降2%；系统往来471.8亿元，同比增长3%；其他应收款1.9亿元，同比增长58%。

四、业务转型升级

2016—2017年，公司持续推进转型升级，通过拓展销售渠道、提升服务质量、加强人才队伍建设等方式不断优化产品结构，转向高质量发展。

2016年首年期缴保费达26.8亿元，同比增幅66.6%，在长险首年保费中的占比达到57.1%；10年期及以上期缴保费第一次突破10亿元大关，达到13.8亿元，同比增幅76.2%，在期缴保费中的占比达到51.6%。2016年公司续期保费（63.8亿元）第一次超过新单保费（61.4亿元），在业务增长模式上实现了从依靠新单推动为主向依靠续期拉动为主的大转变。公司期缴保费（26.8亿元）第一次超过趸缴保费（20.2亿元），在新单业务结构上实现了从以低价值的趸缴业务为主向以高价值的期缴业务为主的大转变。

2017年长险首年期缴保费35.4亿元，同比增长33.3%，在长险首年保费中的占比达到67.3%，较上年提高10.2个百分点；10年期及以上期缴保费21.3亿元，同比增长55.3%，在期缴保费中的占比达到60.2%，较上年提高8.6个百分点。续期保费达到81.7亿元，增幅达到28%，在总保费中的占比达到54.1%，较上年提高3.2个百分点。

一是个险渠道。持续推进销售转型，抓好城区、两乡、收展三大平台。2017年共实现个险长险首年标保14亿元，同比增长48.5%；实现个险首年期缴28.9亿元，同比增长32.9%；实现10年期及以上期缴19.6亿元，同比增长 51.4%；年底架构人力达到 47026 人，月均持证人力（T50）达到 40603 人；季均有效人力达到 25957 人，同比增幅 35.1%；主管人数达到 5801 人，较上年净增 1017 人，同比增幅 21.3%。

二是银保渠道。通过大力打造“城区 5 大 3 快”“县域 20 大 10 快”品牌以及“三五八千一二三”品牌，以重点带动全局快速发展。共实现银保首年期缴 6.24 亿元，同比增长 32.8%，；实现首年标保 1.62 亿元，同比增长 76.3%；实现 10 年期及以上期缴 1.60 亿元，同比增长 115.6%。银保合计签约人力达到 13411 人。其中，保险规划师队伍签约人力达到 12487 人，较上年增长 70.7%；客户经理队伍签约人力达到 924 人，较上年增长 53.1%。

三是短险发展。进一步加强了资源整合，实施了“六大多小”板块发展策略，大力推广了 e 门店及荆楚 e 点通。大短险规模首次突破 10 亿元大关，达到 10.07 亿元，同比增长 15%。大短险考核赔付率为 47.5%（剔除精准扶贫医疗保险赔付影响），创费首次达到 2 亿元，同比增长 5.3%。团险渠道架构人力达到 3051 人，同比增幅 25%；新建大短险综拓队伍达到 290 人。

四是健康险渠道。承办了省内 12 个市州（直管市）的大病保险业务，协议保费 5.63 亿元，同比增长 9.3%；新增武汉、荆门等地政策性医疗经办项目，实现管理费收入 479 万元，取得近年来的首次突破。

五是电销中心建设。该中心实现首年期缴 2159 万元，同比增长 125.4%。新团队徐东支公司顺利完成筹建目标和第一个完整会计年度的发展目标，为全省树立了榜样，为全国贡献了经验。年金中心企业年金新增中标规模 6.27 亿元；管理资产规模、集合计划新增受托、养老保障业务均全面完成了年度预算。

第二节　主要业绩及问题

一、主要工作业绩

（一）开展宣传活动，扩大社会影响

2016 年，公司将专题讲座与渠道客户经营对接，在全省范围内进行了

十二场“国寿大讲堂”巡讲活动，讲座主题包括健康养生、科学健身、儿童心理等多方面内容，以新的服务方式和切入点，为销售助力，将客户服务资源向一线倾斜、向渠道聚焦。2016 年 6 月 21 日，公司在孝感举办了全省第十届客户节启动仪式，拉开了湖北省分公司第十届客户节的序幕。同年 5 ~8 月，在全省范围内举办了“牵手国寿 · 健康同行”少儿绘画比赛，吸引了全省近 12 万名小选手报名参加，利用多样的客户服务活动助力业务发展。同时深挖客户资源支持销售，利用公司“牵手”系列活动设立十周年的契机，借助“国寿大讲堂”巡讲活动，开展了《2016 年湖北省分公司宜昌远安支公司客户信息分析项目》《2016 年湖北省荆州分公司客户信息分析项目》《2016 年湖北省仙桃支公司客户信息分析项目》等多个客户信息分析项目，锁定目标客户 80782 人，再次购买保险的客户有 609 人，老客户二次购买率为 0. 75%，总保费收入达 948. 56 万元。

2017 年，公司以客服活动为平台，营造良好业务环境，以“要跑 700”“国寿大讲堂”等活动平台为抓手，将活动资源倾向基层一线，将服务下沉到基层一线。全年陆续开展了第十一届“国寿客户节”、第七届少儿绘画比赛、“知心姐姐”教育巡讲、健康徒步、民俗体验、龙舟赛等各具特色客户服务活动 106 场，参与客户人数共计 132055 人。以总部新一代“客户资源管理平台”为手段，积极实践增值服务与销售的融合，与渠道建立有效互动。全省通过客户资源管理平台发布活动获客人数 13. 4 万人，活动点击量 18. 2 万次。其中，少儿绘画比赛已渐成品牌，不断拓展的线上互动方式，进一步扩大了活动的影响力和参与度。

（二）提高服务水平，改善客户体验

1. 以客户分类为标准，实行差异化服务。全省为 1557 位白金级客户提供了全球紧急救援服务，为 1622 位白金级客户提供了生日礼赠送服务，为 1342 位白金级客户赠送了免费体检服务，为 550 位钻石级客户提供了 VIP 专刊服务，同时面向所有 VIP 客户举办了专场讲座及主题活动 24 场，活动参与客户数 2165 人次。以电话为载体，为渠道提供准客户。全年共电话引导和服务有购买意识的客户 6000 人次，其中通过 95519 特约业务员成功签

单367单，保费收入计185万余元，较2016年同期保费收入增长率高达18.85%，辅助销售数量呈逐月上升趋势。

2. 利用社交平台更好地服务客户。一是多渠道并行回访。2015年12月至2016年11月，全省系统新单电话应访件713933件，回访完成713933件，其中微信回访完成416430件，占比58%。通过微信和电话并行回访，一方面提升了回访效能，节省了人力成本；另一方面，加大了电子化手段的运用，提升了客户感知度，实现了新单100%回访目标。2017年在已有"微回访"的基础上，开通了"国寿e宝"APP回访。全年共计回访完成125万件保单，其中客户自主回访完成1104774件，自主回访占个险及银保自营渠道整体应访件的90.36%，较2016年提升了18.21%，占全渠道应访件的88.35%，较2016年提升了30.03%。新单犹豫期内回访成功率99.999%。二是搭建微信平台，进一步创新服务方式。为了提高客户满意度，大大降低通知服务成本，2016年湖北省红利通知工作采取先由短信告知客户通知书获取方式，后由客户选择外网、关注微信、下载"E宝账"等获取方式自助查询。2016年4月25日，公司官方微信在线客服正式运营，日均回复件数60件。在"微信绑定有礼"活动期间，服务客户100余人次，主要为客户提供网上注册流程、红利多渠道查询方法操作等业务，为客户提供了更方便快捷的服务，减轻了人员压力，节约了人力成本。2017年分别通过短信方式发送94.9万余条，通过电邮平台发送27.6万余条，通过微信平台推送6.8万余条。三是新一代智能排班系统使平均通话时长较同期缩短29.48秒，服务人次增加了5304人。智能自助语音分流了人工服务压力，智能知识库实现了双引擎搜索功能，多类知识获取方式，完善了知识反馈，员工互动以及个人空间的个性化管理等。

3. 全面推广电子化服务。公司从业务流程的多维度着手，大力推广电子化运用。2016年公司在契约电子化方面，对承保人户众多的30个险种，集中进行电子保单系统配置，学评先、农村小额等业务实现了个人电子凭证替代打印的纸质凭证；同时扩大激活卡、e门店业务应用范围，实现契约电子化服务推广率达52%。在保全电子化方面，2016年全省新注册"e宝账"用户19.9万人，累计已逾30万人；保全电子化自助服务率达37%，较 2015 年提升 34 个百分点。在理赔电子化方面，智能理赔经过近一年的推广使用累计推送外包案件 8.56 万件，智能理赔使用率达到 50%。2017 年借力新一代平台，大力推广电子化、智能化运用，强化培训宣导，为未来实现线上线下融合一体的新型运营模式奠定坚实基础。全年实现新增绑定客户 25 万人，实现全省 e 化服务项目应用率 64.99%。公司在 2017 年 10 月下旬正式启动新一代契约平台推广工作，已基本完成新老系统切换。在理赔智能化方面，将符合条件案件全部通过微信报案并上传影像资料，并通过外包录入医疗费用明细清单，全年智能理赔使用率达 70%，理赔 e 化率 74.9%。此外，2017 年全省 70 家柜面完成智能预约设备安装使用，成功引导 832 名客户微信预约，错峰临柜办理业务。2017 年 e 柜及移动服务模式推广率达 100%，全省柜面通过 e 柜处理借款 1361 件，还款 933 件，办理权益查询、信息采集等功能，访问量达 1.3 万次，初步建立服务分层，客户分流的移动服务新模式。

（三）坚持合规经营，加强内部风险控制

公司始终将加强内部风险控制放在首位，于 2016 年第一次实现了监管“零处罚”，没有发生一起非法集资案件，没有发生一起恶性群体性事件，风险管控工作迈上了新台阶。公司还在全系统年度工做了会议上作合规文化建设经验交流。

1. 强化合规文化理念，着力构建全面风险管理体系。公司突出文化引领的作用，提出了“把风险当作疾病防”的合规文化理念。2016 年公司在全省系统深入开展了“合规文化大讲堂”活动，着力建设管长远、管全面、管全员，使制度和规矩内化于心、外化于行的合规文化。2017 年“前提是要命，核心是要防，重点是要控”的要求，着力构建事前防“未病”、事中控“欲病”、事后治“已病”的全面风险管理体系，保障服务公司健康发展。通过开展“全面风险管理提升年”主题教育活动深入培植合规文化，多次邀请监管机构专家来公司宣讲监管政策形势，自主编写法规制度培训课件，充分利用国寿 E 学、微信、微课堂等网络平台，不断丰富合规教育内容，牢固树立“把风险当作疾病防”的理念，切实增强全员合规意识。

2. 严格落实监管要求，防范风险关口前移。公司认真落实监管要求，落实保监会“1+4”系列文件要求，积极配合“亮剑行动”检查，重点梳理排查了公司存在的销售风险，深入组织了自查整改工作，追责销售人员103人次、管理人员75人次。对照薄弱环节，建立了相关部门、条线紧密协作的日常化风险防控工作格局，如积极探索销售风险防控前移的路子，在各销售渠道的一线职场设置了665名信息员，主要负责收集职场销售风险信息，通过及时发现、报告非法集资及销售风险苗头隐患，急躁处置和防范案件风险。查处保险理赔欺诈915万元，主动解约带病投保单363件（涉及风险保额3324万元）。通过省市两级公司下沉风险管控资源持续聚焦基层风险，有效整合监督项目，在对县支公司现场检查时，尽可能把经济责任、反洗钱、非法集资、大病经营等方面的内容涵盖进来，严格检查流程，规范报告管理，努力提高县支公司监督检查效果。通过这种限制公司一体化检查工作体制，确保每年对综合性县支公司轮检一遍，排查突出隐患，堵塞风险漏洞。

3. 稳妥处置各类风险，最大限度减少损失。公司通过深入开展防范和处置非法集资专项治理和“两个加强、两个遏制”整改回头看防范系统性风险，平稳处理了满期退保风险，共给付满期业务19.4万件、金额51.6亿元；共处理退保业务12.4万件、金额25.3亿元；合理化解各类投诉570件。通过全省系统费用、工资、佣金、保证金的升级集中支付防范资金风险，资金省级集中支付程度达到93%。通过实施反欺诈奖励政策防范业务风险，共避免欺诈损失737万元；通过发挥两级柜面协谈作用，共减赔752件、1126万元；通过开展保单复效、颗粒归仓的活动，共复效保费3.5亿元，为公司增加创费约1500万元；通过加强重疾险预警排查，主动接触各类合同255件，较好地控制了客户的选择风险。

（四）加强企业文化建设，塑造品牌形象

文化成于内，品牌形于外，品牌是企业内在文化理念和精神品质的外在展现。中国人寿在2017年世界品牌500强中排名第136，品牌价值达到2871.56亿元，在国内保险业中排名第一。公司在建设品牌工作时，坚持与

企业文化建设整体联动、统筹考虑，在加强企业内在文化建设的基础上，不失时机地配套加强外在品牌形象的塑造，唱响国寿好声音、展现国寿好形象。

在加强中国人寿品牌建设时，公司坚持做到“五个一”：

一是树立一个形象。通过公司和全系统员工的共同努力和历年反复推广、树立“中国人寿”的品牌形象。“中国人寿”的内涵更加完善、形象更加丰满，由以往一个单一的寿险品牌发展成为一个综合的金融保险品牌。

二是形成一个格局。中国人寿坚持集团化的品牌宣传工作格局，强化顶层设计，逐步形成了集团公司与各子公司及其分支机构之间职责明确、分工合理、流程清晰、运转高效的品牌宣传新格局。公司积极参与集团公司统筹组织的各类品牌传播、新闻宣传和大型活动事项，实现了品牌形象宣传与产品业务宣传的相互支撑、相互配合、相互促进。

三是完善一个手段。基于网络技术的新型媒体的影响力越来越大，一个全新的信息传播环境正在形成。公司主动适应媒体发展的新环境、新变化，及时更新观念、创新方法、完善手段，积极探索具有时代特点、以市场和客户为导向的品牌宣传工作的方式方法，形成了在电视、报纸、电台、网络和户外等各类媒体的有重点、有层次、差异化、全方位的品牌宣传攻势。

四是加强一个投入。面对日趋激烈的市场竞争，公司持续加强宣传投入，建立了一套科学合理的品牌宣传费管理制度，使品牌宣传费与业务特点、业务规模、盈利能力、竞争情况相协调，并随着业务发展每年保证有一定比例的增长。同时不断优化投入结构，加大在产品业务宣传上的投入比例和数额。

五是夯实一个基础。在加强宣传推广的同时，公司更加注重强化内在品质。从产品创新、服务优化、技术改进、管理提升等经营管理的各个方面着手，为中国人寿品牌奠定坚实的内在品质基础。

（五）抓好公司党建工作，重视人才队伍培养

1. 深入落实党建工作。

（1）加强政治建设。公司切实从思想上、政治上和行动上做到同以习

近平总书记为核心的党中央保持高度一致、同集团公司党委和总公司党委保持高度一致，把党建工作摆在第一位置。2016 年，公司多次召开党委会，研究制定了《2016 年党建工作要点》《“两学一做”学习教育实施方案》等一系列全局性和关键性的党建工作方案，完善了班子成员党建包片挂点制度，并在日常工作中切实加强了对基层党建工作的部署、指导、督导和检查。2017 年，进一步提升政治站位，用政治建设固本塑魂。一是教育引导全省系统各级党组织和广大党员干部牢固树立“四个意识”，切实坚定“四个自信”，牢记“五个必须”，严防“七个有之”，确保湖北省分公司系统在政治方向、政治立场、政治原则、政治道路上的正确性。二是严肃党内政治生活。认真执行《关于新形势下党内政治生活的若干准则》，制定实施《湖北省分公司系统党内政治生活制度贯彻落实项目实施方案》，通过项目运作的方式广泛开展了心连心、建言献策等活动。三是营造良好政治生态。公司党委向全省系统鲜明提出要大力践行绿色发展理念，并通过多种形式大力弘扬忠诚老实、公道正派、实事求是、清正廉洁的价值观。

（2）加强思想建设。一是扎实深入开展了“两学一做”学习教育。2016 年公司在全体党员中先后开展了“学党章，强信念”“学党规，守纪律”“学讲话，有作为”三个专题的学习讨论。2017 年扎实深入开展学习教育常态化、制度化。在全体党员中先后开展了“强化‘四个意识’，维护党的领导核心”“强化担当作为，践行新的发展理念”“强化从严治党，落实管党治党责任”三个专题的学习研讨，广泛开展了基层党支部主题党日活动和第二届“感动国寿十大人物”评选活动。二是开展了党员领导干部讲党课活动。三是切实规范、改进和加强了党委中心组学习。系统组织学习了十八届六中全会精神、习近平总书记系列重要讲话精神以及各项党内法规。2017 年，研究制定了《湖北省分公司党委理论学习中心组学习实施细则》，并组织认真学习党的十九大精神。

（3）加强制度建设。一是认真落实民主集中制，大幅提升了会议规范化水平。二是严格规范了人员招聘和录用管理程序，切实落实了干部选拔任用制度。三是切实加强对基层党建制度落实情况的考核。2017 年首次把党建制度落实情况纳入对市州分公司的年度经营指标绩效考核办法中。基层党支部工作能力得到大幅改善，基层单位决策规范化和科学化水平得到明显提升。

（4）加强组织建设。一是加强基层党组织建设。目前湖北省分公司系统共有党组织 231 个，其中党委 16 个、党总支 35 个、党支部 180 个。与 2016 年相比，党支部新增 10 个，其中专业化支公司较上年新增 6 个独立党支部，基层党组织基础得到进一步夯实。二是加强基层党员队伍建设。截至 2017 年底，湖北省分公司系统共有党员 2644 人，2017 年全省系统新发展党员 65 人。三是加大党建经费投入。2017 年共向基层单位拨付党建工作经费 85.3 万元，同比增幅 306%。此外，全省系统共向 95 个扶贫点派驻扶贫党员干部 174 人，投入扶贫资金 2189 万元，用于各扶贫点基础设施建设、特色农产品种养、养殖验收返补等项目。

2. 优化员工队伍，加强人才培养。

（1）通过竞聘与考察相结合的形式严格干部选拔程序。公司于 2016 年制定了《市州分公司班子副职竞聘工作指导意见》，组织开展了襄阳、咸宁分公司 3 名班子副职、本部个险销售部、办公室、财务管理中心、客户服务管理中心 5 名副职、4 名二级部经理以及徐东路营销部经理等人选竞聘工作。通过公开、公平、竞争、择优选拔优秀干部，较好地调动了广大干部的工作积极性，树立了正气，取得了良好的反响。

（2）对市州及直管支公司班子进行全面考察。公司 2016 年对襄阳、孝感、咸宁等 8 个单位以及公司本部 10 名拟提拔聘任人选进行了考察、考评。同时，对 6 个市州分公司 9 名领导班子成员、对 3 个直管市支公司 6 名班子成员和公司本部 10 名部门副职进行了调整。2017 年初，在对 13 个市州分公司、3 个直管市支公司以及徐东营销部等 17 个单位领导班子全面考察的基础上，又对武汉市、黄石、十堰等分公司班子进行了年中考察。结合工作考察，党委对 12 个市州分公司、2 个直管市支公司及本部部门负责人共 45 名干部进行了调整，其中，提聘 26 人，调整工作岗位 17 人，免职 2 人；对本部 9 名二级部经理进行了调整任用。

（3）加强基层公司后备人才培养。2016 年对武汉、宜昌、襄阳、恩施、黄冈、随州等 6 个公司 8 名县级支公司经理进行了基地培养；对武汉市、宜昌、荆门、黄冈、襄阳等5个公司7名“青年英才”进行了县公司经理后备人才培养。2017年对武汉、黄石、十堰、宜昌、荆州、鄂州、黄冈7个公司10名县级支公司经理进行了基地培养。另外，公司在黄冈蕲春支公司设立了总公司培养基地，对重庆、内蒙古、宁夏三个省级公司的6名县公司经理进行了培养。制定了《湖北省分公司青年员工人才培养“星火计划”实施方案》，为青年员工提供了培训、交流、轮岗、锻炼、实践、考核、选拔、任用等一系列统一规范、紧密衔接的培育选拔机制。

（4）着力优化员工队伍结构。针对公司员工队伍年龄老化、学历和综合素质不高的现象，公司通过开展“千帆竞发”专项社会招聘、“大学生村官”引进以及院校招聘等工作，引进高素质人才325名，清理、退出解除劳动合同158人，较好地改善了队伍结构。规范高管任职资格管理，2017年申请了72人高管资格核准，已将133人的任免职情况报备湖北保监局。

（六）开展保险扶贫工作

1. 加强对扶贫工作的领导，加大扶贫投入力度。中国人寿保险（集团）公司定点帮扶结对关系为湖北省郧西县和丹江口市，自2015年10月开始，公司的精准扶贫驻点村为利川市南坪乡双水村，2017年继续帮扶村为南坪乡大田村和田坝村。扶贫工作领导小组制定了《精准扶贫精准脱贫工作方案》，明确了扶贫工作的指导思想、基本原则、总体目标、责任分工、主要措施和跟踪考核。所辖市州分公司和县公司也均按照地方党委和政府的具体要求，切实配齐配强扶贫专干，共向95个扶贫点派驻扶贫干部174人。全省系统2016年投入各类扶贫资金用于基础设施建设、特色农产品种养、养殖验收返补等项目共1020万元，2017年投入1431万元，投入力度不断加大。

2017年，在积极落实中国人寿电商扶贫工作任务中，省公司组织公司本部、各市州分公司和各直管支公司，向广大员工和营销伙伴发出倡议，组织购买定点扶贫地区产品，并将各单位完成情况纳入相关年度考核，全省系统共完成30万元销售任务。

2. 承保大病保险业务，解决因病致贫问题。在完成上级单位交办的任务的同时，公司还积极与当地政府开展合作，积极开展城乡居民大病保险，努力推广农村小额人身保险。公司将大病保险作为战略性业务予以推进，近年来在湖北全省承包了 12 个市州、57 个县市区的城乡居民大病保险业务，承保人数1785 万人，2016 年赔付支出4. 5 亿元，2017 年赔付支出3. 25 亿元，将参保居民医疗费用整体报销比例提高到65%以上，在很大程度上缓解了因病致贫、因病返贫的问题。2016 年公司农村小额人身保险在全省范围内承保农民1202 万人，给付赔款5417 万元；2017 年承保农民1281 万人，给付赔款5028 万元，农村小额人身保险的覆盖面和普及率不断提升。

3. 开展定点帮扶。自 2015 年 10 月开始，公司的精准扶贫驻点村为利川市南坪乡双水村，公司组建驻点村工作小组，常年驻点双水村。以主导产业发展为龙头，全面实施脱贫攻坚，为民办实事项目工程，制定“春季攻势”“夏季拉练”“秋季评估”“冬季补短”行动方案，分别于2016 年、2017 年为3 个定点扶贫村兴办实事项目共21 项，总投入114. 6 万元。

二、当前存在的问题

中国人寿在取得突出成绩的同时，也仍然存在以下一些问题。

一是发展不充分。全省范围内的保险渗透率很低，社会补偿功能不强，各渠道产品还很单一，满足人民群众对美好生活向往的能力有限。

二是“底板”不牢固。一些基础工作非常薄弱；转型升级时间长，但效果低于预期；风险防范的压力较大，“把风险当作疾病防”还没有完全落实到全员和经营管理的全过程；干部员工队伍的整体素质亟待提升，人才不够，员工本科学历占比排在全国系统靠后的位置。

三是“短板”很明显。大中城市分公司对全局的支撑引领作用发挥不明显，市场竞争面临巨大压力。

第三节　发展举措

一、加快发展速度，实现发展前移

公司将继续坚持“发展前移、考核前倾、资源前置”的发展策略，进一步完善“发展越快、考核就越有利”的薪酬分配方法，继续坚持业务资源“一季度重、二季度轻、三季度有、四季度无”的指导思想，把握好节奏、产品、载体、氛围四要素，加快各项预算目标完成。各级公司“一把手”和分管领导要切实做到“三个下沉”（即力量下沉、组织下沉、资源下沉），直接深入到一线进行指导，确保发展和竞争的主动权。

二、突出队伍建设，双轮驱动业务

坚持走以队伍驱动业务发展的道路，大力推进销售队伍“扩量提质”。个险渠道要通过坚持周单元“六定”方针和“145”工作模式，强化有效新增；通过大力推进新一代新人育成体系，打造具有专业自展能力的国寿新人；通过强化“晋升拉动、组织做优”双线驱动，努力提升绩优人力和星级人力数量，逐步形成有效人力、举绩人力、绩优星级人力分层推动的队伍经营模式；通过加大战略投入，切实加强收展队伍建设。银保渠道要通过落实“五个并重”（即业务与队伍并重、规模与价值并重、渠道与自营并重、基础与创新并重、发展与合规并重），进一步强化“双轮驱动”。团险渠道要以潜在市场和项目为依托，积极探索组建政保服务、渠道服务、重客拓展、综合拓展等专业队伍，通过团险基本法、3S 标准管好队伍，同时着力增强团险队伍统筹协调发展大短险的能力。电销中心要全面加快向个险经营模式转型。此外要进一步发挥中国人寿综合金融协同优势，加强与广发银行、国寿财险以及年金中心的互动，加快相关代理业务的发展。

三、促进区域协调发展，深入两大工程创建

按照既定路线图，推进“一主四副”重点城市和“百千万亿”县域工程创建，促进城乡协调发展。一方面，结合新形势、新变化、新要求，紧密围绕同业对标和业绩考核指标，尽快修订完善两大工程的目标任务，并分解到各个单位、各个渠道和相关岗位，确保“人人有计划，个个有目标”；另一方面，强化追踪督导，确保责任落实到位，简历定期通报和重点督办工作机制，对两大工程创建进展实施全方位跟踪督导，适时启动责任追究机制。在资源投入上继续对“一主四副”及潜力城市设立“千万费用”

“百万绩效”发展基金。

四、推进从严治党，提升整体素质

始终把政治建设摆在首位，进一步强化“四个意识”，坚决维护习近平总书记的全党核心地位，坚决维护党中央权威和集中统一领导，做到“五个过硬”（信念过硬、政治过硬、责任过硬、能力过硬、作风过硬），同时严格执行新形势下党内政治生活若干准则，认真落实民主集中制。同时要持之以恒的正风肃纪，落实好“八项规定”“六项禁令”和反“四风”要求，强化日常监督执纪。

五、承担社会责任，推进经济发展

继续做好精准扶贫工作，注重扶贫同扶志、扶智相结合。同时更加注重人民群众对美好生活的向往，积极服务供给侧结构性改革，支持实体经济发展。公司将进一步向上级争取“险资入鄂”“险资入汉”，充分发挥保险资金在规模性、稳定性、长期性以及收益要求合理性等方面的优势，积极服务长江经济带建设、长江新城建设等国家和地方重大战略及项目，大力支持湖北国企改革和“三去一降一补”，为重大基础设施建设项目和优势新兴产业提供融资支持。公司也将进一步服务民生，大力发展人民群众需求强烈的养老保险、健康保险、意外保险，积极承办大病保险、农村小额人身保险、职业年金、企业年金等业务，在老有所养、病有所医、住有所居、弱有所扶等方面充分发挥公司优势，使人民的获得感、幸福感更加充实、更有保障、更可持续。

第九章　太平洋寿险湖北分公司发展情况

2016—2017 年，中国太平洋寿险保险股份有限公司湖北分公司（以下简称太平洋寿险湖北分公司）以“创建湖北市场上最好的寿险公司”为愿景，以“实现新突破、再上新台阶”为经营主题，以“三个坚持”（坚持转型发展创新驱动不动摇、坚持聚焦基层聚焦基础不动摇、坚持合规经营风险防范不动摇）为工作方针，以“敢为人先，追求卓越”的精神推进转型发展。通过实行专业化经营、系统化运作、精细化管理，公司业务持续增长，经营效益持续提升，内控合规持续优化，党建工作持续加强，队伍建设持续突破，精准扶贫持续深入，已成为湖北市场上服务能力、创新能力、品牌影响力和竞争力最强的保险公司之一。

第一节　发展概况

2016—2017 年，太平洋寿险湖北分公司保险保费收入 125.7 亿元。其中，2016 年保费收入 62.7 亿元，同比增长 23%，系统内排名第 7；2017 年保费收入 74.7 亿元，系统内排名第 6，同比增长 19%。

一、各渠道情况

截至 2017 年底，太平洋寿险湖北分公司个险渠道保费收入从 2015 年的 40.8 亿元上升至 67.2 亿元，同比增长 64.7%，占总保费收入的 90%；银邮渠道保费收入从 2015 年的 6.2 亿元下降至 1.64 亿元，同比下降 73.5%，占总保费收入的 2.2%；团险渠道保费收入从 2015 年的 3 亿元上升至 5.14 亿元，同比增长 71.3%，占总保费收入的 6.9%。2015—2017 年太平洋寿险湖北分公司渠道保费收入见图3－9－1。

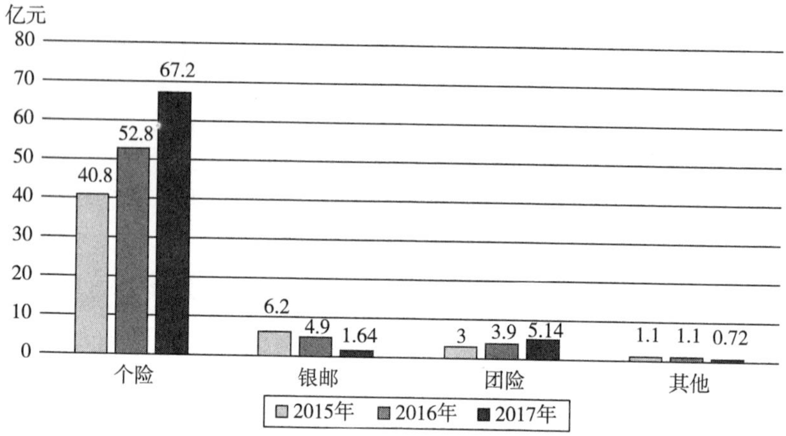

图3－9－1　2015—2017年太平洋寿险湖北分公司各渠道保费收入

二、各险类情况

截至2017年底，普通险从2015年的15.5亿元上升至28.7亿元，同比增长85.2%，占总保费收入的38%；分红险从2015年的33.7亿元上升至45.9亿元，同比增长36.2%，占总保费收入的61%；万能险从2015年的1.8亿元下降至0.03亿元，占比为0.001%。2015—2017年太平洋寿险湖北分公司各险类保费收入见图3－9－2。

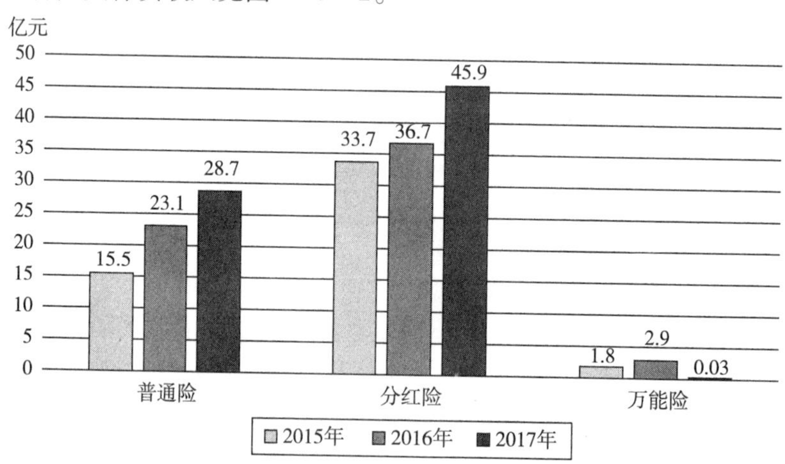

图3－9－2　2015—2017年太平洋寿险湖北分公司各险类保费收入

三、各保障类指标

截至2017年底，全公司新增新单保额从2015年底的1193亿元上升至6154亿元，同比增长415.8%，将“保险姓保”落到实处。意外险保费从2015年的1.5亿元上升至1.7亿元，同比增长13%；健康险保费从2015年的6.2亿元上升至12.5亿元，同比增长101%；养老年金保费从2015年的15.1亿元上升至20.7亿元，同比增长37.1%；终身寿险保费从2015年的13亿元上升至18.7亿元，同比增长43.8%；两全保险保费从2015年的4.6亿元上升至20.4亿元，同比增长343.5%。

四、市场份额情况

2016—2017年，太平洋寿险湖北分公司市场份额排名稳居湖北市场第三，市场份额从2015年的6.9%上升至7.2%，发展成绩突出。

第二节　主要业绩及问题

一、公司主要业绩

（一）业务结构调整增长

近几年来，太平洋寿险湖北分公司狠抓业务结构优化调整。一是停办了银保业务，连续三年没有做银保新保业务；二是停办了一年期业务，严格控制三年期业务，没有做投连业务、万能险业务；三是大力发展期缴业务和长期保障型业务、政保合作的健康和意外险业务。在2017年全年新保业务中，保障型业务占比达到54%；个险新保5年期以上业务占比87%，10年期以上业务占比65%。

（二）队伍建设持续突破

几年来，公司持续狠抓以城区突破为目的的晋升荣耀系统。通过固化晋升荣耀“五步十个动作”，规划营销员的职业生涯，激发营销人员晋升的意愿和行为，促进了营销队伍的持续发展。2016 年，个险营销员总人力达到 33400 人，同比增长 39%；2017 年，个险营销员总人力达到 44846 人，同比增长 34%；城区人力达到 13987 人，同比增长 25%；业务总监、经理、主任数量均创造了历史最高纪录。为激发个险发展内生动力，分公司在 2017 年推出了“业务部自主经营系统 3.0”。通过正面引导、严格训练、行为考核、树立标杆等工作，营销团队自主经营的意识和能力得到增强。

（三）门店模式稳步推进

两年来，公司对社区保险门店模式进行持续探索和优化调整，现有门店 3828 家。自 2014 年启动以来，社区门店模式得到湖北保监局和总公司的重视和肯定。

一是贡献了优质保费，四年来共创造新保期缴保费 10.4 亿元，占比 18.3%。2017 年，实现新保期缴保费 3.1 亿元，同比增长了 11%。

二是为社区居民提供了“一站式”便捷服务，累计为 26.8 万名客户提供了保障服务，进店咨询人数 87 万人次，办理保全和理赔服务 2.48 万人次。

三是改变了传统营销形态，实现了从“行商”向“坐商”、从“游击战”向“阵地战”、从“重销售轻服务”向“服务带动销售”的转变。

四是促进了城区突破，社区门店队伍基本上都是城区人力，且根植入社区，他们的增员同样来自于城区，助推了个险业务的发展。

（四）政保业务转型发展

近几年来，太平洋寿险湖北分公司在关停银保渠道和停办部分亏损团险业务的情况下，走出一条转型之路：紧抓政府职能转变新机遇，创新拓展生存发展新空间。通过加强与省地市政府合作，积极参与社会保障体系建设，积极地为民生和实体经济提供保险保障和服务。截至 2017 年底，公司政保业务共承保了湖北省 10 个地市、48 个县市区的 1300 多万人。现已成为系统内和市场上与政府合作承保险种最多、承保人数最多、服务水平最优、经营风险可控、政府和人民最满意的公司，成为湖北省和系统内最大的民生和实体经济保障公司之一。

1. 建设队伍、加强服务。一是制定并实施了《政保服务人员管理办法》。公司通过择优选拔与对外招聘，建立了一支由171人组成的政保业务服务队伍，较好地满足了工作需要。二是切实加强优质服务。通过与相关政府部门合署办公、实施定点医疗机构即时结算、参与医疗审核和医疗行为管控等工作，做到了让政府放心、让群众满意，在历年的政府评价中均排同业前列。

2. 稳健经营、防范风险。在政保业务的经营过程中，分公司始终把稳健经营、防范风险放在突出位置。一是加强与政府的沟通，建立政保业务风险补偿、分摊机制，公司原则上不承担亏损；二是加强内外部成本和承保、理赔的管控，确保政保业务保本微利；三是加强每张保单的数据分析研究，果断放弃或停办一部分周期性亏损业务。2017年，太平洋寿险政保合作的补充医保业务实现经营利润3637万元，占全系统经营利润的七成以上。

（五）内控合规取得成效

近年来，太平洋寿险狠抓“合规＋”工作模式的推进，进一步强化“业务发展和合规经营同为主战场”的经营理念，坚持“两手抓、两手硬”，扎实开展了一系列合规内控风险管理工作，取得了一定工作成效。

1. 夯实合规责任。每年组织“关键少数”签署《合规经营责任状》；组织“关键机构”负责人签署《承诺书》《无重大违规违纪问题声明书》；组织“关键岗位”落实合规任务清单，分公司本部全部安装“岗位责任清单”屏保程序。通过层层签署责任状、人人落实合规任务清单，进一步强化了合规管理责任和岗位履职责任。

2. 整治销售误导。下发“双代问题”清单（代签名、代回访），每月对照业务品质管理办法实行扣分扣款，情形严重的直接解除代理合同。落实专人专岗每月追踪新契约回访指标，严格执行“访后付佣”，保证新契约100%回访到位。

3. 投诉专项治理。一是两年来新增9名投诉处理专岗人员，全省投诉处理专岗人员达到 37 人，专班力量有效加强；二是强化了分层级负责制；三是运用法律手段，指导和帮扶一线单位合理合法地化解客户投诉。2017 年有效投诉 4507 件，同比下降 39%；越级投诉 341 件，撤诉 318 件，撤诉率为 93%。

4. 防范和打击非法集资。开发应用“北斗”非法集资监测平台，每季度提取“五高三低”指标前 50 名异常营销人员清单，对照清单逐一落实风险排查和人员访谈，发现问题线索并快速处置。2017 年未发现非法集资问题。

5. 月度预警通报。实行合规月度通报及黄红牌预警制度，2017 年下发 12 期合规预警分析报告，下发黄红牌负面清单 29 份。针对销售误导、大病业务、财务管理等下发合规风险提示函、督办函等共 20 份，进行风险成因诊断并提供解决方案。

6. 加强教育培训。2017 年，研发标准合规课件 22 套、考试题库 11 套、缺陷案例 95 项；分类实施合规培训，组织开展内勤教育培训 228 场次，外勤营销人员教育培训 528 场次；创新教育宣传方式，合规文化墙、易企秀微信宣传 40 余次，以风险案件为原型制作了《陨落》等形象生动、发人深省的警示教育片；开办内控缺陷整改专题培训班，邀请了人民银行、集团审计、总公司等专家授课。

7. 严肃追究责任。针对内审缺陷展开问责，对 2016 年、2017 年集团审计缺陷相关责任人进行问责，共问责 172 人次；针对风险案件展开问责，解除劳动合同 2 人、解除代理合同 1 人、留司察看 1 人、撤职 2 人、降级 1 人、合规诫勉谈话并经济处罚 1 人。督促落实双代和品控问责，全年双代问责 455 人次，经济处罚 3.3 万元；全年品质管理扣分 951 人次，品质扣款 11.2 万元。一系列工作带来了内控合规工作的持续优化，公司内外评价得到了进一步提高。

市场对标方面，分公司及全辖各级机构实现连续 29 个月外部监管零处罚（包括保险监管、人民银行反洗钱、工商、税务等）；人民银行武汉分行给予分公司反洗钱工作满分评价；5 项营运服务评价指标领先同业，创新项目获得最高加分（5 分），排名第 1。

系统对标方面，总公司 2017 年合规经营评价得分 96.17 分，系统内排名靠前；连续 2 年在总公司分类监管测评获评 A 类，全面消除了总公司合规预警红灯；营运指标 10 项系统排名第一、5 项系统排名前十，问鼎总公司“金海燕奖”；服务评价系统内排名提升 28 位至第 6 名，评级由“A”级跃升到“AAA”级。

（六）党建工作有效加强

两年来，公司党委不断加强和改进党建工作，通过组织开展一系列有形有实的工作和活动，激发了全体党员干部干事创业的精气神，充分体现了党要管党、从严治党，党建工作得到有效加强。

1. 创新建立“党日活动”制度。2017 年初，党委下发了《关于在全省开展党员活动日的通知》，规定每月 15 日为全辖“党员活动日”（以下简称党日活动）。为保证党日活动规范化，分公司制定了“党日活动十有规范”，即有责任、有计划、有场地、有安排、有活动、有交流、有典型、有专栏、有检查、有总结，并通过全辖视频会和下发文件要求所辖党委和支部严格执行。全省 31 个党支部基本上做到了在每月 15 日左右开展党日活动。

2. 持续开展“四优”党员演讲活动。演讲的“四优”党员是分公司各条线的优秀代表，其大多数来自业务一线。他们率先垂范、乐于奉献、爱岗敬业的事迹和精神为公司的转型和发展注入了正能量，让广大干部员工深受教育。

3. 积极组织党员参与精准扶贫工作。通过设计和组织开展扶贫活动，强化党员干部的责任感和参与度。一是从 2014 年开始，分公司和中支党委书记、分公司部门党员负责人就在随州市认领了一名特困小学生，经常性地开展“点对点”的扶贫工作。二是分公司党委号召各中支党员与扶贫村贫困户进行结对帮扶；三是定期组织党员和员工到帮扶点开展学习教育和帮扶活动。2017 年 7 月，分公司组织 74 名直属党委党员到坎子山村进行党课活动和捐献。

（七）精准扶贫持续深入

近几年来，太平洋寿险湖北分公司把精准扶贫工作作为响应中央号召、履行社会责任、树立公司品牌、促进公司发展的重要抓手，结合实际组织开展了一系列精准扶贫工作。一是成立精准扶贫工作领导小组和工作专班；二是下发《关于进一步做好保险精准扶贫工作的通知》，对全辖精准扶贫工作进行了安排部署；三是制定精准扶贫工作方针：物质帮扶与智力扶贫相结合、“一对一”精准扶贫到户与支持扶贫村经济发展相结合、重点项目扶贫与全面推进相结合。

重点项目一：随州庹家小学“智力扶贫”。2014 年，分公司将随州庹家小学列为帮扶重点，并更名为太平洋保险庹家小学；2014—2015 年，捐资 40 万元对学校的硬件环境进行了改造，并捐建“爱心图书室”；2016 年，支持 20 台电脑，在学校建了“爱心电脑室”并联网；2015 年至今，分公司每年都组织开展员工支教、党员干部“大手牵小手”、特困小学生夏令营等帮扶活动。2017 年 6 月，庹家小学首次获评为“随州市十星级文明学校”，该校也已成为湖北分公司员工扶贫支教、党员教育的基地。

重点项目二：十堰坎子山村“产业扶贫”。坎子山村是湖北最偏远的少数民族村，平均海拔 1500 米，全村无河流、无水渠，生态环境恶劣，是国家级重点贫困村。该村主要生产高山玉米，但销售难、价格低，村民难以脱贫，玉米增产增收是坎子山村干部和村民的一个梦。2016 年起，分公司对口扶贫坎子山村。一是当年捐资 10 万元支持村里兴建了玉米加工厂；二是公司指定十堰中支的干部与村里的 17 个特困户认下“亲戚”进行结对帮扶；三是向村里的 308 位劳动力赠送了意外保险保障；四是在 2017 年包销了 50 万个鲜玉米棒子，让村民实现了增收，并提高了种植积极性。

重点项目三：多个地市推进“保险扶贫”。一是率先承保了咸宁市、鄂州市建档立卡贫困人员的补充医疗保险，共承保 41.33 万人；二是在恩施、襄阳等地市承保“新农合”大病保险，覆盖建档立卡贫困户 63.83 万人；三是在全省深度贫困县巴东推进贫困农民贷款保险“三个一点”扶贫方式（即政府出一点、农信社免一点、太保公司降一点）。

公司的一系列精准扶贫工作受到了帮扶对象好评，也得到了各级政府和监管部门的充分肯定。2017 年 2 月，十堰坎子山村“产业扶贫”项目被列为湖北保监局创建保险扶贫示范区样板项目；2017 年 3 月，随州庹家小学“智力扶贫”项目荣获中国保险行业协会“最具人气帮扶项目”；2017年6月、7月，《人民日报》《中国保险报》《湖北日报》《长江商报》、人民网、新华网等媒体多次报道了公司的扶贫工作。

二、发展面临的主要问题

（一）个险业务增长方式急需改变

太平洋寿险湖北分公司虽然在持续进行转型，但在新形势下仍然存在一些急需解决的问题。一是传统业务获取方式效力减弱，不能适应客户的多元化需求；二是业务起伏较大，存在前紧后松、高开低走的问题；三是城区发展需要创新突破，武汉人力发展、队伍留存、客户经营等需要探索和建立新模式。

（二）干部员工能力素质急需提升

一是公司管理干部的能力素质跟不上市场变化，二是营销主管的经营管理能力和营销队伍的专业技能需要提升。公司需要强化培训训练，提升能力素质。

（三）健养业务发展急需快补短板

公司已经形成了较大的健养业务规模，但支撑业务健康发展的能力严重不足。一是缺少医疗医药、健康管理、数据分析等方面的专业人才；二是缺少支撑经营和管理的先进信息技术系统；三是客户服务系统和模式需要不断完善。

（四）公司内部战略协同急需加强

公司各渠道资源比较丰富，但存在条线“各自为政”、资源无法共享、很难协同作战的问题。虽然公司意识到战略协同的重要性，已经在进行探索实践，但做起来难度较大，需要公司上下高度聚焦、系统和制度配套。

第三节　发展举措

公司将正确处理好远期与当期、发展速度与发展质量、公司协调发展与员工价值提升的关系，围绕“强基础、提产能、保增长”开展工作，团结和带领全司干部员工，攻坚克难、拼搏进取，确保完成全年各项目标任务，为创建“行业合规经营的引领者”“湖北市场上最好的寿险公司”努力奋斗。

2017 年底，公司总经理室组织对 2018 年工作进行研讨，确定了年度 30 项重点工作。2018 年，分公司将把资源和精力放在“强基础、提产能、保增长”上来，通过狠抓重点工作的有效落实，推进公司再上一个新的台阶。

一、抓内控合规，确保公司稳健发展

2018 年，公司将严格认真落实全国金融工作会议精神、保监会“1 +4”系列文件精神和湖北保监局的各项工作要求，进一步狠抓“合规 +”工作模式的推进，进一步建立健全风险防控机制，把风险防控任务分解到各机构、各岗位，压实责任、细化分工，形成“一把手”负总责、一级抓一级层层落实的格局，确保公司稳健发展，为创建“行业合规经营的引领者”努力奋斗。

（一）优化合规队伍建设

一是深入推广“合规 +”工作模式，实现内控管理双线发力。在 2017 年个险条线合规员派驻管理的试点基础上，进一步推广健养、渠道业务、营运后援合规派驻工作模式。二是成立大数据分析功能组，强化预警分析职能。制定大数据分析规则，每月提供专题分析报告，每两月针对发现的问题开展一轮交叉飞行检查。三是培训组建兼职法务队伍。成立一支兼职法务队伍在机构前置处理化解“突发风险事件”“恶意缠诉缠访”等法律问题，将风险隐患化解在苗头，避免矛盾问题升级。

（二）优化教育培训体系

一是优化合规牵引机制，推动合规“四进入”。即进入总办会、工作会、经管会和大早会。二是完善教育培训体系，组织好春、秋两季的高管人员合规教育培训，对全辖三四级机构内外勤人员进行一次专题合规教育培训，对关键岗位开展内控基础管理规范教育培训。三是建立合规宣讲队伍，时时处处常态宣讲。分公司以条线为单位配备兼职合规讲师、中支以人力规模配备兼职合规讲师，进一步树立价值文化、诚信文化和合规文化。

（三）优化合规体制机制

一是健全合规考评机制，形成公司合规风控“一盘棋”。在 2017 年建立的中支班子、合规队伍考核办法的基础上，进一步出台分公司条线合规考评办法和全员合规考评办法。二是强化内部排查机制，及时处置风险隐患。组织开展治乱打非、防范非法集资、销售误导综合治理、投诉治理、费用真实性、业务品质等 10 个风险排查项目，鼓励主动暴露问题、鼓励举报问题线索，对发现的问题及时整改并问责。三是完善缺陷整改机制，加大督办支持力度。通过落实函告制度、比照监管标准问责、建立一对一整改沟通机制等举措，促进内控缺陷有效整改。

（四）优化合规督察方式

一是梳理突出问题治理清单，加强内部联动治理。针对内审外查发现的缺陷，逐一展开全流程检视和归因分析，督促相关条线一一明确整改责任人，落实整改时间和改善措施。二是探索建立全面风控体系，动态监测识别预警风险。探索建立涵盖销售品控端、营运作业端、财务控制端和后援操作端等四大领域的全面风险管理指标、管控目标和责任人体系，协同分公司各条线齐抓共管。三是借助 IT 技术，开发风控管理系统。建立多维度指标展现体系，定期抓取关键合规指标数据，推送至相关人员；设计行为模型，对工号混用、操作行为异常、品质异常等进行定期监测；根据风险防范需求在后台建立相应的规则模型，通过定期在后台大数据中进行甄别和筛选，提前发现疑点数据和疑似舞弊风险。

（五）扎实开展“治乱打非”专项行动

“治乱打非”专项行动是一场促进寿险行业稳定健康发展的“持久战”。2018年，分公司认真贯彻落实监管部门和总公司的要求，高度重视、强化领导、周密部署、狠抓落实，组织全辖全面扎实开展“治理销售乱象、打击非法经营”自查自纠专项行动。

在下阶段的工作中，公司将全面对标监管要求，扎实、有序、高效开展各项工作，揭示整改问题不含糊、内部问责追责不手软，进一步巩固自查成果，增强公司全员合规经营意识、责任意识、规矩意识，夯实风险防控的基础。

第一，强化监管检查的响应机制。一是加强分公司《全面响应监管检查工作基本规范》的执行力度，及时高效响应监管动作及要求；二是加强向湖北保监局的主动汇报，接受指导。

第二，严肃追责，净化经营环境。公司将通过划分责任边界、提高问责时效与强度、深化结果运用等举措，严肃内部责任追究，实现“处罚一个警示一片、问责一人教育一批”的效果。

第三，下功夫重点治理销售乱象。一是进一步明确从分公司到四级机构治理销售乱象的责任人；二是推行“日清日结”常态管控，即责任人必须做到对手机端违规信息、职场内违规宣传资料每日两清。

二、抓教育训练，着力提高内外勤队伍能力素质

公司当前最突出的矛盾是，干部员工队伍的能力素质与快速变化的市场不相符合。2018年工作的重心和重要资源要放在内外勤队伍的教育培训上面，通过加强教育培训来提高公司干部员工的整体素质，提高公司的竞争力。目前，各条线已做好培训计划，预计2018年将在全省范围内举办内控合规、客户服务、经营管理、专业技能等培训1000多班次，覆盖全辖内勤员工及全省4万多名营销员。

三、抓业务增长，确保发展质量和效益双提升

一是在个险条线深入推动“健康达标系统”“业务部自主经营系统”，坚持销售模式、客户经营模式、增员模式、基础管理的创新。通过抓系统的推动和创新，促进队伍持续健康发展、打造个险发展新动能。二是下决心抓好个险业务“均衡生产”。要努力做到“月达成、季增长、年对标”，通过全面实行目标计划管理、严格干部绩效考核、合理配置财务资源、实行红黄牌考核预警、加强追踪督导力度，确保目标任务的序时达成。三是下功夫抓好政保业务“扩面增效”。一方面，加大省地市政府的公关力度，努力实现基本医疗经办业务和工伤补充保险业务的扩面，力争基本医疗经办新增2个地市、其他政保业务新增项目6个；另一方面，加强健养业务和渠道业务的精细化管控，努力做到提质增效，确保经营利润目标达成。

四、抓客户服务，提高政保业务客户满意度

一是加大与各地市人社局和医保局的合作，组织开展大病保险知识、大病防治知识“五进入”活动（进社区、企业、机关、农村及学校）。二是大力推广“赔款上门”客户服务。三是组建太保医保医疗专家团，举办第一次“东湖论坛”活动。四是招标选定2～3个体检中心，为重大客户提供VIP健康管理服务。

2017年10月至今，公司成立了“政保客户服务+”客户服务专班，制定了工作流程，印制了《大病保险客户服务手册》，确定了襄阳城区、恩施利川两个试点单位，组织了试点人员培训。目前，试点工作情况较好，得到了当地政府的支持和政保客户的欢迎。

五、抓党建引领，确保党建工作制度化常态化

一是严格抓好每月15日的党日活动。在全面抓、重点抓的基础上，形成一批党建促发展的标杆和典型，抓出特点和特色。二是严格进行党员干部培训。2017年全面开展培训工作的基础上，重点是高密度、高强度地加大高管培训。三是扎实开展思想政治工作。建立干部谈心谈话制度；做好

干部任职、年度评议、绩效考核等谈话；持续进行“四优共产党员”评选、表彰和演讲活动。四是在全省组织开展“提高政治站位、提高工作标准、提高落实速度”的高管教育活动，通过征文、演讲、党课等形式，进一步激发全省各级党员干部奋发有为的豪情，激励党员干部创先争优的斗志，凝聚更强的发展力量。

六、抓精准扶贫，确保成为湖北最有温度公司

一是贯彻落实湖北保监局和上级公司对扶贫工作的各项要求和重点任务清单，做好精准扶贫项目承接工作。二是持续做好十堰坎子山村“产业扶贫”、随州庹家小学“智力扶贫”的同时，适当增点扩面，形成一批有特点和特色的扶贫项目。三是加大建档立卡贫困人口的“保险扶贫”力度，推广“咸宁市精准扶贫补充医疗保险”项目，力争2018年承保地市达到5个，承保人数超过100万人。四是加强对机构精准扶贫工作的支持，加强宣传报道，不断提高公司的品牌影响力。

第十章 平安人寿湖北分公司发展情况

2016—2017 年，中国平安人寿保险股份有限公司湖北分公司（以下简称平安人寿湖北分公司）扎实推进保险业“防控风险、服务大局、改革发展”三大战略，认真学习并落实中央经济工作会议精神，深刻领会“保险姓保，监管姓监”。面对国家整体稳健的宏观经济形势和日益严苛的金融监管环境，秉承总公司“合规经营，专业价值”的经营理念，实施总公司从“健康人海”向“生态圈”的战略升级，持续推动服务模式创新、巩固管理平台、狠抓合规经营，整体业绩连续两年保持健康、快速、持续的发展。

第一节 发展概况

一、保费收入快速增长

2016—2017 年，平安人寿湖北分公司两年连续保持快速发展，总体保费收入平台持续攀升，市场份额排名稳居湖北保险业第一。

两年间，全省保费收入从 2016 年的 1068622.46 万元增加到 2017 年的 1555320.90 万元，同比增长 45.54%，其中人寿险增长 42.28%、健康险增长 56.65%、意外险增长 43.17%。因公司大力推动医疗保障型产品，健康险占比有明显上升，人寿险和意外险略有下降，人寿险占比从 73.28% 下降到 71.63%、健康险占比从 22.42% 增长到 24.13%、意外险占比从 4.30% 下降到 4.24%。2016—2017 年平安人寿湖北分公司保费收入构成及增长情况见图 3 - 10 - 1。

在保费收入健康、快速发展的情况下，首续期业务份额持续稳定，依

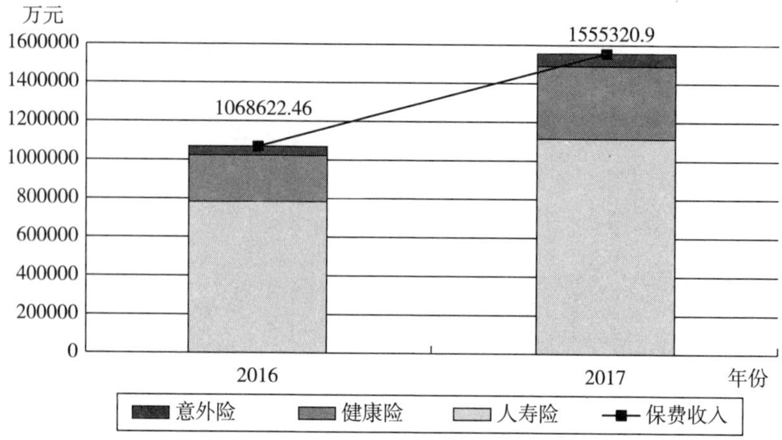

图 3-10-1　2016—2017 年平安人寿湖北分公司保费收入构成及增长情况

托人寿险业务主推动力，其他业务也持续保持增长的势头。总体保费收入中新单保费收入从 506666.19 万元增加到 733047.10 万元，同比增长 44.68%，占比略有下降，从 47.41% 减少到 47.13%；续期保费收入从 561956.28 万元增加到 822273.8 万元，同比增长 46.32%，占比从 52.59% 增加到 52.87%。

二、赔付能力稳健提升

2016—2017 年，公司赔付支出从 151562.07 万元增长到 201165.15 万元，赔付支出同比增长率从 35.63% 下降到 32.73%，公司保持稳健提升的赔付能力。2016—2017 年赔付支出情况见表 3-10-2。

赔付支出包括赔款支出、死伤医疗给付、满期给付及年金给付；2016—2017 年，赔款支出占比从 2.82% 下降到 2.77%；死伤医疗给付占比从 46.79% 增长到 51.07%；满期给付占比从 37.90% 下降到 34.93%；年金给付占比从 12.49% 下降到 11.23%；赔款支出、满期给付、年金给付占比逐年减少；死伤医疗给付占比逐年增长，原因是分红险、万能险及附加险的给付金额增长较快。2016—2017 年赔付支出构成情况见图 3-10-3。

2016—2017 年，赔付支出中，人寿险占比从 58.02% 下降到 53.66%；意外险占比从 2.34% 增长到 2.39%；健康险占比从 39.64% 增长到

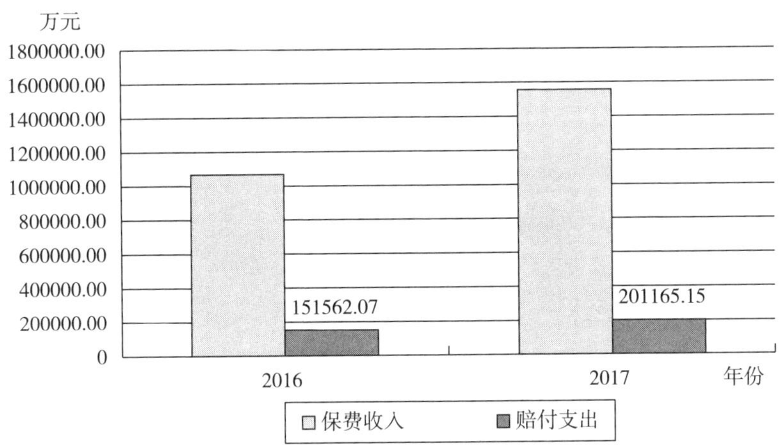

图 3－10－2　2016—2017 年平安人寿湖北分公司赔付支出情况

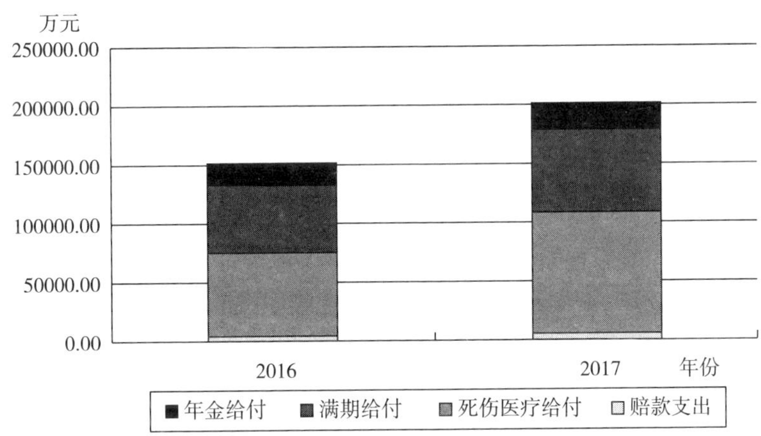

图 3－10－3　2016—2017 年平安人寿湖北分公司赔付支出构成情况

43.95%；健康险增长较快，原因是健康险险种自身特性，相对人寿险和意外险其赔付率占比较高。2016—2017 年分险种赔付支出情况见图 3－10－4。

三、公司资产以及规模持续增长

2016—2017 年，公司总资产从 4654562.82 万元增长到 5671217.19 万元，2017 年总资产同比增长 21.84%；公司资产保持持续增长。其中，固定

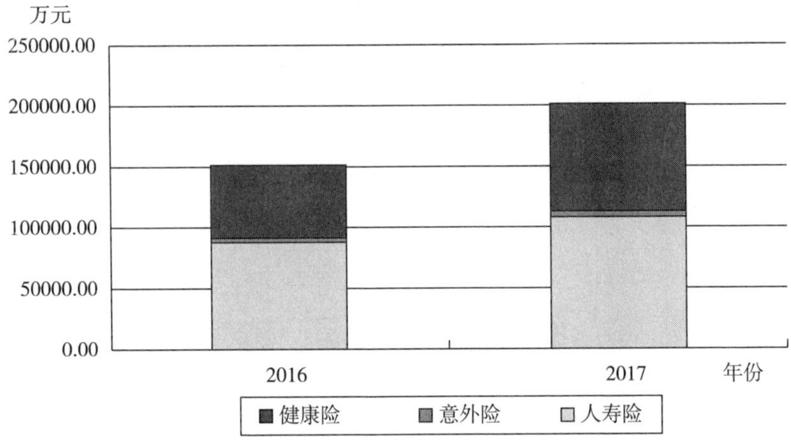

图 3－10－4 2016—2017 年平安人寿湖北分公司分险种赔付支出情况

资产从 16680.27 万元增长到 17760.98 万元，同比增长 6.48%；保单质押贷款从 167491.17 万元增长到 235964.40 万元，同比增长 40.88%；独立账户资产从 73437.40 万元增长到 75549.59 万元，同比增长 2.88%；应收保费从 19819.26 万元增长到 29446.43 万元，同比增长 48.57%；应收利息从 2492.84 万元增长到 3559.80 万元，同比增长 42.80%。公司资产规模维持稳定增长的趋势，2016—2017 年资产规模情况见图 3－10－5。

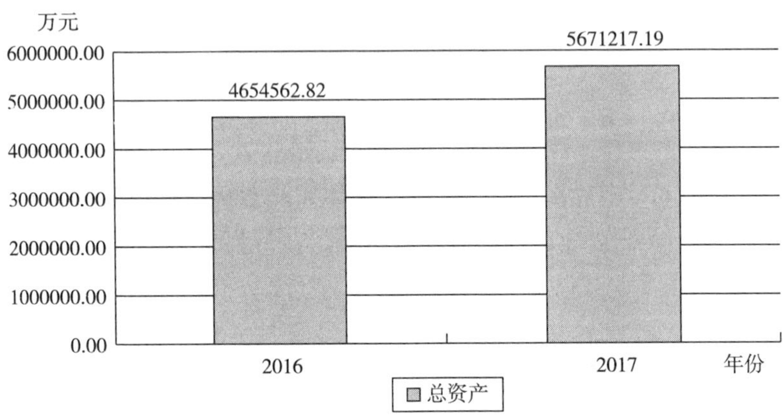

图 3－10－5 2016—2017 年平安人寿湖北分公司资产规模情况

四、盈利能力显著提升

2016—2017 年，平安人寿税前利润从 -40985.18 万元下降到 -68217.86 万元。因分红和万能险种投资收益在总部账面体现，机构财务账面仅体现未分配盈余，投资收益越大未分配盈余越高，从机构层面来说，税前利润负项越大反而体现了高收益。2017 年业务费用总额 501742.92 万元，同比增长 36.71%，增长率较上年同期下降了 26.61 个百分点，与此同时 2017 年规模保费同比增长 45.54%，从公司营运层面体现出合理调度利用资源利润持续增长的趋势。

在公司保费收入快速增长的同时，人力管理平台不断稳固，队伍规模不断扩大。平安人寿湖北分公司人力从 2016 年初的 37011 人快速增长到 2017 年底的 62868 人，2016 年人力较年初增长 33%，2017 年人力较年初增长 27%。截至 2017 年底，平安人寿湖北分公司人力规模在平安人寿全系统排名第四，在湖北保险市场排名第一。

第二节　主要业绩及问题

一、主要工作成绩

（一）产品结构转型，推动保险回归本源

在“保险姓保”的发展方向指引下，公司主动及时调整产品结构，回归保险的保障真谛。为缓解百姓在遭遇重疾后的困境，公司免费为老客户进行保单年检服务，以“足额投保的保额应该是年收入的 5 倍”为标准，为客户检视重大疾病风险保额缺口，并推介保障型产品：“平安福”“安鑫保”“百万任我行”等。通过对保障型产品的持续推动，保障型产品保费收入 2016 年达 173945 万元、2017 年达 246021 万元，截至 2017 年底同比增长 41.4%。

为了配合保障型产品的推动，从 2016 年起，公司投入专项培训费用，加强全省保险营销员的培训力度，对队伍的保障型产品知识及销售技能进

行高频次的强化训练，以确保营销队伍向客户提供更专业的服务。

为响应国家提出的解决老百姓大病医疗问题的号召与要求，满足客户对于保障型产品日益增长的需求，2017 年初，公司同时推出至尊版成人、少儿平安福健康保障计划，提供给购买了开门红年金型保险产品的客户，为客户减免一年重疾险保费，鼓励购买年金型保险的客户同时关注自己的重疾保障，为客户提供多重保障的选择，提高了保额，充分体现了对“保险姓保”精神的落实。

（二）培训模式转型，助力培训高效能

为提升营销员培训质量，将全省最优秀的内外勤讲师、导师及时、快速地覆盖全省，公司在 2017 年投入 583 万元专项费用，对传统的培训体系进行升级改造。目前，全省直播间数量 32 间，空中教室数量 2017 年已建设 180 间，2018 年规划再建设 120 间，预计到 2018 年底合计建设 300 间空中教室。面对转型工作推进，为了保证培训转型的教育质量不降低，甚至是提升，公司通过直播技巧培训、直播试讲、授课实践的方式，对全省 600 名左右内外勤导师进行培养及授权，同时编写远程班主任操作手册进行相关人群的训练通关，指导各单位切实落实远程培训各项动作。

目前，公司新人入职班、转正班、技能提升班培训已基本实现 100% 远程化，同时这些培训班也在进行“线上授课 + 线下互动”式教学方式的运作，在新模式下的培训技巧方面正在不断地进行积累、学习和完善。远程培训和学堂直播平台也能打破空间和时间的限制，在实现优质资源的共享、提高培训效率的同时，确保各类监管政策、合规教育、技能训练等信息、课程能第一时间覆盖到全省营销队伍中，尤其对于县级营业单位的培训，信息传递效率有极大的提升。

（三）推广科技智能，提升客户服务水平

随着互联网时代的来临，公司紧跟互联网热潮，APP 由原“平安人寿 E 服务”正式更名为“平安金管家”。为更好地服务客户，“平安金管家”APP 对多个功能进行了全面升级，将原有的健康模块内容优化为“乐享健

康”“轻松医疗”两个板块。改版当中重点新增“轻松医疗”平台主页，全面打造平安互联网医院，让平安的用户可以足不出户进行健康咨询。在新增的“乐享健康”主页中，则是新增了中医馆，帮客户开启健康养生新方式。同时“平安金管家”APP 保单模块除原有在线自助办理保全功能外，新增了理赔报案、申请、理赔进度查询及投保的保单签收、回访等多种理赔及投保功能，使客户从投保服务—保单服务—理赔服务形成闭环均可在网上进行操作。“平安金管家”APP 新增的生活模块功能更为公司客户的生活场景提供了各类优质服务，如家政服务、律师服务、旅游私人定制服务、海外留学服务等。凭借不断优化及新增的服务及功能，“平安金管家”APP 的用户注册高速增长，2016 年 12 月，“平安金管家”湖北用户注册数近 402 万户，2017 年 12 月，“平安金管家”湖北用户注册数近 570 万户，较 2016 年同期增长了 40%。

2017 年，平安人寿重磅打造的智慧客服，运用生物认证、大数据等十余项 AI 技术，构建了业务甄别、风险定位、在线自助和空中门店四大核心能力，打造 100% 全域覆盖、全流程智能办理、动态精准风控的智慧服务体系。当客户在办理业务时，可以迅速识别客户，捕捉客户需求，并向其推荐适合的服务和产品。同时，借助生物识别、人机交互、远程视频等人工智能技术，让客户足不出户，就能通过在线自助或者与空中柜员远程视频的方式完成业务办理，大大提高了客户服务效率及客户体验。智慧客服借助当前 AI 技术，颠覆传统保险业务办理难、烦、累的情况，把更简单、更懂你的服务带给客户，让客户可以随时随地进行业务办理，开创了行业先河。其中，通过远程视频、生物识别技术实现的空中门店更是广受客户好评，将线下的门店通过视频方式搬到空中，客户通过“平安金管家”APP 等移动入口，即可随时随地在线办理保单贷款、生存金领取、受益人变更、保单信息确认等传统需要到柜面亲办的保险业务，让客户随时随地都能享受到与门店一样贴心、优质的服务。该功能于 2017 年 9 月率先在 12 家公司试点，目前已在全国推广。湖北为试点公司之一，湖北空中客服月均接待 4195 人次，平均办理时长 5.32 分钟。智慧客服提供了解决客户服务工作中痛点的最佳方案，完美践行了对客户提供优质高效服务的体验，从公司长远发展方面实现了成本控制、流程优化，从2020年起，面对不断增长的客户群平安客服门店将实现零增长。

（四）严格营销员筛选，控制进口风险

在取消了代理人考试后，公司并没有放松对进口的管控，反而通过内部管理制度的梳理，在营销员入司之前增加考试环节，同时严格落实面试流程，对部分人员在面试之前就进行严格筛选，从风险的前端进行控制。截至2017年底，公司增员进口率相较于2016年同期下降了0.3个百分点，13个月留存率提升了0.2个百分点，增员进口量缩小、营销员留存效率的提升背后，是进口质量的提高，是行业门槛的提升。加大新人质量管控、强化新人职业素养培训等一系列举措，也是公司严格落实“强监管、治乱象、补短板、防风险”监管要求的具体表现。

为进一步提高对新人质量的管控效率，后期将上线代理人智能挑选系统，通过AI、智能画像等大数据，为公司挑选更适合在保险业发展的人才，为后期的留存打下坚实的基础，也为提升保险业的整体形象作出了贡献。

（五）落实监管要求，狠抓合规经营

“强监管、治乱象、补短板、防风险”是保险业的关键词，为杜绝外部监管风险、降低内部经营风险、减少违规操作行为、实现风险预警监测目标，公司紧紧围绕保监会“1+4”系列文件精神和工作要求，从自查自纠、反洗钱、制度内控、宣传培训、风险防控五大方面着手开展工作，取得了较好的工作成效。

1. 自查自纠成果显著。通过营业单位自主检查、风控联合专项检查和风险预警专项稽查三个维度建立风险防控体系。公司各部门、各单位上下联动，相互协作，确保自查自纠各项工作有效落实，并结合公司实际情况先后开展了包括“2017年度业务系列常见违规行为自查自纠”“销售误导自查自纠”“常规风险排查”“防范非法集资和违规代销专项排查”等在内的26项自查自纠工作，对发现的问题全部整改完成，整改完成率为100%。同时，根据检查中发现的问题点，对涉事营业单位下达了《风险提示函》，进

行风险预警及督促整改，避免后续类似问题的产生。2017 年，公司守住了底线，全省未发生系统性、区域性重大风险事件。

2. 反洗钱工作稳固开展。按照中国人民银行武汉分行及湖北保监局的工作要求，公司通过反洗钱制度建设与完善、反洗钱协查、可疑交易监控、客户尽职调查、宣传培训、非现场监管报表报送、反洗钱自查等工作，有序开展了各项反洗钱工作，工作成果得到各地人民银行肯定，多家机构获得当地人民银行颁发的“反洗钱工作先进单位”“反洗钱工作 A 类单位”“反洗钱工作先进个人”等奖项。

3. 内控体系日趋完善。在 2017 年内控自评工作中，公司牵头各业务部门对现有制度执行情况及流程运作情况进行全面检视，主动检视现有制度的有效性及在制度执行过程中是否存在操作失误或者系统缺陷问题。结合检查的结果，公司向总公司提出 4 项内控自评工作建议，进一步完善了公司内部制度体系。

4. 宣导培训齐头并进。公司采用线上线下相结合的方式，面向外勤队伍和内勤员工开展多种形式的宣导培训工作，体现公司治理销售乱象、打击非法经营的决心。对外勤队伍通过专题早会、合规课程植入、合规宣讲、合规海报、宣传彩页（合规经营简报）、H5 读本、“合规风暴”专项行动等方式，普及合规意识，让外勤队伍了解常见违规行为，避免违规行为的发生。对内勤员工通过合规宣讲（季度/月度）、廉政教育、合规文化宣传月；高管培训、专题培训、新人培训等方式营造良好的合规风控氛围，提升合规意识、加强工作技能。

5. 风险防控持续推进。2017 年，在风控会的统筹下，定期对日常经营、外勤展业、内勤操作过程中发现的问题点进行风险提示，对监管政策、公司制度中的核心内容和关键环节进行风险预警，帮助公司在发展业务的同时，及时、有效地发现并防范风险。一是通过每月的风控会平台向 B 类及以上层级管理干部进行风险预警、重要制度解析、典型案例分析等，共计 12 期；二是在案件防控和合规风险检视方面，2017 年 3 月公司法律合规部联合财务部、行政部、营销管理部、区拓管理部、两核风险管理部等部门制定公司 2017 年案件防控和合规风险检视方案，涉及潜江、十堰、孝感、黄石、咸宁、天门、宜昌、仙桃、恩施、荆州、襄阳、随州 12 家三级机构，覆盖率为 80%。

二、存在的问题

（一）营销员专业素质有待提高

2017 年，监管发布了以“1 +4”为核心的一系列文件新规，重点对风险治理、销售乱象、服务实体经济等方面持续整顿、从严监管。监管趋严，反映出营销员在产品知识讲解、销售行为规范、法律法规方面专业素养的不足和知识的欠缺。新形势下，一方面营销员自身需加强学习和自我约束，另一方面公司会通过“空中课堂”与现场培训相结合的方式对营销员进行法律法规知识的培训，进一步规范营销员的产品讲解和销售行为，避免销售误导等不规范行为。通过营销员的自我学习和公司深入开展培训，以及相关的合规制度管理，不断提高营销队伍的展业形象和专业素质，进而为营销员赢得更高的社会美誉度。

（二）各地市营业单位发展不均衡

平安人寿湖北分公司有 15 家地市级三级机构，由于受地理位置、自然资源和政府经济发展策略的影响，当地经济发展水平有限，老百姓的风险防范意识普遍不高，造成保险业务的密度和深度与经济较发达的城市差距较大，公司 15 家地市机构业务计划达成相差较远。呼吁从省级到地市相关政府管理机构加强对欠发展地市的关注，保险相关管理单位通过多种渠道、多种形式加强对保险业的正面宣传，真正发挥保险是社会经济发展的稳定器的作用，让保险业的深入开展为当地经济发展、构建和谐美好社会贡献一份力量。

第三节　发展举措

平安人寿湖北分公司将积极响应保险回归保障本源的监管召唤，秉承“执善心，筑大业”的企业文化理念，借助总公司打造的一系列“金融 + 科技”的智能服务平台，以创新业务发展模式和稳固的人力发展平台为核心，通过为客户提供“简单便捷、友善安心”的优质服务体验，保持健康、快速、持续发展的永动力，充分发挥社会稳定器和经济推动器的作用，继续为湖北金融经济的繁荣发展和民生改善贡献平安所有的力量。

一、经营管理方面

在总公司打造的“金融 + 科技”国际领先的企业管理模式下，公司将进一步夯实稳固业务管理、人力发展、运营服务和资源配置四大核心平台，通过一系列线上线下创新服务项目的开展，推动四大平台系统紧密运作，提升公司整体的经营管理能力，确保公司经营管理的稳健持续发展。

二、产品策略方面

由于老龄化、环境恶化、医疗费用上涨等社会环境的变化，客户对商业养老、保障、健康保险的需求日益凸显，这将不断影响未来保险业务结构。基金、互联网理财产品等日益丰富，保险产品投资收益率不具明显优势，保险公司应突出保险不可替代的功能，即保险保障功能，以满足客户多元化保障需求为导向，形成公司差异化的竞争力。

为了适应新时代下客户在医疗、养老等方面不断升级的需要，稳固平安在金融市场的竞争力，同时积极响应监管对“保险姓保”的呼声，平安未来将发展保障型保险为未来重点的产品战略，对原有的保障型产品进行升级、扩大保障范围，同时根据市场需求创新推出高价值的保障型产品，公司也将会在总公司的产品推动策略下，结合公司业务节奏主推高保障型产品，以满足湖北市场对保险保障不断增长和升级的需求。

三、客户服务方面

公司将继续借助“平安金管家”APP 线上平台及公司客户服务线下平台，打造 O2O 式的线上线下互动，让客户在参与公司各类客户活动时亲身体验到公司的各类优质服务。同时，平安将运用自身的科技优势，继续优化平安金管家 APP 各类客户服务功能，并不断创新客户服务渠道，努力构建包含“医、食、住、行、玩”五大方面的大“生态圈”，全方面覆盖客户生活的方方面面，为客户提供更多的生活服务。

平安人寿“智慧客服”的问世，最终将为客户提供“随心随地、安全可靠、高效便捷”的服务体验。“随心随地”，体现在客户借助“平安金管家”APP 搭建的在线客户服务通道，通过远程技术即时响应，便可解决因所在地较远或个人时间冲突的问题，不便前往门店，服务难的痛点，实现保险业务办理的全流程智能化；“安全可靠”，是指依托平安集团自主研发的 AI 技术，可实现客户身份信息的远程核实，有效控制风险，全方位保障客户权益；“高效便捷”，是指通过遍布全国的客服中心建立在线智能调度平台，实现柜面、保全、核保、理赔系统四大业务平台智能派工。未来，平安人寿湖北分公司会继续致力于客户服务的创新及升级，为广大公司客户带来更“简单便捷、友善安心”的客户服务体验。

第十一章　泰康人寿湖北分公司发展情况

2016—2017年，泰康人寿保险有限责任公司湖北分公司（以下简称“泰康人寿湖北分公司”）坚持专业化经营，深耕寿险产业链，致力于让保险更安心、更便捷、更实惠，让人们更健康、更长寿、更富足。多年来，泰康人寿形成了个险、银保、电销、经代四条业务渠道，机构网络覆盖全省，累计为312万客户提供了高品质的寿险服务，为湖北经济发展和和谐社会建设作出了应有的贡献，分别被评为湖北省“最具竞争力保险公司”“优质服务金融单位”“最佳服务保险公司”，并获得湖北省政府颁发的“2016年度金融支持湖北经济发展突出贡献单位”的荣誉称号。

第一节　发展概况

一、保费收入逐年递增

近年来，保费收入持续增长，2016年及2017年，公司全年累计保费收入分别为455612.52万元和596762.62万元，较2015年增长67.24%。2016—2017年保费收入见图3－11－1。

二、赔付支出相应增长

随着公司业务的不断发展，客户群体的逐步扩大。2016年赔付202049.76万元，2017年赔付189066.55万元，2017年相较于上年有所下降，主要由于2017年银保满期给付相较于2016年下降（以上数据含湖北养老赔付数据）。2016—2017 年赔付支出情况见图 3－11－2。

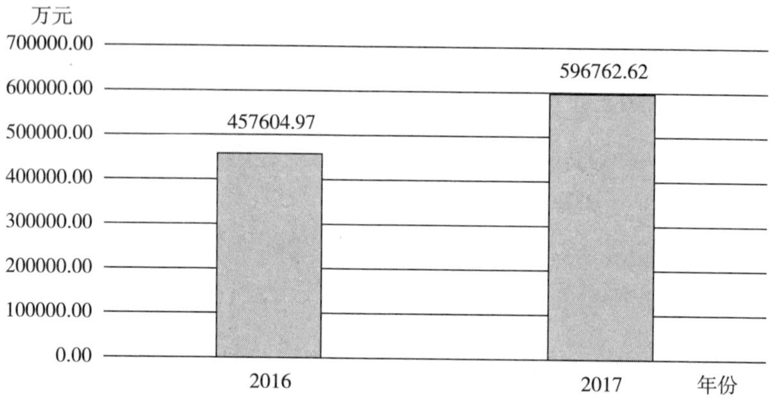

图 3－11－1　2016—2017 年泰康人寿湖北分公司保费收入情况

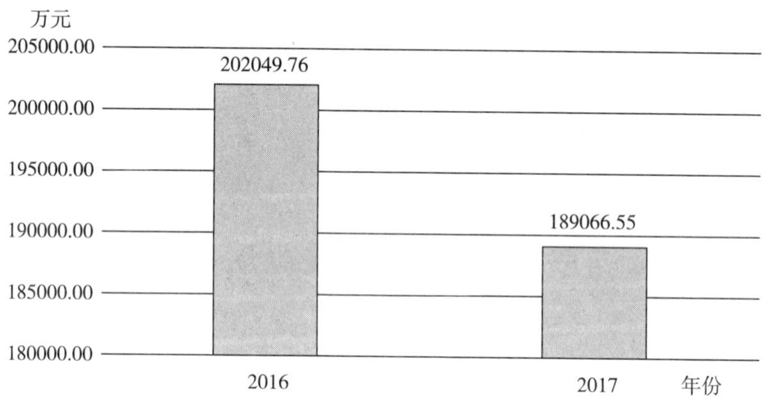

图 3－11－2　2016—2017 年泰康人寿湖北分公司赔付支出情况

三、资产状况保持良好

2016—2017 年，公司发展态势良好，资产总额稳步提升。2016 年公司总资产为 78245. 36 万元，2017 年则达到 139248. 81 万元，资产总额相较于 2015 年增长了 140. 45%。2016—2017 年期末资产状况见图 3－11－3。

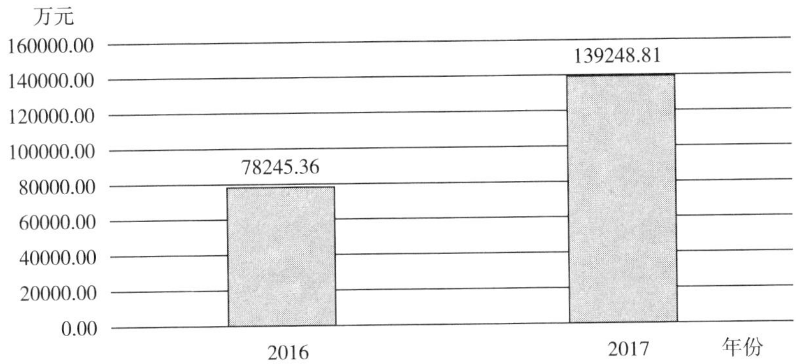

图 3－11－3　2016—2017 年泰康人寿湖北分公司期末资产状况①

四、市场份额占比稳定

2016 年、2017 年，公司保费总规模保持了稳步增长，整体规模保费占泰康人寿的 5% 左右，在泰康系统内排名第四。截至 2017 年底，湖北省行业协会数据显示，泰康人寿规模保费收入份额占比为湖北市场的 6.5%。

五、业务结构日趋完善

截至 2017 年底，公司主要业务渠道包括个险、续期、银保、电销、经代，并大力开展银保大个险业务，业务发展较为迅速。经代渠道虽然为公司业绩带来增长，但保费占比相对较低。2017 年，公司的个险、银保、电销、经代四条业务线标准保费占比为 73∶25∶1∶0.03。

第二节　主要业绩及问题

两年间，泰康人寿湖北分公司获得了稳定的发展。总体而言，公司客户群体不断扩大、保费收入持续增长、业务结构不断优化，整体实力进一步提高，呈现出发展速度较快、增长质量较好、结构不断优化的良好局面。

① 数据来源：保费收入和赔付支出摘取自各年度利润表中“已赚保费”和“赔付支出”；期末资产总额摘取自各年度资产负债表中“资产总计”。

一、两年来的主要业绩

（一）稳健经营，奠定企业规模发展

2016—2017 年，公司的保险业务实现平稳较快增长，风险得到有效防范，结构调整彰显成效，行风建设稳步推进，功能作用逐步发挥，呈现出行业发展与服务大局相统一、保险监管与市场发展相促进的良好局面。公司秉持“稳健经营、开拓创新”的理念，以客户需求为导向，以客户利益为原则，不断拓宽服务渠道，提升服务品质。机构网络覆盖全省，业务规模和客户群体迅速扩大，经营效益稳步提升，品牌形象深入人心，为湖北地区的经济发展作出了贡献。

（二）用心服务，打造特色服务品牌

泰康人寿经过多年的发展已与总公司互动形成由泰康在线、95522 电话中心、泰康新生活广场和专业的员工队伍构成的“四位一体”服务体系，全方位满足客户各个流程环节中的需求。在服务创新的方面，公司始终坚持“以客户为中心”，不断创新服务理念，在发展中追求服务的人性化。近年来公司积极推进客户服务互联网化，官方微信、代理人客户端、官网多渠道为客户提供服务，在线投保、保全、理赔以及咨询、缴费等，在线服务过程中通过人脸识别、OCR 识别等手段，让客户办理享受便捷服务的同时更安心。截至 2017 年底，约 31.1 万客户绑定泰康人寿官方微信。2017 年，泰康人寿官方微信为湖北客户提供微信保全 24 万人次，微信投保 15.8 万人次，微信理赔约 4.4 万件。

（三）特色理赔，让客户更便捷

理赔环节是保险保障功能最为核心的体现，泰康人寿始终把优化理赔服务放在第一位。泰康保险集团董事长兼 CEO 陈东升提出要更安心、更便捷、更实惠，在这个理念的指引下，泰康人寿推出从报案到支付的全流程“康乃馨理赔服务”，重疾先赔、小额快赔、健保通直付、诸多环节于一体，致力于为客户带来最极致的体验。

1. "健保通"直付。泰康人寿在2011年推出"健保通"直付式理赔服务，通过与合作医院数据共享，客户出院时，由医院直接与泰康人寿结算其应赔付的医疗费用，客户再支付剩余医疗费用即可出院。2016年健保通签约合作医院达18家，全年服务客户数1203人次。2017年，湖北泰康"健保通"合作医院已多达27家，遍布全省9个地市，累计服务客户2282人次。"健保通"实现了客户出院即可一站式结算理赔变革，真正使理赔更快、更准、更便捷，让客户真正体验到"免申请、零等待，省时、省心、省周转"的理赔模式新变革。

2. 小额快赔。"小额快赔"理赔服务，是索赔金额在3000元以下，事实清晰、责任明确，且无须调查的费用补偿型、定额给付型个人医疗保险理赔。理赔人员接到报案后，在1个工作日内会以短信、即时通信工具等方式告知保险客户理赔结论。目前，泰康人寿打通五大报案服务渠道，实现了代理人、95522电话、新生活广场柜面、泰康人寿官微、泰康在线官网的报案渠道，同时上线了泰康人寿官微报案及理赔预约代办服务。"小额快赔"的推出，切实保护保险消费者的合法权益，提升小额理赔服务时效，提高理赔服务的便捷性与透明性，更提升了客户理赔服务体验。2017年泰康人寿"小额快赔"，从提交申请到理赔款到账整体时效0.67天，湖北分公司共完成"小额快赔"27590件。

3. 重疾先赔。重大疾病保险标准严格，保险公司在理赔审核时非常慎重，需要核对大量的医疗资料，甚至需要医院专家鉴定。严格的程序，导致很多客户选择在出院后才申请理赔，而罹患大病的客户往往希望尽快筹钱应对高额治疗费用。2017年7月，泰康人寿在业内推出"重疾先赔"，给受困于治疗费用的客户们送去"雪中炭""及时雨"。该服务对凡在泰康人寿投保满三年的重大疾病的保险客户，出险后三日内报案，经过公司审核符合"重疾先赔"标准的，安排理赔人员到医院协助客户收集资料，办理重大疾病保险理赔。这项理赔服务的上线有效缓解了罹患重大疾病客户的经济压力，为客户享受便捷高效的理赔服务保驾护航，也充分体现了保险的保障功能，履行社会责任。2017年7～12月，泰康人寿共服务111位重疾客户，总计赔付金额761.21万元，其中赔付最高金额为25万元，用时从索赔到支付最快为45分钟。

（四）畅通渠道，倾听客户声音

寿险公司的生命在于客户服务，泰康人寿湖北分公司一方面积极畅通投诉渠道，化堵为疏，积极解决客户投诉，提升一次解决率。在全省各级网点柜面公示投诉电话，避免客户因抱怨和矛盾发生时，找不到内部解决通道而寻求向上一级投诉的方式升级；针对客户投诉纠纷，坚持契约精神与分类处理相结合的原则，灵活变通及时快速妥善处理。

另一方面，在普客和高客服务方面积极探索创新服务方式。2016年、2017年连续两年，湖北分公司在“3·15”“7·8”等重点宣传节点都积极主动开展“总经理室接待日”“总经理特色康乃馨探视”等活动，主动走近客户，了解客户需求，此外抓住妇女节、母亲节等节日热点开展特色客户联谊活动，提升客户的服务频次，增进客户满意度。

（五）合规经营，守住风险底线

2016年，全公司遵循“杜绝误导、诚信销售”的口号，并在全系统内启动了“诚信经营”工程。公司根据行业和公司实际，明确了未来三年“诚信经营”一号工程的指导思想、发展目标、重点任务和推动措施，提出打造队伍诚信、产品诚信、服务诚信和管理诚信的“四位一体”的泰康诚信经营体系，将2017—2019年分别作为诚信经营的基础建设年、优化提升年和总结完善年，确定了推进诚信经营工程的八项重点工作：教育训练、源头治理、产品管理、销售管理、干部管理、机制优化、检查处罚和基本法落地。

分公司始终围绕公司战略，以诚信经营为抓手，持续贯彻落实各项监管文件精神，通过以下措施持续推进合规管理长效机制的建立。一是牢记宗旨，做好服务。发挥风险识别与管控的三道防线作用，提升客户体验度。二是强化主体责任意识，守土有责。通过制度的形式强化各机构负责人的风险合规主体责任。三是对标制度。分公司作为执行单位，除贯彻落实监管单位及总公司各类工作要求外，也结合分公司实际不断完善制度体系建设与流程完善，强化日常风险管理。四是持之以恒地开展合规教育培训。做到教育有重点、教育有方式、教育有效果。五是重视日常合规检查。通过对四五级基层机构的全覆盖现场检查，管控一线经营漏洞。六是加强整改，严肃问责。完善整改实施细则，做到整改有闭环，问责有震慑。

（六）积极投身社会公益事业

公司一直秉承“分享成功、奉献社会”的经营理念，践行企业的公共责任。

2016 年 2 月，为了给困难家庭及孤寡老人送温暖，泰康人寿湖北分公司在春节前夕前往荣东社区，为社区的贫困户送上慰问金，与他们亲切交谈，了解他们的生活情况和目前亟须解决的困难，通过上门走访慰问，切实把关怀送到他们的心坎上。2016 年 6 月，湖北省连续的强降雨给居民生命财产安全造成损失，给武汉分公司长江沿线防汛工作带来了极大的压力。为慰问硚口区六角亭街防汛抗洪的工作人员和群众，湖北分公司第一时间送去慰问物资，并现场为六角亭街社区捐赠了 10000 元慰问金，同时安排公司员工参与六角亭街防汛轮值工作。7 月中旬，泰康人寿代表总公司为湖北受灾地区捐款 200 万元，全力助推灾区重建工作。9 月，泰康人寿孝感中支为遭受了严重洪涝灾害的汉川市捐赠了 5 万元，用于当地的灾后重建工作，推进受灾地区尽快恢复生产生活，为当地人民重建家园添砖加瓦。

2017 年 1 月，泰康参与湖北京山杨集镇灾后重建，捐赠 70 万元；并向杨集中学捐赠 30 万元，参与校园办公设施建设，为学生营造良好的学习环境。6 月，湖北泰康恩施中支捐赠恩施红土稻池村办公设施，捐款 2 万元，为当地农产品转化添砖加瓦。9 月，湖北泰康积极参与十堰地区扶贫项目，为十堰郧阳区五峰乡捐赠扶贫款 4 万元。11 月，湖北泰康宜昌、黄冈中支，参与当地行业协会组织的慈善捐款活动，累计捐款 8148 元。

（七）开展丰富多彩的员工活动

在丰富员工生活方面，党委以及工会组织适时开展了有利于推动公司业务发展、保障员工身心健康、有效帮扶解困内外勤员工以及履行社会责任的慈善活动，较好地助力了业务发展，取得了增强员工凝聚力和构建温馨大家庭的效果。开展一系列的文体活动，有新春联欢会、两球（乒乓球、羽毛球）比赛、广播体操比赛、瑜伽练习、摄影、书法及绘画比赛等。部分工会会员先后在总公司及湖北省保险行业协会所举办的类似活动中获得相应奖项。

（八）建立健全人才培养机制

截至2017年底，公司已成为一家拥有近千名内勤、千余名电销及银保外勤、4万多名个险外勤的大型省级分公司。内勤员工中，本科及以上学历人员占比达68%。

作为系统内成立最早的分公司，首期“专员班”的打造为泰康人寿打造了坚实的人才梯队。总分公司已经搭建了完善的干部梯队培养摇篮，先后启动“千人计划暨未来十年人才储备方案”，从源头优化人才结构；启动“组训、银保督训培训计划”“新三年组训班培养计划”“四级机构经理培养计划”“中支总经理培养计划”“员工通用能力培养计划”“青干班、中青班”等全方位、多维度的人才培养计划，让员工得到更快、更好的成长，让优秀人才有更多的机会展现才能、发挥特长、脱颖而出。截至目前，公司不仅形成了较为完善的泰康商学院培训体系，而且在保险服务人才选拔晋升等工作中也卓有成效，“千人计划”“青干班”等培养模式的推进为公司干部储备注入了新鲜的血液，为未来的长足发展奠定了人才基础。

针对外勤队伍的留存，泰康人寿湖北分公司在2016—2017年，摸索出“135”培训工程（1个目标，3个习惯，5项基本技能），研发“135”系列课程，更有效地促进新人转化指标，通过“135”的安装模式，帮助提升新人指标，促进新人更好的留存。同时打造绩优精英团队，持续推进湖北特有品牌培训，通过调研外勤需求调查分析和培训质量评价体系，研发出体现行业特色，适合分公司业务节奏的精品培训课程，增强了培训的针对性和时效性，为全省培养大量优秀的主管人才。侧重荣誉体系导向，大力推动各荣誉体系的达成，并不断发展壮大专职、兼职讲师队伍。

二、发展中存在的主要不足及改进计划

两年间，公司保险业务快速发展，服务领域不断拓宽，但总体上也面临以下一些困难和问题。

（一）消费者的保险误区有待扭转

保险作为现代服务业，是风险管理的基本手段之一，是市场经济下有效率的制度安排。改革开放以来，尤其是近几年来，随着我国经济的高速发展，保险业发展水平逐步提高，服务领域不断拓宽，已渗透到人民群众生产生活的各个环节，为促进经济社会发展和保障人民群众生产生活作出了重要贡献。许多消费者对保险的消费观念近年来不断上升，但对保险购买存在一定误区，比如更加倾向于将资金投入高收益的领域，忽略了对未来风险的提前对冲；家庭成员间购买保险险种及保额的配置不科学、不合理；对相关保险理赔的误区等限制了保险更好地发挥其经济保障功能和社会“稳定器”的作用。

公司作为地方经营主体，在业务发展的过程中，将加强保险消费理念的宣传，打造健康的品牌形象。第一，公司将抓住关键节点的宣传。以“3·15国际消费者权益日”为契机，广泛开展保险消费宣传教育活动；以“7·8保险公众宣传日”为重要时点，全方位宣传保险知识，并发布保险业社会责任白皮书，利用保险宣传日以中心支公司为单位摆放咨询展台。第二，以分公司一年一度的客户服务节为契机，举办系列蓄客、惠客活动，以客户为中心，加强客户经营，服务好个人客户和企业客户，将服务活动与销售步调完美融合。第三，拓展宣传阵地。广泛利用湖北主流媒体等舆论工具，在广播、电视、报刊、网络等媒体上开展保险消费者教育宣传，向社会公众宣讲保险基础知识、提示消费风险，扩大行业影响。

（二）代理人职业素养有待提升

公司在总公司“四位一体”的战略背景下，以“高客战略”为公司创造了巨大的价值，也带来巨大的产品需求。这就要求公司的销售队伍要从

单一产品销售向成为家庭健康财富理财师的目标迈进。

为此，公司将在以下方面加强代理人队伍建设：第一，着力打造专业的销售团队，做好人员管理和培训工作，提升销售人员的保险业务知识，保证保险代理人充分了解保险产品，做到从客户的需求出发，向客户推荐最合适的产品。第二，提升代理人的专业技能。在队伍经营和日常培训中增加法律、金融、资产传承等课程的培训，提升业务员的技能。推动业务员报考参加中国寿险管理师及 LOMA 证书，为客户提供更优质、更全面的服务。第三，在队伍组织发展的过程中加强对“80 后”、“90 后”以及高学历人才的吸引，提升队伍的学历层次，加强对新技术新知识的学习和储备，做好队伍自主经营。

（三）销售渠道有待进一步拓宽

目前，公司的销售渠道主要包括个险、电销、银保、经代四种渠道，2017 年占比为 73:25:1:0. 03，相较于 2015 年的 72:11:16:1，个人代理渠道销售业绩快速提升，相较于电销和经代渠道增速较慢，占比较低。公司应抓住新时期的发展机遇，积极发展多渠道销售，降低销售成本，提高销售效率。第一，依据保费收入、经营费用、利润贡献度等各方面的效率，决定销售渠道资源分配。依据这些指标以及对该渠道增长前景的判断，确定渠道策略，给予不同程度的资源支持。第二，积极加强与银行的沟通，加大对银行和客户经理的推动力度，充分利用银保资源，确保对银行网点服务的有效覆盖，增强队伍培训和经验信息支持，为银保业务提供支援。第三，充分利用中介渠道资源扩大销售范围、减少销售成本；积极探索与代理公司、经纪公司合作的新模式，以及利益共享的新机制，加强相关风险的管控与效率。

（四）农村客户群体有待开发

农村保险市场因其特有的客户群体和组织结构，将面临比城市保险市场更大的挑战，公司目前在湖北省设有 16 个中心支公司，基本覆盖省内大部分地区，但部分农村地区仍存在保险空白区，保险服务的种类和多样性也有所不足。

公司应从以下几个方面来挖掘农村保险市场潜力：第一，加强保险宣传力度，扩大在农村地区的保险知识普及广度，助力县域及农村保险市场的建设。第二，探索服务创新。结合农村地区的实际情况，探索合理的销售模式，有效解决县域和农村地域广阔、居民居住分散以及实体门店难以全面覆盖的难点。在创新服务模式方面，优化农村保险购买流程，引导客户服务式营销，按需提供专业化售前、售中服务，提供更灵活、更便捷的售后服务。

第三节　发展举措

一、构建大健康生态体系，创新商业保险服务实体经济新形态

保险与社会保障紧密相连，已成为养老保障体系的重要组成部分。在资金运用上，保险也与养老产业形成“天配”：保险公司长期、大量的资金，需要找到像养老产业这样有长期、稳定收益的投资渠道。第五次全国金融工作会议提出“金融是实体经济的血脉，为实体经济服务是金融的天职和宗旨”。泰康及时洞察到老龄化发展的趋势以及养老供给侧改革的刚性需求，早在2007年就积极探索保险与医养有效整合之路。

目前，泰康所着力倡导的“医养康宁”四位一体的实体项目均在湖北布局，其中泰康同济医院在建，预计2019年7月工程施工完毕，2020年开业运营。楚园养老社区在建，预计2019年开园预定，咸宁仙鹤湖纪念园项目于2018年开业，目前正良好运行中。未来，随着养老社区、医疗体系逐步形成规模，泰康着力打造“养老险与养老社区、健康险与医疗体系、养老金与资管”的三大闭环，将对客户的服务进行深度整合，客户可通过泰康的养老保险、年金保险，在泰康的养老服务体系里安度晚年；通过泰康的健康保险，在泰康的医疗健康体系里得到服务和治疗；通过泰康的投资型、理财型产品，实现财富增值。

二、创新服务特色，优化服务质量

公司始终坚持以人为本，以“真诚服务、迅速及时、细致贴心”的服务水准，全力满足客户的保险需求。在保险业产品同质化的背景下，公司将进一步发掘多样化、个性化的服务方式，为客户带来有针对性的特色服务，同时，简化中间流程，扩展投保、理赔等渠道，打造一站式、全过程、透明化的保险服务。为此，公司将会在保险销售代理人员、电话销售人员、客服人员、核保及理赔等人员的专业素养提升方面投入更多培训资源，力争全方位提升客户体验。此外，充分利用互联网、移动终端以及云平台的推广普及，充分发掘客户需求，简化投保、理赔等环节的手续，为客户提供专业、便捷、贴心的远程服务，用良好的服务来提高保险产品的附加值。

三、诚信经营，降低监管投诉量

在“偿二代”的背景下，公司坚持诚信经营，建立以客户体验为核心的销售体系、服务体系，不断加大诚信服务营销力度，改变传统的运营模式，建立强大的诚信体系，抓好以客户为中心的企业文化建设，将高诚信、高绩效作为销售团队的要求，树立诚信经营的典型。认真落实监管要求，在立足发展的同时，着重加强前端风险管控和风险审视，加大处理处罚力度，及时接受客户反馈、处理客户投诉，提升客户的满意度，依法保护消费者合法权益，提高服务水平。切实履行好主体责任，以诚信为本，做到让群众赞许、让监管满意。

四、发挥稳定器作用，扩大保险覆盖面

寿险作为防灾避损的有效方式，既提供了风险损失的提前对冲，也包含了储蓄的功能，是当今社会个人和家庭寻求保障的重要渠道。公司应充分利用自身的产品和人力等资源，进一步加强保险作用的普及，让更多的消费者深入了解人寿保险的作用，提升社会整体保险意识，深入挖掘不同群体对产品和服务的需求，在此基础上进行有针对性的宣传，扩大保险在

经济较为落后地区的接受程度。同时，充分发挥市场化机制优势，建立政府与市场优势互补、相互衔接的保障机制，使群众病有所医、老有所养、幼有所依，切实维护群众利益，分散大灾风险，保障社会稳定，更好地肩负起保障和改善民生的社会责任。

第十二章　新华人寿湖北分公司发展情况

2016—2017 年，是新华人寿保险股份有限公司湖北分公司（以下简称新华人寿湖北分公司）深化改革、深入推进转型发展的关键两年。公司紧密围绕湖北保险业发展大局，以“规模稳定、价值增长、结构优化和风险可控”为总基调，积极创新发展模式，凝心聚力，聚焦发展，业务转型取得了突破，核心业务快速增长，业务结构调整优化，风险管控显著改善，社会责任日渐彰显，品牌影响力持续提升，综合实力不断增强。

第一节　发展概况

一、业务规模总体趋稳，续期拉动模式显现

2017 年，新华人寿湖北分公司总规模保费收入 570700 万元，较 2016 年增长 -6%，其中新契约规模保费 146331 万元，较 2016 年增长 -37%；续期保费 424369 万元，较 2016 年增长 14%，占比 74%，较 2016 年提升 13 个百分点，续期保费在拉升保费总量上的贡献度持续增强，依靠续期业务增长带动总规模保费增长的业务模式逐步形成，转型成效凸显。

二、核心业务快速发展，业务结构持续优化

自 2015 年以来，公司持续坚持业务转型，逐步缩减趸缴业务，大力发展长期期缴业务和保障型业务，通过调整保费结构、年期结构、产品结构，逐步提升公司内涵价值，促进公司稳健发展。

（一）保费结构优化

2017 年，公司新契约趸缴保费 15329 万元，较 2016 年增长 －88%；期缴保费 131002 万元，较 2016 年增长 26%，占比 90%，较 2016 年提升 45 个百分点，充分落实总公司聚焦期缴业务发展的总方针，超额完成年度期缴目标。

（二）年期结构优化

两年间，公司保费的年期结构不断优化，趸缴保费逐步趋零，期缴业务大幅增长，尤其是 10 年期及以上期缴保费大幅提升，占比达到近年来业务高点，确保了公司可持续的稳健发展。2017 年，5 年期以下保费收入 6507 万元，较 2016 年增长 －4%，占比 4%，5 ~ 9 年期缴保费收入为 30650 万元，较 2016 年增长 12%，占比 21%，10 年期及以上保费收入为 93845 万元，较 2016 年增长 34%，占比 64%，较 2016 年提升 34 个百分点。

（三）产品结构优化

公司成立以来，始终坚持服务经济社会发展和民生的战略定位，为有效落实《中国保监会关于弥补监管短板　构建严密有效保险监管体系的通知》（保监发〔2017〕44 号）要求，公司积极开发新产品，调整产品结构，切实发挥人身保险产品的保险保障功能。2017 年，健康险保费收入 49385 万元，同比增长 8%，占比 34%，较 2016 年提升 14 个百分点；年金险保费收入 80789 万元，同比增长 －54%，占比 55%，较 2016 年下降 19 个百分点；人寿险保费收入 10996 万元，同比增长 34%，占比 8%，较 2016 年提升 4 个百分点；意外险保费收入 5162 万元，同比增长 －0.4%，占比 3.5%，较 2016 年提升 1.3 个百分点。2016—2017 年年期结构及险种结构见图 3 －12 －1。

三、赔付支出结构优化，充分发挥保障功能

截至 2017 年底，公司业务支出 347874 万元，较 2016 年增长 －11%。

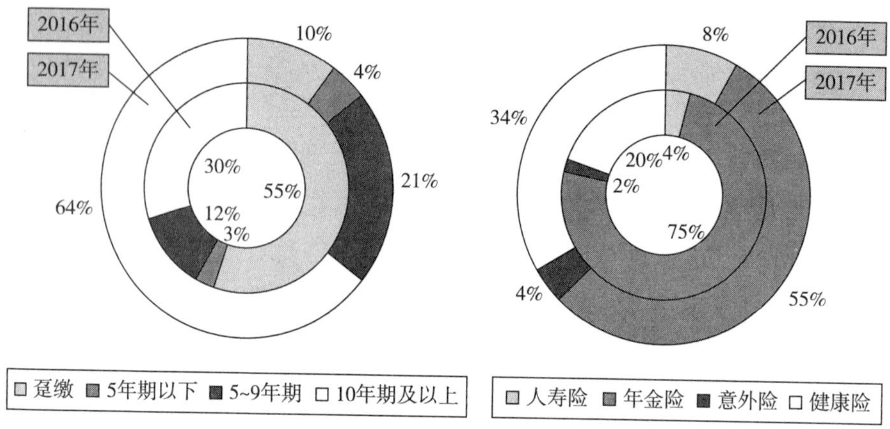

图 3-12-1　2016—2017 年新华人寿湖北分公司年期结构及险种结构

其中，满期支出 84722 万元，较 2016 年增长 -17%，占比 24.3%，较 2016 年下降 1.9 个百分点；年金支出 38673 万元，较 2016 年增长 11.7%，占比 11%，较 2016 年提升 2.3 个百分点；死伤支出 23267 万元，较 2016 年增长 20%，占比 6.7%，较 2016 年提升 1.7 个百分点；赔款支出 8601 万元，较 2016 年增长 47%，占比 2.5%，较 2016 年提升 1 个百分点；赔付支出结构有所优化，逐渐回归保险本源，强化保险功能和意义，充分发挥寿险公司社会责任。2016—2017 年赔付支出见图 3-12-2。

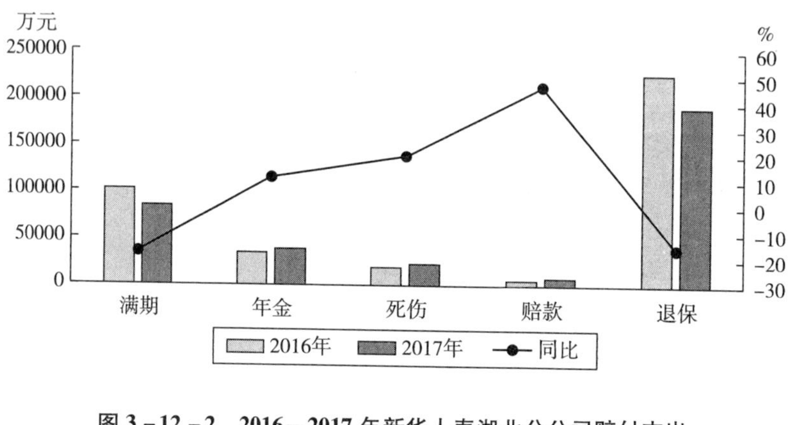

图 3-12-2　2016—2017 年新华人寿湖北分公司赔付支出

四、盈利能力稳步向好，费用结构持续改善

公司资产稳步上升，盈利水平不断改善。2017 年，公司总资产达到 3373885 万元，较 2016 年增长 8%。财务管理强化了费用结构改善，在费用政策和过程管控中践行了“少花多发”的指导思想，2017 年，业务推动费、培训费等促销费用占比较 2016 年下降 10 个百分点，而员工薪酬福利费用实现较大增长，占比较 2016 年提升 10 个百分点。

五、服务能力持续提升，品牌影响力不断扩大

公司一直致力于扩大服务群体，最大限度地回馈社会，充分发挥保险保障功能，真正成为社会“稳定器”“助推器”。2017 年，公司客户数量增至 116.4 万人，理赔款共计 3.28 亿元，较 2016 年增长 30.17%，其中个人客户 2.54 亿元，团体客户 0.75 亿元，全年理赔件数 5.4 万件，理赔量较 2016 年增加 23.74%。同时，以效率为核心，深化科技应用，提升承保、保全、理赔时效。2017 年，公司承保时间缩短至 0.69 天；保全时效不到 1 天，继续维持行业领先水平；案件平均理赔时间缩短为 1.21 天，同比提速 42%；行业内率先将小额理赔额度升级至 5000 元，实现小额理赔 1 小时内“瞬时达”。此外，设立定点扶贫县域、关爱留守儿童、捐助灾区物资、为环卫工人赠送意外险等，充分体现了保险公司的社会责任，受到地方政府和广大人民群众的一致好评。2016 年获得“中国保险年度影响力十大赔案””中国保险年度服务创新赔案”“行业保险扶贫先锋榜十佳”等荣誉，2016—2017 年连续两年获得“保监服务评价 AA 评级”，公司品牌形象和社会影响力持续提升。

第二节　主要业绩及问题

一、主要工作业绩

2017 年，新华人寿坚持“回归保险本源”，聚焦保障型业务和长期期缴

业务发展，初步建立了续期拉动的保费增长模式；进一步完善了经营管理制度，运营更为规范、高效，可持续发展能力、市场竞争能力和抗风险能力明显增强。

（一）回归保险保障本源，健康产品优势突出

公司以客户需求为导向，深入研究不同阶段保障需求，形成鲜明的产品特色，满足人民的意外风险防范、健康、医疗、养老、子女教育、家庭理财等方面的需求。近两年来，公司构建了以保障为重点、涵盖多种类型的更为完善的产品体系，形成了成熟的产品运作机制和以健康险为核心的产品优势。"健康无忧"系列产品已成为公司品牌产品，2017 年揽获"优秀创新保险产品""最佳健康保险产品奖""年度保障型保险产品卓越奖""2017 年度值得信赖保障产品大奖"等奖项。2017 年，公司健康无忧系列保费收入 3.6 亿元，占新契约保费的 24%，承保件数 85235 件，为近 10 万人送去健康保障，充分体现公司以客户需求为出发点，以满足客户需求为己任，时刻谨记回归保险本源的初心。

（二）全力建设三高团队，业务效益稳健增长

两年转型进程中，公司遵循"先将后兵""高中层稳定，底层适度流动"的人力发展原则，个险营销队伍数量、质量稳步提升，赋予权、传承权、跨区域经营权相继推出，形成了领先市场的营销制度。截至 2017 年底，公司个险营销人力达到 1.5 万人，同比增长 1%，期缴人均产能 1.3 万元，较 2016 年增长 48%，绩优队伍 1498 人，较 2016 年增长 97%。区别于单纯地追求人力规模，兼顾人均产能、举绩率、留存率的高质量队伍建设是公司经营之道，而人均产能和绩优队伍的增长是公司业务平台增长的主因。

公司逐步完善了以预算管理为基础的机构自主经营体系，将重点放在三四级机构，机构创费水平不断提升，费用结构持续优化，成本优化意识不断增强，随着自主经营体系建设的深入推进，公司自主经营意识和管理水平明显提高，创费能力和成本管控能力显著增强，促进了公司整体经营效益的提升。

（三）科技创新引领发展，服务体系日趋完善

始终坚持“以客户为中心”的经营理念，满足人民对美好生活的向往，助力社会保障体系升级，在运营管理体系上下足功夫，旨在不断完善服务体系，提升客户服务水平。作为向客户提供面对面服务的核心平台与关键纽带，客户服务中心历经1.0与2.0两代发展，在公司转型发展过程中，客户服务中心扎实向综合服务方向迈进，不断强化窗口服务品牌，“快服务，乐生活”新华保险3.0代客户服务中心应运而生。3.0代客户服务中心引入全新服务门店设计理念，聚焦服务效率和客户体验，夯实基础服务，丰富服务内容，提升服务质量，塑造品牌形象，成为公司运营服务发展的又一个里程碑。其主要特点为：一是快享服务，效率为先。持续夯实一站式柜台服务，创新自助服务终端，强化VIP客户分层服务，开辟快捷业务通道，用专业高效的工作，为每一位客户提供更快、更好、更可信的一流服务。二是乐享生活，体验为本。围绕客户多层次需求，创新互动体验、健康体验、风险管理等丰富多彩的体验服务内容，不仅是办理业务的场所，更是客户的温馨港湾，力求让每一位客户的新华之行充满惊喜，让无形的保险融入生活的温暖。

持续开展系列客服活动，提高客户满意度。2017年第十七届客户服务节全国开幕式在武汉隆重举办并获得圆满成功。全省13家机构以臻爱积分服务为抓手，相继举办客服节活动，盛况空前，备受各界关注，得到总公司及客户一致好评。活动期间，举办现场活动32场，集中宣导82场，覆盖客户2万余人，加保客户8276人，规模保费收入15439万元。

（四）强化风险管控力度，品质指标显著提升

自保监会发布“1+4”系列重要文件后，公司积极响应文件精神，着力整治销售误导、虚列费用、客户信息不真实、案件风险等违规违法行为，针对各类风险确立识别部门和管控部门，各司其职，切实提升分公司风险管控能力。与此同时，公司加强内控合规建设，从源头狠抓风险管理，风险排查全流程全覆盖，并落实到岗，责任到人，促使业务品质持续优化。

1. 风险全面覆盖，职责追踪到人。围绕组织、思想、机制三个方面加强公司的内控管理，着力于提升风险防范意识。一是在组织上完善风险管理体系。鼓励全省前后线联动，将风控落实到各环节、各岗位，责任到人。二是在思想上强化风险管理责任。强化“风险管理是‘一把手’工程”理念，各机构“一把手”对风控工作负全责，风控能力作为干部考核晋升的首要条件。三是在机制上完成风险顶层设计。针对重大案件，成立专项委员会进行研讨，全面进行排查、管控；针对销售误导和九大风险，设计顶层机制，完善内控管理。

2. 风控根源抓起，严格执行制度。针对销售误导、九大风险设计严惩六虚、电话回访风险和投诉追责等海报，在全省职场张贴，并惩罚到人，从源头抓起，对保单品质问题零容忍，同时，每月公示品质违规处罚清单，对销售队伍以警示作用。及时发现销售过程中产生的代签、代抄、客户信息不真实、未如实告知、保单填写不规范等问题，一旦发现问题，一律责令退保，并处罚。2017 年 5 月起，进行代签名处罚，全年处罚 127 件代签名业务员，231 人次管理连带扣款，共计处罚 112500 元，责令退保 1019 件，涉及保费 1054 万元，见表 3－12－1。

表 3－12－1　　2017 年新华人寿湖北分公司回访管控情况

管控环节	责令退保件数（件）	涉及保费（万元）
信息质量	323	266
代签名	687	750
超期回访	9	38
累计	1019	1054

3. 加强内控管理，三道防线并举。强化内控建设，设置三道防线。第一道防线是各部门和分支机构，为三道防线之首，旨在发现风险问题，强调各部门和分支机构要将自查自纠常态化，及时发现内控问题，分公司定期召开专项会议，商讨解决方案。第二道防线是合规管理部门，强调事前防范风险及内控管理，重点组织、协调、监督各部门和分支机构按规章制度有序开展合规管理工作，防范风险；第三道防线是审计部门，排查公司未能发现的问题，并责令公司进行整改，完善内控机制，提升风险防范

能力。

4. 指标改善明显，排名大幅提升。2017 年，犹豫期内电话回访成功率 99.999%，系统排名同比提升 18 名；问题件及时解决率 100%，系统排名同比提升 19 名；新契约回访完成率 99.999%，系统排名同比提升 15 名；问题保单件件数同比下降 25.46%，系统排名同比提升 3 名；信息质量保单件数同比下降 35.83%，系统排名同比提升 9 名。2017 年业务回访指标见表 3－12－2、表 3－12－3。

表 3－12－2　　2017 年新华人寿湖北分公司业务回访指标

指标	1～12 月达成	达成值提升	排名变化
犹豫期内电话回访成功率	99.999%	0.33%	提升 18 位
问题件及时解决率	100.000%	0.82%	提升 19 位
新契约回访完成率	99.999%	0.02%	提升 15 位

表 3－12－3　　2017 年新华人寿湖北分公司业务回访指标

指标	件数同比下降	达成值降低	排名变化
问题件保单	25.46%	1.24%	提升 3 位
信息质量保单	35.83%	0.44%	提升 9 位

（五）积极推进党建工作，树立廉洁工作之风

1. 积极推进党建工作。一是清理党员档案，健全档案制度。严格审查发展党员过程中的资料，保证党员质量，把好入口关。二是开展自查工作，保持廉洁作风。开展职工教育经费和工会经费自查，倡导党员要严格遵守中央八项规定。三是加强党员学习，提升党员素质。严格执行“三会一课”制度，提高党员党性修养，增强基层党组织战斗力；开展“两学一做”学习教育。党员之间要相互学习和督促，做合格党员；学习党的十九大精神，要求党员严格要求自己，将党的精神与实践相结合，充分领悟并落实十九大精神。四是加强党建工作，改选支部党委。通过支部党委换届选举大会，全体党员进行了一次严肃、认真、民主的党内生活教育，明确了党员应以更高的标准严格要求自己，在工作生活中以身作则，向群众传递党员正能量。

2. 各级干部以身作则廉洁自律。一是坚持群众路线。走访一线机构，听取一线声音，了解基层问题，为基层解决困难。二是坚持求真务实。实事求是，精简会议活动，开短会、讲短话、做实事。三是带头廉洁自律。严格遵守各项规定，厉行勤俭节约，严控会议、出行等费用支出。四是带头接受监督。接受全员监督，听取多方意见，做到及时发现、及时改进。

（六）高度重视人才培养，强化各级梯队建设

1. 源头抓起，提高整体人员素质。各级人力资源加强与各地高校沟通，扩大招聘渠道，借助总公司统一招聘平台招揽高学历、高素质人才。新人需要经过六层筛选，三次面试方可入司，确保新员工质量。与此同时，要求老员工全面进行学历提升，通过内外并举，提升公司员工整体素质。2017年高学历占比80%，较2016年提升4个百分点，改善幅度系统排名第三。

2. 选拔干部，不拘一格起用人才。一是明确干部晋升原则和标准，要重世界观、重人和、重数据和重品质。基层经理选拔权限放至三级机构，鼓励机构及时发现和选拔人才。二是举办后备干部培训班，建立专项培训和追踪体系，半年后多数学员晋升为基层经理，表现优异。三是实行干部公开竞聘，包括部门主任、基层经理等核心岗位，突出公平、公开原则，干部逐渐年轻化。

3. 强化内训，提升员工综合能力。开设基层经理培训班，从创造性思考、逻辑化办公、风控管理等维度开展培训，提高基层经理综合能力。每月组织一次小型的拟任职干部高管培训，讲授寿险基础知识、保险法、法律法规、监管政策等，提升其保险专业能力。

4. 荣誉表彰，促进优秀人才涌现。各级干部分组设立荣誉体系，以战代训，通过竞争机制发现人才，通过荣誉引领调动干部争先创优，让大批人才脱颖而出。与此同时，建立后备干部库，储备优秀人才，为公司人力发展做足准备。

（七）塑造优秀企业文化，积极履行社会责任

1. 推行“人和”文化，营造良好氛围。自2016年推行“公平、正直、

无私、廉洁”人和文化以来，公司上下形成了政通人和的良好氛围，员工凝聚力明显增强。公司始终将“人和”文化贯穿于工作之中，强调机构、部门和员工之间均要讲究和谐，通过文化推广，力求达到“聚焦人本、支撑战略、强化执行”的战略目标。两年来，“人和”文化深入人心，员工凝心聚力，成为了业务发展的助推器。

2. 坚持以人为本，关爱员工发展。坚守“以人为本”的管理理念，以提升员工福利为宗旨，优化业务模式，改善费用结构，提高员工福利保障水平。以员工需求为出发点，举办丰富多彩的主题活动，让员工均有上台表现的机会，让优秀人才脱颖而出。2017 年，通过改善费用投入模式，节省费用，员工福利水平大幅提高，员工满意度、队伍稳定性和凝聚力显著增强。

3. 参与公益事业，承担社会责任。在综合实力持续提升的同时，公司积极参与公益慈善事业，设立“新华保险公益基金会”，广泛参与精准扶贫、捐资助学、扶危济困、环境保护、意外保障等公益慈善项目，为改善民生、建设和谐社会作出了积极贡献。一是定点扶贫项目。精准对接民生保险服务需求，设立健康保险项目组，推广大病保险及税优保险，2017 年，公司积极参加了荆门地区政府采购型健康保险项目投标工作，致力于服务当地民众。精准对接农业保险服务需求，积极推行农业保险产品，协助农业经营主体获得信贷支持，在农信社大力开展借贷安心保险，为农村信用贷款客户提供服务，2017 年保费收入已达 481 万元。精准对接教育脱贫保险服务需求，积极探索“互联网 +”保险产品，2017 年学平险保费收入达到 1051 万元。二是赠送意外保障。2017 年“城市因你而美 · 新华伴你而行——新华保险关爱全国环卫工人大型公益行动”第九站捐赠仪式在湖北武汉举行。捐赠仪式上，公司向武汉市共计 34534 名环卫工人赠送了意外伤害保险，合计保额逾 34. 5 亿元，同时，进行了战略文化品牌公益展和“最美城市天使”表彰，受到了 20 余家媒体的广泛关注并报道。三是参与精准扶贫。积极响应湖北保监局创建十堰保险扶贫示范区试点工程，公司多次到竹溪县汇湾镇荣玉村调研，根据农户需求，开展精准扶贫对接项目，鼓励贫困户养蜂脱贫并给予技术支持和启动资金支持，对“低保户”给予物资慰问。

二、面临的主要问题

（一）规模保费增长滞缓，市场地位有待提高

自2015年起，公司进入转型期，不再依靠银邮渠道爆发式增长带动总保费增长，而是注重内涵价值增长，向效益提升转变，逐步缩减趸缴规模保费，聚焦长期期缴业务发展，依靠续期保费增长带动总规模保费增长，因此，公司规模保费一直保持稳定或增幅不大，在一定程度上影响了市场地位。

（二）业务发展不够平衡，机构平台差异较大

一是业务渠道发展不平衡。个险作为公司核心渠道，两年来期缴保费快速增长，系统排名逐步提升，且超额达成总公司下达年度任务；而银代渠道受趸缴业务影响，渠道合作、业务平台不够稳定，期缴业务发展未如预期；法人渠道赔付居高不下，盈利能力有待改善。二是机构间发展不平衡。部分机构业务发展较为缓慢，城区与县域发展不够平衡，县域短板凸显。

（三）营销队伍参差不齐，队伍技能有待改善

公司一直致力于打造一支“三高”营销队伍，即高产能，高举绩、高留存。两年来，通过固化早会训练，严格出勤管理，挖掘产品优势，加强技能培训，内外勤齐心协力，在提升队伍产能方面取得较大成效。而营销队伍有其特殊性，流动性强，队伍在新增和流失之间，举绩率和留存率离目标值有一定差距，尤其是队伍的自主经营能力还较弱，团队管理能力参差不齐，营销队伍规模增速减缓，因此，队伍专业技能和综合能力仍有较大提升空间。

第三节　发展举措

一、充分认识当前形势，及时调整经营策略

（一）经济形势发生变化

一是中国经济转向高质量发展。中央经济工作会议紧跟党的十九大之后指出“我国经济已由高速增长阶段转向高质量发展阶段”。在国家经济发展思路转向的大背景下，寿险产品要回归保险本源，强化保险保障功能，满足民生需求。二是货币供应形势整体趋紧。2017 年 1 ~11 月，居民储蓄新增 3.82 万亿元，较 2016 年减少了 7000 多亿元，国家货币政策收紧，老百姓负债增加，居民储蓄额下滑，挤压了寿险市场的资金需求。三是金融理财产品收益提高。寿险业年金产品定价利率约 3.5%，市场理财产品收益率约 4.5% ~5%，年金产品收益远不如金融理财产品，优势已被金融理财产品大大削弱。

（二）监管环境发生变化

一是重点防范金融风险。第五次全国金融工作会议、党的十九大等重大会议一再要求坚决守住不发生系统性金融风险的底线。二是监管制度更加完善。2017 年，保监会陆续出台以“1 +4”系列文件为核心的各类制度 30 余项，征求意见稿 15 项，旨在不断完善监管制度，快速堵住监管漏洞。三是处罚力度从严从重。2017 年，保监系统共向超过 300 家保险机构开出了罚单，罚款金额合计 1.18 亿元，保险监管真正“长上了牙齿”。四是监管导向日渐明晰。134 号文和《健康保险管理办法（征求意见稿）》出台，引导寿险行业重点发展保障型业务，283 号文禁止行业“潜规则”，有效规范寿险业销售行为。监管政策和检查行动清晰表明寿险业要严格落实“保险姓保”“回归本源”。

综合考虑当前经济环境、监管环境等发生的变化，寿险行业加速深化转型已经成为必然趋势。行业必将经历新一轮供给侧结构调整，保障型产

品，特别是健康险将要开始成为寿险的主流产品，未来几年公司将会以健康保障型产品为主，顺应寿险业发展趋势，为广大人民提供更丰富、更全面的保障产品。

二、聚焦期缴业务发展，提升业务内涵价值

公司将持续大力发展期缴业务，改善业务结构，强调内涵价值。运用资源政策、绩效考核等配套机制，引导各级机构持续围绕“价值”调整业务结构，发挥渠道合力，放量发展期缴业务。个险渠道以建设“三高”队伍、实现有效人力增长为根本，大力发展中长期期缴业务，确保新业务价值持续增长；银保渠道适应监管政策变化，持续调整业务结构，加大期缴业务发展力度，提升渠道价值；团险渠道加快法人业务和口子业务发展，优化短期险业务结构，持续提高意外险占比。

三、完善营销制度经营，加强组织发展力度

第一，靠“制度经营”促进销售队伍的发展。公司重磅推出新的营销制度，达到条件即可享有“赋予权、传承权、跨区域经营权”三权，通过发挥制度经营利益导向，激发各级销售主管的增员积极性，实现队伍的自然发展。

第二，在保证质量的前提下实现队伍扩军。一是坚持“先将后兵”的发展原则，实行“高中层稳定，底层适度流动”的队伍发展策略。二是坚持审慎的原则，循序渐进地增员，保证新增人员有人带，切忌队伍的大进大出，降低新人留存成本。三是坚持不“恶意挖墙脚”原则，对于同业引进人员，严格把关，力求合法合规。

四、坚持依法合规经营，加大风险防控力度

一是继续完善制度建设。根据国家新政策和监管新政，重新修订相关制度，提高公司经营管理水平，逐步实现科学现代化。二是大力开展专项整治。严格落实各项监管要求，开展“治乱打非”、客户信息真实性、虚列费用、非法集资风险综合防控等专项整治工作。重点整治虚假业绩、虚假

人力、自保件套利等风险，重点关注大额业务退保、失效，以及利用客户保单贷款等风险，对发现的问题及时整改，情节严重应严惩。三是提升内控管理水平。扎实推进内控体系建设方案落地，深化“预防为主”的管控理念，狠抓内控基础建设。加强销售、运营、财务等领域的内控管理，丰富内控评估、监督预警、风险评级等内控管理工具，补齐风控管理短板。

五、强化运营体系建设，提高客户服务水平

一要强化运营体系建设，提升公司运营效率和优化客户服务。公司以效率为中心，抓好运营管理，继续规范和简化业务处理，提升承保时效、保全时效和理赔时效，树立以效率为核心的服务理念，基本服务要“快”，增值服务要“精”，创新服务手段，改善客户体验，优化业务处理流程，建设统一开放的服务支持平台，打造方便、快捷、丰富的自助服务功能，顺应“互联网+”时代浪潮，建立以客户为中心的生态体系，为客户提供个性化服务，增强客户黏性，坚持把持续有效新增客户作为公司经营的重点任务，实现公司有效客户的持续增长。

二要持续推动3.0客户中心有效落地，提升客户服务能力。一是加快柜面建设进程，将标准化客户服务中心覆盖至全省；二是建设好柜面服务队伍，解决好柜面服务人员不足的问题，提高柜面服务队伍的稳定性。三是做好柜面队伍教育培训，提升队伍全面综合服务能力，提高业务管理效率及客户满意度。

第十三章　太平人寿湖北分公司发展情况

2016—2017 年，太平人寿保险有限公司湖北分公司（以下简称太平人寿湖北分公司）主动适应经济新常态，以“调结构、促发展，强管理、稳效益，善创新、抓突破，重整改、严风控”实施统领发展全局。始终坚持“质量效益优先，风险管理先行”的理念，以价值管理推动经营模式的转型，以文化重塑促进管理方式的变革。在管理架构、运作流程、产品创新、服务水准和企业文化等方面按照行业一流的标准和规划逐步推进。各项工作成绩显著，财务状况和盈利能力显著改善，管理制度逐步健全，公司整体经营保持良好发展态势，综合竞争能力得到显著提升，成功地走出了一条改革创新、专业发展之路。公司品牌形象和企业声誉得到客户、员工和社会的高度认可。

第一节　发展概况

2016—2017 年，太平人寿湖北分公司取得了快速发展。在原保费收入方面，截至 2017 年底，公司实现原保费收入 556531 万元，较 2016 年的 459616 万元增长 21%；在赔款支出上，截至 2017 年底，公司累计赔款支出 72564 万元，较 2016 年同比增长 28%；在总资产上，截至 2017 年底，公司资产规模达到 160478 万元，同比增长 28%。

在整体规模扩大的同时，太平人寿的业务结构进一步优化。首先，按缴费方式来看，截至 2017 年底，公司实现新单规模保费收入 222807 万元，占总保费的 40%，续期业务实现保费收入 333725 万元，占总保费的 60%，其中个人代理续期保费收入 259376 万元，银邮代理续期银保费收入 60405

万元；其次，按险种分类来看，截至2017年底，寿险规模保费收入为263886万元，健康险规模保费收入为106459万元，意外险规模保费收入为9974万元，寿险、健康险及意外险占比分别为69:28:3，健康险占比较2016年提升7个百分点，意外险占比较2016年提升1个百分点；再从产品类型来看，截至2017年底，普通险规模保费收入为221396万元，同比增加22%，占比40%；分红险规模保费收入为335128万元，同比增长20%，占比60%。

公司市场份额排名也有所上升。截至2017年底，公司总保费收入市场份额为6%，市场规模排名第7，较2016年上升1位；个险新单保费市场份额为9%，市场规模排名第5，与2016年排名相同；银保新单保费市场份额2%，市场规模排名第17，较2016年上升1位。

健康发展带来较大收益，2016年公司累计净利润－18366.9万元，但2017年累计实现净利润5823万元，同比增长132%。

第二节　主要业绩及问题

一、主要工作业绩

（一）业务经营成效显著

1. 全面达成年度任务，业务保持快速增长。公司从成立之初将“三分天下、三足鼎立”确立为业务发展目标，在坚持合规经营的同时，追求规模、质量和效益的同步成长。2016—2017年，个险持续超额达成年度目标，银保转型初见成效。

2. 渠道经营突出。（1）个险渠道持续“重基础、抓人力、提产能”。明确机构出勤考核目标，建立差勤管理制度，优化考勤管理系统，推广优秀机构经验，全省出勤稳步提升；持续运作3R，打造湖北特色增员项目，在新人育成与留存方面有大幅提升；以清晰的产品节奏、明确的件数文化，匹配精准的资源投放，提效增速。（2）银保渠道着力“拓渠道、抓项目、强队伍”。渠道布局更加多元化，网点合作面正逐步扩大；通过多次项目分享和培训，提升了项目运作能力；持续集中增员和开展队伍培训，队伍规模和质量均实现正增长。（3）电商渠道大力“重文化、树标杆、提产能”。持续打造荣誉文化体系，达标文化深入骨髓；层级经营思路贯穿整体经营，标杆力量打造渐成体系；名单管理精细化，人员、数据、产能匹配精准，产能得以最大化释放。（4）续收渠道持续“争五星、促品质、实创新”。一是聚焦五星，深入推进以“五星”为引领的系列管理动作，五星文化持续发酵；二是深耕品质，大力弘扬品质文化，将“品质视为生命”的理念根植业务团队；三是务实创新，针对续期品质文化锐意创新，开展系列创新活动，首续联动加固并取得实质性成果。

（二）产品结构合理调整

1. 加强风险保障型产品供给。公司产品研发始终坚持价值导向，围绕客户养老和健康保障需求，以年金产品为核心为客户提供长期储蓄和财富管理，以健康保险产品为载体为客户提供相应的风险保障。个险渠道持续推动长期年金类产品和风险保障型产品，银保渠道以高价值年金类期缴产品为主，辅以风险保障型产品。2017 年公司共研发上市 54 款产品，其中风险保障型产品和长期年金类产品占比超过 90%。目前，公司已基本构建起覆盖低中高不同层面的重疾保险产品体系和医疗保险产品体系。

2. 稳步推进个人税优健康保险业务发展。太平人寿充分认识到税优健康险政策的普惠性，高度重视推动个人税优健康保险业务发展。2016 年 9 月，湖北分公司作为首批销售试点机构，目前，个人税优健康保险推动在系统处于领先地位。

（三）服务创新全面提升

在健康管理方面，借助总公司“乐享太平”健康管理平台，进一步整合线上线下健康医疗资源，以“预防保健、主动干预、就医援助、康复养老”四大客服品牌，通过开展“交通魔法箱”、名家在线、服务微刊、“24 小时电话医生”“医生到府”“美国体检”等服务活动，提升健康管理增值服务客户满意度。

在养老服务方面，公司借助总公司“保险产品+养老社区+养老服务”的产业链资源，以参观梧桐人家、快乐家园、古滇名城三大养老社区为基础，深耕中、老年人群市场，不断开拓高端客户市场。

在“互联网+”方面，借助总公司互联网分销渠道，将技术化为工具，为我所用，在后台运营、前台服务、一线业务的各个环节，将互联网移动科技与传统保险运营及服务方式有机结合，让新科技、新技术，成为改良、提升业务发展及服务品质的动力，比如在运营服务中，立保通、理赔通、续保通、网上营业厅、微信投保等“E服务”项目的广泛使用，以最便捷的方式在第一时间满足客户需求，给予客户超出预期的“卓越”体验；在银保渠道联合工行、建行、浦发银行，运用大数据技术，开展精准营销项目，进行了构建精准营销体系的尝试；在创新营销管理方面，通过“太平保宝”平台，直面客户与代理人；通过“太平产品通”“太平产品直播室”“培训微课堂”搭建员工培训平台；通过“紫金锤”项目开发商务智能应用，提升基层机构经营能力；通过“数在掌中”APP移，进一步增强对前线支持能力。

在运营管理与平台体系建设方面，理赔免审核服务创新，即对于符合条件的理赔案件，由代理人自助登录提交资料，经后台系统处理后，先行给付理赔预付款，然后将理赔资料带回公司审核理赔，也就是：保全免填单技术运用创新，即从简化保全办理手续，优化保全操作流程，提升业务办理便捷性、提高客户服务体验的角度。在综合受理平台优化保全申请流程，采用先进设备及创新技术实现无须手工填单的保全申请模式，为客户提供电子化保全申请服务，提升了保全时效，降低了保全受理差错；投保全流程进度查询平台创新，即公司建立统一的平台，集合整个投保和保单制作邮寄的全节点，将一份保单从投保到承保、从保单制作到客户收到保单的全过程完整展示，实现了出单全流程透明化，并在多个客户触点提供便捷的实时查询功能。

在后援管理方面，公司紧密围绕总公司效率年活动“准、快、实、狠、稳、合”关键动作要求，以“流程再造、提效增速、严格标准、创新服务”为抓手，层级推动落实，强力跟踪督导，严格奖惩考核，及时总结盘点，优化动作举措，实现全员以更佳的精神面貌，助力业务全面达成。

（四）合规经营控制风险

1. 巩固现有合规管理成果。

（1）不断充实合规队伍。公司成立风险管理及合规部成员 5 人，各业务条线专人分管合规工作 4 人，分公司各部门合规联系人 17 人，三级机构设立风控合规岗 13 人。

（2）及时修订合规制度。公司建立合规分级评价督导体系和评优办法，并根据实际经营情况逐年修订完善，进一步加强分公司对下辖三级机构的合规管理，推动全省合规管理体系建设。

（3）持续完善合规体系。不断完善合规培训体系，实现培训分层级，效率最大化，提升队伍风控能力；逐步建立完善的会议经营体系，定期召开合规例会，旨在厘清思路，总结经验，反思不足。

2. 加强对基层单位合规管理。

（1）与三级机构负责人签订责任书。公司总经理分别与各三级机构负责人签订《防范和处置非法集资工作责任书》《风险管控及合规经营责任书》，明确各三级机构负责人是本机构各项风险防范工作的第一责任人，提升三级机构负责人的合规责任意识与担当意识，为分公司全省防范和处置非法集资工作落实到位提供了坚实的组织保障。

（2）修订合规条线评优办法。通过修订三级机构风控合规岗日常工作的考核、评优制度，在进一步明确其日常工作职责的基础上，对风控合规岗的工作成绩进行考核排名，并在月度合规例会上全省通报，对表现优异者进行奖励，从物质及精神两个方面激励三级机构风控合规岗推动本机构合规工作。

（3）对三级机构进行差异化管理。从机构退保率、继续率、投诉率、稽核问题等量化指标进行评分，对机构进行评级。分公司合规部各岗位人员与各层级机构对标，指导机构对相关指标进行有针对性的整改，努力提高指标评分，并将被督导机构评级改善结果与督导人年度绩效挂钩，鼓励分公司合规部将日常工作下沉到基层单位。

3. 加强对外勤业务人员的合规培训。逐步将合规培训作为各条线业务人员培训的“必修课”。从新人转正培训到各层级晋升培训，让合规培训陪伴业务人员职业生涯的每个阶段，不断提升业务人员合规经营意识。

4. 加强公司全面风险管理。

（1）强化销售误导治理工作。推动公司落实保监局“8＋1”销售误导监管红线；引导和规范销售行为，督促业务条线加强业务人员的诚信教育、品质考核及行业诚信记录黑名单管理；加强产品宣传资料、培训课件及产说会的审查管理；加强销售误导问责力度，对发现销售人员在销售过程中存在的违规行为督促相关部门作出处罚与问责。

（2）加强司法案件管理。进一步分析、梳理系统内司法案件的表现形式，以及引发司法案件的风险点；针对关键风险点，加强与各部门沟通，敦促相关部门通过制度与流程的优化，进一步完善制度管控及制度执行力，加强案件防范能力及外勤的警示宣传教育频率。

（3）健全内控管理。持续完善合规体系建设，提高整体的风险管控能力。通过将“事前、事中、事后”及将第一、第二、第三防线等方面结合起来，不断梳理和优化内控风险点，完善内控合规体系、健全各项规章制度，不断强化风险管理意识和合规文化理念，逐步将全面风险管理充分融入公司业务流程中，为促进太平人寿业务健康持续发展发挥积极的保障作用。

（4）强化违规问责与考核。及时完成公司内控缺陷整改及稽核整改工作，强化违规问责与考核力度，通过公司问责机制的常态化运作及问责通报制度，倒逼各部门、各中支加强内控管理，形成“人人主动合规”的工作氛围，提升公司整体合规经营的管理水平。

5. 做好消费者权益保护工作。制定《投诉处理安抚金管理使用办法》《突发群访群诉应急事件备用金申请使用管理办法》，建立快速反应和应急处理机制，提高投诉处理时效，最大限度地保障客户权益的有效维护，降低投诉事件对公司与社会带来的不利影响。在处理投诉上总公司给予政策和资金的支持，极大地缓解了客户退保投诉的处理流程，提高处理时效。

6. 公司对销售人员加强品质分级管理，对全省代理人涉及业务品质的六项内容进行考核管理。考核项目包括新契约基本问题件、承保率、短期出险率、继续率、新单回访、新契约工单等。通过考核管理对代理人予以六个档次的评级，评级包括警戒级、普通级、良好级、绩优级、白金级、钻石级。对不同等级代理人在业务方案、岗位晋升、核保服务等方面给予不等档次的优惠或惩罚，以促进业务品质的提升。

（五）文化建设积极有效

太平人寿积极开展各项文化工作，2016 年公司获评为“武汉市信用企业”、获得“社会责任奖”“值得信任保险公司奖”；2017 年，公司获武汉市金融支持武汉经济发展“贡献单位”“2017 湖北企业 100 强”“武汉企业 100 强”“社会责任奖”“武汉市信用企业”评价、“企业社会责任典范奖”、2017 年度中国（湖北）金融总评榜中“年度卓越竞争力保险公司”。

1. 积极投身公益事业。公司充分发挥了商业保险作为社会保障体系支柱的职能，不仅业务经营上发展迅速，同时，主动恪守企业职责，承担起企业的社会责任，积极参与各项公益事业。

2016 年 3 月，公司推出“太平健康季，让爱无缺口，救助白血病患者小王瀚”活动，共计捐助 13740 元爱心善款，传递爱心正能量。2016 年 6 月下旬至 7 月，湖北省面临抗洪救灾的严峻形势，公司全省共计 231 位内外勤员工自发组织参与抗洪救灾，捐赠 6930 元现金和价值 17770 元的救灾物资。2016 年 6 月至 9 月，湖北分公司开展“点亮微心愿，情暖太平”太平手拉手爱心公益活动，帮扶留守儿童。2016 年 9 月，公司开展“精准扶贫”项目，向黄石市老虎头小学捐赠 45 万元专项扶贫基金，帮助学校灾后重建。2017 年 4 月，公司捐款 44.41 万元用于中国福利基金会的贫困儿童免费午餐项目，以解决山区贫困学童的用餐及营养问题。2017 年 7 月，公司积极助力“精准扶贫支持教育建设”项目，向十堰市汇湾镇镇政府捐款 60 万元，用于改善汇湾镇在校儿童的学习和生活状况，同时派遣一名太平员工前往汇湾镇中心学校进行为期一年的义务支教。2017 年 9 月，公司联合湖北省红十字基金会发起“聚星计划，为爱前行”白血病患儿救助计划，资助 12 名白血病患儿共计 43.97 万元。同年，公司相继开展“一对一”和

"一对多"扶贫助学活动，全省共资助38位困难学生，涵盖小学、初中、高中、大学的贫困学子助其完成学业，资助金额累计4.05万元。

2. 创新品牌宣传促进业务发展。公司通过跨界合作、联合媒体平台，围绕重大经营活动、产品上市等，持续加强品牌宣传，提升品牌影响力。比如联合湖北广播打造"太平脱口秀"、联合湖北电视台打造贺岁剧《爱情合伙人》、联合武汉教育电视台举办千人公益长跑帮扶聋哑儿童、连续多年为省级媒体公益活动赞助意外保险保障、举办顶级客户服务"智慧连城·思享会"、太平粉丝狂欢节、为公司绩优代理人量身打造高质量专属形象宣传片《创时代　正青春》、开展"7·8"保险宣传日系列宣传活动。主动与客户建立大量的、高质量的服务接触点，带给客户更多关于公司品牌的认知和体验，提升客户满意度。

（六）机构网点逐年增长

根据太平人寿总公司下发的《太平人寿保险有限公司分支机构管理办法》，遵循"成熟一家，开设一家"的原则，坚持"优化结构、整合资源、提升效益、稳健发展"的方针，有计划、有重点地稳步推进机构发展，确保分支机构增设有序，协同促进湖北保险业的科学发展。

截至2017年底，公司已拥有宜昌、荆州、襄阳、黄石、荆门、十堰、黄冈、随州、咸宁、孝感、鄂州、恩施、武汉13家中心支公司；潜江、麻城、荆州区、广水、郧县、通山、监利、浠水、随县、房县、沙洋、赤壁、郧西、武昌17家支公司；汉阳、青山等37家营销服务部，基本完成全省网点布局。

2016—2017年，公司业绩、人力规模持续增长，对新设分支机构的需求不断增加。在机构铺设过程中，公司坚决摒弃粗放发展方式。在对市场发展、竞争情况、保险资源的深入调查研究的情况下，建立基本覆盖各大省市、层级合理的机构网点，拓宽服务领域；明确各类型机构定位，实施差异化发展。壮大机构本部以发挥好辐射带头作用，重点强化除经济发达及保险较饱和地区以外的其他地区建设。2016—2017年在全省先后新设1家中心支公司、4家支公司、3家营销服务部，累计设立8家机构，新设机构数量占机构总量的12%。

新设的支公司和营销服务部等分支机构由所属各中心支公司直接管理，在风险内控管理的工作中，坚决贯彻集团“重整改、严风控”的要求，以稳健经营、防范风险为指导思想，切实做好各项工作，坚决摒弃为追求短期利益而违反规章制度、破坏市场的行为；定期组织全体内勤员工和业务人员认真学习监管部门、总公司、分公司各项制度规范，以制度为行为准则，树立全员风险意识，把内部控制的评估、检查作为一项日常性工作来抓，有效控制、防范、化解各类风险，并从各项业务管理操作环节入手，明确岗位和责任，将每一个业务流程纳入到内控管理体系当中，做到有法可依、有章可循。

新设支公司和营销服务部定期开展自查自纠活动，配合集团的常规稽核、专项稽核、制度审计等项目，通过事后的监督、审查、处罚，消除各分支机构对公司制度执行上的差异性，确保公司管理的规范性和统一性，同时通过督导、追踪，确保内控管理实施的健全、有效、合理，为湖北寿险业又快又好持续健康发展作出贡献。

（七）队伍建设卓有成效

公司内勤员工平均年龄为32岁，本科（含）以上学历人数占比89%，已搭建一支创新意识强、年轻充满朝气和活力的员工队伍。高标准招募优秀人才、高投入力度培养潜力员工、高绩效考核管理干部，加强党性教育，践行央企社会责任。

1. 内勤管理队伍结构逐步优化，高度重视内勤队伍人才培养和梯队建设。公司高度重视人才培养和梯队建设，坚持德才兼备、以德为先，以工作绩效为核心的用人导向，为增强干部选拔任用的公信度，公开选拔聘用管理干部，优化考察评议流程，将可持续性的绩效结果作为干部选拔任用的重要依据，建立绩效考核与胜任素质考核相结合的全面考核评价体系，健全干部岗位职责规范及能力素质，分公司科室主任均开展岗位竞聘，采取能者上，庸者下的任用原则，逐步完善基层管理干部选拔任用相关的工作，形成有效管用、简便易行、有利于优秀人才脱颖而出的选人用人机制，推进基层管理人员年轻化、知识化、专业化，建设一批高素质的基层管理干部队伍。截至2017年底，全省管理干部的平均年龄是35周岁，最年轻的基层干部25周岁，中层干部30周岁。

为了更好地促进公司发展，拓宽员工职业生涯发展空间，促进各级管理人员的成长，培养后备干部，明确干部选拔条件，制定《后备干部选拔管理规定》，明确了各层级负责人选拔标准及范围。

2. 分层级培训运作体系有力保障企业人才梯队建设。公司建立与完善新人培训体系、关注专业人才培养和丰富管理层级培训内涵为工作重点。建立新员工培训学习体系，通过《致新员工的一封信》、岗前培训、《员工手册》分享会、新人研修培训、新人座谈会等项目，塑造员工的职业精神，明晰自身发展路径，帮助新员工快速成长；提供专业人才发展通道，不断强化兼职讲师队伍建设，通过专业培训提升骨干员工授课和课程设计能力，发掘优秀兼职讲师人才，打造公司内训师队伍；开展管理层级培训，制式化运作一般管理人员“管理与领导力”课程体系传承管理及领导力系列课程，全面囊括基层管理人员及潜质人才从角色转型、绩效提升到团队发展的各阶段，并开展特色管理人员研修培训，邀请高校教授、行业专家等进行授课，重点从专业技能、思维认知以及个人素质等方面提升中高层管理干部的管理能力，帮助干部迅速获得成长。

（八）党建工作坚决踏实

坚持以习近平新时代中国特色社会主义思想为指导，抓实党建促发展。

1. 狠抓党员教育，弘扬党员精神。以基层支部学习为突破，发扬党员在工作中的先进性、专业性和引领性，以分公司后援条线支部为例，开展了“争做合格党员”“应该如何学习”的研讨。提升了工作效率，发挥了党员先锋模范作用。

2. 持续完善制度建设。2017年公司党委重点梳理了“三重一大”“党员发展”“干部外出报告”“综合监督”等一系列制度流程，坚持标准化、制度化、流程化的党建工作。

二、存在的主要问题

第一，营销员素质参差不齐。由于保险业的门槛相比其他行业略低，造成营销员素质参差不齐，尤其是取消营销员资格考试后营销员队伍迅猛扩大，造成客户投诉有增加的趋势。

第二，机构发展有待突破。目前，机构数量与湖北优秀同业和系统中优秀机差距巨大，亟须解决机构开设的问题与弱体机构的帮扶。

第三，银保未快速适应转型。公司自 2016 年下半年进入转型期后，业务上升缓慢，月平台没有达到理想值。

第三节　发展举措

一、聚焦价值成长，重视市场对标，确保目标达成

公司一直奉行“达成目标斩钉截铁，完成任务绝不含糊”的工作作风，始终将达成总公司下达的任务目标，争取更大的保费贡献作为重要使命。

面向未来，在新战略的指导下，全体湖北太平人将站在更高的起点，面向更大的目标，必须深化“以客户为中心”的经营理念，回归寿险经营本源，抓好风险防控，在业务上坚持高质量发展、在服务上坚持心系客户、在管理上坚持紧贴一线，继续发扬“三年再造”的奋斗精神、专业精神，继续以“有梦想、敢担当，有激情、在状态，有胆识、善创新”的核心文化，凝聚全体干部员工，不惧压力、不怕困难，严格按照集团“核心保险业务增长持续高于行业平均增速”的要求，重视市场对标，确保目标达成，并实现市场上和系统内的争先进位，个险、银保 13 个月和 25 个月继续率指标持续领先主要同业。

公司将矢志不渝当好风险转换器、安全保障器、社会稳定器、经济助推器。多管齐下，进一步在湖北市场推广税优健康险业务，践行央企责任；深化大病保险精准扶贫政策，加大扶贫力度；把握个人税收递延养老保险政策红利，推动好相关产品。

二、内控合规工作上层次，风险管理能力上台阶

在监管要求越来越高、责任追究力度越来越大的背景下，公司坚守合规风险是所有管理人员的第一风险，要求全体员工都要做合规经营的典范，并进一步规范公司各级机构合规联系人的标准化工作流程，科学、公正地评价合规联系人的工作绩效，全面提升各机构、各部门合规管理水平。要高度重视监管评价，密切关注优秀同业相关指标，加强对标，全面提升经营管理水平，确保公司各类监管评价结果保持行业最优标准。

一要提前预判、严防死守，及时化解风险。要高度重视，牢固树立风险防范与合规经营理念，持续营造“越是快发展，越是要合规”的经营氛围。继续坚持事前防范风险和事中控制风险的合规工作思路，加强风险监测与自查自纠，从源头抓起，确保问题早发现，早解决，努力杜绝违规案件、行政处罚事件的发生。要不折不扣落实好监管下达的“治理销售乱象打击非法经营”“保险资金运用风险排查”等各项任务，保质保量，不出纰漏。要不断完善内控，加强执行，确保监管要求与公司内部、流程的有效融合。要不断完善风险管理体系建设，开发风险识别有效工具，促进风险的有效识别、监测与管理，进一步提升公司风险管理能力。

二要完善机制、科学放权，更好地服务一线。完善分层审核制，主动介入，提前预警，快速有效响应一线需求。加强培训创新，想方设法将合规要求转换为体现业务专业性的技能，成为业务队伍开疆拓土的“专业利器”“守护助手”。风控合规条线要主动实施重大业务合规监测项目，强化合规“排雷”，让渠道与机构集中精力、放心大胆开展业务。优化各类风险管控工具，比如合规审核标准指引、风险事件排查标准、销售误导风险点等工具，指导并助力一线提升风险自我排查防范能力。

三、关注员工辅导与培养，帮助员工内外职涯共同成长

公司在提供优良的工作环境的同时，更注重员工内外职涯的共同成长。工会持续开展心理健康 EAP 辅导，并成立多个文体活动协会，帮助员工适当缓解业务压力；对于科室主任等关键岗位采取公开竞聘方式，为员工提

供公开透明的成长通道；分公司党委通过开展集中学习、专题党课、参观红色教育基地、观看红色影片、党员同志交流分享等多种多样的形式，树立正确的价值观，倡导爱岗敬业、实干自信的精神参与国家经济建设，实现伟大的中国梦。

四、围绕中心抓党建，抓好党建促发展

继续深入学习宣传贯彻党的十九大精神，以习近平新时代中国特色社会主义思想为指导，坚持党的领导不动摇，以全面从严治党为主线，为推动公司创新发展提供政治保证。

首先要提高政治站位，强化责任担当。一是学懂弄通做实，准确把握党的十九大精神实质和科学内涵。以党委中心组学习、党内组织生活等为载体，扎实推进“两学一做”学习教育常态化，引导广大党员干部旗帜鲜明地讲政治，营造风清气正的良好氛围。二是要深入开展“不忘初心、牢记使命”主题教育。明确学习重点和把握核心要义，做到学深悟透。三是助推精准扶贫，积极服务湖北脱贫攻坚战略。

其次要强化绩效导向，落实“能上能下”。建立与业绩直接挂钩的干部调整机制，加强分公司班子业绩考评，加大奖勤罚懒、治庸治懒力度，严格执行绩差人员淘汰。通过对绩差干部的处理，形成“能者上”“庸者下”“劣者汰”的新常态。

最后要围绕正风肃纪，全面从严治党。强化政治纪律和组织纪律，带动廉洁纪律、群众纪律、工作纪律、生活纪律严起来。持之以恒正风肃纪，全面开展巡察，运用监督执纪“四种形态”，紧盯“关键少数”。驰而不息抓好作风建设，巩固拓展中央八项规定精神成果，坚决防止“四风”回潮复燃，坚决做到全面从严治党不松劲、不停步、再出发。

第十四章　富德生命人寿湖北分公司发展情况

富德生命人寿保险股份有限公司湖北分公司（以下简称富德生命湖北分公司）的企业使命是创造社会财富、打造行业标杆，企业初心和梦想是将湖北分公司建设成系统和市场中成长迅速、效益一流、管理先进、品牌杰出的典范分公司。截至 2017 年底，公司在全省已设立了武汉本部及 12 家中心支公司、49 家营销服务部，服务网络遍布全省主要地市县，为 80 余万客户提供了专业的保险理财服务。

2016—2017 年，公司全体内外勤工作人员严格遵守行业规范和标准，充分考虑当地寿险市场的特点，正确处理规模、价值和效益的关系，审时度势，稳健经营，在发展中巩固优势、在发展中防范风险，制定了切实可行的发展策略并贯彻实施，实现了公司的稳健发展。

第一节　发展概况

2016—2017 年，富德生命湖北分公司各渠道业务齐头并进，迅猛发展，领跑生命系统其他分公司，湖北市场上的份额也显著提升。在业务大发展的同时，公司积极履行社会职责，参与地方经济建设，开展公益活动，赢得社会各界认可，市场口碑和品牌声誉不断得到提升。

一、业务发展情况

2016—2017 年，公司在业务发展策略上主动践行保监会“保险姓保”的要求，积极调整产品结构，坚持主动率先转型。

具体业务发展策略是大力发展个险和银代期缴业务，做大做强队伍，进而持续提升续期总量，实现稳定的现金流。近两年来整体业务在转型中稳健发展，业务品质也得到一定提升。

（一）业务稳健壮大

2010—2016 年，公司个银团续齐头并进，四线齐飞。在富德生命系统内，七年六夺总规模保费系统第一。2016 年总规模接近 120 亿元；2013—2016 年，四年综合标保三夺第一。六年总规模保费增长 695%，年均增长率达到 116%，见图 3－14－1。

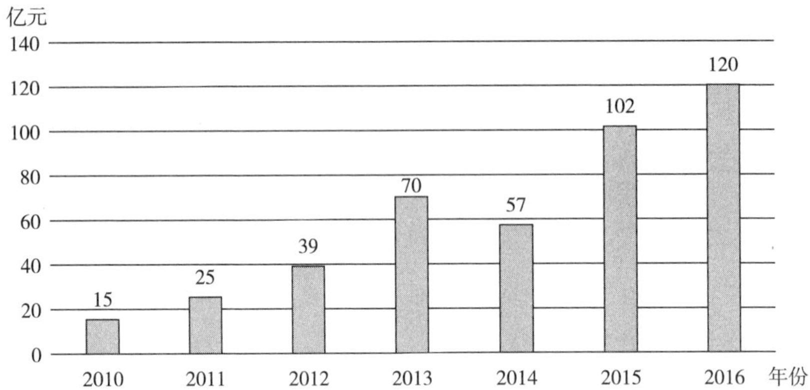

图 3－14－1　2010—2016 年富德生命人寿湖北分公司总规模保费

2017 年，公司业务发展策略上主动践行保监会“保险姓保”的要求，积极调整产品结构，坚持主动率先转型。一方面是理财型产品向保障型产品转型，另一方面是趸缴产品向期缴产品转型，导致总规模保费有一定幅度下滑。2017 年总规模保费达成 75 亿元，但业务结构优化明显，业务价值显著提升，趸缴产品保费在总规模保费中的占比从 2016 年的 70% 下降到 2017 年的 34%。同时，高价值的期缴产品和续期保费都有明显增长。

从新单产品结构上看，2017 年公司大幅下降了以理财功能为主的万能险产品的配额，万能险产品规模保费较 2016 年下降 74%，同时保障型产品健康险和意外险产品分别同比增长 79% 和 50%。2016—2017 年规模保费结构见图 3－14－2。

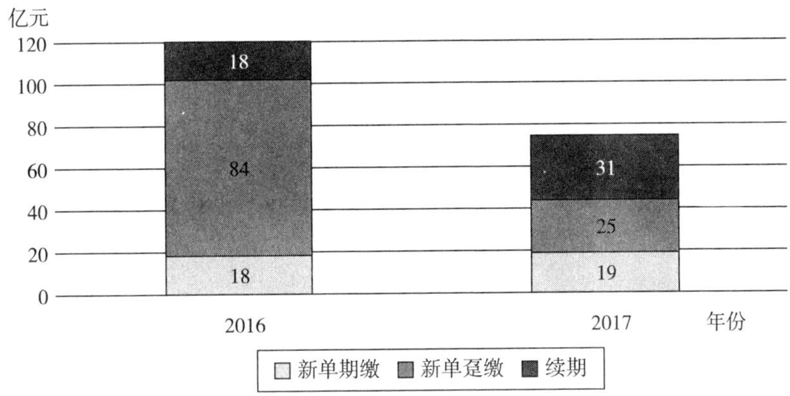

图3－14－2　2016—2017年富德生命人寿湖北分公司规模保费结构

（二）多渠道共同发展

公司各业务渠道齐头并进，全线飘红。在富德生命人寿系统内和湖北市场上都处于前列。个险渠道做大队伍，再创新高。营销员队伍规模从2016年初的8678人增长到2017年底的20222人，两年时间增长133%。2017年新单规模6.4亿元，同比增长28%，系统排名第二，市场排名第七。银代渠道全面转型，效果初显。2017年承保新单保费34.1亿元；其中期缴达成13.1亿元，系统、市场均排名第一；360系列长期保障性产品承保新单规模9106万元，排名系统第二。团险渠道保持优势，稳定增长。2017年承保短险4110万元，排名系统第三。经代渠道高歌猛进，领跑全国。2017年承保新单规模9025万元，同比增长67%，系统第一，市场第二。续期渠道规模提升，趋势向好。2017年实收规模保费30.3亿元，同比增长67%，系统排名第一，各渠道继续率等品质指标也持续趋好。

（三）排名位居前列

2016年，湖北分公司在全系统35家分公司中，新单年化标保排名第一，总规模和新单规模排名第二；2017年因为趸缴产品大幅压缩，新单年化标保排名第二，总规模和新单规模分别下降一至两位，仍处于系统领先地位，见表3－14－1。

表 3－14－1　2016—2017 年富德生命人寿湖北分公司系统排名

项目/年份	2016	2017
年化标保系统排名	1	2
总规模系统排名	2	3
新单规模系统排名	2	4

在全省 41 家寿险公司中，富德生命人寿湖北分公司于 2016 年取得了新单规模排名第一、总规模排名第三的成绩，市场份额在 10.8% 以上；2017 年率先转型，业务规模有所下降，排名市场第五，市场份额超过 6.5%，见表 3－14－2。

表 3－14－2　2016—2017 年富德生命人寿湖北分公司市场份额及排名

项目指标	年份	2016	2017
新单规模	市场份额（%）	13.3	6.4
	市场排名	1	5
总规模	市场份额（%）	10.8	6.5
	市场排名	3	5

（四）保障逐年增长

2016—2017 年，公司为全省客户提供了高达 7755 亿元的保险保障。2016 年赔付支出合计 15.3 亿元，2017 年同比增长 15%，达到 17.6 亿元，其中赔款支出、死伤医疗给付、满期给付、年金给付金额均有较大幅度增长，充分体现了保险分担风险的功能。2016—2017 年赔付支出见图 3－14－3。

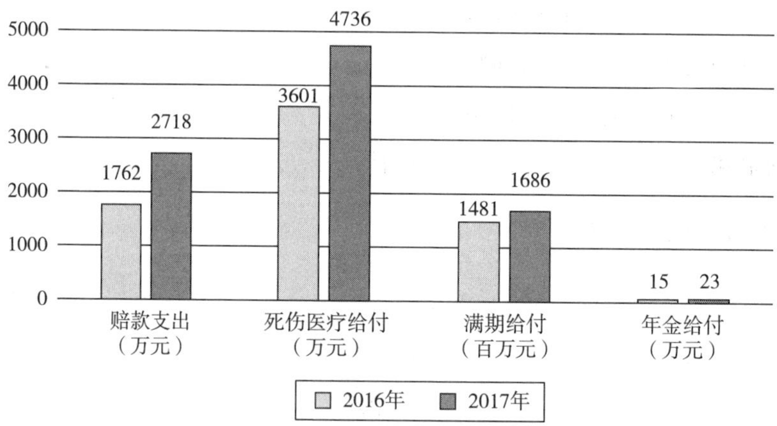

图 3－14－3　2016—2017 年富德生命人寿湖北分公司赔付支出

二、机构发展情况

两年来，富德生命的机构规模和业务呈迅速增长之势。截至 2017 年底，公司在全省已设立了武汉本部及 12 家中心支公司、49 家营销服务部，基本完成了全省主要地市县的机构布局。

2017 年，公司所有三级机构总规模保费都突破 2 亿元。在富德生命人寿全系统 278 家三级机构中，湖北分公司两家进入个险前十位，五家进入银代期缴前十位；全系统 1135 家四级机构中，湖北分公司五家进入前二十位。四家三级机构总规模保费排名当地市场前三。

三、品牌建设情况

公司全体员工埋头苦干，砥砺前行，积极宣传，擦亮招牌。积极同《湖北日报》《长江日报》《武汉晨报》《楚天都市报》等报纸媒体，人民网、凤凰网、荆楚网、大楚网等网络媒体建立和维持良好的合作关系，围绕公司品牌建设核心，积极提升公司知名度和美誉度。同时持续联合报纸电视媒体开展进企业、进社区活动，通过分发宣传手册、播放保险专题宣传片等方式开展保险知识宣传活动，为大家讲解保险知识，解答保险疑惑。

近两年来，公司先后获得各媒体和社会组织颁发的各类奖项。2016 年，公司荣获“中国中小企业诚信示范单位”“中国 AAA + 级诚信服务企业”“武昌区平安单位建设先进集体”“湖北省商业医疗保险合作先进单位”称号。2015 年、2016 年，公司连续两年荣获平安建设“先进单位”称号。2014—2016 年，公司连续三年获评“最受信赖的保险公司”。2017 年，公司荣获“全国 3・15 优质服务客户满意诚信企业”荣誉称号，并连续两年荣获“十佳优质文明服务金融机构”荣誉称号。各类奖项和宣传有效提升了公司形象，为公司营造了良好的经营环境。

四、风险管控情况

2016 年起，公司严格按照监管部门要求开展“两个加强、两个遏制”回头看工作，并坚守公司合规理念（人人讲合规，处处要合规、事事做合规），加强风险管控。公司高度重视，层层传达，主责部门充分做好宣导工作，将“回头看”工作有关精神传达至公司每一位内外勤人员；各部门、各机构借助此次自查契机，全面了解问题，彻底摸清了公司的风险隐患，对检查发现的问题，加强关注与整改，杜绝同类问题再次发生。

2017 年，保监会“1 +4”系列文件陆续下发时，公司高度关注，积极组织学习，并在全省开展了多场监管政策文件宣导，及时传达监管精神和要求，迅速启动风险防控排查工作。对于排查发现的问题要求立即整改，并对相关责任人进行了问责。

公司近两年持续开展“合规提升年”活动，一方面抓紧前期保单的清查处理，最大限度维护客户权益；另一方面，根据监管和总公司要求，落实“产品全流程管理”，从产品设计、培训宣传、销售展业、售后评估等环节加强管控，有效遏制误导行为的发生。

第二节　主要业绩及问题

一、主要发展成果

（一）业务转型，价值提升

公司在 2015 年就进行快速结构转型，提出了利用银代趸缴打开渠道促进期缴发展，利用银代创造的市场有利环境促进个险发展，以做大做强个险队伍为核心，促进价值型业务快速突破，并不断提升续期总量的发展思路。提前预判使湖北分公司在随后的转型中占得了先机。

2016 年，公司总规模保费达 120 亿元，是 2004 年成立以来的最高峰。2017 年，公司主动践行保监会“保险姓保”的要求，积极调整产品结构，坚持主动率先转型。全年趸缴产品大幅压缩，规模保费同比减少 70%，同时价值较高的个险和银代期缴产品份额有明显提高。

个险近年来始终坚持以保障型产品，尤其是健康险为主打，2016 年和 2017 年以“康健无忧”“福相随”为主的保障型产品规模占到个险新单规模的 2/3。

银代期缴产品占新单规模保费的比例从2015年的4%提高到2017年的近40%，业务价值率显著提升。2017年2月起，银代渠道顶住新单规模大幅下滑的压力，大幅限制了理财险的销售配额，全力转型360系列保障型产品，虽然推动难度较大，但依旧坚决转型。

（二）雁阵模式，效果显著

公司近年来通过三级机构之间的“雁阵模式”和三级机构内部的“一体两翼”模式，以差异性的资源鼓励大的机构做得更大更强，在这个过程中“出模式”“出人才”“提效益”，同时复制先进经验，实现整体发展，形成了三四级机构千帆竞发，百舸争流的局面。

“雁阵模式”的核心是雁头拉，雁尾追，齐头发展快速飞。例如，2017年个险渠道雁头襄阳和黄冈两家中支年度新单合计1.9亿元，占比分公司业务近1/3，引领所有机构发展；雁腰机构荆门、十堰和恩施一方面助力雁头，另一方面带动雁尾；雁尾孝感、咸宁等机构也快速跟进，取得突破。

“一体两翼”的核心是抓本部，促郊县，引领带头快突破。例如，襄阳中支的“一体”为中支本部，2017年个险新单规模7565万元，占比中支六成，两翼为南漳和老河口营服，其他营服在“一体两翼”的带动下也纷纷有所突破。

（三）队伍建设，人才辈出

截至2017年底，公司内勤共734人，队伍结构持续优化，整体素质明显提高。各渠道、各机构通过一场场胜仗，锻造出了一批人才，公司已进入群星璀璨、百家争鸣的时代。一批心态积极、心怀梦想、敢打敢拼、专业扎实的年轻干部脱颖而出，是公司未来发展最宝贵的财富。

队伍建设上公司一直坚持四个方面：一是优化人才结构，起用年轻有为，积极向上，充满阳光的人去担当部分核心岗位。同时落实了“能者上”“平者让”“庸者下”“劣者汰”的原则，目前，全省中支总经理和前十名营服经理多是高学历的“80后”，带动了基层干部的整体发展。二是加强梯队建设，在不同层级找出后备力量的苗子，着重培养，给予机会锻炼和成长。三是优化激励机制，弘扬绩效文化，奖罚分明，重奖重罚，建立短期和长期的激励机制。四是提高整体素质，加强培训培养力度，建立学习型组织，将“学习、模仿和超越”的发展理念进一步深化。

公司强调核心管理干部的三个意识：一是政治意识，讲政治就是要始终把国家利益、行业形象和公司声誉作为工作的出发点和落脚点。在原则问题、大是大非问题上保持清醒的头脑，关键时刻、重要关头靠得住、信得过、顶得上。二是大局意识，要站在全局的高度，用长远眼光去观察形势、分析问题，研究公司战略，思考工作未来发展方向。三是责任意识，从本职岗位做起，做到担任不误、担难不怯、担险不惧。

（四）文化建设，凝心聚力

公司的核心价值观是“为人民服务”；公司的企业文化是“家”文化；公司管理理念是十字方针，即“理念、架构、节奏、模式、典范”；经营理念是“追求卓越、永远学习、实事求是”。在核心价值观的引领下，家文化的感染下，公司全体员工内部和谐、外部进取、朝气蓬勃、风纪严整，大家“一起奋斗、一起成长、一起收获、一起欢乐”，通过努力共同见证了公司蓬勃发展和个人价值提升。

（五）党建推动，引领发展

富德生命人寿湖北分公司党总支成立于2011年9月，隶属于武汉市武昌区工商联会员企业党委，在湖北省保监局党委的指导下开展工作。截至2018年4月底，公司已成立15家党支部，实现了中心支公司党支部全覆盖。

公司一直以来重视党建工作，抓队伍思想建设，强化政治意识，通过党的政治领导、思想领导和组织领导促进行业和公司的发展。工作推动中充分发挥基层党组织的服务功能，发挥党员模范带头作用，为公司发展起到了积极的促进作用。自2011年公司党总支成立以来，多年被总公司党委评为先进基层党组织。

2018年公司已经实现中心支公司党支部全覆盖，并将成立党委。未来两年公司还努力将党支部进一步下沉基层，覆盖到外勤团队，将党组织建立在外勤核心团队长上。这样一方面能加强党对队伍的绝对领导，团结带领基层党员成为执行命令的模范、遵守纪律的模范、成为联系广大队伍的基本纽带，发挥战斗堡垒作用；另一方面，能进一步提高服务和合规意识，坚决抵制违规作业，杜绝销售误导，真正做到全心全意为人民服务，发挥党员的模范带头作用。

近两年，公司党建工作以红色引擎为抓手，以精准扶贫为手段，同时推进“两学一做”学习教育常态化制度化，工作推动中充分发挥基层党组织的服务功能和党员模范带头作用，同时起到党的监管和管理职能，有效完成了上级党委安排的各项工作，为企业经营发展起到了积极促进作用。

2017 年，公司加快贫困地区保险市场体系建设，将扶贫工作纳入年度重要事项，积极推进。2017 年扶贫工作成效显著，帮助十堰扶贫点完成了鸡蛋承销、给贫困人群提供保障、开展大型爱心捐赠活动、支持扶贫点茶厂建设以及村党群活动中心建设等工作，累计投入近 50 万元。

二、存在的主要问题

（一）职业化程度需要提高

公司内外勤员工职业化程度不高，表现为理念不强、习惯不好、技能不高，这与保险业的发展和监管趋势不相符，也与公司目前的发展阶段不相符，成为阻碍公司进一步发展的“瓶颈”，是重大危机，要高度重视、尽快改善。

2018 年开始，公司的主要矛盾转变为公司日益创造价值的需要和内外勤队伍职业化水平提升的矛盾，这意味着公司不断创造价值的主要突破口是提升内外勤队伍的职业化水平。

（二）业务品质需要加强

虽然近年公司各项继续率指标稳中有升，超过总公司考核线，但与系统内和市场上的先进水平仍有较大差距，且部分机构、部分月份继续率有较大波动，对业务的持续经营造成了一定的影响。

第三节　发展举措

富德生命人寿湖北分公司将一如既往地保持强烈的使命感和责任感，以扎实稳健的作风、求真务实的素养，瞄准新目标、把握新格局、凝聚新合力、展现新作为。进一步将公司建设成系统和市场中成长迅速、效益一流、管理先进、品牌杰出的典范分公司，为湖北社会经济建设作出更大的贡献。

一、发展愿景

发展愿景是业务发展最快，薪酬福利最好和服务品牌最佳，具体如下。

一是业务发展最快：从规模发展转变为价值发展，不断提升业务内涵价值，成为市场上成长最快的公司之一。

二是薪酬福利最好：凝聚市场最优秀的保险人才，实现内外勤队伍的高度职业化，薪酬福利市场领先。

三是服务品牌最佳：建立专业、完善、优质的客服体系，积极践行企业责任，全心全意服务社会。

二、经营思想

通过全体内外勤员工的不懈努力，持续提升业务内涵价值、队伍市场价值和服务品牌价值，努力使公司为行业和社会创造更大的价值。

坚持业务价值提升为发展第一要务，继续践行保监会“保险姓保”的要求，积极调整产品结构，坚定转型，大力发展个险和银代期缴业务，持续提升续期保费总量，不断提升业务内涵价值。

坚持队伍职业化为发展第一方向，强化内外勤员工的政治意识、大局意识和责任意识，考核上继续遵循“能者上”“平者让”“庸者下”的原则，同时加大培训力度，不断提升队伍职业化水平，以匹配公司不断创造价值的需要。

坚持风控管理为经营第一保障，继续不断优化风控体系，强化合规经营意识，建立完善的内审制度和加强违规处罚力度。

坚持提升品牌价值为后援服务第一目的，从客户服务、品牌宣传、财务人事管理、运营支持、IT 建设、践行企业责任以及党建工作等方面强化服务的专业性和提高服务的质量，不断提升公司品牌价值。

三、主要工作

围绕发展战略，未来的工作主要是四个方面，分别是文化建设、业务推动、风险防控和党建推动，以下具体说明。

（一）加强文化建设

湖北分公司将继续坚持“为人民服务”的核心价值观、“追求卓越、永远学习、实事求是”的经营理念、“学习、模仿、超越”的发展理念以及“家”文化来推动公司经营，在以上文化理念基础上，2018 年起将强化“契约文化”，同时提出“奋斗精神”。

1. 契约文化。即一是诚实互信，心胸宽广，对人坦诚；疑人不用，用人不疑；求同存异，目标一致。二是权责明确，言必行，行必果。让追求责任成为一种自觉，主动工作成为一种习惯。三是注重结果，强化绩效文化，重过程也要重结果，没有结果等于没有遵守契约。

2. 奋斗精神。公司的奋斗精神是“艰苦奋斗，绩效第一”。要始终坚持勤俭建司，继续保持永不懈怠的精神状态和一往无前的奋斗姿态，不断实现奋斗目标；要建立与完善考核体系，使员工确立起企业所倡导的共同价值观，通过内外勤员工职业化的提升，不断提高工作绩效。

（二）持续业务推动

分公司在业务发展策略上继续主动践行保监会“保险姓保”的要求，积极调整产品结构，一方面是理财型产品向保障型产品转型，另一方面是趸缴产品向期缴产品转型。具体经营策略是聚焦个险业务和银保期缴业务，推动高内涵价值的保障型产品，强化价值转型，不断提升续期总量。同时加强队伍职业化推动，做大做强做优队伍。

经营策略的制定一方面继续坚持“保险姓保”的原则，遵循发展期缴业务、价值类业务的行业主流和监管导向；另一方面，公司在不断变化的市场环境下，要综合考虑满期给付、偿付能力等因素，在做大核心价值业务的基础上要满足公司现金流的要求，保持公司稳健发展。

（三）有效风险防控

合规经营与风险防控一直是公司最重要的工作之一，公司将从四个方面来持续提升合规经营水平。一是提升合规意识，要求各级人员从思想上真正重视合规问题；二是加强合规检查，再次对各渠道、各机构全覆盖的检查，发现问题，严肃处理，绝不姑息；三是落实合规培训，通过“合规大讲堂”提升机构合规培训的力度，并进一步深入业务条线开展法律法规专项培训；四是完善合规体系，完善事前、事中和事后“三位一体”的风险管理和监督检查体系。

公司各级机构将继续高度重视、加强组织领导，落实责任、守住风险底线，坚持分类施策、妥善化解风险，夯实工作基础、强化长效风险管控机制，保证公司稳健发展。

（四）党建引领发展

继续牢牢把握“党领导一切”这一生命线，确保党始终总览全局、协调各方。在党的统一领导下做好各项工作，全心全意为人民服务。

一是听党话，坚定党领导一切。以党的十九大精神为指引，继续坚持“听党的话，跟着监管走；保险姓保、全心全意为人民服务”的原则，加强党在公司经营和业务推动上的领导作用，促进公司继续健康快速发展。

二是推架构，组织架构全覆盖。公司将尽快成立党委，同时还将努力摸索推动将党支部进一步下沉基层，覆盖到四级机构甚至外勤团队长上。这样一方面加强党对基层队伍的绝对领导，另一方面进一步提高服务和合规意识，坚决抵制违规作业，杜绝销售误导，真正做到全心全意为人民服务。

三是举旗帜，文化建设新飞跃。新时代企业文化要有新作为。把党的十九大精神作为企业文化建设的旗帜，以新时代中国特色社会主义思想为最高标准，作为公司企业文化的发展方略，构建以党的十九大精神为灵魂、以核心价值观、经营理念、发展理念、管理经理念以及合规理念为框架的企业文化体系。

四是新时代，践行责任新担当。率先垂范，积极践行社会责任，在公益、抢险、精准扶贫等方面，挑重担，作贡献。特别是精准扶贫方面，进一步按照湖北保监局脱贫攻坚统一部署有效推进，为人民群众的美好生活作出贡献。

第四篇

附　录　篇

附录一　湖北保险业典型赔付案例（2016—2017）

一、湖北省财产保险典型赔案

（一）人保财险快速支付水稻指数保险赔款1000余万元

2016年6月底至7月初，湖北省遭遇历史罕见的暴雨洪涝灾害袭击，地处江汉平原的仙桃市3个乡镇水稻受灾严重。人保财险仅用一个月时间就完成了仙桃市农业水稻指数保险赔款兑付工作，共计赔付1063.15万元，帮助受灾农户及时恢复了生产。该案也因此成为人保财险湖北省分公司复业以来单笔理赔金额最高、理赔时效最快的案件。

（二）大地保险赔付客户水灾损失996万元

2016年7月6日的暴雨渍水，导致武汉某平价超市所辖的中南路店和珞珈山店商品财产严重受损。大地保险迅速派员赶赴现场组织施救和查勘，并预付赔款200万元，帮助企业恢复经营。经多次理赔调查和损失最终评估认定，支付其“财产一切险”赔款996万元。

（三）太平洋财险赔付沙洋富泰革基布水灾损失700万元

2016年7月19日，太平洋财险接到沙洋富泰革基布公司报案称，暴雨导致公司厂房全部被淹，损失惨重。太平洋财险湖北分公司迅速组织专班赶赴受灾现场查勘定损，并协助客户抢险救灾，在不到一周的时间内，就完成了受损机器设备定损工作，及时赔付700万元。

（四）中国信保及时赔付 93 万美元挽回客户损失

湖北兴发集团香港进出口有限公司于 2015 年 10 月至 12 月向买方印度 AIPL 按销售合同出运 6 票货物（化学产品），因买方承兑收货后拖欠货款，兴发集团 2016 年 4 月报损后于 8 月申请索赔。中国信保积极介入调查、追讨，并及时赔付 93 万美元，为客户挽回了商业出口损失。

（五）长安责任保险赔付客户仓库水淹损失 399 万元

2016 年 7 月 6 日，武汉特大暴雨导致被保险人位于汉阳区南太子湖沌口路 88 号的仓库进水，存放在仓库的货物被雨水浸泡受损。长安保险理赔人员闻讯后，及时赶赴现场，指导施救并查勘定损，按保险条款规定赔付 399 万元。

（六）湖北保险业赔付当阳“8·11”爆管事故损失 388 万元

2016 年 8 月 11 日，宜昌当阳马店矸石发电公司高压蒸汽管道发生爆管事故，致 21 人死亡、5 人受伤。仅 4 天时间，人保财险就按与当阳市医保局签订的《团体补充工伤意外伤害保险协议》，满额赔付其二次工伤保险金 300 万元。与此同时，中国人寿还为其中 6 名、平安人寿为其中 2 名、新华人寿为其中 1 名、太平洋寿险为其中 1 名投保个人保险的身故人员分别赔付保险金 43.02 万元、28.20 万元、6.85 万元和 10.00 万元。合计赔付达 388.07 万元。

（七）太平财险赔付武汉生物制品研究所水灾损失 347 万元

2016 年 7 月 2 日，武汉生物制品研究所有限责任公司因暴雨积水倒灌致财产损失达 7000 余万元。事故发生后，太平财险立即组织施救，并展开理赔查勘定损工作，在一个月内预付其赔款 200 万元，帮助受灾企业恢复生产。并在 3 个月内完成了案件的全部查勘定损工作，共向受损保户支付水灾损失赔款 347 万元。

（八）永安财险赔付石首市建运公司船舶损失 343 万元

2016 年 6 月 28 日，石首船舶“建运 1”轮在城陵矶驶往石首途中，因水流湍急、船长操作不当导致沉船，其中 9 人获救、1 人死亡、1 人失踪，船舶损失严重。永安财险第一时间赶赴出事地，调查船舶事故发生原因，并拿出施救打捞方案，结案赔付客户保险金 343 万元。

（九）平安产险赔付暴雨洪涝灾害致农业损失 224 万元

2016 年汛期，平安产险共接到因暴雨洪涝灾害致农业保险损失报案 39 起，公司立即开启“绿色通道”，采取“快查宽赔”原则快速理赔，于 7 月底即完成了对所有蔬菜大棚和农房损失赔款兑现工作，共计赔付 224 余万元。

（十）华安财险赔付客户水灾食品损失 204 万元

2016 年 7 月 7 日，暴雨导致武汉盛强贸易有限责任公司仓库内食品被淹受损。事故发生后，华安财险立即派员到现场进行查勘。经现场清点及后续跟踪核实，根据财产综合险合同约定，赔付客户保险金 204 万元。

（十一）人保财险赔付荆州水稻灾害损失 2087 万元

2017 年 9 月至 10 月，荆州地区低温雨水灾害严重，水稻大面积倒伏，全市水稻受灾面积达 5 万多亩，人保财险为全市受灾农户共赔付 2087 万元，其中监利县受灾最为严重，全县赔款为 760 万元。

（十二）人保财险赔付孟加拉国帕德玛大桥码头损失 680 万元

2017 年 3 月 8 日，孟加拉国帕德玛大桥施工河段突发 12 级飓风，造成施工船舶走锚，碰撞钢桁梁致使码头受损。人保财险赶赴现场查勘定损，根据修复情况及协议约定，及时赔付 680 万元。

（十三）紫金财险赔付荆星塑业火灾损失 610 万元

2017 年 7 月 30 日，荆星塑业公司一号仓库突然起火，过火面积大、损失严重。紫金财险迅速赶赴现场查勘核损，开通理赔“绿色通道”，及时赔付610万元。

（十四）太平财险赔付枝江棉花灾害损失585万元

2017年7月至10月，枝江境内因受低温阴雨天气和病虫害影响，导致棉花大面积减产。太平财险深入现场查勘，核定损失，及时为该市棉农赔款585万元，帮助上万农户及时恢复生产。

（十五）人保财险给付蕲春精准扶贫教育补助金189.5万元

2017年，人保财险在蕲春县试办“助学保”教育扶贫保险，为建档立卡的贫困户子女读高中时一次性给付补助金3000元，读大学时再给付补助金5000元，为该县460名贫困户子女共支付补助金189.5万元，兑现了保险助学扶贫承诺。

（十六）太平财险赔付武汉格雅科技火灾损失129万元

2017年7月13日，武汉格雅科技有限公司汉南区华顶工业园一厂房突发火灾，导致厂房、设备及货物受损。太平财险迅速赶赴现场查勘定损，及时赔付129.09万元，帮助企业迅速恢复生产。

（十七）太平洋产险赔付承运车辆火灾损失124.11万元

2017年4月16日，太平洋产险承保的14辆商品车在运输途中，因轮胎过热发生火灾，公司理赔人员迅速赶赴现场组织施救和查勘核损，及时支付赔款124.11万元。

（十八）鼎和保险给付交通事故保险金120万元

2017年6月23日，客户段某驾车从老河口向襄阳方向行驶途中与迎面车辆相撞，段某及副驾张某当场死亡。鼎和保险迅速赶赴现场查勘，根据条款规定，及时赔付120万元。

（十九）平安财险给付仙桃交通事故保险金 103.16 万元

2017 年 7 月 23 日，客户汤某驾车在仙桃张高镇与转弯电动车相撞，汤某及电动车乘车人当场死亡。平安产险及时进行现场查勘，并赔付 103.16 万元。

（二十）国泰产险给付共享单车意外事故保险金 50 万元

2017 年 7 月 3 日，一名骑共享单车的男子在汉阳大道百灵路口与面包车相撞身亡。该男子骑共享单车时获赠国泰产险骑行意外险。国泰产险调查核实后，给付其死亡保险金 50 万元。该起赔付为共享单车领域首单身故保险理赔。

二、湖北省人身保险典型赔案

（一）中国人寿秭归大病保险赔付逾千万元

中国人寿 2016 年共承保新农合大病保险 27.8 万人，基本实现了秭归县新农合参保人群全覆盖。全年共给付大病赔款 1028.1 万元，共赔付 3545 人次，大病保险给付人数占总参合人数的 6.8‰，人均给付金额 5443 元，在基本医疗给付基础上将报销比例又提高了 14.5 个百分点，其中单笔最高赔付金额达 21.6 万元，有效缓解了参保农民的医疗费用压力，降低了因病致贫、因病返贫的概率。

（二）平安寿险快速完成 389 万元理赔案

2016 年 12 月某天，客户 × 某驾车发生追尾事故后身故。该客户先后在平安人寿投保了“百万任我行”“平安福”“鑫盛”和长期意外等 7 个险种。平安人寿迅速启动重大理赔案件预案，及时将 389 万元理赔款送达受益人手中。该赔案具有多项保险叠加赔付的特点，并且是平安人寿湖北分公司迄今为止赔付金额最高的个人业务理赔案。

（三）太平洋寿险赔付客户乘车自燃身故保险金 217 万元

2016 年 10 月 28 日，天门客户张某乘坐面包车途中因车辆发生自燃事故不幸身亡。张某年初购买了太平洋“安行保”两全保险附加祥宁幸福保意外伤害保险。太平洋寿险不到 1 个月完成了该案理赔工作，根据合同约定，赔付其身故保险金 217 万元。

（四）新华人寿赔付车险客户身故保险金 200 万元

2016 年 9 月 22 日，湖北省咸宁市刘女士收到新华人寿送来丈夫身故理赔金 200 万元。2014 年 7 月，刘女士为丈夫赵某购买了新华人寿“乐行无忧两全保险”。2016 年 7 月 25 日傍晚，赵某驾车回家途中因操作不当，与高速公路隔离栏相撞、车辆倾覆，被保险人身体多处骨折，经抢救无效后死亡。

（五）客户驾车溺亡太平人寿赔付 200 万元

客户胡先生 2014 年在太平人寿购买了“驾年华”两全意外保险，年缴保费 2520 元。2016 年 1 月某日，胡先生驾车过汽渡时不慎坠入江中溺亡。太平人寿仅用 9 个工作日就将 200 万元理赔款送到客户家人手中。

（六）国华人寿快速处理江西上饶高速重大交通事故理赔案

2016 年 8 月 24 日，一辆载有武汉游客的旅游大巴车，在回汉途经江西上饶鄱阳高速路段时发生重大交通事故，致 6 死 4 重伤 47 人轻伤。国华人寿立即启动紧急预案，于当日 16 时派员赶赴事故现场查勘，同时展开救助和家属安抚工作。不到一个月即完成了所有遇难者理赔给付工作，包括受伤人员共计赔付保险金 145. 9 万元。

（七）人民人寿赔付沪渝高速车祸 143 万元

2016 年 1 月 27 日，刘女士乘坐一小型面包车去亲戚家途中，在沪渝高速发生碰撞身故。事发后，人民人寿及时向受益人赔付 1225076. 59 元，并协助海南三亚支公司给付其“金鼎富贵”险保险金21.3万元，赔款总额达143万元。

（八）建信人寿赔付客户车祸身故保险金100万元

2016年12月某日，客户谌某在回乡探亲途中遇车祸身亡。其母王女士早先为其投保了建信“龙行乐享百万身价两全保险”。接案后，建信人寿迅速启动理赔“绿色通道”，不到一个月即将100万元理赔款兑现到位。

（九）阳光人寿为重疾险客户赔付75万元

2016年9月2日，客户董女士罹患乳腺癌住院治疗，获赔75万元。董女士于2014年7月购买了阳光人寿“阳光康瑞年金保险”“附加阳光康瑞重大疾病保险”，重疾保障金额75万元。2016年7月董女士被诊断患有乳腺粘液腺癌。8月下旬，阳光人寿收到其理赔申请材料后，很快向董女士一次性支付合同保险金75万元。

（十）泰康人寿为泥石流掩埋身故客户赔付保险金40万元

2016年6月底至7月初，黄冈市罗田县普降大到暴雨，客户胡某返家途中在该县小弧坪处被泥石流冲走。泰康人寿立即组织专班进入事故现场查勘，于7月18日找到客户胡某的尸体。泰康人寿根据“全能保”险种条款“按保额5倍赔付”的规定，于7月20日赔付其意外身故保险金40万元。

（十一）太平洋寿险给付徐某保险金502万元

2017年1月12日，被保险人徐某在枝江白洋工业园区施工时因燃气锅炉爆炸死亡（此次事故造成1死8伤），徐某生前购买了多份意外伤害保险。太平洋寿险调查核实后，及时给付其保险金502万元。

（十二）建信人寿给付周某意外伤害理赔金231万元

2017年7月8日晚，周某开车回家，因会车时打远光灯与人发生纠纷被刺伤，经抢救无效死亡。周某生前投保了建信人寿“贷无忧借款人意外伤害保险”（C款），建信人寿迅速将231万元理赔金转至客户还贷账户。

（十三）中英人寿给付杨某交通事故赔款206万元

2017年8月7日，随州客户杨某驾车意外身亡。杨某生前投保中英人寿“吉祥安康两全”及附加保险。接到报案后，中英人寿迅速调查核实，及时赔付206万元。本案为中英人寿湖北分公司成立至今以来的最大的一笔赔案。

（十四）泰康人寿给付程某交通事故赔款200万元

2017年11月24日，被保险人程某在河南南阳乘车时发生交通意外身亡。泰康人寿接到报案后，迅速调查核实，积极协调异地调查，主动理赔，及时赔付200万元。

（十五）太平人寿给付许某疾病身故保险金192万元

2017年7月22日，客户许某突发心脏病，经抢救无效死亡。太平人寿接到报案后，及时赔付保险金192万元。

（十六）国华人寿给付杨某保险金144万元

2017年1月12日，被保险人杨某驾车掉入水库。国华人寿及时现场查勘，确认属保险责任后，快速赔付保险金144万元。

（十七）富德生命人寿给付谭某保险金120.1万元

2017年7月6日，被保险人谭某驾车途中因车辆翻下悬崖身亡。富德生命人寿接到报案，迅速赶赴现场调查核实，确认属保险责任后，赔付其保险金120.1万元。

（十八）中国人寿赔付红安宋某保险金100万元

2017年7月2日，被保险人宋某驾车驶至红安县周家湾时不慎撞上路边树干，当场身亡。宋某生前投保了国寿“绿洲”“安驾宝”意外伤害保险，国寿红安支公司调查核实后，及时赔付100万元。

（十九）英大人寿给付张某重疾赔款73.79万元

2017年2月底，被保险人张女士体检发现患乳腺癌。英大人寿调查属实后，当即为患者提前给付重疾赔款73.79万元，有效减轻张女士因患重疾而带来的经济损失和压力。

（二十）幸福人寿给付环卫工宋某保险金50万元

2017年3月4日，环卫工人宋某清扫时被出租车撞伤，经抢救无效死亡，幸福人寿及时将50万元保险金支付给了受益人。

附录二　湖北保险市场相关文件一览表（2016—2017）

文件名称	文号	涉及保险市场主要内容
关于加快推进养老机构责任保险工作的意见	鄂民政发〔2016〕8号	明确经省民政部门设立许可、并依法登记的各类养老机构应投保养老机构责任保险
关于印发《湖北省互联网保险风险专项整治工作实施方案》的通知	鄂保监发〔2016〕9号	部署、安排全省互联网保险风险专项整治工作
省政府金融办　湖北保监局关于开展2016年保险先进县市区创建活动的通知	鄂金办发〔2016〕10号	启动全省保险先进县市区创建活动
关于加快发展商业健康保险的实施意见	鄂政办发〔2016〕47号	明确促进全省商业健康险发展的总体要求、主要任务、政策支持和组织领导
关于进一步做好校方责任保险工作的意见	鄂教后勤〔2016〕1号	明确全省统保模式、保费收取标准、保费支付方式，进一步完善校园伤害事故风险管理机制
关于在我省部分行业和区域开展重点消费品产品质量安全责任保险试点工作的通知	鄂质监质联〔2016〕3号	要求在省内部分行业和区域开展重点消费品产品质量安全责任保险试点工作
关于做好保险业助推脱贫攻坚工作的实施意见	鄂保监发〔2016〕18号	部署保险业助力全省“十三五”精准扶贫工作
关于印发《湖北省保险专业中介机构合规风险评估指引（试行）》的通知	鄂保监中介〔2016〕9号	对全省保险专业中介机构合规风险评估提出工作要求
进一步改革和完善东湖国家自主创新示范区科技型企业贷款保证保险业务运行机制的意见	武银营办发〔2016〕51号	要求进一步改进和完善东湖国家自主创新示范区科技型企业贷款保证保险运行机制

续表

文件名称	文号	涉及保险市场主要内容
关于印发加强保险机构投诉处理工作意见的通知	鄂保监发〔2016〕20号	就加强全省保险机构投诉处理工作进行规定
关于加强农业保险经营管理有关事项的通知	鄂保监产险〔2016〕15号	对加强全省农业保险经营管理提出工作要求
关于印发《湖北保险业落实村级惠农金融服务站建设的实施方案》的通知	鄂保监产险〔2017〕1号	要求进一步完善全省农村保险基层服务体系，全面提升保险服务“三农”水平
湖北省2017年农业保险工作实施方案的通知	鄂农发〔2017〕4号	对全省农业保险提标、扩面工作提出要求
湖北保险业“十三五”发展规划	鄂保监发〔2017〕10号	提出“十三五”保险业发展目标：到2020年，基本建成保障全面、功能完善、诚信规范、结构优化、监管健全、发展水平与全省经济社会发展相适应的现代保险服务业
关于推进湖北省知识产权金融服务工作的指导意见	鄂知发〔2017〕5号	明确加快发展知识产权保险
关于做好商业健康保险个人所得税有关问题的通知	鄂财税发〔2017〕8号	明确商业健康保险个人所得税政策在全省推广
关于推进扶贫小额信贷健康发展的意见	鄂政扶发〔2017〕19号	明确进一步推进扶贫小额信贷健康快速发展
中国（湖北）自由贸易试验区保险机构和高级管理人员审批备案管理办法	鄂保监发〔2017〕13号	要求进一步简化行政审批，推动保险业更好地参与和服务湖北自贸区建设
近期武汉保险示范区建设工作要点	鄂保监发〔2017〕14号	明确创建国家级保险创新综合示范区
湖北省健康扶贫“三个一批”行动方案的通知	鄂卫生计生发〔2017〕17号	确立了包含大病保险、精准扶贫补充医疗保险在内的“四位一体”健康扶贫模式
湖北省中小学生研学旅行试点管理办法	鄂教基〔2017〕11号	要求保险监管机构负责指导保险行业提供并优化校方责任险、旅行社责任险等相关产品，并建立保险费率浮动机制，建立完善的中小学生研学旅行人身安全保险制度
武汉市科技型企业保证保险贷款业务操作办法	武银营〔2017〕66号	要求将武汉市东湖高新区“政银保”模式在全市进行推广

续表

文件名称	文号	涉及保险市场主要内容
关于开展农业大灾保险试点工作的通知	鄂农发〔2017〕20号	确定在黄陂区、大冶市、监利县、枝江市、襄州区、鄂州市、京山县、汉川市、麻城市、赤壁市、随县、天门市、仙桃市、潜江市等14个县市开展水稻和小麦农作物试点
关于改革完善预防接种异常反应补偿机制的通知	鄂卫生计生通〔2017〕43号	对保险内容、基础保险承办管理及相关保障措施作出具体要求
关于加快发展商业养老保险的实施意见	鄂政办发〔2017〕80号	鼓励商业保险机构投资养老产业，商业养老保险助力“老有所养”
武汉市专利权质押贷款操作办法	武银营〔2017〕72号	明确建立“专利权质押贷款+保险保障+财政风险补偿”的专利权质押融资新模式
关于进一步加强医疗救助与城乡居民大病保险有效衔接的实施意见	鄂民政发〔2017〕38号	要求全面“实行县级行政区域内困难群众住院先诊疗后付费”的做法
关于做好2018年森林保险试点工作有关事项的通知	鄂林改〔2017〕228号	明确从2018年起将保康县、蕲春县、咸安区、钟祥市、竹山县5个县市区纳入森林保险保费补贴试点范围，并要求进一步完善森林保险的有关条款

附录三　湖北保险业大事记（2016—2017）

2016 年

1 月 12 日　竹溪县人民政府与人保财险十堰市分公司精准扶贫全面战略合作协议签约仪式在十堰市竹溪县举行，湖北保监局王斌局长应邀出席签约仪式，并在当地开展调研。

1 月 15 日　湖北保监局与省卫计委等九个部门联合印发《转发〈深入开展创建“平安医院”活动依法维护医疗秩序的意见〉的通知》（鄂卫生计生通〔2016〕7 号），要求到 2020 年医疗责任保险覆盖全省所有公立医院。

1 月 25 日　湖北省保险业医务管理委员会代表 69 家会员单位和武汉市主要的 34 家定点合作医疗机构签订了为期两年的合作协议，在合作协议的框架下，保险公司与医疗机构将开展更加深入和密切的合作，同时协议的签署也为保险公司承保理赔工作提供了便利。

3 月 4 日　湖北保监局与省民政厅、老龄办联合印发《关于加快推进养老机构责任保险工作的意见》（鄂民政发〔2016〕8 号），规定经省民政部门设立许可、并依法登记的各类养老机构应投保养老机构责任保险。

3 月 14 日　湖北省保险行业协会建立湖北省保险消费者权益保护中心。该中心汇集保险消费维权、法律咨询、纠纷调解、风险监测、信息披露、消费者教育六大职能，对全省近 70 家保险公司消费投诉统一实施数据统计、分析、业内通报和业外披露，对全省行业消费投诉统一协调、督办、指导和考核。

3 月 25 日　湖北省保险行业协会联合武汉市交管局成立“武汉市道路交通事故保险反欺诈案件办案中心”，融“信息共享、情报汇集、办案协作、宣传教育”四大功能于一体。

4 月 12 日　湖北保险行业协会组织会员公司签订《湖北省保险业参与保险纠纷调处工作自律公约》，进一步规范调处流程，强化公司在调处中的主体作用。

4 月 26 日　湖北首家地市级保险监管机构——宜昌监管分局挂牌成立，湖北保监局党委书记、局长王斌，宜昌市委副书记、市长马旭明共同为宜昌保监分局揭牌。

5 月 12 日　湖北省“水稻气象指数保险项目”通过农业部金融支农服务创新试点立项，获得 600 万元资金支持。在枝江、当阳、赤壁、浠水、武穴、襄州、仙桃等地开展试点。

5 月 20 日　富德财产保险股份有限公司湖北分公司获准开业。

7 月 11 日　湖北保监局联合省政府金融办印发《省政府金融办　湖北保监局关于开展 2016 年保险先进县市区创建活动的通知》（鄂金办发〔2016〕10 号），启动创建活动。

7 月 14 日　中国保监会党委发文任命杨元明同志任湖北保监局党委委员。

7 月 12 日　湖北省政府办公厅印发《关于加快发展商业健康保险的实施意见》（鄂政办发〔2016〕47 号），明确了促进全省商业健康险发展的总体要求、主要任务、政策支持和组织领导，为全省商业健康保险发展打下了坚实的政策基础。

8 月 11 日　湖北当阳市马店矸石发电有限责任公司高压蒸汽管道发生爆管事故，造成 21 人死亡、5 人受伤。事故发生后，湖北保监局立即启动应急响应，第一时间组织相关保险机构做好应急处置和保险理赔工作。相关保险公司迅速开通理赔绿色通道，共计赔付 400.4 万元。

8 月 19 日　武汉市交管局举办警保联动快反队成立启动会，湖北保监局党委委员杨元明出席启动会。

8 月 19 日　湖北保监局联合湖北银监局组织召开全省银邮代理保险业务第九次联席会议，湖北保监局党委委员杨元明出席会议并讲话。

8 月 25 日　湖北保监局组织召开全省大病保险专题会议，湖北保监局副局长杨玉山代表保监局与各承办公司主要负责人签订《大病保险规范经营责任书》，要求各公司严格执行“八个必须、八个严禁”的监管要求。

8月26日　湖北全省29家产险省级分公司签订了新版《湖北省机动车辆保险自律公约》。公约旨在明确商业车险费率改革后车险经营新规则，保障消费者权益，夯实自律基础，规范市场竞争秩序。

9月8日　中国保监会党委发文任命马全平同志任湖北保监局党委委员、副局长。

9月9日　湖北保监局与省教育厅、省财政厅联合印发《关于进一步做好校方责任保险工作的意见》（鄂教后勤〔2016〕1号），明确全省统保模式、保费收取标准、保费支付方式，进一步完善校园伤害事故风险管理机制。

9月19日　湖北保监局与省质监局联合印发《关于在我省部分行业和区域开展重点消费品产品质量安全责任保险试点工作的通知》（鄂质监质联〔2016〕3号），在省内部分行业和区域开展重点消费品产品质量安全责任保险试点工作。

11月4日　湖北保监局与省扶贫办联合印发《关于做好保险业助推脱贫攻坚工作的实施意见》（鄂保监发〔2016〕18号），助力全省“十三五”精准扶贫工作。

11月21日　湖北省政府印发《省人民政府关于2016年县域保险工作考评情况的通报》（鄂政函〔2016〕170号），对全省25个保险先进县市区予以通报表彰。

11月22日　第九届中国武汉金融博览会暨中国中部（湖北）创业投资大会在武汉东湖国际会议中心开幕，保监会副主席陈文辉应邀出席开幕式，湖北保监局局长王斌一同出席并在金融博览会主题活动“东湖保险论坛”论坛上作了演讲。

11月23日　中国保险学会在武汉组织召开全国各省保险学会负责人座谈会，湖北保监局局长王斌应邀出席座谈会。

12月7日　湖北保监局与人民银行武汉分行营业管理部、武汉东湖新技术开发区管委会联合印发《进一步改革和完善东湖国家自主创新示范区科技型企业贷款保证保险业务运行机制的意见》（武银营办发〔2016〕51号），进一步改进和完善东湖国家自主创新示范区科技型企业贷款保证保险运行机制，在原有基础上，保费补贴由原来的40%提高到60%，贷款贴息由20%提高到50%。

12月13日　湖北省保险行业协会修订并印发了《湖北省保险从业人员诚信记录管理办法》（人身保险公司版本）。该办法是推进保险从业人员诚信体系建设的基础工程，是进一步提升保险业形象的重要举措，为搭建行业的诚信管理体系奠定了基础。

12月21日　全省保险业助推脱贫攻坚专题会议在武汉东湖宾馆召开，部分保险省级公司汇报了扶贫工作情况，湖北保监局局长王斌讲话，对下阶段扶贫工作提出了要求。湖北省政府副省长曹广晶及相关厅局负责人出席会议。

12月22日　湖北省出口信用保险保单融资签约仪式暨政信银企合作会议在武汉召开，湖北保监局副局长杨玉山出席签约仪式。

12月31日　全省保费收入首次突破1000亿元大关，达到1051.77亿元，同比增长24.67%。

2017年

2月20日　湖北保监局与省农业厅、民政厅、财政厅、林业厅联合印发《湖北省2017年农业保险工作实施方案的通知》（鄂农发〔2017〕4号），从2017年起，新增省级财政预算1.5亿~1.6亿元，支持农业保险提标、扩面工作。其中，水稻保险每亩保额将由200元提到400元，费率将由7%降至6%；油菜、棉花承保县市扩大到油菜种植面积20万亩以上的35个县、棉花种植面积10万亩以上的15个县，两类作物保险覆盖率分别达到75%~77%。

4月9日　湖北省治安保险总结表彰暨推进大会在武汉召开，省政法委董永祥副书记、省综治办翟忠明副主任莅临会议并发表重要讲话，对湖北保险业参与社会治安综合治理工作给予高度评价。

5月16日　湖北保监局出台《湖北保险业“十三五”发展规划》（鄂

保监发〔2017〕10号），提出“十三五”保险业发展目标：到2020年，基本建成保障全面、功能完善、诚信规范、结构优化、监管健全、发展水平与全省经济社会发展相适应的现代保险服务业。保险成为政府、企业、居民风险管理和财富管理的基本手段，成为保障民生、加强社会管理、改进公共服务和推进金融扶贫的必要工具。

5月18日　湖北省扶贫办与人保财险湖北省分公司联合印发《湖北省人保财险“扶贫保”工作实施方案》（鄂政扶发〔2017〕13号），在贫困地区推广“农房保”“产业保”等8个类别的保险扶贫专属产品。

6月10日　人保财险小龙虾天气指数保险全国首单落地湖北咸安。

6月13日　湖北保监局联合省政府金融办印发《关于开展2017年保险先进县市区创建活动的通知》（鄂金办发〔2017〕9号），启动创建活动。

6月15日　全省推进农业保险规范发展会议在武汉召开，曹广晶副省长出席会议并讲话。

6月22日　湖北保监局与省财政厅、地税局联合印发《关于做好商业健康保险个人所得税有关问题的通知》（鄂财税发〔2017〕8号），明确商业健康保险个人所得税政策在全省推广。

7月21日　湖北保监局与湖北省扶贫办、省政府金融办、人民银行武汉分行、湖北银监局联合印发《关于推进扶贫小额信贷健康发展的意见》（鄂政扶发〔2017〕19号），进一步推进扶贫小额信贷健康快速发展，要求积极引入贷款保证保险等其他增信措施，完善风险补偿措施。

7月24日　湖北保监局出台《中国（湖北）自由贸易试验区保险机构和高级管理人员审批备案管理办法》（鄂保监发〔2017〕13号）。进一步简化行政审批，推动保险业更好地参与和服务湖北自贸区建设。

7月26日　湖北保监局、武汉市金融局联合印发《近期武汉保险示范区建设工作要点》（鄂保监发〔2017〕14号），对武汉市保险示范区建设进行安排和规划，拟借鉴宁波经验，创建国家级保险创新综合示范区，进一步推动武汉保险示范区建设。

8月3日　湖北保监局与十堰市政府联合组织召开十堰市创建省级保险扶贫示范区工作推进会，会上湖北保监局与十堰市政府签署《共建保险扶贫示范区合作备忘录》。2017 年，保险业在示范区直接投入的资金突破 3000 万元；人保总公司支农融资资金向十堰市提供了 2 亿元额度的授信，中国人寿集团在十堰市设立了 2 亿元的扶贫专项基金。

8 月 8 日　史带财产保险股份有限公司湖北分公司获准开业。

8 月 21 日　湖北保监局联合省质监局印发《2017“保险与质量”产品质量安全责任保险推广宣传方案》的通知（鄂质监质联〔2017〕3 号），进一步推进湖北省产品质量安全责任保险工作。

9 月 6 日　湖北省保险行业协会在武汉召开第十一届一次会员大会，选举产生了第十一届理事会会长、副会长、秘书长、常务理事、理事、监事等。

9 月 20 日　湖北保监局与人民银行武汉分行营管部、武汉市科技局、财政局联合印发《武汉市科技型企业保证保险贷款业务操作办法》（武银营〔2017〕66 号），将武汉市东湖高新区“政银保”模式在全市进行推广。

10 月 20 日　湖北保监局与省农业厅、财政厅联合印发《关于开展农业大灾保险试点工作的通知》（鄂农发〔2017〕20 号），确定在黄陂区、大冶市、监利县等 14 个县市开展水稻和小麦农作物试点，试点险种的保费分担比例为：中央财政 47.5%，省级财政 30%，农户自行承担 22.5%。

11 月 22 日　湖北省第十届金融博览会在武汉开幕，湖北保监局局长王斌受邀出席开幕式。

11 月 22 日　第四届东湖保险论坛暨保险资金运用项目对接会在汉举行。人保资本投资管理有限公司、国华人寿保险股份有限公司、太平洋资产管理有限责任公司 3 家保险总公司现场签约投资项目总额达 350 亿元。

12 月 5 日　锦泰财产保险股份有限公司湖北分公司获准开业。

12 月 28 日　湖北保监局与省林业厅、财政厅联合印发《关于做好 2018 年森林保险试点工作有关事项的通知》（鄂林改〔2017〕228 号），明确从 2018 年起将保康县、蕲春县、咸安区、钟祥市、竹山县等 5 个县市区纳入森林保险保费补贴试点范围，要求各地结合湖北省实际和相关要求，进一步完善森林保险的有关条款。

12 月 31 日　2017 年全省实现保费收入 1346.86 亿元，同比增长

28.06%，增幅居全国第4位；累计赔款给付支出402.18亿元，同比增长8.03%。11月底全省保险总资产达2631.15亿元，同比增长5.12%；保险业从业人员59.9万人，较上年增加11.47万人，同比增长23.68%。

后　　记

2016—2017 年，是“十三五”规划开启之年，也是保险业转型发展的重要年份。这两年，全国金融业形成了新的监管框架和理念，保险业肩负着“服务实体经济，防控金融风险，深化金融改革”三大重任；保监会“1 +4”系列文件加强了市场监管，促进了行业的稳定健康发展。党的十九大胜利召开，标志着中国特色社会主义进入了新时代，为保险业发展增添了新的动力，激励着保险业踏着新时代的步伐，展现新气象、实现新作为。

在此背景下，我们回顾总结 2016—2017 年湖北保险市场发展情况，对于当前和未来一个时期，全面把握行业新的时代方位和发展趋势有着重要的历史性作用。2016—2017 年，湖北保险业在中国保监会和湖北省委、省政府的正确领导下，秉持“创新、协调、绿色、开放、共享”的发展理念，认真贯彻落实全国金融工作会议精神，保险市场实现持续健康发展，为更好地满足人民日益增长的美好生活需要提供了充分的保障需求，助力全省经济社会发展取得了新成效。

《湖北保险市场发展报告（2016—2017）》由湖北保监局党委书记、局长王斌主编，并得到党委委员、副局长马全平和党委委员杨元明的关心指导。在湖北保监局各处室的大力支持下，由湖北保监局统研处和湖北省保险学会共同组织编写完成。报告共有四篇、三十二章。第一篇为综合篇，归纳和总结了 2016—2017 年湖北保险市场发展的整体情况，包括湖北财产保险市场、人身保险市场、保险中介市场、保险监管工作、消费者权益保护与教育五个方面；第二篇为区域篇，主要阐述了各市州保险市场发展情况；第三篇为公司篇，分别介绍了市场份额居前七位的财产险、寿险公司的运营情况；第四篇为附录篇，主要列举了 2016—2017 年湖北保险业典型赔付案例、近两年出台的重要文件目录及湖北保险业大事记。参加编写的人员和单位主要有：湖北保监局郜燕、何为、李君、龚子晗、王曦、权维熙，黄石、十堰、襄阳、宜昌、荆州、荆门、鄂州、孝感、黄冈、咸宁、随州、恩施州12家市州保险行业协会，人保财险湖北省分公司、太平洋产险湖北分公司、平安产险湖北分公司、太平财险湖北分公司、中华财险湖北分公司、阳光产险湖北省分公司、国寿财险湖北省分公司、中国人寿湖北省分公司、太平洋寿险湖北分公司、平安人寿湖北分公司、泰康人寿湖北分公司、新华人寿湖北分公司、太平人寿湖北分公司、富德生命人寿湖北分公司等14家保险公司。湖北保监局创新发展小组组长、统研处处长李良槐、办公室主任周红雨和湖北省保险学会秘书长史述才负责整个报告研究框架的拟定，省保险学会张友琴、陈军和杨海芳负责统稿、整理资料，李良槐处长、史述才秘书长和杨海芳负责报告的审定。

因时间仓促，加之编者水平有限，报告难免有疏漏之处，欢迎广大读者批评指正。

编 者

2018年6月